水西·书系
SHUIXI SHUXI

一个人是千万人的出发点

项贤明 著

修订版

泛教育论
——广义教育学的初步探索

产品名称

产品标准：009

出版方：山西人民印刷有限责任公司（太原）

地址：山西省太原市新建路33号

邮编：030012 电话：0351-4281358

执行标准：及国家标准相关规定、图书质量管理规定、清样

校对、印刷及相关标准，公司质量要求 764104

客服电话：0351-7641044

山西出版传媒集团　山西教育出版社

图书在版编目（ＣＩＰ）数据

泛教育论：广义教育学的初步探索 ／ 项贤明著. ——
太原 ：山西教育出版社，2024.5
ISBN 978-7-5703-3935-8

Ⅰ. ①泛… Ⅱ. ①项… Ⅲ. ①教育学—研究 Ⅳ.
①G40

中国国家版本馆 CIP 数据核字（2024）第 091771 号

泛教育论——广义教育学的初步探索
FANJIAOYU LUN——GUANGYI JIAOYUXUE DE CHUBU TANSUO

责任编辑	李龙飞
复　　审	刘继安
终　　审	康　健
装帧设计	陈　晓
印装监制	蔡　洁

出版发行 山西出版传媒集团·山西教育出版社
（太原市水西门街馒头巷 7 号 电话：0351-4729801 邮编：030002）

印　　装	山西人民印刷有限责任公司
开　　本	890mm×1240mm　1/32
印　　张	16.25
字　　数	419 千字
版　　次	2024 年 7 月第 1 版　2024 年 7 月第 1 次印刷
书　　号	ISBN　978-7-5703-3935-8
定　　价	78.00 元

如发现印装质量问题，影响阅读，请与出版社联系调换。电话：0351-4729718。

献　给

尊敬的孙嘉琬先生

没有他对学生无私的爱，我不可能走出那片青春的沼泽，
也无法穿越那场第一次放飞就遭遇的暴风雨……

序

对新的对象必须创出全新的概念。

——柏格森

项贤明的博士论文《泛教育论——广义教育学的初步探索》即将出版，引起了我的万千思绪。它让我回忆起我们共同度过的三年，这三年中我们曾经共同磋商、共同苦思以及相互否定、相互争论，有过许许多多的思想交流、融合……这是一段值得回忆、值得留恋的日子。因为项贤明把一个曾经长期悬置在我心中的问题——"教育是什么？到底是什么？"又凝重地端到了我的面前。他让我不能因自己的因循、胆怯、懒惰而逃避它，而是必须直面它，勇敢地、诚实地去回答它。人在变，世界在变，教育也在变，人们对教育的理解和诠释当然也应当变。对于我来说，这种"变"不仅仅需要面对新的现实，学习新的知识，而且还需要对自己有新的否定与新的超越。尽管我坚守我的超越观，但是，实际上的自我超越却不是轻松的，有时甚至是痛苦的。但也许正是由项贤明给我的这份艰难与痛苦，为我带来了新的生命涌动。这确是一种幸福！为此，我总是怀念这段日子。

项贤明，一个来自基层的青年学者，由于长期沉在真正的生活世界中，也由于他的善于和勤于思索的禀赋与气质，其实早就开始了他的这项"探险"。教育的现实和对教育的思索使他不能苟且于已有的对教育的理解与诠释，他要为人们去找回那一片曾被人遗忘了的领地，因为"那里恰恰有教育真正的生命和灵魂"。正是怀着这份真切、虔诚的心，在"地狱的入口处"，他度过了"苦难"的岁月。多年来，他对教育理论据以立论的人的本质观、发展观、主体观、知识智力观、教育结构观、教育活动观等方面都做出了新的探索与开拓。为了开掘得深些，再深些，他又大步迈出了原有的教育学的知识圈子，闯进了当代西方哲学、文化人类学、社会学、拓扑学等领域，在一片新的王国中"上下求索"。他深入研究了教育现象史、认识史，从中发掘出了原本存在的两个世界的教育，并用学科交叉的分析铺陈了存在于不同时空之中的教育场所，显现了各种各样的教育活动模式……这一切艰苦的探索只是要向人昭示教育的一种新的、更为广阔的视界，认识教育的一种新的理论取向，也就是作者用以命名的——泛教育论。

回顾过去的那些日子，项贤明是一步一个脚印走过来的。创新却不标新，立异而不哗众。他踏实、勤勉地朝着自己既定的目标走去，为的是要通过对教育的探寻召回现代人漂泊的心灵，为的是要使我们的教育、教育学都能以"成人"为旨趣。作为一名青年教育理论工作者，他自觉地背负起这样沉重的历史责任。诚如奥铿所说："要从事这类精神创造，我们必须有与整个心灵关系密切的崇高目标。"正是因为有发自心灵的目标，他才完成了这项理论建构。在这里我只是诚恳希望项贤明永远保全这份心灵，永远保持这个目标，再向前走去！这是我发自内心的祝愿！

鲁　洁

2000 年

目录

《泛教育论——广义教育学的初步探索》全书逻辑结构

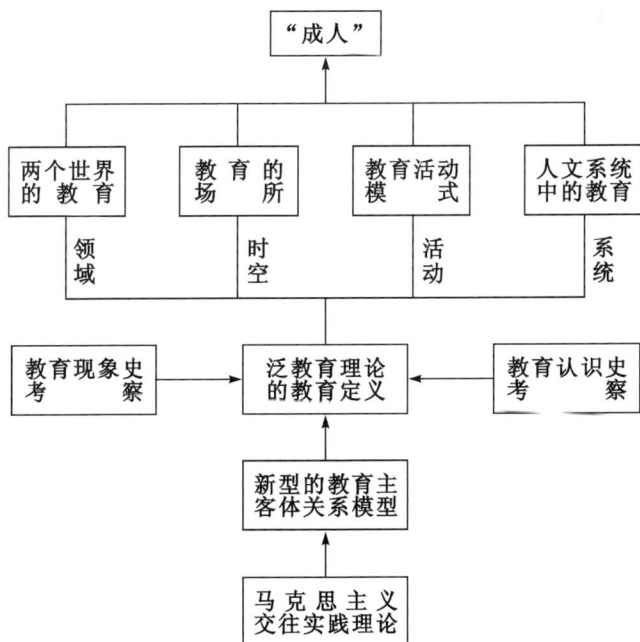

"成人"

| 两个世界的教育 | 教育的场所 | 教育活动模式 | 人文系统中的教育 |

领域 　　时空 　　活动 　　系统

| 教育现象史考察 | → | 泛教育理论的教育定义 | ← | 教育认识史考察 |

新型的教育主客体关系模型

马克思主义交往实践理论

导论

　　近现代形态的学校教育制度及与其相适应的教育理论是怀抱着一个充满热情却不切实际的空想降生斯世的，这个空想就是"人人应该受到一种周全的教育，并且应该在学校里面受到"①。

　　学校教育只是社会生活的一部分，而作为一种客观的"人类学事实"的教育现象却存在于人的社会生活的全部过程之中，时刻影响着人的社会生成，学校不可能承担人的教育的全部任务。学校教育从来没有而且也不可能是"周全"的。在现代社会的发展过程中，学校教育的所长所短已日益明显。教育理论要更加全面地为人的发展服务，真正"阐明把一切事物教给一切人类的全部艺术"②，它就必须走出传统的理论体系，以更加广阔的视野审视教育这一人类学事实。随着历史的发展和教育理论自身的逻辑演进，这种以全部教育现象为研究对象的教育理论已呼之欲出。

---

　　① 夸美纽斯：《大教学论》，傅任敢译，北京：人民教育出版社1984年版，第55页。
　　② 夸美纽斯：《大教学论》，傅任敢译，北京：人民教育出版社1984年版，第1页。

一 传统教育理论的局限及其改造的根据

从夸美纽斯到赫尔巴特，是现存教育学理论体系的创建时期。这是一个以实证知识为基础的近代经验自然科学挣脱神学牢笼而获得大发展的时代，同时也是形而上学唯物主义从兴起发展至顶点的时期。笛卡尔的"我思"主体观、莱布尼兹的单子论、培根的知识论，以及经验自然科学的知性思维方式，是传统教育理论体系得以确立的思想基础，同时也是这一理论体系的一切局限的根源。

（一）"我思故我在"与主体存在状态的单子化

笛卡尔，西方近代哲学的创始人之一，在他的第一部著作《论方法》(*Discours de la méthode*)中，就为他的全部哲学，也为全部的近代西方哲学，奠定了一条哲学第一原理："我思故我在。"从此，主体就被囚禁在"自我"之中，被判定要像城堡中的骑士那样去看世界。"我思故我在"，"我在思想"这唯一不可怀疑的绝对事实，成为包括主客体理论在内的一切哲学问题的出发点。"我"是主体，由客观事物、他人，乃至"我"的身体和意识本身共同构成的我周围的世界（the world-about-me)，则作为客体而成为"我"的对象。在这里，"我"与他人的关系和"我"与自然的关系一样，都是主体对客体的关系。在从这一哲学第一原理出发的一切哲学命题中，主体注定永远是单数的。主体的桂冠无论是戴在这个"我"的头上还是戴在那个"我"的头上，都无法走出"自我"这个城堡，它只能像莱布尼兹的"单子"一样在不同的"我"之间孤独地游荡。

"我思故我在"这一哲学第一原理对西方世界意识形态的影响是极为深远的，它是西方个人主义现代精神的深层基础。人的社会存在和自我存在这种存在状态的二重性，被分隔在一条不可逾越的鸿沟的两边。由此而形成的人的发展的一系列困境，有目共睹，已无须详述。

笛卡尔"我思"的主体观对传统教育理论的影响是极为深刻的。它决定了在传统教育理论中，教育主体的存在方式也只能是单子化的。如果教师 A 是主体，那么教师 B、学生 A、学生 B 都和教材、教学设备一样是教育客体；如果学生 A 是主体，那么教师 A、教师 B、学生 B 又都同教材、教学设备一样是教育客体了。在同一教育活动中，传统教育理论无法同时确立多个教育主体从而把教育活动中的人与人的关系同人与教材、教学设备的关系区分开来。

（二）"秩序"信念的普适化与受教育者的教育主体地位的丧失

教育主体的单数限定并不必然带来受教育者教育主体地位的丧失，但随之而来的"秩序"信念的普适化却使这种丧失成为不可避免的必然。

以牛顿力学为代表的近代经验自然科学对自然界运动变化的基本过程中潜伏着决定性的、可逆的秩序是深信不疑的。随着"力"的概念的普适化，"秩序"的信念也上升为时代精神的重要特征。在这个时代创立的传统教育理论显然也深受这种"秩序"的信念的影响，认为人的发展过程也与自然的发展过程一样受某种不变的秩序支配。这种信念至今仍然是支持教育理论体系的一块基石。夸美纽斯在《大教学论》中写道："秩序是把一切事物教给一切人们的教学艺术的主导原则，这是应当，并且只能以自然的作用为借鉴的。"①

随着这种决定论的"秩序"而来的就是人的发展过程的可控性，或者叫作人的"可塑性"。这种"可塑性"并不是主体的自我塑造，而是人被当作客体以后所"获得"的可改造性。正如科学家宣称"给我

① 夸美纽斯：《大教学论》，傅任敢译，北京：人民教育出版社 1984 年版，第 80 页。

一个支点，我就可以撬动地球"一样，某些教育理论家也声言：给我
"……十几个健康的、体格匀称的婴儿和我所设计的特殊环境，那么，
我保证能把他们中的任何一个训练成我想要选择的那种类型的专家"①。
这样，由于"秩序"信念的普适化，作为教育对象的人在传统教育理
论体系中就被谪贬为被改造的客体，被看成只要输入一个刺激 A 就必
定会输出一个反映 A′ 的物体，他作为主体的自我创造的能动性从教育
活动中消失了。传统教育理论体系的奠基人赫尔巴特在其《普通教育
学·教育学讲授纲要》的第一条中写道："教育学以学生的可塑性作为
其基本概念。"并且说："可塑性这一概念有很广阔的外延，它甚至延
伸到物质的元素。"② 人的自主的发展被转换成了物的可改变性。

　　教育史上以杜威为代表的部分教育理论家也认识到了这个问题，但
由于"我思"的教育主体观没有转变为交往的教育主体观，所以受教
育者的教育主体地位始终没有得到真正的恢复。

　　（三）主体际交往（communication）的迷失与教育在概念上的坍缩

　　所谓"交往关系"，就是主体之间在改造、占有和"消化"客体的
共同实践过程中结成的社会关系。与物体或动物的简单反应性不同，交
往不是主体对客体的作用和客体对这种作用的简单反作用，而是主体之
间通过符号自觉能动地发送、接收和解释信息从而协调活动的过程。正
是通过交往活动，个人主体之间、个人主体与群体主体之间才建立了一
种共同性的联系。这种主体之间共同性的联系，胡塞尔（E. Husserl）称
之为"主体际性"。主体际性是主体从个人生活世界向人类共同世界过
渡的中间环节，也是社会文化学习成为可能的必要前提。实际上，人的

---

① 罗伯特·梅逊：《西方当代教育理论》，陆有铨译，北京：文化教育出版社
　　1984 年版，第 186 页。
② 赫尔巴特：《普通教育学·教育学讲授纲要》，李其龙译，北京：人民教育出版
　　社 1989 年版，第 190 页。

一切社会文化学习活动都是在各种方式的主体际交往中得以实现的。

作为一种人类学事实的完整意义上的教育，就是主体在交往关系中通过实践占有客体从而发展自身的不断生长的过程。学校教育是人类社会文化学习的一种特殊形式，或者说是主体自主发展的一种特殊条件，其中的人际关系也是主体之间的交往关系，区别只在于学校教育中作为教育者的主体和作为受教育者的主体在交往活动中的主从地位及其转化的特殊性。然而，把教育对象当作可改造的客体，就内在地否定了存在于教育活动中的教育者与受教育者之间的主体际交际关系。交往作为主体之间借助符号表达、接受和解释各自的主体意识从而协调活动的本质属性决定了交往双方（或多方）必须同时是主体。主体 A 只有当他把主体 B 看作是一个和他同样的主体时才会向主体 B 发送信息，表达思想感情并期望得到回应，主体 B 只有作为主体才能接收和理解主体 A 通过符号表达的意识内容，并且他只有把主体 A 当作一个主体才会做这样的接收和理解。同样，主体 B 只有作为主体并同时把对方也看成与自己同样的主体，才会反过来自觉能动地向主体 A 表达自己的思想。把受教育者当作客体，或者教育者与受教育者互相把对方当作客体，教育者与受教育者之间的交往关系都难以建立。否定了学校教育中教育者与受教育者之间关系的主体际交往的本质，也就否定了学校教育者与社会生活中的其他教育形态在本质上的内在同一性。社会生活中的人是作为主体在交往关系中不断生长着，而学校教育中的人却是作为客体不断地被改造着。这样，教育的概念就发生了坍缩，并且等同于学校教育了，即便在时空上偶有超出学校的边界，也只是学校教育这种改造式的教育形态在学校以外的偶然表现而已，并不是向真正完整的教育概念的回复。

（四）"知识就是力量"与教育的"知识中心主义"的形成

培根提出的口号"知识就是力量"，代表了经验自然科学兴盛时期的一种时代精神。学校教育制度的兴起以及与此制度相适应的传统教育理论体系的确立，无不受到这种时代精神的鼓舞。在一定程度上，有目的、有组织、有计划地追求知识教学高效率的学校教育正是顺应了科学知识不断迅速增长对教育提出的要求；这种要求同时也激励人们像研究自然一样去研究儿童的生理、心理，寻求让儿童更快更多地接受知识的教学方法。"知识就是力量"，而且知识就是幸福。培根在他的《新大西岛》（The New Atlantis）中就描绘了一个知识的乐土。并且在培根看来，科学的进步走的是一种积聚式的道路，因此知识在量上的增加也就是人类幸福的增进。这种"把一切事物教给一切人类"的宏愿，辉煌地体现在狄德罗和达朗贝尔的《百科全书》中。培根在《新工具》中还认为意志和感情是阻碍人的理智的因素，是迷信和任意性的原因。这些思想影响着包括传统教育理论在内的整个学校教育体系（理论、制度、实践）的建立和完善，因此，"知"的精神至今仍是学校教育的核心，关于知识教学的理论和方法在传统教育体系中也是发展得最为完善的一部分，学校教育的目的性、计划性和组织性本身就是以提高知识教学的效率为目的的。撇开那些"全面发展"之类的表面口号，我们发现"知识"在学校教育中至今仍占据着绝对的中心地位。

学校教育以"知识"为中心，这本身并没有什么错，因为知识是有目的、有计划、有组织的学校教育的长处，在一定程度上，这种教育体系正是顺应科学知识迅速增长的要求而兴起的。但是，一旦教育概念发生了坍缩，人们把人的教育任务全部交给学校，并且也相信学校能够提供"周全"的教育时，问题就产生了。譬如道德教育，首先，人的道德素养的构成十分复杂，它是"知""情""意"等多种品质的综合，仅仅依赖认知的教育模式，根本不能解决道德教育的问题。只有综合的社会人际交往，才可能形成对人的道德发展的全面影响；其次，人的道德素养不仅是心理发展问题，而且是日常行为习惯的养成问题。一个人知道了某条道德律令，在心理上认同了这条道德律令，并不等于这个人的道德素养真正得到了提高。人的道德素养的真正形成，有赖于道德习惯的日积月累。这种道德行为习惯的积累，离开社会人际交往中的熏陶，只靠道德知识的讲授是无法做到的。作为人类文化承传与进化的内在机制的教育，它所追求的是主体在社会历史中全方位的生长。然而，这种全方位的生长，在传统教育理论中却被"知道"所替代。

（五）对教育概念的狭隘理解与教育脱离社会生活

传统教育理论对教育概念的狭隘理解不仅导致了教育概念的坍缩，更重要的是导致了教育与人的社会生活的脱节。

"交往是社会生活的开端，同时也是社会生活的基本内容。"① 一个人生存并发展于其中的社会关系，也就是他与其他个人主体、集团主体和人类主体的交往关系，以及由这些交往关系派生出来的主体自我反身交往关系。人的本质在其现实性上是一切社会关系的总和，人不是一个仅仅具有认知功能的主体，而是一个包含着它的全部交往以及在这些交往关系中的所有活动的社会生活实践的主体。只有在社会关系中，主体才能真正获得社会性的发展。教育作为发展人的一种手段，在其本质上是与人的社会生活密切关联的。

传统教育理论把教育理解为主体改造客体的活动，而不是主体之间的交往活动。它不是把教育现象从社会生活中透析出来，而是强行从社会生活中圈出一个片段来作为自己的研究对象，并且从人际关系这种内在结构上把教育与社会生活割裂开来。这样，教育就被压缩在学校的教学活动中，它所向人展示的只能是经过理性的过滤和分解的"客观—科学世界"，却没有能力直接呈现丰富多彩的"生活世界"。然而，人在发展过程中所必需的很多要素，又只有交织着情感、理智、信仰等在

---

① 张尚仁：《社会历史哲学引论》，北京：人民出版社1992年版，第244页。

内的社会生活世界才能提供。把教育概念压缩在只向人展示"客观—科学世界"的学校教学活动中，这样的教育不可能为人的生成提供全方位的辅助。一个人如果只接受这样的教育，脱离丰富的社会生活，或者在家庭、社会中仍然充当教育客体接受与学校所提供的同样的教育，那么他一旦面对现实的社会生活，面对各种情感纠葛、信仰危机、人际关系失衡等错综复杂却又活生生的生活世界，一定会手足无措，无法适应。

所以，必须对这种狭隘的教育概念做根本性的重构，像"大教育"理论和终身教育理论那样仅仅对这种狭隘的教育概念做时空上的简单推广是不够的。

改造传统教育理论的根据主要有以下几个方面：

1. 马克思主义实践哲学对"人类主体"的发现根本超越了"我思"的主体观

马克思的《关于费尔巴哈的提纲》中有这样一段耐人寻味的话："直观的唯物主义，即不是把感性理解为实践活动的唯物主义，至多也只能做到对'市民社会'的单个人的直观。旧唯物主义的立脚点是'市民'社会；新唯物主义的立脚点则是人类社会或社会化了的人类。"[1] 这段话表述了一个被阿尔都塞（Louis Althusser）称作哥白尼式革命的哲学变革，即长期被看作历史的中心的"自我"主体并不是历史的中心，但马克思并没有如阿尔都塞所说的那样取消了这个中心，而是在"实践"的基础上以"人类主体"取代了黑格尔的"自我意识"和费尔巴哈的抽象的"人"。这一哲学变革，根本动摇了资产阶级个人主义时代精神的哲学基石，奠定了共产主义大同精神的哲学基础。

马克思对"人类主体"的发现，是从"实践"，并且首先是从物质

---

① 马克思、恩格斯：《马克思恩格斯选集》第一卷，北京：人民出版社 1972 年版，第 18—19 页。

生产实践入手的。在物质生产实践中，"主体是人，客体是自然，这总是一样的，这里已经出现了统一"①。在自然客体面前，人通过实践确立了自身的主体地位，但实践的本质决定了它不可能是孤立的人（"自我"）的实践，所以马克思说生产总是指"社会个人的生产"，对人来说，只有在"社会联系和社会关系的范围内，才会有他们对自然界的关系"②。与被马克斯·韦伯看作资本主义精神的根基的那种在路德新教中通过 calling(职业、天职) 独立与上帝对话的"独一无二的个体"不同，在马克思的实践哲学中，个人只有在与他人的联系中，只有作为"人类主体"的现实体现时，他才能获得主体的地位。这样，胡塞尔试图通过"主体际性"的抽象道路获得的从"单个的主体"向"复数的主体"的扩展，在马克思的实践哲学中已经通过"实践"实现了。在马克思的实践哲学中，"主体性"本身就意味着胡塞尔在现象学中孜孜求证的那种对一个以上的主体而言的共同有效性和共同存在。

作为"人类主体"的现实体现的个人主体总是处在主体际交往关系之中的，教育活动中的主体自然也不例外。用自然本体论看待主客体关系的眼光来看待教育活动中人与人之间的关系显然是不合理的，教育活动中的主体关系只能用社会本体论的眼光来审视。

2. 马克思主义哲学对人的本质的揭示与交往价值的凸现

马克思在批判费尔巴哈对人的本质的抽象理解时指出：费尔巴哈尽管把宗教的本质归结于人的本质，但他不是对这种现实的本质进行批判，而是假定出一种抽象的、孤立的"人类个体"，从而把人的本质理解为"类"，理解为一种内在的、无声的，把许多个人纯粹自然地联系

① 马克思、恩格斯：《马克思恩格斯选集》第二卷，北京：人民出版社 1972 年版，第 88 页。
② 马克思、恩格斯：《马克思恩格斯选集》第一卷，北京：人民出版社 1972 年版，第 362 页。

起来的共同性。然而，个人总是属于一定的社会形式的，社会生活在本质上又是实践的。我们知道，"实践"这个范畴，在黑格尔那里就已经完成了这样两个紧密联系的辩证历程，即"主体—客体—主客体统一"和"个人—他人—社会（个人与他人的统一）"①，因此，"实践"这个范畴本身就内在地包含着人与人之间的关系。从实践的角度去理解，人的本质就不应是"单个人所固有的抽象物"，而是"一切社会关系的总和"。

人的本质在其现实性上是人的一切社会关系的总和。人的发展，就这一过程的本质而言，就是人的本质在人的主体能力的提高中不断得到确证、丰富和实现的过程。只有在社会关系的扩展和深化过程中，人的发展的全部内容才能得到完整的、现实的体现。所谓社会关系，也就是人与人之间的主体际交往关系。人正是通过交往不断扩展着自身的社会关系，不断丰富着自身的本质内涵，不断生成着自身的主体人格。教育活动中的人际关系，也是主体之间的交往关系。在人际交往中，影响人的发展的信息往往更多地从主体能力发展水平较高的一方流向发展水平较低的一方，这是人类文化承传中最基本的内在机制。因此，从交往的角度所理解的教育绝不仅限于学校的时空，而是与社会生活交织在一起的。学校教育只是人的教育的一个特殊环节。

关于"交往"，马克思主义经典作家在第一部系统阐述唯物史观的著作《德意志意识形态》中就把它当作一个重要的基本范畴进行研究。在现代社会，人的交往手段、交往范围和交往能力都获得了巨大发展，马克思主义哲学对交往活动的认识也有了进一步的深化，交往在人的发展和社会生活中的重要意义也日益凸现。"交往"作为一个"体现人类存在和社会进化历史本质的总体性哲学范畴"②，已广泛引起诸多学科

---

① 谢庆绵：《西方哲学范畴史》，南昌：江西人民出版社1987年版，第274页。
② 任平：《广义认识论原理》，南京：江苏人民出版社1992年版，第10—11页。

的关注。然而，受心理学研究范式的影响（在作为自然科学的心理学那里，充当研究对象的人是自然），传统教育学实际上仍然把人的本质理解为"单个人所固有的抽象物"，所以，传统教育学无法从整个社会生活的角度全面理解教育现象，在那里"单个人"是不可逾越的教育对象。马克思主义对人的本质的揭示和对交往活动认识的深化，为建立一门以全部教育现象为研究对象的教育理论体系打开了一个世界观的缺口。

3. 马克思主义哲学对人的能动性的充分肯定与"秩序"信念的普适性在现代科学中的终结

传统教育理论以近代经验自然科学用来看待自然的知性思维方式来看待人的发展，通过"秩序"信念的普适化推导出人的"可塑性"，进而推导出受教育者的客体性，认为就像改造自然一样，只要创造出合适的条件，我们就可以按照我们预定的目标来改造人。然而，这种教育信仰现在至少受到了来自两方面的致命打击：一是"秩序"信念的普适性在现代科学中的终结；二是马克思主义实践哲学对人的能动性，特别是对人通过实践创造自身的能动性的充分肯定。

我们知道，在牛顿物理学中是没有任何普适常数的，这就是它主张普适性的缘故，不管对象的尺度如何，它都能以同一方式被应用于对象：原子、行星和恒星的运动都服从一个定律。然而，随着爱因斯坦对光速极限 c 的发现和量子力学中普朗克常数 h 的发现，这些普适常数所引入的物理尺度宣告了牛顿式的普适性的终结，科学从此对不同尺度中的对象要用不同的眼光来审视。

耗散结构论、量子力学和系统论关于"复杂性"的一系列探索及其"通过涨落达到有序"的模型的提出，又从根本上动摇了经验自然科学对世界不变且可逆的"秩序"的信念。人已开始用一种新的眼光来考察自然，"不再是用那种以机械的世界观描述出的被动呆钝的观点，而是用一种与自发的活性相关联的新的见解"①。科学已经证明：那些原来被认为是决定性的、可逆的塑造着自然之形的许多基本过程，实际上是不可逆的、随机的、难以复演的。尤其是在一些复杂系统中，这种不可逆性和随机性表现得更加突出。

人是自然进化的最高级产物，人的发展是一种极具复杂性的高级生命系统的运行和进化。在人的发展中，世界运动变化的"自发的活性"已上升为一种"自觉的活性"，这就是人作为主体通过实践创造自身的自主性和能动性。正如马克思所指出的那样，"人，作为人类历史的经常前提，也是人类历史的经常的产物和结果，而人只有作为自己本身的产物和结果才成为前提"②。人正是作为主体在相互交往中通过实践不断创造自身也创造历史。即便是初生的婴儿，他的类的发展也已赋予他主体的地位。他的一切发展都必须经过他自己的活动才能最终实现。

人的发展是世界上最为复杂的一种运动变化过程，他的个体差异和过程中的随机性都是最为突出的，再加上主体选择性这一能动因素，这就决定了我们不可能像控制某一自然变化过程那样来控制人的发展，我们根本无法预料某一偶然事件会对经历者的一生产生怎样的影响。科学与哲学在思维方式上的这种转变说明：教育学在思维方式上作根本转变的条件已经具备。

4. 哲学和认知科学对知识和智力认识的深化与教学观的转变

传统教育理论对知识的理解是经验主义的。这种经验主义的知识观把知识当成某种静态的经验积累的结果，它"只注意去解释那些现成的、人们已熟知的知识的意义和发展的逻辑……而不去观察在知识背

---

① 尼科里斯、普利高津：《探索复杂性》，罗久里等译，成都：四川教育出版社 1986 年版，第 5 页。

② 马克思、恩格斯：《马克思恩格斯全集》第 26 卷，北京：人民出版社 1972 年版，第 545—546 页。

后、产生知识的主体"①，以这种知识观为基础的教育理论自然看不见受教育者在知识习得过程中的主体能动作用，而是把知识教学当作一种灌输活动。这种教育理论尽管也声称反对灌输，但由于其经验主义知识观的局限，它除了在灌输技艺上做些改进外，不可能有其他根本性的改变。

哲学认识论和认知科学的发展，已经产生了一种新的知识观。"这种知识观强调知识的开放性、变革性、整合性及个体主观体验的重要性"②，把知识看成是一个主体与客体相互作用而不断生成的过程。皮亚杰在其《发生认识论原理》中写道："认识既不是起因于一个有自我意识的主体，也不是起因于业已形成的（从主体的角度来看）、会把自己烙印在主体之上的客体；认识起因于主客体之间的相互作用。"③ 他还说："我认为，人的知识本质上是能动的。认识就是把实在同化为转变的系统。"④ 这样，智力也就不再是知识的简单储存器，而是积极的运算，能动的"转变系统"，所以说"智慧乃是一种最高形式的适应"⑤。

在这种知识观和智力观看来，传统教育理论所区别对待的两类知识：直接经验和间接经验，都必须经过主体自觉能动的认知活动，才能为主体的认知结构所同化。这就带来了教学观的相应转变：课程不再是凝固的特定知识体系的载体，而是与人的发展相关联的交织着知识的积累、发现和创造的活动过程；教学也不再是教师讲授、学生被动接受的

---

① 任平：《广义认识论原理》，南京：江苏人民出版社1992年版，第2页。
② 王红宇：《新的知识观与课程观》，《比较教育研究》1995年第4期。
③ 皮亚杰：《发生认识论原理》，王宪钿等译，北京：商务印书馆1981年版，第21页。
④ J. 皮亚杰：《发生认识论》，《教育研究》1979年第2期。
⑤ 让·皮亚杰：《教育科学与儿童心理学》，傅统先译，北京：文化教育出版社1981年版，第160页。

过程，而是师生在共同的主体际交往活动中探求知识的过程。这种教学观更重视学生的主体作用，更重视学生认知策略的发展，认为"教育应面向自发的学习过程与发展过程"，"教学首先应当详细地描绘出该领域专家所使用的那些观念网络和（或）观念策略"①，促进学生自己解决问题能力的提高。

教学论这一教育学理论中最贴近实践的部分所发生的深刻变化，为我们越过学校教育的樊篱以更加广阔的理论视野来审视完整的教育现象提供了一个内在的生长点。

5. 现代社会中人类在学校以外的教育活动的广泛自觉

教育作为人类社会的一种进化机制是与社会生活紧密联系在一起的。在教育发展的初期，教育与社会生活处于混沌的统一状态。随着社会结构和功能的分化，教育在形态上也分化出制度化的学校教育、非制度化的社会教育，后者包括存在于家庭、工作场所等社会单位中的自觉的和自发的教育活动。传统教育理论长期对教育概念的狭隘阐释，以及对制度化的学校教育过度强调，客观上抑制了人们对学校以外的教育活动的自觉意识，使人们认为教育是学校能够并且必须包揽的任务。然而，随着现代社会的进一步发展，情况已有新的变化。

一是社会变化速率的不断加大，迫使人们必须不断自觉地学习才能保持生活观念与现实生活之间的平衡，适应社会生活的变化。二是科学技术的迅猛发展，迫使人们必须不断自觉地更新自己的知识结构才能适应生产和生活的需要。三是信息传播手段的不断进步，为人们在社会生活中自觉地同化各方面知识提供了物质条件。四是人类交往活动在全球范围内的日益活跃和闲暇时间的既相对增多又相对难得，激发了人们在学校以外自觉接受教育的内在动机。五是现代社会的结构和功能在分化

---

① 罗比·凯斯：《智慧的发展——一种新皮亚杰主义理论》，吴庆麟等译，上海：上海教育出版社1994年版，第402、405页。

的同时又出现整合的倾向，社会各子系统在运行过程中日益自觉地追求协同和耦合，从而在社会运行机制上提出了教育社会化的要求。

事实上我们也已经看到，学校以外的各种形式的教育活动正日益活跃，人们的教育意识正突破传统学校教育的框架而逐步觉醒。这是历史发展的大势所趋。因为正如保罗·朗格让（Paul Lengrand）所言，"无论我们怎样强调卷入我们生活中的任何因素，这些因素都具有一个共同的特征，这就是摧毁传统的教学理论以及方法的大厦，使教育和教育工作者面临形形色色的问题与需要"①。

二 教育主体观的转变与泛教育理论的教育定义

任何一门科学理论体系的深层都存在着一定的哲学基础，而这一哲学基础的核心就是对人以及人与自然、人与人之间关系的根本看法。教育理论是研究人的教育实践活动的，对人在这种实践活动中的地位，以及这种实践活动过程中的主客体互动模式的理解、建构和规定，对整个教育理论体系大厦都有着深刻的影响。

由于受经验自然科学的知性思维方式和笛卡尔"我思"主体观的影响，我们现存的教育学理论尽管也强调要发挥受教育者的主观能动性，但在教育活动的主客体互动模式的阐释中，却仍然沿用简单的、机械的单一"主体—客体"互动模式，其教育主体观仍然停留在经验教育学②的水平上，因此，在这个教育理论体系中，人的主体地位没有得

---

① 保罗·朗格让：《终身教育导论》，滕星等译，北京：华夏出版社 1988 年版，第 22 页。

② 参阅张诗亚、王伟廉：《教育科学学初探——教育科学的反思》，成都：四川教育出版社 1990 年版，第 101 页。

到彻底的恢复，受教育者的主观能动性也不可能得到充分的发挥。关于这一方面的现实表现，是有目共睹的：灌输式的教学、教育与人的社会生活脱节、普遍的厌学情绪、道德教育的软弱无力……

要改变这样的教育现状，仅仅依靠操作工艺上的某些小修小补是不能从根本上解决问题的。根本的改善还要仰仗对传统教育理论体系的改造，而这改造的第一步就是彻底转变教育主体观，变机械单一的主客体互动模式（主—客）为交往中的主体与作为中介的客体的辩证互动模式（主—客—主），或简称"交往的教育主体观"。这是因为，人的社会存在与自我存在的二重性，决定了他必须首先通过交往活动在自身的双重存在状态之间建立联系，然后才能作为主体的"人"来发展自身。

为什么说受教育者不是被改造的客体，而是与教育者处于交往关系中的主体呢？这个问题可以换一个提法：人为什么不能合理地充当教育活动的客体？在理论上至少有五点理由：

第一，主体的现实性与客体的现实性有着根本的不同。"主体的现实性表现为主体的自我实现过程"[1]，主体是在自己的实践中不断能动地确证自身现实性的存在的，这种现实性是自为的现实性，因此，我们不能把主体的客观实在性与客体的客观实在性混同起来。对我来说，他人的确是客观的存在于我之外的实体，但他人同时也是同我一样的主体，我与他人的关系是主体与主体的关系，"我"只有把他人当作平等的主体来看待，才能正确地认识他人作为一种能动的现实存在的本质。

教育活动中的人与人之间的关系也是如此。教育者只有把受教育者当作主体，才有可能认识到受教育者在其自身发展过程中的自主性和能动性。人作为主体的发展是自己通过交往参与社会实践的结果，这同动物对环境自发的、受动的适应有着本质的区别。用简单的"主体—客

---

① 　高清海：《马克思主义哲学基础》下册，北京：人民出版社1987年版，第308页。

体"互动模式来解释教育活动中人与人之间的关系，显然混淆了人的教育与动物的训练这两种截然不同的活动。我们知道，教一个意识健全的儿童算术与训练马戏团里的小狗表演"算术"根本不是一回事，这里不仅是水平差异问题，而是存在着本质的区别：参与前一过程的有两个"我"，而后一过程中却只有一个"我"。

有人认为，教师要客观地认识学生的身心发展规律，就必须把学生当作他的认识活动的客体对象。当人及其身心发展规律被当作认识对象时，人的确有可能是人（他人或自己）的客体对象。但必须注意，"认识"活动还不是"教育"活动。只要"教育"这种以发展人为己任的活动一旦发生，人就总是要作为主体参与到这共同的活动中去。不仅如此，即使是在"认识"活动中，简单的主客体关系仍然不能全面概括教育者与受教育者的关系，因为教育者只有把受教育者当作主体，才能真正认识他的能动的身心发展规律。

马克思在《关于费尔巴哈的提纲》中就批评了那种把人看作环境和教育的产物的唯物主义，认为"这种学说必然会把社会分成两部分，其中一部分凌驾于社会之上"①。一种合理的人的教育，应当摒弃这种旧唯物主义思想，摒弃把受教育者看作被教育者改造的客体的旧教育观。教育，只能被合理地理解为受教育者在与他的交往对象（包括教育者和其他受教育者）的共同实践中发展自身的过程，因为人只能是自身实践的产物，站在人之外来发展人是不可能的。把人当作客体的教育，最多只能是对动物的训练。

第二，教育行为属于主体之间的交往行为，而不是人改造自然的目

---

① 马克思：《关于费尔巴哈的提纲》1888 年由恩格斯发表的稿本。见马克思、恩格斯：《费尔巴哈》，北京：人民出版社 1988 年版，第 88 页。

的合理的行为①，它不是工具性的，而是伦理性的。就调节关系的规范
而言，主客体关系与主体际关系也是根本不同的。调节主体与客体之间
关系的是技术规则，而调节主体与主体之间关系的却是伦理规范。教育
活动应该遵守伦理性的行为规范而不是遵守工具性的技术规则，这些行
为规范决定参与教育活动的所有主体的行为，并且为这些主体所理解和
认同。如果把受教育者看作被改造的客体，那么诸如体罚、斥骂等手段
往往是符合技术规则的经济有效的方法，然而对作为主体的人来说，这
些方法就是违背伦理规范的有害的方法了。因此，真正的教育应该像雅
斯贝尔斯所说的那样是"人对人的主体间灵肉交流活动"，而不是"理
智知识和认识的堆集"②，不是简单地教人学会对某种情境作出符合规
则的外在反应了事。如果把参与教育活动的一部分人作为主体，另一部
分人当作客体，那么这种教育就只是一种训练和控制。训练和控制应该
是人对动物的目的合理的行为，这类行为服从技术规则，它追求技术方
法的经济有效性以及在相应方法中进行选择的可靠性。为了达到训练的
目的，恐吓、鞭笞，甚至采用外科手术改变训练对象的生理构造，都是
符合技术规则的方法。

　　传统教育理论把受教育者当作客体，在这种思想指导下的教育，尽
管还没有完全沦为动物训练，但是受教育者在这种教育活动中的被动和
屈辱的地位是众所周知的。这是因为客体本身不是实践的目的，而是实
践活动的中介，实践活动的目的只能是主体。在把人当作客体的教育
中，人本身不再是目的，而是达到某种按照技术规则判定是最优化结果

---

① 交往行为（die kommunikative Handlung)指主体间通过符号协调的相互作用；目
的合理的行为（die zweckrationale Handlung)指人对自然的征服与改造并从中获
得解放。哈贝马斯术语。
② 雅斯贝尔斯：《什么是教育》，邹进译，北京：生活·读书·新知三联书店
1991年版，第2—4页。

的手段之一。这种最优化结果的现实表现就是考试分数和各项德育指标、体育指标。在这里，受教育者丧失了作为人而应有的主体地位，沦落为一种特殊的工具，一种技术过程的中介。

第三，主体在对待客体的关系上，是为满足自身的需要，按照"为我"的方式去建立主客体关系的。主体自身的需要，是主体认识和改造客体的内在动力。正是由己出发的"为我"欲求与客体不能直接满足这种欲求的矛盾，引发了主体改造客体的实践活动，借助实践活动消灭客体的异己性和自在的客观性，实现"以我为主"的主客体统一。列宁说："世界不会满足人，人决心以自己的行动来改变世界。"① 然而，在教育活动中，教育者对待受教育者的关系显然不是一种"为我"关系，教育者不是从自身的发展需要出发，而是从受教育者的发展出发来从事教育活动的。他不是要消灭受教育的异己性，不是要通过教育实践占有、"消化"受教育者从而发展自己，相反，他却要促进受教育者个性的成长，发展受教育者作为一个独立的个人主体的各种主体能力。受教育者的独立人格发展得越完善，就越是能够表明教育的成功。可见，人与人之间的教育关系不能用简单的"主体—客体"互动模式来理解，它属于"实践"概念的另一方面，即主体之间的交往关系。

一种看法认为教育者以受教育者的身心发展需要作为"我"的需要，因而在"主—客"关系框架下仍可将二者之间的关系合理地解释为"为我"的关系。这种看法存在着至少两个致命的逻辑矛盾：一是教育者如果真正一切从受教育者的身心发展出发，他就必须首先要把受教育者当作与自己平等的主体，因为人只有作为主体才能发展自身；二是作为教育者与受教育者之间的一种合理的关系，既不应该导致受教育者的异化，也不应该以教育者的异化为代价，一个主体要以"他"的

---

① 列宁：《列宁全集》第38卷，北京：人民出版社1959年版，第229页。

需要为"我"的需要，这实际上是一种不正确的异化关系，是与教育的理想相悖的。只有在主体际交往关系中，各自的主体需要才能在一定的规范调节下得到合理的满足。

传统教育理论用"主—客"模式来理解教育活动中的人与人之间的关系，实际上就从哲学基础上把教育者和受教育者之间的关系（在学校教育中就是师生关系）庸俗化了，譬如：教师为了获得声誉、职称、奖金而拼命给学生施加压力，通过对学生进行大量的近乎摧残性的训练，提高自己所教班级的及格率、升学率。在这里，学生倒是真的成了一种工具性的客体，一种对教师来说的"为我"的存在。学生丧失了与教师平等对话的主体地位，反过来又置自身的主体意识和主体尊严于不顾，用给老师送礼、迎合老师意见等方法赚取某种优待，把对老师的尊敬变成了一种利用。在这里，教师也异化为一种工具性的客体。师生关系从尊师爱生庸俗化为相互利用，除了社会现实应当负责外，传统教育理论也有未尽之责任。

第四，教育要发展人的主体性的任务本身就决定了它不能把受教育者当作客体对待。教育的任务就是要促进人的发展，而主体性的发展作为人的发展的核心是内在地包含在人的发展任务之中的。人的主体性的发展可分为两个方面：主体意识的形成和主体能力的增强。无论是就主体意识而言还是就主体能力而论，它们的发展过程都是通过社会交往和社会实践内在的自我生成的过程，而不是机械的外在强加的过程。人首先是一个主体，然后才能谈得上主体意识的形成和主体能力的增强。正如前文所说过的那样，即使是初生婴儿，也由于其类的发展而获得了主体的地位，这个先设的主体地位是他通过自己的交往活动形成主体意识、发展主体能力的起点。尽管在他最初的意念世界里还没有清楚的"主—客""主—主"分化，但是这种共生结构却是以他"自我"为中心的，他通过本能交往活动将周围的世界整合在以自身为中心的共生结构中，从而以"我"为主通过哭、笑、注视、抓握等本能交往活动表达自己的情绪和需要，这种本能交往活动的扩展是导致共生结构分裂和"主—客""主—主"分化的内在根据。婴儿作为一个主体是处在形成中的主体，但这一形成过程却是通过他作为原生的主体与周围世界进行本能交往而进行的，即他是他自己活动的结果，这与原始人类通过劳动创造自己是相似的。如果没有婴儿自己的活动，那么无论多么发达的文明都不可能给他以人的发展，就像生活在文明人群中的猫和狗不可能成人一样。这里不仅仅是个自然生理基础问题，正如恩格斯在《自然辩证法》中指出的那样，"人的思维的最本质和最切近的基础，正是人所引起的自然界的变化，而不单独是自然界本身"①。人是作为主体而发展自身的，这是一切教育活动的逻辑前提。

第五，把教育活动描述为主体改造客体的活动，这种单一的"主—客"互动模式本身也不符合教育活动的实际情况。传统教育理论一方面强调要发展受教育者的主体性，有时也羞羞答答地承认受教育者也是参与教育活动的主体，另一方面又用单一的"主—客"互动模式把教育活动描述为主体改造客体的活动，这种内在矛盾本身就说明了这种理论不能对教育活动中的人与人之间的关系作出合理的解释。这种捉襟见肘的理论之所以很少受到怀疑，就是因为长期以来我们都忽视了这样一个事实，这个事实是：那些声言"改造"了受教育者的教育家们，显然并不能像捏泥人一样直接改变受教育者的某块肌肉或某个脑细胞那般神通，他们实际上只是借助于语言、文字、教学设备等客体的中介作用在自己与受教育者之间建立了主体际交往关系，从而为受教育者的自我发展创造了条件。例如：教育家面对受教育者发表一番演说，这番演说所表达的文本（text)才真正是教育家创造出来的伟大客体，至于受

---

① 马克思、恩格斯：《马克思恩格斯选集》第三卷，北京：人民出版社 1972 年版，第 551 页。

育者如何认识这个伟大客体，却是受教育者的事情。声波之作用于耳鼓与铁锤之作用于石块，实在完全是两码事。受教育者只有作为主体根据自己的认知图式理解了你的话，你的话才能作用于他的思想。如果他根本不予理睬，那你的话同刮过他耳畔的一阵清风有什么区别？事实上，受教育者也只有作为主体才可能理解教育家的教诲，并通过语言同教育家建立交往关系。设想一下，要是教育家的一番演说可以像铁锤砸碎石块那样"改造"人这样复杂的存在物，那世界上还有什么样的客体是教育家的演说所不能改造的呢？实际的情况是，不是教育家改造了受教育者，而是受教育者在社会交往和社会实践中改变着自身。

从笛卡尔式的"我思"出发，用单一的"主—客"互动模式来解释人与人的关系，这就走上了一条萨特曾经走过的通向"他人是地狱"的哲学道路。在"我思"的主体观看来，当"我"与他人遭遇时，"我"就作为一个"为他"的客体被活生生地嵌入了"他"的主体性之中，这种"为他"的存在身份的获得，使"我"体验到我的"凝固化和异化"。关于这种异化体验，萨特在《存在与虚无》第三卷中作了十分精彩的描述。

人不能合理地充当教育的客体，这不仅否定了单一的"主—客"教育主体观，也否定了教育者与受教育者互为主客体的模式。这是因为：第一，互为主客体的模式仍然要把一方设定为主体，另一方设定为客体，只不过是单一的"主—客"模式的叠合。在教育者与受教育者的互动过程中，每个行为主体都把对方看作客体。这种互为主客体的模式，并没有摆脱单一"主—客"模式的框架，因而平等的主体与主体之间的对话关系仍无法建立。第二，互为主客体的模式没有把教育活动看作教育者和受教育者共同的实践活动。在互动过程中的任何一个阶段，双方都各自视自己为主体，视对方为客体，两条"主→客""客←主"线索之间缺少内在的有机联系，教育活动这个整体被生硬地分割成两段。第三，当引入教材、教学设备等这些教育者和受教育者共同的对象时，互为主客体的模式还会面临新的尴尬，即教育者和受教育者每一方都被对方看作与教材、教学设备处于同样地位的客体，同时教材、教学设备也不再是双方共同的对象，而分别是双方各自的对象。这样的教育主客体互动模式，不可能建立合理的运行机制。

简单地承认教育者和受教育者处于等同的教育主体地位，并把教材视作教育客体，这样的教育主体观也不能实现教育理论体系的根本变革。这是因为：第一，这种教育主体观尽管也承认教育者和受教育者同为教育活动的主体，但它并没有明确这两者之间通过教育客体的中介作用而建立的主体际交往关系，因而既不能正确描述教育活动中的人与人之间的相互作用，也不能把教育活动中的人际关系与社会关系联系起来从而揭示学校教育与其他形态教育所共有的社会性本质。第二，这种教育主体观对教育主体和教育客体的界定仍然是狭隘的，因而它不可能突破传统教育理论的局限而对全部的教育现象作出合理的解释。因此，要真正走出传统的教育学理论体系，就不仅要承认受教育者与教育者同样的教育主体地位，而且要承认二者以教育客体为中介建立的主体际交往关系，承认在这种交往关系中教育者与受教育者之间存在着主从地位转化，进而还要引入广义的教育主体和教育客体概念，并由这一新型教育主体观出发对"教育"概念作出新的理解。

新的教育主体观用"主—客—主"的交往模式把教育活动中的个人相互联系起来，从而突破了传统教育理论把教育活动中的人简单地看作单个人的局限，实现了教育主体由单数向复数的根本转变。由于这一转变，"教育主体"就成了一个复合概念，它既指教育活动中的个人，又指参与这种活动的群体乃至人类。这样一个复合概念，既表明了参与教育活动的不同教育主体之间的异质性，又表达了这些教育主体之间内在的同质性，从而把教育活动中的人还原为现实社会生活中的丰富的人。新的教育主体观的最大特点就是通过"交往"概念把社会关系引入了教育学的理论视野。从社会关系方面来看，教育主体可分为这样四重形态：

一是个人形态的教育主体。"人们的社会历史始终只是他们的个体发展的历史。"① 教育作为人发展自身的实践活动，其直接的现实的主体是个体形态的人。个人形态的教育主体通过教育实践从两方面同时建构自身独立人格。这一双向建构的过程就是：一方面，个人通过教育实践占有和消化为人类所共同创造的人的发展资源，使类的本质力量内化为自身本质力量的一部分，从而建立人格的一般性；在此基础上，个人另一方面又在同他人的交往中确立自我意识，并在自我意识的不断发展中获得人格的特殊性。教育正是这样在发展人的共性的同时发展着人的个性。

二是小型集团形态的教育主体。人对自身发展资源的占有和分配不是以个人的形式实现的，也不是直接以类的形式实现的，而是以集团的形式实现的。那些成员间的互动较为直接，与个人的日常生活直接相关的群体，如家庭、邻里、班级等，我们称之为"小型集团"；那些以文化和意识形态的认同为基础，与整体社会结构直接相关的社会共同体，如民族、阶级、政党等，我们称之为"大型集团"。小型集团形态的教育主体在人的发展过程中起着十分重要的教育作用，它是个体社会化和个人化的直接承担者。小型集团是与个体的日常生活直接相关的，而日常生活是"那些同时使社会再生产成为可能的个体再生产要素的集合"②，是个体人格在其中生长的直接环境。只有小型集团形态的教育

---

① 马克思、恩格斯：《马克思恩格斯全集》第 27 卷，北京：人民出版社 1972 年版，第 478 页。
② 阿格妮丝·赫勒：《日常生活》，衣俊卿译，重庆：重庆出版社 1990 年版，第 3 页。

主体才能直接承担个体社会化和个人化的任务。无数孤立的个人不仅无法实现人的社会化和个人化，而且其自身的存在也只能是抽象的；与社会总体结构相关的大型集团主体也不可能直接担负个体社会化和个人化的任务。因为它在社会表现形态上就已经超越了个体人格生成的直接环境——日常生活。小型集团形态的教育主体既与个体日常生活世界直接相关联，又超越了个体孤立的存在状态，因此它可以起到这样的中介作用：一方面通过群体成员之间的直接交往使自然人转化为社会人，形成社会性；一方面又通过这种交往发展个体的自我意识，形成个性。小型集团与个人的日常生活密切相关，因而它可以提供未经理性过滤的人格生成环境。这种人格生成环境兼具同质性和异质性，是现实的、丰富的人的生长家园。

三是大型集团形态的教育主体。大型集团形态的教育主体对人的发展所起的制约和决定作用主要表现在以下两个方面：一是大型集团主体自身的发展水平决定和制约着其成员的发展水平。在社会历史的运动过程中，大型集团主体自身也要不断进化发展，不断优化其内部系统结构，以提高它在历史进步过程中发挥能动作用的能力。大型集团主体的进化水平越高，它的成员享有的发展机会就越多。例如：当一个国家还处在封建君主集权的发展水平时，它的国民就很难发展自己独立自由的个性。二是大型集团主体的社会地位和社会影响范围决定和制约着社会总体的"人的发展资源"在各大型集团之间的分配。个人所能获得发展资源的多少，不仅取决于他个人的发展水平，而且取决于他所从属的大型集团的社会地位（核心的，还是边缘的？）和社会影响力。例如：处于边缘地位的少数民族，其成员在教育过程中往往也处于文化不利（cultural disadvantage）状态。

四是人类形态的教育主体。人类主体是主体社会形态的最高层次，类的发展是人的教育所追求的最高目标和最终结果。人类形态的教育主体以人的发展资源为中介，在发展个人的同时发展着类自身。人类在生生不息的发展过程中不断创造和积累着人的发展资源，从而不断为新生的成员创造着作为人的发展所必需的条件，同时，个体的不断发展又创造出新的发展资源，并且通过人的发展资源的创造而不断提高着人类的发展水平。没有人类共同创造的人的发展资源这个中介，人就只能像其他生物那样借助依附于个体的遗传物质来传递发展信息，个体的经验也就无法超越其生命存在而存在，因而人类就难以成为一个教育的主体，每个个体的发展都必须重复前人的探索。所以，教育主体只有在人类这样的高度上超越个体存在的时空局限，人类的教育才是可能的。

教育主体实现了由单数向复数的根本转变之后，教育理论就拥有了一个覆盖全部的人的发展的广阔视野。"人的发展"在教育理论中由部分转为全部，作为人的发展的外部条件的"教育客体"自然也要由狭义向广义转变。在广义的教育主客体关系框架中，教育客体包括两大类：工具性教育客体和对象性教育客体。

工具性教育客体又可分为两类：形式性工具客体和实体性工具客体。形式性工具客体就是语言本身（不包含语言表达的文本）。语言在人的教育过程中起着十分重要的作用，正如鲁洁教授所说的那样，"一个人正是在与其他人的交往中，借助于其他人的语言解释或动作示范，才使他得以了解各种物质环境和精神环境的意义和作用，从而各种环境的因素也才可能对人的身心发展产生影响"①。没有语言，也就不可能有人的教育。语言在教育活动中的工具性是通过它对各种物质环境和精神环境的"意义"的表述而实现的。个人的主观意识及其对外部物质存在和精神存在的反映，是作为"这一个自我意识"而独立于"另一个自我意识"的，是"另一个自我意识"所无法直接把握的。正是通

---

① 南京师范大学《教育学》编写组：《教育学》，北京：人民教育出版社 1984 年版，第 85 页。

过语言的客体化转换作用，这种主观意识才转变成能为不同的主体所共同认识和理解的"文本"。在教育活动中，语言本身并不是某个教育者或受教育者的创造物，但是，一旦教育者或受教育者运用语言这个工具性客体把自己的主观意识转化成"文本"，这个"文本"就是他的创造物，这个创造物作为他的主体性的对象化是他创造的客体，同时，这个客体又是另一个主体认识和理解的对象。通过这样一个"主体—客体—主体"的辩证运动过程，语言作为一个工具性教育客体的作用在教育过程中得到了完满的体现。另一种类型的工具性教育客体是实体性工具客体，它包括教材、教具、教学设备等（这里对这些概念的理解不仅包括它们在学校教学中的常见表现形态，而且包括它们在社会生活中各种可能的丰富多彩的表现形态）。实体性工具客体有很大差异，但它的功能仍然是表述性的。作为人类经验积淀的文明并不是某个教育者的创造物，但是，教育者却运用实体性工具客体按照容易被受教育者接受的方式把这种文明表述出来，这里就内在地包含了一个认识加工过程，也就是说，实体性工具客体所表达的"文本"虽然不一定是"这一个"教育者的作品，却一定是"某一个"或"某一些"教育者的作品。

两类工具性教育客体所指向的都是对象性教育客体，它们作为工具是表述对象性教育客体的工具。对象性教育客体是主体发展自身所需的一切现实的和可能的外部条件的集合，我们用前文已出现过的概念将它称作"人的发展资源"。人的发展资源蕴藏在人生长于其中的物质环境和精神环境之中，它的构成和表现形态是十分丰富复杂的。卢梭在《爱弥儿》中把教育分作三种："我们的才能和器官的内在发展，是自然的教育；别人教我们如何利用这种发展，是人的教育；我们对影响我们的事物获得良好的经验，是事物的教育。"① 根据主体开发发展资源活动的三个方面，我们可以把人的发展资源分为三种形态：资生资源、交往资源和经验资源。在某种意义上说，教育就是指导和帮助人开发人的发展资源的活动。

资生资源是指可以满足人的身体发展需要的物质资源，它包括营养资源、体育资源和保健资源。生命的发展是人的一切发展最基本的部分，以"人的全面发展"为己任的教育，理所当然地要指导和帮助人对资生资源进行开发。然而，传统教育理论在这方面存在两大盲区：一是强调"发展"而忽视"成熟"。成熟在个体智力和动作技能等方面发展中的重要作用决定了教育理论不能回避它，并且丝毫不受环境影响的纯粹的成熟是不存在的，对成熟我们并非不能有所作为。二是强调"体育"而忽视"营养"和"保健"。实际上，长期忽视帮助和指导人们对营养资源和保健资源的开发，也严重限制了对体育资源的有效开发。交往资源是指可以满足人的社会性发展需要的一切社会关系的集合。人是社会的存在物，人的发展不是抽象的、孤立的和机械的，而是在变动不居的交往活动中得以实现的。主体际交往关系是教育行为发生的前提。在社会交往中，"个体主体不断汲取交往实践的物质、能量、信息成果，改变自己的主体图式、情势、本性，凝塑出新的品格、新的素质，使之在交往中不断进化"②。人的社会共性和人格个性都是在交往中生成和发展的。交往在人的教育中的重要价值很早就被人认识到了，"孟母三迁"就是为了帮助孟轲选择良好的交往资源。个体所占有的交往资源的数量和品质，对个体发展无疑具有重要影响。然而，传统教育理论对交往的研究却明显不足。经验资源主要指以符号或物化形式积淀下来的人类认识客观世界和认识自身的成果。教育者一方面借助语

---

① 卢梭：《爱弥儿》上卷，李平沤译，北京：商务印书馆1978年版，第7页。
② 任平：《广义认识论原理》，南京：江苏人民出版社1992年版，第43页。

言、教材等工具性教育客体把经验资源转化成易被受教育者主体认知图式吸收和同化的"文本"，另一方面还要借助语言（包括体态语言）等工具性教育客体帮助受教育者发展自己运用语言符号和理解"文本"的能力，使受教育者能够通过与人类认识成果的创造者（个人、集团或人类）的交往以及自我反身交往来开发和创造经验资源。

除了上述三大形态外，我们还可以从其他角度对人的发展资源进行分析。譬如：根据其在个人不断自我再生产过程中的适用性，我们可以将人的发展资源分为日常的发展资源、专门化的发展资源和总体化的发展资源。总体化的发展资源是指人只有在阶级、政党这样的大型集团形态下才能直接占有而个人形态的主体只能间接享用的发展资源；专门化的发展资源指对从事某一特殊职业的个人有重要发展价值而对其他人的发展价值甚微的发展资源；日常的发展资源是存在于人的日常生活中的发展资源，它是每个人的不断自我再生产的基本的、直接的和必要的条件。

以上分析显示：工具性教育客体的工具性实际上是指向对象性教育客体的，并且主要是指向其中经验形态的人的发展资源的。因此，在这个广义的教育主客体互动模式中，包含着"主体—工具—客体"的主客体互动结构。工具性教育客体和对象性教育客体又同时是教育者和受教育者的客体对象，因此"主体—客体"的主客体互动结构也包含在这个广义模式之中。在这个广义模式中，主体与客体相互规定和对立统一的主客体相关律仍然适用。不过"主体—客体"和"主体—工具—客体"的主客体互动结构都是作为片段存在于这个广义模式之中的。因为在这个广义模式中，客体不再是教育活动的终点，而是教育活动发自主体，通过客体再回到主体的一个中介环节。由于工具性教育客体和对象性教育客体是教育者和受教育者共同的对象，通过教育客体的中介作用，教育者和受教育者之间就建立了主体际交往关系，形成"主

体—客体—主体"的主客体互动模式。"主体—客体—主体"只是这个
互动模式的简化形式。为较清楚地表达交往的教育主体观对教育活动中
主客体互动关系的理解，下面给出完整的教育主客体关系示意图：

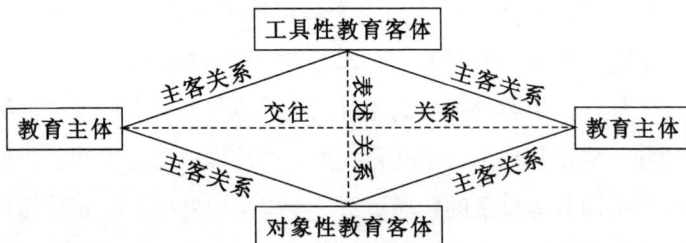

图 1   以教育客体为中介，教育主体之间建立了交往关系

与传统教育理论中单一"主—客"互动模式相比较，新的"主—
客—主"教育主客体互动模式有以下主要特点：

除了"主—客"关系外，它还包含了实践活动中的另一层关系：
"主—主"关系。马克思主义哲学的"实践"概念不仅内在地包含着主
体与客体的对立统一关系，而且包含着主体与主体之间通过交往结成的
社会关系。教育，作为人发展自身的重要实践活动，也是这两方面关系
的统一。

在这一模式中，"教育主体"和"教育客体"概念都获得了完整的
意义。在这里，"教育主体"不再仅仅意味着单个的人，而且包括教育
主体的集团形态和人类形态；"教育客体"不仅被区分为工具性教育客
体和对象性教育客体，而且对象性教育客体又基本涵盖了人生长于其中
的全部物质环境和精神环境。

对个人的发展来说，教育不再是简单的教育者和受教育者——对应
的两极性关系，而是多重形态的教育主体以多种形态的教育客体为中介
建立起来的多极交往关系网络。这里不再存在绝对的教育者，也不存在
绝对的受教育者。教育，就意味着人在广阔的社会历史背景中的生成过

程。人的发展已经作为一个完整的过程纳入教育理论的视野，同样，全部的物质文化和精神文化也都作为教育客体纳入了教育理论的视野。在如此开阔的理论视野中，纯粹的自我教育和封闭的两人对话式教育都由于文化超越个人存在的特性而消解在文化的浩瀚星空中。

新的教育主客体互动模式不再把教育客体当作教育活动的终点，而是把它看作联系教育主体的中介环节。教育活动发自主体，经由客体，还要再回到主体去，主体成了真正的目的。教育客体是结成了一定的交往关系的教育主体共同的对象，在这种对象性关系中包含着主观意识与客观文本的相互转化。同时，教育客体所联系的不同教育主体之间作为教育者和受教育者的主从地位也处在不断转换之中。

新的教育主客体互动模式的主要优点在于：

它从人的发展过程的社会性出发，对全部教育现象作出了一以贯之的解释。它把人与人之间的交往关系，即社会关系，引入了教育学的论域，认为人的发展是个人主体能力的发展及其社会关系的发展的统一。个人的主体能力只有在社会关系中才能得到发展，并且这种发展最终仍然要在社会关系中体现出来。社会关系的发展本身就是人的发展的一个重要方面，而且是人的发展水平的历史尺度。无论是学校教育、家庭教育还是社会生活中的其他教育形态，都是个人在社会关系中的生成，因此，对在社会生活的不同领域中发展着人的各种形态的教育现象，我们就获得了一个一以贯之的本质的解释。

它对作为一种过程的教育活动也作出了一以贯之的描述。在这个教育主客体的互动模式中，多重形态的教育主体以多种形态的教育客体为中介建立了多极的交往关系。因此，一切教育活动都是从某个在场的或不在场的教育主体出发，通过某种教育客体的中介作用，再回到某个在场的教育主体的过程。在这里，教育活动是处在交往关系中的主体共同操作的过程。"教"和"学"是同一个活动的相互依存的两个方面，而不是如传统教育学所描述的那样"教"是以教师为主体的行为,"学"又是以学生为主体的另一种行为。这种似是而非的理论把完整的教育活动切成了两段。

它对人在教育活动中的主体地位作出了一以贯之的坚持。我们知道,在实践活动中,客体是受动的、自在的并且是为主体而存在的,因此,在人作为客体时,他的主体性不可能得到发挥和发展。在传统教育理论中,当教育者"教"的时候,教育者是主体,受教育者是客体,因而这个活动本身无法发展受教育者的主体性;当受教育者"学"的时候,受教育者是主体,教育者是客体,作为客体的教育者此时此刻自然无法作为主体发出"教"的行为,所以在受教育者能够发展主体性时,教育这种活动却无法在场。新的教育主客体互动模式把教育活动描述为处在多极交往关系中的教育主体的共同操作过程,这就从根本上解决了单一"主—客"教育主客体互动模式的局限在传统教育理论中造成的理论矛盾。

根据新的教育主体观对教育主体和教育客体的不同形态及其互动关系的分析,我们尝试给"教育"概念以这样的定义:"教育是作为主体的人在共同的社会生活过程中开发、占有和消化人的发展资源,从而生成特定的、完整的、社会的个人之过程。"

传统教育理论对"教育"概念的界定,无论广义还是狭义,都把教育看作对受教育者身心施加某种影响从而使其思想和行为发生变化的活动。这种教育定义明显带有行为主义色彩,并且反映了它从单一"主—客"互动模式出发简单地把受教育者当作教育客体的思想。由于传统教育理论对教育概念的这种狭隘理解,在人们的教育观念中,长期以来一直存在着一个"工业隐喻(metaphor)",把教育过程解释为一部分人改造另一部分人的过程。譬如:把学校比喻成"人才工厂",把学生比作"教育的产品"等等,都直接表现了这个"工业隐喻"。实际上，与此相对的"农业隐喻"也一直存在。譬如：把学生比作"树苗"，把教师称作"园丁"等等。叶圣陶先生就曾赞同吕叔湘先生的比喻，认为"教育的性质类似农业，而绝对不像工业"①。泛教育理论提出这样一个新的教育定义，正是要破除"工业隐喻"，从生命生长的角度对教育概念作出全面的解释。既然教育是作为主体的人在共同的社会生活中生成"社会的个人"的过程，既然无论是在学校教育中还是在其他教育活动中，人与人的关系都是主体际交往关系，那么，学校与社会生活之间还有什么割裂人的教育活动的壁垒呢？

三 教育现象的层次、教育活动的侧度与泛教育理论的维度

在 21 世纪，人类在科学技术和社会经济方面取得的发展是长足的。人类今天所拥有的物质力量与 19 世纪的情况简直不可同日而语，然而，人类自身却正面临严重的"发展困境"。我们这里所说的"发展困境"不仅指国际社会的南北矛盾和环境危机，更主要是指人在发展自身的道路上走进了一条越来越狭窄的死胡同。在大量开发经济资源的同时，人类却毫不吝惜地放弃人的发展资源。教育的学校中心主义、知识中心主义和经济发展中心主义使人身不由己地采用一种极端片面的人的发展资源的开发模式。

问题是相互联系的，教育以学校为中心，以知识为中心的学校教育又无力承担对人的发展资源的全面开发。尽管人们已经认识到学校以外的教育活动对人类进步具有无法替代的重要价值，但传统的教育学理论体系却长期傍依学校教育而行，难以对所有教育现象作出全面的解释和

---

① 杜草甬等：《叶圣陶教育文集》，郑州：河南教育出版社 1989 年版，第 363 页。

指导。"大教育""社会教育""回归教育"等层出的新理论，在对教育现象的本质理解上，却只是传统教育理论对教育的理解在时空上的简单推广，社会生活中大量影响人的发展的活动仍在教育理论的视野之外。"广义教育"的概念尽管提出已久，但至今仍然只有一个孤零零的行为主义色彩颇浓的定义。于是，我们把教育活动看作是多极交往中的主体共同开发人的发展资源的活动，并通过对教育主客体的分析，赋予教育主客体以全面的内涵，从而把教育与社会生活在根本上联系起来，提出一个泛化的"教育"定义，试图由此出发建构一个以全部教育现象为研究对象的教育理论，并将它命名为"泛教育理论（Pan-education Theory）"，其意图正是想探索人类超越目前这种"发展困境"的根本出路，唤起人的自我发展意识的全面自觉。

泛教育理论认为，教育是随着人的产生而产生的。在人的主体能力的历史生成过程中，教育也经历着从简单到复杂、从低级到高级、从自发到自觉的发展过程。在生产力低下的原始社会，人的主体能力还处在历史生成的初级阶段，适应性在人的教育中仍占据主导地位，教育与社会生活融为一体，人类教育行为的自觉水平很低。随着生产力水平的提高和人的主体能力的增强，教育的进取性逐步占据主导地位，适应性却逐渐削弱，教育在表现形态上分化出许多层次，并且产生了有目的、有组织、有计划的学校教育这样一种具有高度自觉性和高度进取性的教育形态。然而，正如马克思说过的那样，"一切作为前提和条件的东西，在过程结束时则必然出现"①。因为辩证法所认识的发展过程，不是一个环节对另一个环节的简单的全面否定，而是一种"扬弃"，即高级的发展环节总是合理地包含着低级环节。现存的教育作为教育发展的高级阶段，它的内在构成绝不只是简单的学校教育一种形态，而是包含着本

---

① 马克思、恩格斯：《马克思恩格斯全集》第46卷上册，北京：人民出版社1979年版，第262页。

能的训练、适应性的教育和进取性的教育等多层次的内容十分丰富的社会现象。这种复杂的、多层次的教育现象，是人的自然历史过程和社会历史过程统一的结果。在这里，学校教育只是巨大"冰山"浮于水面之上那部分的尖顶。

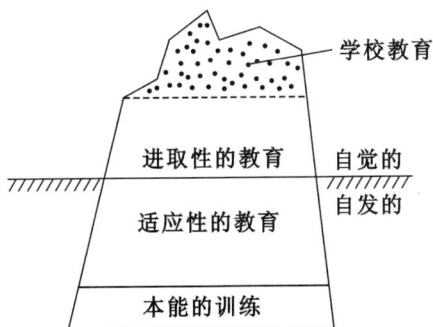

图2　在现存教育的构成中，学校教育只是"冰山"浮于水面之上那部分的尖顶

这里的"适应性"和"进取性"是借用了孟禄（P. Monroe）对教育的一种描述。[①] 这里用"进取性的教育"指人对某种发展目标的自觉的、积极的追求。学校教育之外，社会生活中还存在着大量的进取性教育，如家庭教育中就有很多进取性教育的成分。孟母"断织劝学"，她的目的很明确，就是要劝诫孟轲持之以恒地刻苦学习，将来成就功名。再如政府通过大众传媒和各层社会组织对公民进行政治、法律和公德教育，这也是一种自觉的、目的明确的进取性教育。同样，工厂的徒工培训也属此类。"适应性的教育"是指人通过自发的活动达到适应自然环境和社会生活的目的。人们在参与这些活动时，往往并不存在某个明确的发展目标，而且也没有自觉到活动本身的发展意义。文化在其最初级

① 孟禄在其 1923 年版的《教育史教科书》（*A Textbook in the History of Education*）中把原始教育称为一种非进取性的适应的教育（Education as Nonprogressive Adjustment）。

的意义上就是一种适应机制，它"使人类调整自己的反应方式，即创造一种比以反射和本能适应更为灵活有效的新的以习惯和组织再适应的方式"①。儿童自发的游戏活动往往就是一种适应性教育，它模仿成人的生产、生活乃至战争，不仅可以锻炼儿童的身体和心理素质，而且可以提高儿童对社会生活的适应能力。在现代社会中，儿童要随成人一起按时起床、按时吃饭、按时就寝等，这也是一种适应性教育，它使儿童获得了适应社会生活节奏的能力。我们很多人对多种现代电器操作方法的掌握也不是从学校学到的，而是社会生活中适应性教育的结果。"本能的训练"则是动物界类似教育的本能在人类教育中的某种孑遗。教育的发生有两个生物学基础：一是人在生理构造上的未特化；二是人在脱离动物界以前所获得的一种类似教育的本能。关于动物界这种类似教育的本能，法国社会学家勒图尔诺（C. Letourneau）在其1900年出版的著作《人类不同人种中教育的进化》中有很多的描述。人在脱离动物界的同时，也继承了这种类似教育的本能，这使人在原始的意识深层就潜伏着一种教育的意向。这种潜在的类似教育的本能本身还不是教育，因为它的内在根据中没有人类教育的社会文化性。随着猿人的出现，"适应性的创新从身体变化转到了文化变化"②，教育这种人类特有的超遗传进化机制才真正形成。但是，正如恩格斯所言，"人来源于动物界这一事实已决定了人永远不能完全摆脱兽性"③。在我们的意识深层，这种类似教育的本能依然存在，并作为人类教育中最低的然而又是最基本的层次表现出来。如婴儿的进食训练就既是一种带有文化特征的人类

---

① 马林诺夫斯基：《在文化诞生和成长中的自由》。见庄锡昌等：《多维视野中的文化理论》，杭州：浙江人民出版社1987年版，第107页。

② 马文·哈里斯：《文化·人·自然——普通人类学导引》，顾建光等译，杭州：浙江人民出版社1992年版，第66页。

③ 马克思、恩格斯：《马克思恩格斯全集》第20卷，北京：人民出版社1971年版，第110页。

教育，又与生物的本能密切相连。玩具的始祖很可能也是适应这种本能训练的需要而产生的，婴儿必须借助对外在事物的感受和摆弄来发展听觉、视觉定位能力和手眼协调动作能力等。小猫天生就会通过扑弄线团等物来练习捕食，而儿童的玩具却是文化的赏赐，这也体现了人类的本能训练与动物类似教育的本能之间的区别。

上述对现存教育构成的分析只是一个粗略的层次描述，意在显示现存教育构成之丰富远非学校教育一种。教育在社会生活中有如此广泛的分布，那么教育的边界何在？如果这个边界是内涵上的，那前文给出的定义已经为教育在内涵上划定了明确的边界；如果这个边界是指外延上的边界，那这种边界在社会科学中是很难给定的。人的社会活动是多侧度的，同样一种活动，不同的社会科学可以从不同的侧度对其进行研究。

教育是社会活动的多重侧度之一，而教育活动本身也有它的侧度。泛教育理论把教育活动分成四个主要侧度：

1. 教育活动的生命侧度

在泛教育理论所界定的"教育"中，生命侧度是人类教育活动的一个基本侧度。人的生命的存在与发展，是其他方面发展的前提和基础。人作为一种生命的存在物，能够自觉自身生命的存在与发展，能够对自身生命的存在方式和发展道路作出自主的选择，因此，人的生命是可教育的。

人的生命的教育又分为两个方面：一是外在的营养资源的开发；二是内在的身体功能的保健和锻炼。生命的存在与发展在很多方面受生理因素和遗传因素的制约，但人的生命是自觉的，人可以通过两方面的生命教育自觉引导和促进自身生命的发展。生命的教育从胎儿期到老年期，贯穿人的生命全程。人对资生资源①的开发也有一个从自发到自觉

---

① 资生资源指能支持人生命方面发展的资源。作者在文中多次用到这个概念。

的过程，食物资源转变为营养资源，标志着人在摄取物质能量以满足自身机体需要方面的进一步自觉；体育和保健的产生也显示了人的生命发展区别于动物的自觉性和能动性。

教育以人的全面发展为己任，而人的其他方面的发展都是生命发展的延伸。所以，教育活动绝不能无视人的生命发展。但是，教育活动的生命侧度是教育活动的一个方面，而不是混同于医疗和烹饪，其根本区别就在于"人的发展"是教育活动的基本出发点。举例来说，让儿童知道如何预防中耳炎，知道得了中耳炎应马上接受治疗以减轻其危害，这是教育的事，至于如何治疗中耳炎，则是医学的事，而中耳炎治疗失败导致耳聋，教育又要找出特殊措施尽量为聋儿提供发展条件。

2. 教育活动的知识侧度

泛教育理论也重视主体认知方面的发展，但它把这一方面的发展看作教育的四个侧度之一而不是全部，认为这方面的发展是主体通过对以经验形态为主的发展资源的开发来丰富和重构自身的认知图式。这里的"图式"与皮亚杰的图式概念有所不同，皮亚杰的图式概念是指具体认知活动的内部一般形式，而我们这里的"图式"概念是广义的，它既包括内部认知形式，又包括主体的意识对客观世界和主体自身的各种反映所组成的综合结构。前人的、同时代的和自己过去的经验以符号化或物化的形式沉淀为客观的经验资源。主体通过解释和理解这些符号和物化物所表达的文化意蕴，根据自身现有的认知图式对经验资源进行改造和加工以获得新知识，这些新知识与主体原有认知图式相互作用，使主体的认知图式得到丰富或重构。

经验资源的开发不仅包括读书，还包括对人化自然中一切事物的人文意义的理解和体验。学校教育在教授书本知识方面，的确以其系统性、高效性见长，但如果将经验资源的开发仅限于学校教育，书本以外的各种新事物就无法与主体认知图式发生相互作用，这样的教育必然限制主体创造力的发展。卢梭把获取经验的教育称作"事物的教育"而不是"书本的教育";孔子在强调"君子博学于文"的同时也要求学生"多识于鸟兽草木之名"。以人的全面发展为目的的现代教育活动,其知识侧度更是"读书"二字无法尽现的。

3. 教育活动的道德侧度

泛教育理论用"交往"来解释教育主体之间的关系,因此,在泛教育理论看来,道德侧度就是一切教育活动本身一个内在的、必然的侧面,而不是一个外在强加的任务。只要教育活动发生了,参与活动的主体内在道德品质就必然要通过活动表现出来,并且这一活动也必然要给参与活动的教育主体以道德的影响。

教育活动的道德侧度又分为主观和客观两个方面。道德(morality)一词源于拉丁文 moralis,这个词的复数 mores 指风俗习惯,单数 mos 指个人性格、品性。中国古代的道德概念也包含道德规范和个人品性修养两方面意义。道德的这种双重性,决定了教育活动之道德侧度的双重性。在主观方面,个人主体在教育活动中通过对经验形态的发展资源中的伦理经验的开发而形成和发展自身的道德意识、道德判断能力、道德情感、道德意志和道德信念等个人道德心理品质;在客观方面,个人主体在教育活动中通过对交往形态的发展资源的开发而形成和发展自身的道德习惯行为和道德关系,社会所有成员的道德习惯行为和道德关系的总和就构成了该社会的客观道德规范。教育活动之道德侧度的主观与客观两个方面是既不可分割又不能相互替代的,它们统一于主体的"交往"活动之中。个人主体的交往活动分三个层次,个人的道德发展也有三重境界。第一层次的交往是个人主体之间的交往。这类交往主要发生在主体的日常生活中,表现为简单的"两人世界"和小型集团中复杂的多极交往关系;第二层次是个人与诸如阶级、国家、民族这样的大型集团的交往;第三层次是个人与人类的交往,这一层次交往的中介就是符号和人化自然所表述的"文本"。个人主体在从第一层次交往向高层次交往发展的过程中，其道德的提升也要经历三重境界：道德的生活境界、道德的政治境界和道德的理想境界。"修身、齐家、治国、平天下"正集中表达了道德的这三重境界。

赫尔巴特认为，道德教育的目的是使"绝对清晰、绝对纯粹的善与正义的观念"深入人心，从而压抑人"所有任意的冲动"，而行为模式在道德教育中并不重要。① 目前广泛应用于学校道德教育的简单套用书本知识教学模式的德目说教就是这种思想的体现。这种思想把道德教育的客观方面排斥在外，因而很难全面影响人的道德发展。譬如：一个教师可以用傲慢的态度教学生理解"谦逊"这一德目，这名学生完全可能借此清晰地领会"谦逊"的含义，并"知道"为人应当谦逊，但他同时也可能由此习得傲慢的行为习惯。

4. 教育活动的审美侧度

教育是主体发展自我的活动，因此教育在其本质上给人带来的应当是愉悦而不是痛苦。通过教育，即主体以自身发展为目的的实践活动，主体改造、占有并且"消化"人的发展资源，把这些发展资源转变为主体的生命运动、认知图式或道德品质的一部分，使其自身本质力量进一步增强。在这一过程的每一阶段的结束，教育主体与教育客体在教育活动中实现了统一，主体就进入了对自身所获得的发展的享受和欣赏的境界，这种占有作为对象的发展资源使其成为自身本质力量的一部分所带来的审美情感体验，又激励人更进一步按照美的规律来塑造自身。这就是教育活动的审美侧度。

丧失审美侧度的教育活动是不健全的。在这种教育中，主体与人的发展资源的关系是异化的关系，发展资源作为人的创造物反过来成为人的异

---

① 张焕庭：《西方资产阶级教育论著选》，北京：人民教育出版社 1979 年版，第272—273 页。

己的力量，形成对人的自主性、能动性和创造性的压抑、奴役和否定。在这样的教育中，人是痛苦的、抑郁的，并且也无法获得真正意义上的全面发展。人必须作为发展资源的主人，才有可能自由地按照美的规律全面发展自身。这也是泛教育理论坚决摒弃单一的"主—客"教育主体观，并一以贯之地坚持人在教育活动中的主体地位的重要原因之一。

泛教育理论把它所界定的教育活动分成生命、知识、道德和审美四个侧度，这与传统教育理论的"德、智、体、美"四育有某种相似之处。但传统教育理论的"四育"的内在结构是积木式的，相互之间缺乏真正有机的内在联系，因而可增为"德、智、体、美、劳"五育，也可减为"德、智、体"三育，其排列的顺序也只反映强调重点所在，并不反映内在的递进关系；而泛教育理论的四个侧度之说，力图从科学的角度揭示同一教育活动内在地包含着的四个侧面，这四个侧面有机地联系在一起形成稳定的金字塔结构，并且其排列顺序反映了由生命、知识、道德到审美的递进关系，生命侧度是教育活动的基础，知识和道德侧度是教育活动的两翼，审美侧度是教育活动的深层境界。教育政策重心的移动不应影响这四个侧度的排列顺序。就内容而言，四个侧度也比"四育"的内容更加广泛、更加丰富。

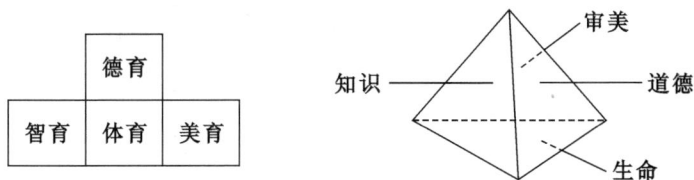

图3 与传统教育理论"四育"的积木式结构不同，泛教育理论
认为教育活动的四个侧度有机联系在一起构成稳固的金字塔结构

泛教育理论对它所界定的全部教育现象的研究主要沿着四个维度逐步展开。

1. 历史维度

在历史的联系和变化发展中考察对象，是人类认识世界的一个基本维度。泛教育理论沿着历史维度展开对教育现象的研究，力图从历史的角度揭示这样三个方面的内容：

（1）作为进化机制的教育在社会历史过程中的作用

在历史的维度上研究教育，首先要从社会历史发展出发，思考教育在总体的人的发展过程中的作用。因为作为一种人类学事实的教育现象本身就是社会历史的内在进化机制，只有在社会历史的进化过程中，我们才有可能全面揭示教育的本质。个人发展作为社会发展的现实运动的片段，只有在社会历史的进程中才能获得历史赋予的普遍意义。从社会历史发展的总体上全面把握教育的本质，是深刻认识教育在个体发展中的作用之前提。从单个人的发生和发展出发来研究教育，往往很难突破教育在一定历史阶段表现形态的特殊性和单个人发展模式特殊性的局限，很难从总体上形成一个教育研究的全面广阔的理论视野。

（2）作为现实活动的教育在个体发展历史过程中的作用

一切教育活动都是现实的个人主体的活动。在社会历史领域中全面把握的教育本质，只有在个人历史领域中才能进一步展开并获得现实赋予的具体性。但是，在这里，个人历史领域里的研究是社会历史领域里的研究的进一步展开，因此，这里的个人不是抽象的单个人，而是"作为"一个特定历史时期的特定社会的成员的个人。"这个'作为'不是个体所能选择或决定的，而是一种'事实'。"① 这种事实决定了个人历史领域里的教育研究必须与个人的全部社会生活联系在一起。

（3）作为一种人类学事实的教育本身的历史发展及其内在逻辑进程

---

① 李泽厚：《悼念冯友兰先生》，《孔子研究》1992年第3期。

教育理论的研究对象应当是作为人类学事实的教育，泛教育理论研究在历史维度上的展开，最终也应当落实到教育本身的历史发展及其内在逻辑进程上。"在社会文化的学习水平上，社会再生产与其成员的社会化乃是同一过程的两个方面，它们互相依存于同一结构之中。"① 因此，关于教育在社会历史发展过程中作用的研究和关于教育在个人发展过程中作用的研究也应当统一于同一理论结构中，这个理论结构就是关于教育本身的历史发展及其内在逻辑进程的研究。通过对教育本身历史发展的研究，泛教育理论力图揭示教育从与社会生活处于混沌共生的状态到制度化的自觉的教育与非制度化的自发的教育相对立，再从这种对立走向统一而达到全面自觉的内在逻辑进程，并借此昭示这样一个历史归宿：人的发展最终将成为社会发展的目的而不是手段。

2. 结构—功能维度

结构—功能维度总的说来属于共时的研究角度，但共时不是静止，泛教育理论要在社会系统和教育子系统的协调运行中对教育进行结构—功能维度的研究。泛教育理论所认定的教育系统是一个社会系统而不是行政体制系统，它还摒弃那种把社会系统和教育子系统都简单化的倾向，客观地把它们看作复杂系统，这里不存在那种简单的、僵死的和程式化的规律，只有离散的、统计的、非线性的规律，对称破缺、多重选择和长程关联是这类系统的动态特征。在这种思想指导下，泛教育理论在结构—功能维度上的研究分三个方面展开：

（1）教育子系统在社会系统中的地位与作用

作为一种既存的人类学事实的教育是在社会系统的运行中担负着独特功能的一个子系统，这种独特的功能正是教育在社会生活中得以发生、存在和发展的历史根据。要正确认识这一人类学事实，就必须了解

① 哈贝马斯：《交往与社会进化》，张博树译，重庆：重庆出版社1989年版，第102页。

它在整个社会系统中处于什么位置，它与其他子系统之间以何种方式发生着怎样的联系。作为社会文化的一种进化机制，教育是如何在整个社会文化的变迁与适应变迁中建立一种双向转换机制的。系统的整体结构一旦形成，就会产生其组成元素所不具备的新颖性和独特性，这种新颖性和独特性体现了系统的特质。因此，从分析内部元素入手往往很难得出对系统整体全面的认识，而从总体上把握系统的特质，却是深刻分析其内部元素的前提。

（2）教育系统自身的内在结构、运行机制和系统进化

泛教育理论坚信："构成特征不能由孤立的各部分的特征来说明。"① 因此它不再局限于对教育系统各构成元素的孤立的研究，而是在各元素的相互联系中认识教育系统的内在结构，在各元素相互作用中认识教育系统的运行机制，并且在各元素的相互作用以及由此引起的相互联系的变化中认识教育系统自身的进化机制。通过教育系统自身进化机制的研究，泛教育理论尝试了解教育是如何从本能训练开始，在多种教育类型的分化与整合中历经适应性教育到进取性教育而由自发走向自觉的。

（3）教育系统的结构、功能与效率

泛教育理论在结构—功能维度上的研究最终要落实到效率上。效率研究是关于教育子系统在社会系统中的独特功能和教育系统自身的内在结构两方面研究的综合和深化。但是，泛教育理论关于教育效率的研究不是纯粹工具性的，而是力图用一种更加全面的价值尺度来审视效率问题，这就是教育在个体人格的社会文化生成和主体能力生长过程中的正向有效性。在这里，人是目的。因此，泛教育理论在效率研究上的重点将放在教育系统内部结构和各子系统耦合状态的优化上，特别是要研究

---

① L. 贝塔兰菲：《一般系统论》，秋同等译，北京：社会科学文献出版社1987年版，第46页。

教育活动中主体与主体之间关系结构的合理化和最优化。

3. 心理维度

如果把历史维度上的研究看作宏观研究，结构—功能维度上的研究看作中观研究，那么泛教育在心理维度上的研究则属于微观的研究。这种微观研究所遇到的第一个难题就是哲学史上的身、心二元分裂。泛教育理论认为，心理现象也是与身体一样真实地存在着的，身心是相互依存，统一一体的，身与心的统一才构成人。因此，泛教育理论在心理维度上的研究不拘泥于孤立的感觉、表象之类，而是把完整的人作为关注目标，尽管它并不排除作为手段的分解。这一维度的研究主要沿两条线索展开：

（1）教育在个体人格的社会文化生成中的作用

对于一个具有主体性的个人的形成，我们不能简单地从生物学上寻找解释，也不能简单地从各种不同的人格结构中寻找答案。个人的主体意识是在社会文化背景中通过与他人、与群体和与自我的交往中生成的，我们不能完全把它解释为某种人格结构的派生，或者社会文化的模型塑造。我们只能在教育这种联系个人与社会文化的中介性活动中才能合理地解释个人如何在自主的、创造性的主体活动中确立了独立的自我意识和独特的个性特征，同时个人的这种独特性又内在地蕴含着时代的文化精神，并成为这种文化精神的生命与动力的体现。

（2）教育在个人意识、社会意识与历史目标之间的转换作用

每个人都既不是以纯粹个人方式参与社会生活的，也不是以纯粹社会方式参与社会生活的，个人主体之间的截然不同和毫无差异都意味着社会生活的不可能。人类的社会生活方式是介于这两极之间的。要在个人意识与社会意识之间保持平衡，就必须有一个转换机制介入其中，从而在两极之间保持一种动态平衡。这个转换机制就是教育。泛教育理论试图解释在社会意识、群体意识、个人意识之间，教育如何成功地建立

了一种双向的联系，并通过这种联系把无数个人的社会文化取向与总体的社会文化取向（历史目标）统一起来。这一维度的研究，贯穿了个人主体、小型集团主体、大型集团主体和人类主体的整个精神世界。

4. 模式维度

建立模式是一种同时从结构和过程两个方面描述事物的综合性方法。泛教育理论试图运用这种方法来综合描述人类教育活动的结构与过程，以及这种结构与过程的历史演化。在模式维度上的研究，可以根据不同的原则按照不同的方向（不同的模式）逐步展开。譬如，根据教育活动中交往主体之间关系结构的不同可以分成这样五种模式：

（1）个人学习模式

在这种教育模式中，交往关系的一极是个人主体，另一极则是人类主体、大型集团主体或当前没有直接参与交往活动（不在场）的个人主体。

（2）反身学习模式

在这种教育模式中，交往关系的一极是个人主体，另一极仍然是个人主体，即教育主体的交往活动是以内部语言和外部对象为客体中介而指向自身的，个人在反省性的学习中获得发展。

（3）对话模式

当教育活动以对话模式进行时，交往关系的两极可以是个人主体，也可以是群体主体，但处在两极的主体一定是异质的，对话是在不同主体间进行。在对话模式中，教育主体之间没有明显的、稳定的主导与接受引导的地位差别。一般来说，这种模式的教育活动发生于发展水平相当的主体之间。

（4）教学模式

在教学模式中，交往关系的一极是个人主体，另一极则是另外一个或一些个人主体，并且由于这"另外一个或一些"个人主体在发展水平上明显低于交往关系另一极的个人主体，因而发展水平较高的教育主体常常处于主导地位，他引导着处于交往关系另一极的教育主体能动的教育活动，为接受引导的一方的自主发展创造条件。这种教学模式不仅存在于学校中，而且广泛存在于社会生活的其他领域。

（5）群体学习模式

在群体学习模式中，交往关系的一极是群体，即两个或两个以上相互之间存在着与当前教育活动密切关联的交往关系的个人主体，而另一极则可能是四重主体形态中的任何一种主体。包含学生讨论的学校课堂教学就属于这种模式的教育活动。

根据其他原则，我们还可以对教育模式作别的划分，如根据主体之间相互作用的状态可以分作：冲突模式、合作模式和间接作用模式等。

泛教育理论认为，在教育活动中，任何一个教育主体都总是处在多极的交往关系构成的社会关系网络中，因此，上述教育活动模式的划分是相对的，这些模式反映了各种教育活动的突出特点，是教育活动的具体进行方式。它们不孤立地代表某个完全独立的教育活动，而是人类教育活动的不同片段。人的教育活动总是与人的社会生活交织在一起，因此多种教育活动模式往往并存于一个教育过程之中。在现实教育过程中，纯粹的反身学习模式或纯粹的教学模式都难以独立存在。教育活动模式的这种联系特征，与泛教育理论对"教育"概念的革命性理解是一致的。

杜威在《我的教育信条》第一条中这样写道："一切教育都是通过个人参与人类的社会意识而进行的。这个过程几乎是在出生时就在无意识中开始了。它不断地发展个人的能力，熏染他的意识，形成他的习惯，锻炼他的思想，并激发他的感情和情绪。由于这种不知不觉的教育，个人便渐渐分享人类曾经积累下来的智慧和道德的财富。他就成为一个固有文化资本的继承者。世界上最形式的、最专门的教育确是不能离开这个普遍的过程。"① 这也是泛教育理论的一个基本信条。只有把这个"普遍的过程"作为研究对象的教育学，才是完整的教育学；只有在这样广阔的视野中认识的"教育"，才可能是"周全"的教育。但泛教育理论并不是像进步主义者那样主张按照一般生活的模式改造学校教育，它反对在现阶段历史条件下人为地把学校教育消解在社会生活中，相反，它认为学校教育是现存教育的理性支柱，然而这个理性支柱绝不是教育的整个世界。海德格尔曾借荷尔德林晚年一首风格独特的诗中的一句来描述人的存在状态："人诗意地栖居在大地上"。"思想地存在"只是片段，"诗意地存在"才是整体，因此，泛教育理论郑重宣告：人，诗意地生长在大地上。

---

① 赵祥麟、王承绪：《杜威教育论著选》，上海：华东师范大学出版社1981年版，第1页。

第一章

教育现象史的考察

本章逻辑线索：教育现象的起源说明教育最初就是与社会生活直接同一的——教育现象的发展进化是一个教育形态分化整合辩证统一的过程——教育现象的现存形态是多元的——现代社会中教育现象的变迁说明教育形态分化与整合辩证统一的过程是和社会生活本身的发展进程相同一的——从作为一种人类学事实的多种多样的具体教育现象及其变迁过程中我们可以推导出泛教育理论的"教育"概念

　　黑格尔说："'物'作为一种在自己本身内扬弃自己的本质的实存——这就是现象。""因此本质不在现象之后，或现象之外，而即由于本质是实际存在的东西，实际存在就是现象。"① 本质寓于现象之中，教育学要通过科学的研究活动认识教育的本质及其规律，而它直接面对的却总是教育现象。教育现象是教育本质的"映现"（scheinen），是教

---

　　① 黑格尔：《小逻辑》，贺麟译，北京：商务印书馆 1980 年版，第 273、274、275 页。

育学的知识客体。考察教育现象的运动变化，是认识教育本质及其规律必须首先经由的"众妙之门"。

　　然而，如今所见的"教育史"，多是教育思想史，或者其间再夹杂一些属于教育现象很小一个组成部分的教育制度的发展史。真正全面考察教育现象、具体记叙先人如何进行教育活动的名副其实的"教育史"，尚未见到。从这一方面而言，教育学的研究在其历史积累方面还处在史前考辨阶段。我们这里也只能勉为其难，大略作一个梳理，以期获得一个模糊却相对完整的"映现"。

一　人类教育的起源与形态分化

　　论及人类教育的起源，一个重要的逻辑前提就是对这样一个问题作出回答：什么样的社会现象可以称之为"教育现象"？同样，对人类教育起源的认识，也直接影响着人们对这个问题的回答。也就是说，教育起源问题与教育的本质问题是密切联系在一起的，对教育现象的起源及其发展的历史考察，有助于我们深入探索教育的本质及其规律，并且对泛教育理论的体系建构具有重要的逻辑意义和理论价值。

　　泛教育理论认为，教育现象的产生和发展的历史与人的产生和发展的历史是一样久远的，这是一个无可辩驳的历史事实。因为，如果没有教育，人类也就不可能成为人类。首先，如果没有教育，人类制造和使用劳动工具的经验的积累和技术的进步都是不可想象的。制造工具并使用工具从事改造自然的劳动，这是人区别于动物的一个基本特征。与动物对现成自然物的偶然利用不同，人类制造和使用工具不是偶然的个体性行为，而是一种社会性行为。唯其社会性，才使人类制造和使用劳动工具的经验积累和技术进步成为可能。离开教育，经验和技术这种后天获得而不是遗传的能力就不可能在世代相传中不断积累和进步。考古学的发展可以证明这一点。"从对下、中、上旧石器时代文化进化的观察来看，人们只能见到作为维持生命和丰富生命的适应文化的潜在力量和范围的某种东西。到现在（上旧石器时代——引注）已很清楚，成千上万个个体积累起来的经验可以被选用来解决工具制作和工具使用的问题。"① 这种在旧石器时代的考古资料即清楚可见的适应文化的潜在力量的生长，表现为历史越是向前发展，人类制作工具的技术和工艺也就越是精巧，制作工具的方式也越是有效，工具的种类也不断增加，并且当人们掌握某项技术后，就可以看到与此相关的一次工具种类的剧增，并且还能看到一项技术在不同居住地的原始人群之间的传播。② 其次，如果没有教育，人类文明以符号为中介进行传播、积累并获得迅速发展也是不可能的。符号化是人类文明进化过程中的一次革命性飞跃。语言文字的产生使人类文明能以直接的外在的形式不断积累下来，并且可能跨越时空进行传播，这就成倍地促进了人类文明的发展。生物进化的研究表明，"如果物种为生存所需要的信息量大于几百亿比特的话，那么就必须由非遗传系统提供信息"③。符号系统就是人类重要的非遗传系统之一。没有外在符号系统，人类不可能发展成今天这样的人类。然而，这种符号系统的存在价值有两个必要前提，即符号与意义的对应关系必须在相当规模的人群中具有普遍认同性，并且在相当长的历史时期的发展过程中同时保持一定的相对稳定性。失去这两个前提，符号系统不仅失去了存在价值，而且其本身的产生和发展也是不可能的。符号系

① 马文·哈里斯：《文化·人·自然——普通人类学导引》，顾建光等译，杭州：浙江人民出版社1992年版，第165页。
② 参阅阿诺德·汤因比：《人类与大地母亲》第五章，徐波等译，上海：上海人民出版社1992年版。并参阅路易斯·亨利·摩尔根：《古代社会》第一编第二章，杨东莼等译，北京：商务印书馆1977年版。
③ 吕斌：《文化进化导论》，上海：学林出版社1994年版，第25页。

统的普遍认同性的建立和相对稳定性的保持，唯有仰赖教育才能实现。再次，如果没有教育，甚至人类的社会生活也是不可能的，与动物的群体共生不同，人类社会生活中调适人际关系的行为规范不是本能的而是后天的，这些后天的行为规范只有通过教育才能不断为社会新成员所接受，使新成员得以进入社会生活，从而使人类社会生活获得连续性。离开了教育，社会生活的发展甚至存在都是不可能的。总之，人类之作为人类的发展，主要在于"文化"这种非遗传系统能够大量积累和保存发展进化的信息。然而，正如爱尔乌德（Charles A. Ellwood）所言："自最初起，一切文化之继续，即有赖于少年人之教育。文化的过程，主要就是教育的过程。最简单的物质工具之制造，通常都需要从别人那里，才能学到制造的过程。所以文化的全体从太古时起，就是用教育的过程来保留的。"① 太初有"人文"，文而化之乃成人，是谓"教育"。因此，教育是伴随着人类一起诞生的。

教育，在人类产生的同时就产生了。没有教育，人类就不可能成为人类。众所周知的印度"狼孩"的例子大概是说明这一问题的最典型的例证。但是，教育现象也不是突然从天而降的，它的产生有其深刻的生物学基础。这种生物学基础主要包括两个方面：一是人在生理构造上未特化；二是人在脱离动物界以前所获得的一种类似教育的本能。

动物的生理构造在进化过程中产生了专门化的特征，每一种动物的生理构造都是适应于该种动物特定的生活环境的，如蝙蝠的声呐定位系统、墨鱼特殊的逃生系统等。人在生理构造上却是未特化的，他没有浓密的毛发对付恶劣的气候，没有尖牙利爪来猎取食物或抵御天敌。人在生理构造上的未特化和反应机制上的未确定性，一方面赋予人以可塑性，并促进人在生存斗争的巨大的进化选择压力下产生对教育的需要；

---

① 爱尔乌德：《文化进化论》，钟兆麟译，上海：世界书局1932年版，第137页。（上海文化出版社1989年影印）

另一方面又决定了个体的人出生以后必须依赖亲体和群体才能生存，这不仅使人的幼儿抚育期要比动物的幼仔哺育期长得多，而且使成年的人也难以完全脱离群体，从而为人的教育的产生提供了条件。

人在生理构造上的未特化只是教育产生的一个客观条件，如果人的意识深层没有某种教育的意向，那么我们也很难想象某个原始人突然一下冒出个叫作"教育"的好主意。人的意识深层中这种潜在的教育意向的生物学根据，就是漫长的进化赋予动物界的一种类似教育的本能。法国社会学家勒图尔诺曾举出大量例证以说明："动物尤其是略为高等的动物，完全同人一样，生来就有一种由遗传而得到的潜在的教育，其效果见诸个体的发展过程。"[①] 例如：隼会把猎获的死鸟从高处放下，训练幼隼猛扑向猎物的习惯。当幼隼初步学会后，母隼又会把猎获的活鸟在幼隼面前放飞，训练幼隼独立捕猎的能力，母熊虽不知道"爱之深，责之严"这句古老格言，但在训练幼熊行走、攀登或吃东西时，也会用脚踢、打耳光甚至轻咬来惩罚幼熊，迫使幼熊学会这些行为，并且幼熊即使长得比母熊强壮也绝不自卫。人们还观察到，非洲南部的狮子会通过一种有意的体操动作进行自我训练，把树桩当作猎物练习猛扑。这种现象在家禽家畜中也常见到，如母鸡会带领雏鸡到野外觅食，当雏鸡长到能独立觅食时，母鸡又会猛啄雏鸡，迫使雏鸡离开母鸡独立生活。动物的这种类似教育的本能，是出于种群延续的需要而在漫长的进化过程中经过自然选择逐步形成和完善的。人类在告别动物界的同时，也继承了这种为种群延续所必需的类似教育的本能，因此，人在原始的意识深层就潜伏着一种教育的意向，构成教育现象起源的生物学基础的心理根据。

在教育现象的发展过程中，其生物学基础的生理方面和心理方面是

① 参阅勒图尔诺：《人类不同人种中教育的进化》。瞿葆奎：《教育学文集·教育与教育学》，北京：人民教育出版社1993年版，第158页。

相互联系的。"当观念进化和体质进化的联合过程进行下去时，其中的观念进化成分就会越来越趋向于摆脱它所受到的限制而获得更大的独立性。最后，中枢神经系统自身的发展也就逐渐消除了这些限制。正是由于这种进化，人类方始能统治整个生物界。"① 这两方面联合的进化过程，却又是以人类的社会生活为统一的现实基础的。人类教育的可能性、教育的需要和意识深层的教育意向，所有这些生物学基础都只是为教育现象的产生提供了前提条件，只有在人类社会生活中，教育现象的产生才能真正成为现实。

人类的社会生活，是教育现象直接的起源。一种在我国教育理论界广为人们所接受的观点认为："教育起源于人类社会生产和生活的需要，是随着社会生产和生活的需要而同时出现的一种社会现象，其中社会生产的需要对教育的产生具有决定性的意义。"② 在泛教育理论看来，与其说教育起源于人类社会生产和生活的"需要"，不如说教育直接地就起源于人类社会生活（包括生产活动）本身，其中生产活动的教育性更具重要意义。因为，"需要"说在逻辑上暗含着教育产生于社会生活之外的意思，即社会生产和生活首先产生一种对教育的需要，然后才有人创造出一种叫作"教育"的东西来满足这种需要。然而，现代人类学家在遗存的人类原始部落中的发现，已经以大量胜于雄辩的事实证明了人类最初的教育活动是与一般的社会生活和生产活动直接融为一体的，原始人关于社会生活和生产的各种观念、技能，主要也是在实际社会生活和生产的过程中习得的。平原印第安人的孩子在很小的年纪便使弓弄箭，八九岁时就能猎射一些小鸟或兔子。当他射中第一头鹿的那一

① 雅克·莫诺：《偶然性和必然性——略论现代生物学的自然哲学》，上海外国自然科学哲学著作编译组译，上海：上海人民出版社 1977 年版，第 120 页。
② 毛礼锐、沈灌群：《中国教育通史》第一卷，济南：山东教育出版社 1985 年版，第 4 页。

天，克洛人便举行盛大的庆祝仪式，他的父族中便有一位族人出来穿营走寨唱着歌曲赞美他。澳洲土著居民的少年也是在跟着父亲去打猎的过程中，无意中就学会了使用猎枪、木工制作，并掌握了"飞去来"（boomerang）的使用手法。在北西伯利亚，察克奇族的男孩子到了能握刀柄的年纪，父亲就给他一个样品，他就渐渐学会了怎样用刀雕刻木头和怎样用刀做兵器。到了10岁，男女儿童都得放牧冰鹿群，在直接的放牧活动中获得处理这种好动的动物的经验，虽然他们的睡眠时间比年纪大一些的牧人的确要多一些，但他们必须作为辅助劳动力担负起这个辛苦工作的一部分。再过几年，他们就是正式的牧人了。① 我们可以推测，在文明进化程度比这些现代社会中的原始部族还要低下得多的原始社会，儿童一定在更早的年龄就直接参与了生存斗争，严酷的现实生活迫使他必须在直接的生产活动中接受生产技能的教育，而不是在生产之外把他培养成一个劳动力再来"满足需要"。更进一步讲，社会生活对人来说总是先在的，每个人一降生到这个世界上，就会受到社会生活的影响，这是人之为人的最基本的教育，也只有受到这样的教育，个人才可能作为一个正常的人生长。同样，对整个人类而言，只要人类社会生活一经产生，教育现象也就必然地产生了，尽管最初的人类社会生活与动物的群体生活或许没有截然不同，但发展水平的低下并不能否定其教育的作用。所以，人类社会生活本身直接就是教育的起源。也正是在这种意义上，我们说人类最初的教育是和社会生活统一一体的。

对教育现象的发展历史，我们可以从不同的角度作不同的描述。譬如：按照人的主体能力的生成和增强，我们可以把教育现象分成导论中提及的三种形态：本能的训练、适应性的教育和进取性的教育，并且进而把教育现象的发展描述为这样一个历史过程，即由从动物界继承的类

---

① 参阅罗伯特·路威：《文明与野蛮》，吕叔湘译，北京：生活·读书·新知三联书店1984年版，第174—176页。

似教育的本能转化而来的"本能的训练"开始，在生存斗争中逐步分化出"适应性的教育"，当人的主体能力提高到一定水平时，又进一步分化出"进取性的教育"。① 这一过程中，每一次的教育形态分化不是一种形态简单代替另一种形态，而是形态的日益丰富复杂。再如：我们还可以像威尔逊那样，把文化进化分成七个阶段，并分别根据这七个阶段，运用"有无教师""面对所有人还是少数人""教学形式是特殊还是一般"这三个基本变量来描述教育形态的分化状况（见表1）。威尔逊也认为，教育现象在不同文化进化阶段的发展表现为形态的分化及其增多，而不是一种形态取代另一种形态。泛教育理论赞同这种看法，因为在泛教育理论看来，教育现象的发展与社会生活的日益丰富和多元化的发展进程是统一的。教育现象的发展进化的历史线索不应只是一条简单的直线，而是一棵越来越枝繁叶茂的"进化树"。也就是说，教育现象的发展进化是一个形态分化的过程，而不是简单的形态更迭过程。

　　从不同的角度，我们可以描绘出不同的教育现象进化树。例如：按照人类的主体能力的生成及其增强，我们可以用图1来描述教育形态的分化过程。由于教育现象的形态分化，我们最终看到的并非只有"进取性的教育"这一种教育形态，而是三种教育形态并存。如果进一步做更为细致的分析，这株进化树还会有更多的分支。在这个教育形态的分化过程中，存在着不同教育形态之间主次地位的转化，也不排斥某些分支在进化过程中逐步消亡的可能，但整个进化树总是不断保持着动态的平衡，从而保障教育在社会系统中的功能得到全面、均衡的发挥。当失去平衡的情况出现时，一个正常运行的社会系统会调用其功能互补与调节机制，迅速恢复其教育子系统的内部平衡，调整好不同教育形态之间的关系。如在"文化大革命"期间，我国学校教育系统几乎完全丧

---

　　① 参阅"导论"第三节。

失了学校的知识教学功能，但与此同时，我们却看到了一批自学成才的突出典型。再如：在生活方式的现代化过程中，由于家庭教育功能的下降，社会又向学校提出了更多的功能要求。我们可以把这些现象看作是进化过程中的"振荡"，整棵"教育现象进化树"就这样在混沌和协同中保持着"生长"的平衡。而且，就某一"分支"的内部平衡而言，情况也是这样的。一旦失衡的状态持续过长时期，教育系统乃至整个社会系统往往就会出现一些短期内难以解决的问题。

表1 威尔逊的文化进化与教育类型表

文化进化的阶段	教育类型							
	无教师对所有人一般的	无教师对少数人特殊的	无教师对所有人特殊的	无教师对少数人一般的	有教师对少数人一般的	有教师对少数人特殊的	有教师对所有人特殊的	有教师对所有人一般的
①受限制的游牧文化	✓	✓?						
②具有常住地的游牧文化	✓	✓						
③半永久性的定居文化	✓	✓	✓					
④单纯核中心文化	✓	✓	✓	✓				
⑤进步核中心文化	✓	✓	✓	✓	✓	✓		
⑥单纯的高度核共有文化	✓	✓		✓	✓	✓	✓	
⑦进步的高度核共有文化	✓	✓		✓	✓	✓	✓	✓

（资料来源：H. O. Wilson *On the Evolution of Education*, University of Washington Press, 1973, 转引自冯增俊：《教育人类学》，南京：江苏教育出版社1991年版，第111页。）

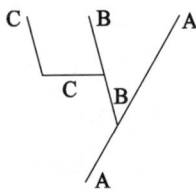

图 1   教育现象进化树（Ⅰ）

（A: 本能的训练；B: 适应性的教育；C: 进取性的教育）

教育史上习惯从教育组织形式演变的角度，用"形式化教育/非形式化教育""制度化教育/非制度化教育"或"正规教育/非正规教育"等术语来划分教育形态并描述其进化发展的历史过程，但是，这些术语的确切含义以及相应的不同教育形式之间在演化过程中的历史的和逻辑的关系，我们至今依然没有获得一个完整、清晰的认识。陈桂生教授在其《教育原理》中把教育实体的产生作为形式化教育出现的标志，而把班级授课制视作教育由非制度化教育演进为制度化教育的标志。① 他认为，非形式化教育的特点即在于它是和人们的社会生活融为一体的，因而没有专门的教育者和受教育者（陈先生认为二者之间是教育主体与教育客体的关系），而形式化教育则形成了一定的教育实体，有专门的教育者（职业化的教师）和受教育者、固定的活动场所、独立的社会分工部门，并且其文化传播活动具有系列性，所传播的文化也逐步规范化。在形式教育阶段，教育又经历了一个"用制度化的班级教育代替非制度化的个别教育"② 的演变。"制度化"（institutionalization)作为一个社会学术语的含义是指"群体和组织的社会生活从特殊的、不固

---

① 参阅陈桂生：《教育原理》，上海：华东师范大学出版社 1993 年版，第 42—84 页。
② 陈桂生：《教育原理》，上海：华东师范大学出版社 1993 年版，第 48 页。着重号为笔者所加，提示此为陈教授对演进中不同教育形态之间关系的一种解释。

定的方式向被普遍认可的固定化模式的转化过程"①。教育制度化也就
是在学校这类教育实体（组织）中人们的教育活动模式的逐步固定化，
并且这种固定模式在一定社会范围内是为人们所普遍认同的。"正规教
育"和"非正规教育"也是一对从教育组织形式的角度来划分教育形
态并描述其演变的术语，这对术语虽然人们经常使用但含义模糊。这一
点在布鲁柏克（J. S. Brubacher）的《教育问题史》中表现十分明显，在
同一段文字中，布鲁柏克先是把"正规教育"看作是"依赖于语言与
文字符号的"教育，并且把原始社会的成人礼也看作是正规教育较早
的一种形式。这种理解是把"正规教育"和"非正规教育"大体上相
应地视为"形式化教育"和"非形式化教育"。但是他紧接着又把"正
规教育"与"学校教育"相提并论，这样"正规教育"与"非正规教
育"的区别实际上就成了"学校教育"与"非学校教育"的区别。接
下去他又把"正规教育"别称为"正规学校"，这就把"正规教育"
和"非正规教育"的区别又变成了"正规学校教育"和"非正规学校
教育"的区别了。② 其中，"学校教育"与"非学校教育"的区别大致
可以等同于"制度化教育"与"非制度化教育"的区别，而"正规学
校教育"和"非正规学校教育"的区别则是这对术语独有的含义。实
际上，在制度化教育产生之后，确实又出现了那些为官方所认可的
"正规学校教育"与没有取得官方认可但教育组织形式仍然是制度化的
"非正规学校教育"的分化。为了更清晰地描述这种教育现象演化过
程，我们约定"正规教育"和"非正规教育"这对术语只相应表述
"正规学校教育"和"非正规学校教育"这种新出现的教育形态分化现

---

① 《中国大百科全书·社会学》，北京：中国大百科全书出版社 1991 年版，第
477 页。
② 参阅约翰·S. 布鲁柏克：《教育问题史》，吴元训译，合肥：安徽教育出版社
1991 年版，第 338—341 页。

象。同时，我们还要进一步明确上述每一对互补关系的概念分别构成的全域概念，或者说是明确把一对概念加在一起所构成的是什么概念。因为概念 A 可以有封闭的外延边界，而概念 $\bar{A}$ 严格说来其外延却是开放的，$\bar{A} \cup \bar{B}$ 永远有重合部分，所以，为了对"$A \cup \bar{A}$"和"$B \cup \bar{B}$"分别约定一个有明确界限的全域，根据教育形态的分化进程，我们约定："正规教育" $\cup$ "非正规教育" = "制度化教育"；"制度化教育" $\cup$ "非制度化教育" = "形式化教育"；"形式化教育" $\cup$ "非形式化教育" = "教育"。其中每一个 $\bar{A}$ 总是相对于 A 而言的，"原始教育"没有与它相对的互补概念，因而也就无所谓"形式化"或"非形式化"，认为原始的教育现象是非形式化教育，这种观点严格说来存在着逻辑上的矛盾。如果说"原始教育"是原初的"1"，那么教育现象的形态分化首先是从这个"1"产生出"2"，即："形式化教育"和"非形式化教育"，"形式化教育"又进而分化为"制度化教育"和"非制度化教育"，其中由"制度化教育"又进一步分化出"正规教育"和"非正规教育"，于是我们得出如图 2 所示的一株"进化树"。在这株"进化树"中，每一次分化都是在前一种教育形态的基础上进行的，并且以不同的方式包含着前一种教育形态。譬如：A 和 $\bar{A}$ 都是从 O 中分化出来的，其中 A 是孕育于 O 并最终分化出来的一种新的教育形态，而 $\bar{A}$ 实际上是 A 分化出来以后残余的部分 O，A 和 $\bar{A}$ 以不同的方式都包含了 O。就此而论，现存的一切教育现象都根源于 O 并以不同形式包含着 O。

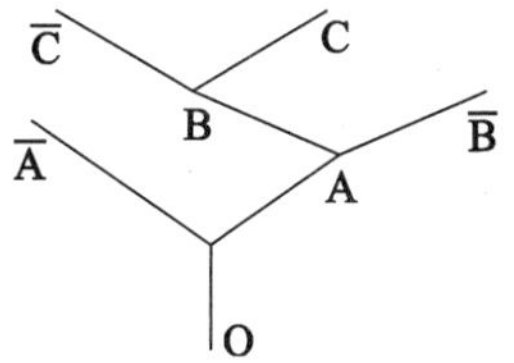

图2　教育现象进化树（Ⅱ）

（O: 原始教育；A/Ā: 形式化教育/非形式化教育；

B/B̄: 制度化教育/非制度化教育；C/C̄: 正规教育/非正规教育）

　　最初的分化也是多元的。在社会生产活动中，劳动分工的出现为原始教育的分化提供了契机。出于提高效率的目的，社会系统的功能分化几乎是自然地产生的。在生产和生活中精于某项技艺的人，就可能被分派专门从事这项工作，同时，这个人也就可能由于这种分工而成为该项技艺的专门传授者。据人类学家的研究，在美洲印第安人中，精于制造箭头和其他石器的技能，就受到大家称赞，并且这种技能也在类似于学徒的制度下慎重地传习延续。爱尔乌德认为，在初民社会里，"畋猎、打仗、建茅房、制皮衣，以及精神方面的新发现，都有各自的技术，在这些技术中，认识了某些人是比较精娴的，于是大家即拜之为师"①。我国的上古传说中有很多此类事例。《尸子》载："燧人之世，天下多水，故教民以渔；伏羲之世，天下多兽，故教民以猎。"②《易经·系辞》中说："包羲氏没，神农氏作。斫木为耜，揉木为耒，耒耨之利，以教天下。"③《吴越春秋》还有尧聘请后稷教人们农作的记载："尧遭洪水，人民泛滥，遂高而居。尧聘弃使教民山居，随地造区，研营种之

---

①　爱尔乌德：《文化进化论》，钟兆麟译，上海：世界书局1932年版，第139页。（上海文化出版社1989年影印）

②　尸佼：《尸子》卷上页8。《百子全书》第3册，杭州：浙江人民出版社1984年版。

③　李鼎祚：《周易集解》卷十五，成都：巴蜀书社1991年版，第297页。

术。三年余，行人无饥乏之色。乃拜弃为农师，封之台，号为后稷，姓姬氏。"① 随着社会分工的进一步细化，一些掌握专门技能的工匠工作的场所同时也成为培养学徒的准教育实体；原始宗教活动更是原始教育走向分化的直接源泉之一。原始宗教与近现代的宗教并不是一回事，原始宗教实际上是人类最初从物质的社会生活中分化出来的精神的社会生活，这种精神的社会生活是一个庞杂而混沌的整体，它在原始部落的社会规范保持与延续过程中发挥着十分重要的作用。譬如：广泛存在原始居民中的宗教仪式——成年礼，就"不只是一种仪式，而是一个预定的教育过程。这种教育包括身体锻炼、道德规范教育、意志性格训练和传统教育，以便有计划地培养少年，使之具备成为社会正式成员的条件"。这种仪式有时要持续 5 年以上，这里的确是"出现了教育制度的萌芽"②。我国西南地区民族宗教的研究也证明了原始宗教的巫师是最早的知识分子，也是最早的教师。彝族的原始巫"毕摩"，这一名词在彝文中又有"教师"的含义；纳西族的巫师叫"东巴"，而"东巴"在纳西语中也有"导师"和"智者"之意。③ 文字的产生也是原始教育分化的一个重要推动力，因为文字提高了文化积累与传递的效用，文化积累到一定程度就必然要求专门的教育实体来从事文化传递，同时，文字符号系统发展到一定规模以后也要求有专职的教师和专门的学习过程。再加上巫师一开始就垄断了卜辞的解释权。这些因素合在一起，加速了原始教育中形式化教育的分化和独立。克雷默（S. N. Kramer）就认为，古代两河流域的"苏美尔学校（Sumerian School）是楔形文字产生

---

① 赵晔：《吴越春秋》。薛耀天译注：《吴越春秋译注》，天津：天津古籍出版社 1992 年版，第 2 页。

② 滕大春：《外国教育通史》第一卷，济南：山东教育出版社 1989 年版，第 18 页。

③ 参阅张诗亚：《祭坛与讲坛——西南民族宗教教育比较研究》，昆明：云南教育出版社 1992 年版，第 140—168 页。

和发展的直接结果"①。

至奴隶社会，作为独立教育实体的学校已经在社会生活中发挥作用。实际上，正如工匠学徒制度专门培养手工艺人一样，这时的学校主要也是一种专门培养社会统治者的师徒式教育。《礼记·学记》中这样记述西周时期的学校体系："古之教者，家有塾，党有庠，术有序，国有学。"② 吕思勉先生说："古代社会，有平民贵族之等级，其教育亦因之而异。贵族教育，又有大学与小学之分。贵族之小学与平民之学校，皆仅授以日用之知识技艺，及当时所谓为人之道，绝不足语于学术。大学则本为宗教之府，教中之古籍，及高深之哲学在焉。然实用之学，亦无所有，而必求之于官守。"③ 可见，塾、庠、序、学的教育内容、方式和目的均各不相同。在这个具有完备学校体系的形式化教育系统之外，还有更加庞大的非形式化教育系统与之并存，并继续在人们的日常生活和生产活动中发挥着不可或缺的作用。《礼记·内则》曰："子能食食，教以右手。能言，男唯女俞。男鞶革，女鞶丝。六年，教之数与方名。七年，男女不同席，不共食。八年，出入门户及即席饮食，必后长者，始教之让。九年，教之数日。十年，出就外傅，居宿于外。"④ 这是当时儿童10岁之前在家庭中接受教育的情况。对社会教化，当时的统治者也很关心，十分注重采风问俗，治国化民，用今天的话来说，就是运用文化的教育功能来服务于社会控制。对广大奴隶和贫民来说，他们及其子弟所受的教育，却只能来自日常的社会生活和生产活动。所

① 克雷默：《最早的学校》。瞿葆奎：《教育学文集·教育与教育学》，北京：人民教育出版社1993年版，第256页。一般认为古代两河流域使用"苏美尔文"，而"楔形文字"产生于古埃及。
② 《礼记·学记》。孙希旦：《礼记集解》，北京：中华书局1989年版，第957页。
③ 吕思勉：《先秦史》，上海：上海古籍出版社1983年版，第468页。
④ 《礼记·内则》。孙希旦：《礼记集解》，北京：中华书局1989年版，第768—769页。

谓"古之教者，家有塾"，"塾"乃门侧之室的通称，只有贵族大户才有厢房，奴隶和贫民是很难"家有塾"的，"国有学"而服务于王侯，至于"庠"和"序"，奴隶和贫民恐也难入门。到春秋时，学术下移，少数富裕平民子弟是否可进"庠""序"尚待考，其时官学已没落，私学兴起，"有教无类"的思想已经产生。但是，无论是贵族、平民还是奴隶，学校教育都是以文字符号记载的文化内容为限，"人之生成"所需要的绝大部分教育仍来自社会生活。爱尔乌德对西方历史考察的结论也是："自从正式学校起源以后，这些学校即趋向于变成几乎纯粹的语言文字的教育机关，直到晚近还是如此。"① 就其最初的分化而言，学校不过是无数学徒制中一种专授识文断字之术的特殊学徒机构罢了，况且除学徒之外，人还要在更加广阔的社会生活中接受教育，社会生活于人也必有潜移默化。对于如此浩瀚纷繁的教育现象，我们在教育史和教育理论著述中都只用简单排除法的方式模糊地称之为"非形式化教育"，并且在很多人的观念中，它干脆被理解为一种过时的、被取代了的"前"形式化教育。实际上，这其中还包含着极其丰富的教育形态，它们与"形式化教育"从来就是并存发展的。

在原始教育分化成形式化教育和非形式化教育之后的一个相当长的历史时期中，学校教育和其他形式的形式化教育一样，都是采用学徒式的个别教育方式，陈桂生先生称之为"个体手工业方式的教育形式"。这种情况一直延续到近代，随着扩大教育对象、变革与扩充教育内容的需求日增，以班级授课制为特征的制度化教育作为一种特殊教育形态产生与分化出来成为不可逆转的趋势。② 变革的要求主要来自科学的迅速

---

① 爱尔乌德：《文化进化论》，钟兆麟译，上海：世界书局1932年版，第142页。（上海文化出版社1989年影印）

② 参阅陈桂生：《教育原理》，上海：华东师范大学出版社1993年版，第48页。陈先生把这一"分化"过程理解为"代替"过程，此与本书观点有别。

发展和社会生产力的巨大革命，恩格斯盛赞"这是一次人类从来没有经历过的最伟大的、进步的变革，是一个需要巨人而且产生了巨人——在思维能力、热情和性格方面，在多才多艺和学识渊博方面的巨人的时代"①。历史的进步不仅需要巨人，而且对普通的凡人也提出了新的要求，于是，"把一切知识教给一切人"就成为时代的呼声。社会的发展要求给更多的人以更多的知识，而效率低下的学徒式的个别教育方式已不能满足时代的要求，这种矛盾促使作为众多个别教育方式之一的旧学校教育发生巨大变革，形式化教育形态发生了新的分化，即表现为现代学校教育体系的制度化教育的诞生。我们把这一分化过程的另一结果，即仍然保持个别教育方式的那些形式化教育形态，称作"非制度化教育"。这两个结果是并存的，它们在社会生活中各自都有对方所无法"代替"的功能。制度化的学校教育一开始就注定了它不可能成为可以代替一切其他教育形态的"周全的教育"，其最深层次的原因就在于促成它产生和分化出来的时代精神本身就不是"周全"的。哲学史家梯利（Frank Thilly）对这个时代的精神特征作如此概括："中世纪以后那个时期的高级精神生活的特征是，坚定地相信人类理性的能力，对自然事物有浓厚的兴趣，强烈地渴求文明和进步。但是，要注意的是，重视和渴求知识，不是为其自身，而是为实用，为其实际价值：知识就是力量。"② 制度化的学校教育正是教育系统为满足社会生产力的发展对大量有科学知识的劳动者的需要而诞生的，"知"的精神是其核心，所以，它来到世界上的目的就不在于人的"周全"的发展，但是，它长于知识教学，因此，在人和社会的发展中发挥着它独特而重要的作用，它的价值恰恰在于其"独特"的作用。仅就形式化的教育形态而言，

---

① 马克思、恩格斯：《马克思恩格斯选集》第三卷，北京：人民出版社1972年版，第445页。

② 梯利：《西方哲学史》，葛力译，北京：商务印书馆1995年版，第281—282页。

形式化的教育实体并非只限于学校，并且那些"校外"教育实体在制度化的学校教育产生以后依然存在，构成与制度化教育形态并存的非制度化教育。即使到 19 世纪中叶以后，严格意义上的"制度化教育"体系形成，非制度化教育也不曾被"替代"，而是在日益僵化的制度化教育活动模式之外，灵活地发挥着制度化教育所无法发挥的作用。"制度化"首先就意味着一系列"标准操作规程"（Standard Operating Procedure)的建立，这套规程限制了社会组织在不同行动中作出选择的自由。[①] 而对人的发展来说，任何一套标准操作规程都不可能是"周全"的，所以制度化永远需要与非制度化并存发展，相互补充。"社会总是忙于把发生的事情转化成惯例，又把惯例变成制度。然而，我们可以看到，在某一社会中，即便一种行为已经制度化了，它也继续会以非制度化的方式被付诸实践。因此，尽管我们有新闻制度，新闻仍然在口头上传播；尽管我们有教育制度，教和学也继续以非正式方式发生着。"[②]

　　教育的制度化包含着两个方面，一是教育实体内部作为一种社会组织的权威和权力结构的形成，这个权力结构具体保障"标准操作规程"的贯彻执行；二是教育系统作为整个社会权力结构的一部分而"结构化"（structuration）。这种结构化的进一步发展，会赋予部分制度化教育实体以合法化的权威，这就是我们这里所说"正规教育"的产生。在伊利奇（Ivan Illich)的"制度光谱"（institutional spectrum)上，它处在右端，属于"操纵性制度"（manipulative institution)。社会通过制度化进程赋予这种教育制度以强制性权威，如只有正规教育的证书才被政府和社会承认等。这种极端制度化的教育形态几乎难以避免地要表现出制度化过程本身具有的主要两个副作用：僵化和保守。社会生活的不断

① See David Popenoe, *Sociology*, Prentice-Hall, Inc. , 1991, p. 171.
② Robert Bierstedt, *The Social Order*, 4th edition, McGraw-Hill Book Company, 1974, p. 330.

发展又向教育系统提出很多新的要求，所以，在正规教育形成和发展的同时，非正规教育也在不断发展，它既在正规教育系统之外发挥着补充作用，又不断为正规教育系统所吸纳而推动正规教育的发展，如广播电视大学和各类非学历的成人学校、补习班等。这是一种处在制度光谱左端的"'互惠型'制度"（convivial institution），其特征是服务对象自主地利用其服务。① 显然，在社会的制度化进程中，这类教育制度往往会不断向制度光谱的右端移动。对于这样一种历史过程，我们的教育史学研究相当不足，甚至有些缺失已难以弥补。

正如普遍的历史学中有"正史"和"野史"之分，而"正史"又历来备受重视一样，教育史也一直偏重于正规教育的历史，并且制度化教育几乎成为其最大的对象范围。约翰·布鲁柏克说："教育史一直是指正规教育的发展史，尤其是指依赖于语言与文字符号的正规教育的发展史。"② 西尔弗（H. Silver）也批评说："教育史一方面既倾向于狭隘化，专注于制度和政治的形式；另一方面又趋向于旁征博引。作为两者结合的结果，教育史文献试图逐步取消两者的界限。这就不可避免地导致堆积而不是产生多种多样的比较微妙的解释。"③ 这种对教育史的"解释"，又总是同人们对"教育"的解释密切联系在一起的。它受制于人们对"教育"的解释，反过来又为人们对"教育"的解释提供强有力的例证。也正是出于这种原因，泛教育理论才首先从"教育正史"的解构着手，用更加全面的"教育"概念砸碎狭隘的旧教育史学框架的桎梏。在这种旧教育史中，我们只能看到教育界政治的、宗教的、理

---

① 参阅伊万·伊利奇：《非学校化社会》第四章，吴康宁译，台湾桂冠图书股份有限公司1992年版。

② 约翰·S.布鲁柏克：《教育问题史》，吴元训译，合肥：安徽教育出版社1991年版，第338页。

③ 西尔弗：《教育史学》。瞿葆奎：《教育学文集·教育与教育学》，北京：人民教育出版社1993年版，第891页。

论的等抽象领域的斗争，却看不到人们的教育实践，因而也看不到教育现象的全貌，看不到完整的人的"生成"。正如马克思和恩格斯在《德意志意识形态》中所说的那样，在这类历史学中，"现实的生活生产被描述成某种史前的东西，而历史的东西则被说成是某种脱离日常生活的东西，某种处于世界之外和超乎世界之上的东西"①。在这种教育史中，人类大量的作为人类学事实毋庸置疑地存在过、存在着并将继续存在下去的教育现象都被武断地排斥于教育史之外。

在泛教育理论看来，教育现象的起源是混沌的，然而却是丰富的、全面的，同样，它的发展历程也是极其丰富、充满生命力的。这个发展历程不是一种形态"代替"另一种形态的简单的直线，而是教育形态的不断分化、不断成熟、不断走向丰富完满。这是一株日益枝繁叶茂的"进化树"。这个分化的过程同时也是融合的过程，这个辩证过程的未来不可能向单一的原始的非（前）形式化教育复归，而是不同教育形态之间有机联系的加强，是在高度分化的基础上的高度融合，是通过分化而实现的对分化的扬弃。

二　现代社会中教育现象的变迁及其取向

"历史现象是不可感知的……事实上，所有历史现象都是理性推论的结果。它们既不是感觉的反映也不是感觉的组合。一句话，任何人都不能'看见'历史。"② 所以，教育现象史的考察是困难的。福柯说"文献即文物"，但教育现象史连这文献的考古资料也极稀见。先人是

①　马克思、恩格斯：《马克思恩格斯全集》第 3 卷，北京：人民出版社 1960 年版，第 44 页。
②　张功耀：《从现象到知识客体》，《中国社会科学》1996 年第 6 期。

如何从事教育活动的，他们是在怎样的条件下生长，这些具体的教育现象史，除了透过部分文艺作品还能朦胧地窥见它们具象的面影外，确凿的史料已很难查找，那些散见于各类史、志中的库藏尚待发掘。然而，从另一方面说，我们每个人又都是历史的见证人。"子在川上，曰：'逝者如斯夫！不舍昼夜。'"① 和这位伟大的"子"一样，我们每个人都时时在历史的大河边，看着它一去不复返。因此，对现代社会中教育现象的变迁做一点简单的考察相对更容易一些，或者说相对更"经验"一些。

黑格尔说："凡现象界的事物，都是以这样的方式存在着：它的持存直接即被扬弃，这种持存只是形式本身的一个环节。"② 教育现象也是以变动不居、稍纵即逝的方式表现其"持存"的，这对现代社会中的教育现象来说尤其如此。《教育展望》（*Prospects*, Unesco: IBE）杂志在 1993 年第 1、2 期展开的专题论坛的主题，可以说是抓住了现代社会中教育现象变迁的主要特征——变化中世界的多元化教育。我们正在和即将经历一个人类教育意识全面觉醒的时代，多种多样的教育形态如春日百花，争奇斗艳。然而，在进入这一历史时期以前的两百多年里，人类的教育却经历了一个百花凋零一枝独秀的冬眠期。正如科里根（Philip Corrigan）所描述的那样："经验的意义和教育的外延（range of education）都被'固化'（stabilized）为学校教育（schooling），'固化'为一些通过行动或证书表明某人受过学校教育（schooled）的表达形式，其他的教育实体或教育形式都被'催眠'了……"③ 这里的"催眠"并非意味着那些非学校形态的教育在其社会功效上的休止，而是指这些教

---

① 《论语·子罕》。杨伯峻：《论语译注》，北京：中华书局 1980 年版，第 92 页。

② 黑格尔：《小逻辑》，贺麟译，北京：商务印书馆 1980 年版，第 277 页。

③ David W. Livingstone & Contributors, *Critical Pedagogy and Cultural Power*, Bergin & Garvey Publishers, Inc., 1987, p. 21.

育活动被降至社会意识的自觉水平以下。与这一过程平行的，是表现为正规学校教育形态的公共教育体系的形成和壮大。为了唤醒人们对学校教育以外多种教育形态的自觉，进步主义者在20世纪初期提出改造公共教育体系的主张，试图按照社会生活中的教育模式来改造学校教育，借此消解公共教育体系在教育领域中的霸权。他们要努力告诉人们："事实上，公众是受多种实体教育的，这些教育实体中有私立的也有公立的，公共学校只是教育大众的诸多重要的公共教育实体之一。"① 不仅如此，进步主义者还提醒人们：整个社会生活都是对人的教育过程，而学校不过是一种特殊的社会环境。到20世纪中叶，又出现了以伊利奇等人为代表的一股激进的教育思潮，直接呼喊出解构学校教育体系的口号。这一股股思想浪潮的冲击和迅速发展的社会生活不断提出的新要求，促进了自20世纪六七十年代以来渐露端倪的教育意识的大觉醒，以及与此相应的多种教育形态纷呈、融合的教育现象大变迁。拉贾·罗伊·辛格说："目前这半个世纪完全不同于历史上的任何时代。具有极大广度和深度的各种变化一直在史无前例地展现出来，并影响着人类的其他一切活动。这些普遍的变化正不可逆转地塑造着未来。"② 与这种"塑造着未来"的普遍变化密切联系在一起，现代社会中教育现象的变迁主要表现在这样几个方面：

第一，学校教育从"教学"向"教育"的变迁。康内尔（W. F. Connell）说："在20世纪的教室内，有一个从教学到教育的不断变化过程。"③ 一语道破了现代社会中学校教育变迁的基本走势及其本质特性。

---

① Lawrence Arthur Cremin, *Public Education*, Basic Books, Inc., Publishers, New York, 1976, p. 58.

② 拉贾·罗伊·辛格：《为适应变化中的世界而变革教育》，《教育展望》1993年第1期。

③ W. F. 康内尔：《二十世纪世界教育史》，张法琨等译，北京：人民教育出版社1990年版，第23页。

首先是教学课程的丰富和重组，学生的兴趣受到重视，"知识"的中心地位正逐步为更能综合体现人的发展水平的"能力"所取代。尽管包括考试制度在内的一系列制度化框架的惰性目前还制约着这一变迁，但学校和社会在这个方向上的追求却日益明显、坚定、强烈。莱斯克（S. Rassekh）和威代诺（G. Vaideanu）1987 年在联合国教科文组织关于学校教育内容发展趋势的一项研究中指出：在过去的几十年里，学校教育的内容长期保持稳定，一个课程体系可以在整个国家范围内被统一固定下来。如今，"在大多数国家，已得出了更灵活的方法，当今分散与集中的趋势是对普通教育的两部分内容之间加以区分：一方面，一个共同基础课程，一个对每个人都强制学习的基础课程；另一方面就是各种自选课"[1]。克雷明（Lawrence Arthur Cremin）在描述教育主流的变化时还指出课程体系的另一变革："除了增多和重新组织正式课程外，还增加了课外活动，或者如进步主义者所说的作为学校教学计划必要部分的'辅助课程'——各种活动。"[2] 此外，教育内容方面还有很多变迁的现象，反映着学校教育在内容上从以"知识"为中心的"教学"走向以"能力"为中心的"教育"的大趋势。其次，对"隐蔽课程"的认识和重视，进一步表明了学校教育向完整的"人的教育"——社会生活，进而向完整的"人"本身靠近的努力。人们已经认识到："学生在学校中所经验的东西，不同于公开的、教育的、课程的经验，它们包括（1）由学校肯定的价值和规范所反映出来的社会—阶级倾向性，（2）科层化的机构，（3）为改变学生的行为而设计出的一套强加的教育目

① S. 莱斯克、G. 威代诺：《2000 年人类发展与教育变革》，张春光等译，沈阳：辽宁大学出版社 1990 年版，第 172 页。
② 劳伦斯·阿瑟·克雷明：《学校的变革》，单中惠等译，上海：上海教育出版社 1994 年版，第 337 页。

的。"① 这三个方面，构成了学校隐蔽课程最主要的内容。隐蔽课程的发现，揭示出学校教育与存在于人的社会生活中其他教育形态之间的一些根本联系和基本的共同性，反映了在学校中除知识教学以外的其他教育活动的某种"觉醒"。关于学校中的隐蔽课程的研究使人们逐步明白了这样一个事实：学校教育是作为社会生活的特殊部分来履行若干教育职能的，学校的这些教育职能在总体上是从属于一定的社会生活，从属于完整意义上的"人的教育"的。这就为学校教育自觉加强同社会生活中其他教育形态之间的联系提供了一定的认识基础。再次，学校教育方式总体上的人性化。康内尔说："学校从教学到教育过程的变化是一个越来越有人情味的过程。"② 近年来，作为对制度化所带来的保守、僵化和非人格化的反动，学校教育在教育方式上开始表现出一种人性化的追求，过去对教材的过度关注正在逐步向对学生的关心转变。教育，不仅仅局限于知识的传授，而且还要全面地促进人的"生长"，这一点正在逐渐成为人们的共识。基于这样一种共识，学校教育中的师生关系正发生着深刻的变化。在很多学校，我们都可以看到这一深刻变化的端倪：教师开始由最初的知识提供者转变为一种帮助者，他的成功在于帮助学生通过主动的学习在知识、情感、意志等各方面获得全面发展。由于这种变化，学校教育的组织形式开始向更加开放、积极和灵活的方向转变，教学手段日益丰富、生动、有趣，学生在教学活动过程中的积极参与也不断得到强调。最后，在促进人的全面"生长"的过程中，学校教育开始自觉寻求与社会生活的协同运作。在这方面，近来人们越来越倾向于用生态学的观点来看问题。这意味着"无论某一教育上的努

---

① 理查德·D. 范斯科德等：《美国教育基础——社会展望》，北京师范大学外国教育研究所译，北京：教育科学出版社1984年版，第142—143页。
② W. F. 康内尔：《二十世纪世界教育史》，张法琨等译，北京：人民教育出版社1990年版，第23页。

力如何向前推进，这一努力都不应孤立于其他教育实体来付诸实施，而要在同其他教育实体的联系中向前推进"①。由于这种生态学的联系的观点，我们看到学校与家庭、学校与社区、学校与公共文化机构之间的合作迅速增多，尤其是学校与家庭联系日益紧密。尽管其中仍然存在很多问题，但追求联系的普遍意向却十分坚定。这种追求联系的普遍意向反映了学校教育努力跨越制度化所形成的僵化边界，在同制度化以外的教育实体的合作中从"教学"走向"教育"的发展趋势。

第二，非正规学校教育形态异军突起，形成教育形态分化过程中重要的平衡力量，这股平衡力量进一步密切了学校与社会之间的联系。莱斯克和威代诺把这一发展过程称作"非正规学校运动"，他们说："随着许多发达国家'非正规'学校运动的开始，持各种不同态度的人开始为共同的利益而结合在一起，使学校与劳动界的关系逐渐建立并日益密切起来。"② 事实上，我们看到如今这场"非正规学校运动"已不限于发达国家，而是已几乎成为一种世界潮流，这场运动的社会效应也不仅限于劳动界，而且它促进了多种教育形态之间的联系，并且在社会上引起了教育意识的普遍觉醒。我们把这种教育形态称作"非正规学校教育"，是为了强调这种"非正规教育"（nonformal education）和"非正式教育"（informal education）之间的区别。库姆斯（P. H. Coombs）给"非正规教育"的经典定义是："任何在已建立的正规制度之外的有组织的教育活动——不论它是单独进行还是作为某种更广泛的活动的重要

---

① Lawrence Arthur Cremin, *Public Education*, Basic Books, Inc. , Publishers, New York, 1976, p. 62.

② S. 莱斯克、G. 威代诺：《2000 年人类发展与教育变革》，张春光等译，沈阳：辽宁大学出版社 1990 年版，第 110 页。

特征——其意在于为确定的学习对象和学习目标服务。"① 无论是根据
这一经典定义，还是根据其实际的教育组织形式，非正规教育在教育形
态分类上都应视为一种学校教育，它与正规学校教育的区别主要在于制
度化程度的不同。前文关于教育形态分化的描述已经表明：正规教育是
在制度化程度进一步提高的过程中分化出来的一种教育形态。从现实的
教育现象进化中我们可以看到，很多非正规学校教育形态也在经历一个
进一步制度化的过程，这在我国的广播电视大学从非学历教育到学历教
育的发展过程中表现得尤为明显。虽然制度化进程按照社会组织自身发
展成熟的规律继续不断地进行着，但非正规学校教育的迅猛发展还是以
其灵活的形式和直接贴近社会教育需求的内容，在一定程度上打破了正
规学校教育系统的"失败的垄断"（failed monopoly）②，形成对正规学
校教育系统的十分重要的补充。由于这种补充和完善，"公共教育"
（public education）真正成为"公众的教育"（the education of the public），
这就允许并促使公众自觉地思考教育问题。在克雷明看来，"这意味着
我们应当认识到：公众关于教育和教育政策制定的思考在不同水平和不
同场合下继续进行着"③。随着这种公共教育制度民主化的不断深入，
公众的教育意识也在不断走向普遍的觉醒，人们越来越多地认识到教育
与自己的生活切身相关。公众教育意识的普遍觉醒为社会意识走向对存
在于社会生活各领域中的多种教育形态及其相互有机联系的普遍自觉准

---

① 拉德克利夫和科利塔（D. J. Radcliffe & N. J. Colletta）：《非正规教育》。见瞿
　葆奎：《教育学文集·教育制度》，北京：人民教育出版社 1990 年版，第 480
　页。着重号为引者所加。

② 对正规学校教育系统的一种批评。见香克（A. Shanker）：《传统学校教育模式
　的末日与运用诱因重建公立学校的建议》。见瞿葆奎：《教育学文集·国际教育
　展望》，北京：人民教育出版社 1993 年版，第 549 页。

③ Lawrence Arthur Cremin, *Public Education*, Basic Books, Inc., Publishers, New York,
　1976, p. 69.

备了必要的历史条件。

　　第三，在"学习化社会"理想的鼓舞和引导下，学校以外社会生活中各种教育形态的自觉性及其效能也在逐渐增强。用富尔等人的话来说，就是"多种现实的和潜在的因素已经丰富了生活"①。这些现实的和潜在的因素并不是各自孤立地产生并发挥作用的，而是有机地联系起来形成社会生活整体的教育效能。几乎人人都感觉到了，在当今社会生活中，我们所学会和要学的新东西越来越多。正如本杰明（S. Benjamin）所言，"当今这个世界，知识、技能、价值观陈旧速度越来越快，教育不再是人生早期几年的事了"②。随着现代社会生活的高速发展，人的发展资源在社会生活中的分布密度日益加大，同时，社会生活的迅速变迁使得人们开发、占有和消化人的发展资源的行动在社会生活的各领域中不断从自发走向自觉，教育成为一个在社会生活中终身不断地学习的过程。1970 年，联合国教科文组织大会把"终身教育"作为对教育过程的一种新解释推荐给成员国。1972 年发表的报告《学会生存》进一步向成员国发出"走向一个学习化的社会"（Towards a learning society）的号召。联合国教科文组织的一系列举措，有效地推动和加速了社会生活的"教育化"进程。尽管这一进程至今仍然是朝着"学习化社会"的教育理想不断逼近的过程，但"终身教育"作为对教育概念的一种新解释却并不以"学习化社会"教育理想的实现为前提条件，"终身教育"实际上是从来就一直存在于社会生活的普遍过程中的，所以，这里所说的社会生活的"教育化"，实质上是一个社会生活各领域中普遍存在的教育形态的自觉性及其效能日益增强的过程。现实的社会生活及普遍存在其中的教育形态的变迁使人们认识到，"使一个国家的所有教

---

① Edgar Faure, et al., *Learning to be*, Unesco, Paris, 1972, p. 160.

② 本杰明：《教育的视界：未来学家建议些什么》。见瞿葆奎：《教育学文集·国际教育展望》，北京：人民教育出版社 1993 年版，第 302 页。

育子系统与终身教育方式相适应代表了对我们时代的挑战的创造性的合适反应，并且是使个人积极参与民主社会成为社会有效一员，保护其在社会中的权力及基本价值，在可以预见及不可预见的社会变化中成功地进行自我教育和发展的唯一手段"①。在这里，社会理想的实现与教育理想的实现是同一的，从根本上说，这是同一个人类生存与发展状况改善的过程。

第四，人的发展日益成为现代社会生活发展的自觉核心和目的。作为对过去历史发展反思的结果，这种社会发展取向已成为一种世界潮流。米勒斯（Ian Miles）这样评价这股潮流："在关于发展前景的思想骚动中，社会指标运动已经兴起，这是对以经济增长为取向的发展战略及其传统指标 GNP（国民生产总值）的幻想日渐醒悟的结果。'人的发展'已经作为一种构建和评价选择性发展战略的中心而出现。"② 这股潮流一方面作为思潮形成对经济发展中心主义、技术中心主义等旧的发展思路的有力冲击，另一方面也作为行动的潜流在社会发展的实际过程中孕育成长。这既是思想进程的逻辑的结果，也是历史进步的必然的结论。在现代社会的发展过程中，人的发展越来越明显地成为决定性的因素，历史和逻辑同时向人们表白：人的发展是社会发展的必要前提和必然结果。富尔等人把这种以人的发展为中心的思想称作"科学的人文主义"（scientific humanism）。富尔在《学会生存》这份报告的绪论中说："有一个共同的观念，我们或许可以称之为'科学的人文主义'。它是人文主义的，因为它的目的主要在于关心人及其福祉；它又是科学的，因为它的人文主义内容还要通过科学对关于人和世界的认识领域继续不断的

---

① S. 莱斯克、G. 威代诺：《2000 年人类发展与教育变革》，张春光等译，沈阳：辽宁大学出版社 1990 年版，第 139 页。

② 依安·米勒斯：《人的发展与社会指标：定义和实质》，《国外社会学》1987 年第 3 期。

新贡献来加以规定和充实。"① 这种"科学的人文主义"在历史运动中的必然结果就是：社会生活本身越来越成为自觉的教育过程，因为它是以"人的发展"作为其核心和目标的。就现实的历史过程来看，现代社会的发展表现出越来越依赖于人的发展，也越来越为了人的发展的趋向。说它是一种"趋向"，是因为作为现实的历史运动，它同时表现出两种矛盾的现象："几乎所有的政治领袖都宣称'人的发展'提供了评价经济、文化和政治发展的标准，提供了他们在制定战略和政策时的框架。但在实践中，这个目标却常常被弄得模糊不清和被扔在一边。"② 这类实践的不足和理论的批评，实际上表明了理想与现实的矛盾正推动人们在现实的历史进程中向着所期望的目标迈进，因为人们已经明白了这样一个简单而又深刻的道理："无论人需要什么，只有人自己能满足它们，所以改善人的素质和能力是最终取得这一满足的唯一方法。"③ 也就是说，人的发展是一切社会发展的根本途径，同时也是这条途径所通向的最终目标。

第五，人们的日常生活的"知识建构力"也在不断增强。在现代社会的发展过程中，我们可以看到明显的社会民主化和文化大众化的现象。在这类现象中，内在地包含着一个日常生活的"知识建构力"不断增强的过程。"知识，无论是在学校还是在其他地方获得的知识，从来都不是中立的或客观的，而是依照一定的方式整理和建构的，它强调什么和排斥什么都包含有一种缄默的逻辑。知识是一种深深植根于权力关系联结（a nexus of power relations）之中的社会建构（social construc-

① Edgar Faure, et al., *Learning to be*, Unesco, Paris, 1972, p. XXVI.
② 依安·米勒斯：《人的发展与社会指标：定义和实质》，《国外社会学》1987 年第 3 期。
③ 奥雷利奥·佩西：《人的素质》，邵晓光等译，沈阳：辽宁大学出版社 1988 年版，第 158 页。

tion)。"① "权力"在这里是一个含义广泛的社会学概念而不只是政治学概念，我们可以把它理解为人们在社会生活中互动的关系及其规则。英国社会学家吉登斯（Anthony Giddens）说："权力指在拥有一定跨越时空的连续性的社会系统中，行动者或群体之间的社会互动文本中的自主的或依附的规则化联系。"② 人不断地"进入生活"，不断地介入权力关系联结，从而在交往行动中参与知识的社会建构并获得知识。社会民主化不仅是一个政治学的过程，还是一个社会学的过程，只有在整个社会生活的权力结构平等化的情况下，"民主"才可能成为一种现实的东西。所以，从这一点来讲，我们所看到的现代社会中文化大众化的现象是社会民主化的必然产物。文化大众化实际上是对过去精英论的文化霸权（cultural hegemony）的解构过程，是社会精神财富支配权向大众的"下移"。因此，随着社会民主化和文化大众化的进程不断向前推进，人们的日常生活的"知识建构力"也不断增强。从另一方面来说，这也意味着现代社会日常生活的教育效能的提高。很明显，有很多东西过去是普通民众见不到、不需要见到、见到也不能理解的，如今却是大家都能看到、都能"看懂"，有的甚至还是必须"看懂"的东西。人们在日常生活中学会的东西越来越多，科学知识向常识转化的速度日益加快。所有这些现象，都是日常生活的教育效能提高的表现。这类教育现象的变迁，与整个教育权"下移"的历史进程是一致的。"教育活动起初是分散的、片断的和精英论的，经历了许多年代和无数历史的对比，不可避免地趋向于同一个结论：建立一种结构稳固、权力集中并且负有周全的使命（a universal vocation）的学校体系。"③ 学校教育，无论是"上伸

① Peter McLaren, *Life in Schools: An Introduction to Critical Pedagogy in the Foundations of Education*, Longman Publishing Group, 1994, p. 178.

② Anthony Giddens, *The Constitution of Society*, University of California Press, 1984, p. 16.

③ Edgar Faure, et al., *Learning to be*, Unesco, Paris, 1972, p. 160.

型"的还是"下延型"的①,在本质上最终都是代表精英文化的。在学校教育系统日臻成熟的今天,我们所看到的学校教育在人类教育现象中的中心地位的削弱,在其深层次上是同社会民主化和文化大众化的历史进程紧密联系在一起的。其中,日常生活教育效能的提高是这种教育民主化进程的突出表现。在这一点上,富尔等人认为:"如果我们成功地摆脱了传统教育学的教育,如果自由持久的对话在教育过程中建立了起来……简而言之,如果学习者被引向自我教育并由客体转变成主体,只有在这些条件下,教育的民主化才是可能的。当教育在形式上表现为一种自由的探索,一种对环境的征服、一种创造性的行动,而不是像往常一样是一种给予或反复灌输、一种恩赐或强迫的时候,教育就更加民主化了。"② 所以,一种交往的教育主体观以及在此基础上建立起来的新型教育学理论也是教育民主化的必然要求,而在这种新型教育学理论看来,在人的社会生活中,教育是无处不在的。

现代社会中教育现象的变迁是多方面的,深刻、丰富、复杂的,但其中一个明显的基本趋向却是同一的,那就是多种教育形态在充分分化的基础上,相互之间有机联系的不断增强,表现出向着一个新的整合的发展环节跃升的趋势。爱尔乌德(Charles A. Ellwood)在《文化进化论》中曾描绘出一幅教育现象发展进化的曲线图(见图 3)。按照这幅曲线图的描述,现代社会教育现象的发展进化正处在一个经由"普及教育"的临界点向"社会化教育"跃升的过渡时期。在爱尔乌德看来,"教育在高一级的进展上,即成为更加社会的和更为道德的",这是向着初民社会的原始教育,即作为一种"个人参加于社会全体生活中的

---

① 参阅陈桂生:《教育原理》第 67 页关于学校教育系统发生的论述,上海:华东师范大学出版社 1993 年版。

② Edgar Faure, et al. , *Learning to be*, Unesco, Paris, 1972, pp. 74—75.

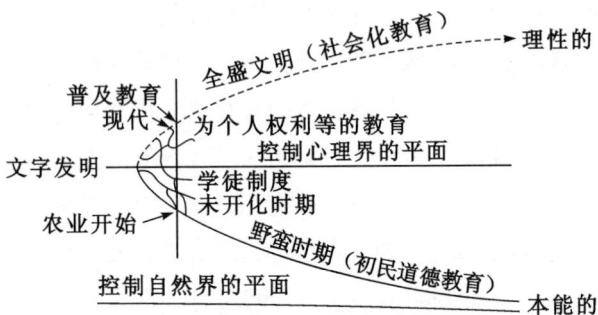

图 3　教育现象发展进化的曲线

（资料来源：爱尔乌德：《文化进化论》，上海：世界书局 1932 年版，第 145 页。）

过程"的教育回归。① 这个回归的过程，同时也是人类的教育意识越过所谓的"控制心理界的平面"（我把它理解为：人对精神世界而言的主体地位的确立，或者说是精神世界作为客体而成为人的对象）而不断走向全面自觉的过程。相应地，对教育现象来说，这正是人类社会中广泛存在着的教育现象不断从自在存在（Ansichsein）经过定在（Dasein）的中介环节向着自为存在（Fürsichsein）的辩证运动过程。黑格尔说："自为存在是完成了的质，既是完成了的质，故包含存在和定在于自身内，为其被扬弃了的理想的环节。"② 教育现象在其自为存在的阶段上是一种实现了其本质的完整的"教育"，因此，教育现象的这一辩证运动过程并不是向原始教育的简单回归，而是一个"肯定—否定—否定之否定"的过程，所以，现代社会中教育现象变迁的结果是人类的教育在否定之否定环节上的质的完成，它内在地包含了原始教育及其在中介环节上分化出来的诸多教育形态的合理内核，是在分化的基础上实现的整合，是对表现为分化和差异的"定在"环节的扬弃（Aufheben）。

---

① 爱尔乌德：《文化进化论》，钟兆麟译，上海：世界书局 1932 年版，第 144 页。（上海文化出版社 1983 年影印）

② 黑格尔：《小逻辑》，贺麟译，北京：商务印书馆 1980 年版，第 211 页。

Aufheben 这个词在德文中既有取消或舍弃的意思，又有拾取或保存的意义，实在是德意志一个天然的辩证概念。爱尔乌德所说的"全盛文明"时期社会化教育，实际上是教育现象在其否定之否定的发展环节上舍弃了在原始阶段的简单、朴素的特性和在分化阶段的割裂、片面的特性，同时又保存了其原始阶段的完整性和在分化阶段的丰富性。因此，在表现形式上，这种社会化的教育不可能只表现为一种单一的、简单的教育形态，它只能是多种教育形态在全面自觉水平上达成的辩证的联合。用哲学的语言来讲，它既不是简单的"一"，也不是分裂的"多"，而是其中包含着"多"的"一"。所以，不仅教育现象在现代社会中表现出的整合的趋向对未来的社会化教育具有重要意义，而且它在现代社会中的充分分化对未来的社会化教育也同样有着十分重要的影响。

从现实的历史过程来看，几乎所有相关的迹象都表明，现代社会中教育现象的变迁是一个分化与整合交织在一起不断向前推进的过程，一个不断趋向于一种"多元联合"的过程。一方面，我们看到随着现代社会生活的发展变化，教育现象也不断分化出更多的新领域、新层次和新形态，这种分化过程的迅速和复杂使我们很难对它作出清晰、详细的分析和描述。仅就"成人教育"[①] 这一个领域而言，起初只限于对成人开展扫盲教育，如今却已分化出诸多层次与形态，如作为一种准正规学校教育的各级各类成人学历教育，包括各种成人高校、成人中专等；作为非正规学校教育的各种实用技术培训、职业培训；作为闲暇教育的关

---

① 1976 年在内罗毕召开的联合国教科文组织大会通过的《关于发展成人教育的建议书》："'成人教育'一词是指有组织的教育过程的整体而言……通过这个教育过程，可使社会成员中被视为成年人者增长能力，丰富知识，提高技术和专业资格，或引导他们向新的方向发展，使他们在人的全面发展及参与均衡独立的社会经济文化发展两个方面的态度和行为得到改善。"见库姆斯（P. H. Coombs）：《关于制定一项现实主义成人教育政策的几点建议》，瞿葆奎：《教育学文集·教育制度》，北京：人民教育出版社 1990 年版，第 428 页。

于生活技艺、修身养性等内容的教育，包括老龄大学、家政学校和各种体育保健培训班等等。我们从不同角度可以把现今的"成人教育"这一领域划分成很多不同的亚领域、不同的层次和不同的教育形态。成人教育在不同国家的具体表现形态也不尽相同，如美国和加拿大的社区学院、日本的农民大学等，又都有各自的特色。① 另一方面，这种分化的过程同时又作为一个整合的过程而不断地展开，分化本身就表现出教育现象在整个社会生活的范围内走向全面联合的内在逻辑。从教育现象整体的变迁来看，这个分化过程实际上也就是存在于不同社会生活领域中的教育现象从自发走向自觉的过程。那些在分化过程中产生的新的教育形态，此前早已蛰伏于社会生活的一般过程中，以某种自发的教育形态在社会意识的自觉水平以下潜滋暗长，不断进化。所以，教育现象分化过程的根本动力来自社会生活，来自生活中那些自然态度下的、未分化的、直接与社会生活的一般过程融为一体的"非形式化的教育"。分化过程本身是纷繁复杂的，但它们的根本动力却是同一的，这种来自社会生活的根本动力就是：人的发展需要。从另一角度讲，这同一的根本动力同时也是一切分化过程的同一的目标。所有新的教育形态的产生在满足人的发展的需要这一共同目标下有机地联系在一起。事实上，这一分化过程在作为教育现象整体的一种变迁过程的意义上又是这样一个整合的过程：所有教育形态为更好地满足人的发展需要而相互联系、相互补充，从而更加全面地发挥出教育的效能。

现代社会中，教育现象变迁过程的本质是社会生活本身在其发展进程中向自觉以人的发展为中心的发展新阶段的一种过渡和一次飞跃。这是由社会生活本身的发展逻辑所决定的。在此之前的漫长历史进程中，人类生存与发展活动的重心主要在于征服自然，控制其赖以生存的周围

① 参阅中央教育科学研究所比较教育研究室：《世界成人教育概述》第三章，贵阳：贵州人民出版社1989年版。

自然环境；在此之后的未来社会发展过程中，人类在继续探索宇宙奥秘的同时，还要通过自我完善来努力实现幸福生活的理想；现在，我们正处在这两种不同意义的社会进化过程之间，是从前一阶段向新一阶段飞跃的中间过渡环节。"这是意义深远的进化之开始。人类在征服了全球后，必须立即学会怎样治理它，怎样履行他对地球上生命的统治责任……只有新人道主义能造成人的变革，能把人的素质和能力提高到与其新责任相称的水平。"① 就像前文引述的爱尔乌德的"教育现象发展进化的曲线"所图解的那样，从前的历史是人们"控制自然界"，作为自然界的主人而获得对自然界而言的主体地位的历史；未来的历史将是人们"控制心理界"，亦即人作为自己的主人而获得对精神世界而言的主体地位的历史。贝恰（又译"佩西"）"把这种在现代这一苦难时代人的精神的复兴称之为'人的革命'"。他认为，人类社会此前的发展过度重视对物质福利无节制的追求，却忽视了人的内心世界，"抛弃了任何精神的乃至伦理的灵感"，这是当今世界危机的根源。只有"新人道主义"，或者富尔等人所说的"科学的人文主义"，才能成为引导未来发展的新的时代精神，"只有这种教导人们教育应从自己内心开始的人道主义，才能给予我们到达更高境界的力量，这样我们才能仔细认真地研究应当选择什么道路通向未来"②。这种时代精神的产生及其实现过程，本身就是包含了一切教育现象的社会生活在对人的教育作用方面逐步走向全面自觉的过程。所以，从最广泛的意义上讲，现代社会中教育现象的变迁过程不是孤立的，它不是限于某个制度化或形式化的所谓"教育体系"或"教育领域"的单一社会生活领域的表面变化，而是发

---

① 奥雷利奥·佩西：《人的素质》，邵晓光等译，沈阳：辽宁大学出版社 1988 年版，第 144—145 页。

② 池田大作、奥锐里欧·贝恰：《二十一世纪的警钟》，卞立强译，北京：中国国际广播出版社 1988 年版，第 158—159 页。

生在整个社会生活中的一场深刻的社会历史变革。在本质上，现代社会中教育现象的变迁与整个现代社会历史进步的过程是同一的。

如果我们把人类在此之间所经历的物质力量的增长看作一种"技术进化"，那么我们正在和将要经历的人文力量的增长就是一种更加全面的"文化进化"，这是社会历史进步必然的一个新阶段。"如果全部人类体制准备与自然建立较高层次的友好关系和以稳定的内部平衡为基础的组织结构并进行幸福的交流，那么全人类就必须经历一个深刻的文化进化，从根本上改善人的素质和能力。"① 要从根本上改善人的素质和能力，重要的前提条件之一是对广泛存在于社会生活中的作为一种人类学事实（而不是既成的概念）的教育有一个真正全面、完整和深刻的认识。

三　作为一种人类学事实的教育

人类教育发展的历史有两部，一部是以文字形式表现出来的人们观念中的教育史，它是经过了人们的意识反映、加工和整理的，是人对历史的一种解释；另一部是在人们实际的生活过程中表现为一系列特定事件的教育史，它是教育现象运动变化的过程，是客观的历史事实的演化。由于"历史"的语义双重性，"我们总是被迫从上下文去推测，作者用'历史'一词是指某种文献还是某种特定事件"②。我们研究教育发展的历史，我们是在研究特定的事件还是文献的记述？这几乎是一个

---

① 奥雷利奥·佩西：《人的素质》，邵晓光等译，沈阳：辽宁大学出版社1988年版，第145页。
② 菲利普·巴格比：《文化：历史的投影——比较文明研究》，夏克等译，上海：上海人民出版社1987年版，第33页。

"不可言说"的哲学问题。但有一点是可以肯定的，那就是"意识在任何时候都只能是被意识到了的存在，而人们的存在就是他们的实际生活过程"①。因此，广泛存在于社会生活中的实际的教育现象是我们关于教育的一切观念性认识的最终根据，我们把这种实际教育现象称为一种"人类学事实"，以区别于那些关于教育的既成概念。

作为一种事实的"教育"，具有一切事实的一般属性：客观性、具体性和对象性。"事实"的语义学性质也很复杂，但一般说来，我们说"A是一个事实"，其最基本的含义就是：A是实际存在着或存在过的。不管是以物质的形式还是精神的形式，总之它曾经存在过或当前正存在在那里，或者存在过且正存在着，也就是说它是客观的。客观性是事实的一个基本属性，教育事实（或作为一种事实的教育）自然也是客观的。在我们的话语中，"教育"作为一个能指，它所对应的所指应当首先是某种客观的事实，而不是某个先验的主观观念，既成的教育概念是以这种客观的事实为前提和依据的。承认教育现象的客观性，是我们对教育现象做历史考察的逻辑前提。但是，作为指导我们过去一些教育史研究与编写的原则的那种历史观却在一定程度上忽视了教育现象的客观性，忽视教育史的现实基础。它们往往从既成的教育观念出发，而把作为事实的教育当作历史的附属物和偶然因素，其结果往往是"历史的东西则被说成是某种脱离日常生活的东西，某种处于世界之外和超乎世界之上的东西"②。反过来，对教育史的这种片面的描述又在很大程度上影响着我们对教育现象的概念性认识的客观性。"事实"这一能指所对应的所指最终总是某个特定的事件或存在，具体性是所有事实的另一

①　马克思、恩格斯：《马克思恩格斯选集》第一卷，北京：人民出版社1972年版，第30页。
②　马克思、恩格斯：《马克思恩格斯全集》第3卷，北京：人民出版社1960年版，第44页。着重号是引者加的。

基本特性，这也是由事实的客观性所决定的。当我们说"A 是一个事实"时，这个 A 一定是某个或某类特定的事件或存在，客观性这一基本属性决定了它必须是确定了的、具体的，如果 A 是不确定的、纯粹观念性的子虚乌有，"事实"在这里就没有一个现实的、特定的具体所指，这个判断的逻辑值就是 0。同样，作为事实的"教育"也总是有其具体的、特定的所指。抽象的作为观念的"教育"不能作为"真正的"实际教育现象的历史表现形态而存在，它只能被当作一种思想的事实作为对教育现象的理性具体的把握而获得一定意义上的客观实在性。作为"事实"的教育总是对应地指称着那些特定的、具体的、实在的并且因而也是丰富多样的"这一个"或"那一个"教育活动。事实的客观性和具体性统一于它的对象性，对象性是"事实"内在包含着的意义。事实总是作为主体的对象而成为事实，非对象性的纯粹的实存并不具有"事实"的意义，这种意义本身就是作为主体的对象而被赋予的。表现为特定教育活动的教育事实也是如此，某一具体行为作为"教育"的意义是主体赋予的。正像村井实所说的那样，"行为本身并非一开始就贴有什么'教育'的标签……所谓教育行为只是由于我们对教育的关注或是以教育观点来看待它才能存在"①。对某一具体的行为，往往是我们从经济的角度看待它，它就是经济行为；从法律的角度看待它，它又是法律行为；而从教育的角度看待它，它便是教育行为。客体对象的意义是主体在主客体对象关系的建构过程中所赋予的，它是这种主客体对象关系建构的结果。正是在这种意义上，马克思说："正在理解着的思维是现实的人，因而，被理解了的世界本身才是现实的世界。"② 教

① 大河内一男等：《教育学的理论问题》，曲程等译，北京：教育科学出版社 1984 年版，第 25 页。
② 马克思、恩格斯：《马克思恩格斯全集》第 46 卷上册，北京：人民出版社 1979 年版，第 38—39 页。

育事实的这种对象性也正是我们从事实出发考察教育现象的价值依据所在。

作为一种事实的教育不是自然事实，而是一种"历史事实"。作为一种历史事实，它具有与自然事实有着本质区别的历史事实的基本特性：能动性、选择性和社会性。在马克思主义的社会本体论看来，人类社会虽然是自然界漫长进化过程在其高级阶段的产物，因而它总是同自然界密切地联系在一起，但人类社会一经产生就有着与自然界根本不同的本质区别，这种本质区别首先表现为自然界存在的基础在于它自身，而社会就其根本而言却总是人类实践活动的产物，社会历史的主体是实践的主体。马克思说："整个所谓世界历史不外是人通过人的劳动而诞生的过程，是自然界对人来说的生成过程，所以，关于他通过自身而诞生、关于他的产生过程，他有直观的、无可辩驳的证明。"① 因此，作为一种事实的"教育"在其本质上是一种历史事实，而这种历史事实直接地又是人类实践活动的结果，它总是具体地表现为社会历史过程中的人的某个特定的活动。作为现实的人的一种活动，"教育"这种历史事实合理地表现出能动性这样一种基本特性。在现实的教育活动中，人是作为主体不断能动地进行自我创造的。作为一种历史事实，"教育"已经扬弃了包括动物的活动在内的一切自然事实的机械性和被动性，成为一种能动的主体活动过程。与这种能动性密切联系在一起的是历史事实的另一基本特性：选择性。马克思指出："动物只是按照它所属的那个种的尺度和需要来建造，而人却懂得按照任何一个种的尺度来进行生产，并且懂得怎样处处都把内在的尺度运用到对象上去。"② 这种在多种尺度中作出选择的能力，也是人作为历史主体所具备的能动性的重要表现之一，它是一个自主的过程，而不是像自然选择那样是一个"他

① 马克思：《1844 年经济学哲学手稿》，北京：人民出版社 1985 年版，第 88 页。
② 马克思：《1844 年经济学哲学手稿》，北京：人民出版社 1985 年版，第 53—54 页。

主"的过程。① 作为自然界长期进化在其高级阶段的产物，人的发展已不再主要依靠自然选择来进行。在一定意义上，人是他自己选择的结果，而这种社会选择在现实历史过程中的具体表现就是作为历史事实的教育。一个时代有一个时代的教育理想，这种教育理想在很大程度上正是人对自身在未来的发展所作出的社会选择，而通过现实的教育活动，这种选择又实实在在地影响着一代又一代人的生长。我们把历史事实所反映出来的人类实践活动的选择性称作"社会选择"，就是要表明它的另外一个基本特性：社会性。人们的选择活动绝不是纯粹主观的、随心所欲的，而是以现实历史条件提供的可能性为前提的。"如果他要进行选择，他也总是必须在他的生活范围里面、在绝不由他的独自性所造成的一定事物中间去进行选择的。"② 所以，社会性是一切历史事实所必然具备的一个基本特性，"教育"作为一种历史事实自然也不例外。所有作为历史事实存在的现实的、具体的教育活动都不可避免地带有社会性的基本特性，绝对无社会的教育过程是不可能存在的。这也是作为一种历史事实的"教育"与自然事实的一个本质区别。

作为一种历史事实的"教育"是以人为目的和结果的人的活动，它是一种始终以人为主体和核心而展开的历史事实，是一种"人类学事实"。"人类学"作为一门学科的定义很不一致，在人类学界，几乎每一个人类学家都有自己的人类学定义。就其语义分析而言，"人类学"的英文 Anthropology 在字源上来自希腊文的 αυθρωπos 和 λογos，其中 αυθρωπos 即"人"，λογos 在中文中译为"逻各斯"或"道"，根据科塞利克（E. Cosericc）的分析，λογos 包括三个层面：实在（ξργον）、

---

① 参阅郝立新：《历史选择论》第四章，北京：中国人民大学出版社 1992 年版。
② 马克思、恩格斯：《马克思恩格斯全集》第 3 卷，北京：人民出版社 1960 年版，第 355 页。

言说（ξπos）和实在过程的陈述（λσγos）①，所以，Anthropology 就是研究和描述实际存在于历史过程中的人的一门学问②。我们把"教育"视作一种"人类学事实"，就是把教育现象理解和解释为一种与实际存在于社会历史过程中的人直接相关的具体的历史事实。我们知道，马克思主义唯物史观与以往历史观的根本区别即在于"它不是在每个时代中寻找某种范畴，而是始终站在现实历史的基础上，不是从观念出发来解释实践，而是从物质实践出发来解释观念的东西"③。因此，我们在一定条件下摆脱现有的关于教育的既成概念，把"教育"还原为一种"人类学事实"，这在方法论的哲学基础层面上是一种有意义的尝试。作为一种"人类学事实"的教育，具有一般人类学事实的一些基本特性：人文性、周遍性和多样性。所谓"人文性"，是指它始终与人以及人的社会文化直接联系在一起，并且始终以人及其社会文化为核心的特性。人类学是关于人的学问，所以它所关注的"人类学事实"也总是直接关于人的事实；而人又总是一种"文化的存在"④，所以任何人类学事实都反映着一定社会文化的特性。作为一种人类学事实的"教育"显然也总是以人为其目的和核心，而以社会文化为其中心内容。"这不仅是说教育活动的组织方式可以被看作对广泛的社会和文化组织过程的有意识或无意识的表达，而且也是指属于重要历史变量的教育内容表达了一定的文化基本要素"⑤。作为一种人类学事实的"教育"是与人的生长和社会文化过程直接统一的，这种"人文性"的进一步延伸，就

---

① 参阅张汝伦：《历史与实践》，上海：上海人民出版社1995年版，第354页。

② 参阅林惠祥：《文化人类学》，北京：商务印书馆1991年版，第3页。

③ 马克思、恩格斯：《马克思恩格斯全集》第3卷，北京：人民出版社1960年版，第43页。

④ 参阅蓝德曼：《哲学人类学》第十三章，彭富春译，北京：工人出版社1988年版。

⑤ Raymond Williams, *The Long Revolution*, p. 145. See Rosamund Billington, et al., *Culture and Society*, The Macmillan Press Ltd., 1991, p. 139.

是"教育"作为一种人类学事实所表现出来的"周遍性"。人类学事实是一种直接关于人及其社会文化的历史事实,因此这种历史事实是全方位与人相关的,并且其时空分布也覆盖了人类社会生活的全域,我们把它在这两个方面的全面性的表现叫作"周遍性"。人类学庞大的学科体系本身就表现了它所研究与描述的人类学事实的周遍性①,并且我们在这里所说的"人类学事实"是现有的人类学体系尚不能全部包括的。作为一种人类学事实的"教育"同样具有这种周遍性,它一方面全方位地与人的身心发展直接联系在一起,另一方面又广泛分布于人类社会生活的各个领域之中。就前一方面而言,人在所有方面的发展都离不开教育,无教育的纯粹的"成熟"只能在人以外的其他生命体中发现。在后一方面,所有社会生活都对参与其中的人具有教育作用,不管这种教育作用以某种价值观来衡量是正向的还是负向的,它总是人之为人所必经的基本的教育。与这种"周遍性"相联系的是人类学事实的多样性。由于人性的丰富性和人的社会生活的纷繁复杂,人类学事实必然是既统一一体又多种多样的,这是一个不争的事实。人类学事实的多样性既表现为不同地域、不同种族之间的差异,又表现为其构成层面和表现形态的丰富复杂性。同样,作为一种人类学事实广泛分布于社会生活实际过程中的"教育"也是极具多样性的。"教育"这种人类学事实的多样性表现在这样三个方面:一是不同时代的社会生活实际过程中的教育现象是各不相同的;二是不同地区、不同民族的实际教育方式和教育内容是多姿多彩的;三是相同时代、同一地区和民族的现实社会生活过程中的教育现象也往往是由多重教育形态构成的。作为一种人类学事实的教育所表现出来的这种多样性,既是由人性的丰富性和社会生活的纷繁复杂所决定的,同时又是丰富的人性和纷繁复杂的社会生活的再生产所

---

① 参阅王海龙、何勇:《文化人类学历史导引》"人类学分科体系图"(吕荣芳绘),上海:学林出版社1992年版,第36页。

不可或缺的关键环节。

具体而言，我们从历史事实的角度把教育理解作为一种人类学事实，这种对实际历史过程中的教育现象的认识主要包含这样几层意义：

第一，作为一种人类学事实，教育是人的一种生命活动，是人类进行自我再生产的一种特殊方式。无论是渐变论者还是突变论者都必须承认这样一个最基本的事实：一种生命形式要在世界上生存发展下去，它就必须以这样或那样的方式不断地进行自我再生产。可以这样说，自我再生产是一切生命存在物赖以生存和发展的一种最基本的生命活动。生命存在的自我再生产包括两个方面：先天的自我再生产和后天的自我再生产。就自我再生产的先天方面而言，各种生物生命繁衍的最基本方式是相近的，不管是有性繁殖还是无性繁殖，其最基本的方式都是通过遗传物质 DNA 的复制与变异来实现物种的延续和进化；在后天方面，不同生命存在的自我再生产方式却有着很大的差异。低等生物主要是在适应生存环境的过程中进行自我再生产的，虽然这类生命存在物的自我再生产很大程度上受先天遗传的制约，但它仍然有表现其"生命的活性"的后天方面，那就是这类生物适应生存环境的能力以及在一定条件下"自然"地使环境发生变化的能力。这里用"自然"一词标明对这种低级生命形式来说无所谓"自觉"和"自发"之别。譬如：对同一种细菌多次使用同一种抗生素会使细菌的耐药性增强，这实际上反映了细菌这种低级生命形式对后天环境也有适应能力。同时，细菌吞噬和分解有机物也会引起其生存环境的变化。较高等的生物，如高等动物，即已具备初级的学习能力。普洛格（Fred Plog）和贝茨（Daniel G. Bates）说："所有的动物都有一定的学习能力，而且学习对于绝大多数物种的生存来说是非常重要的，或者说就如人这种动物一样需要学习。"① 这种学

---

① F. 普洛格、D. G. 贝茨：《文化演进与人类行为》，吴爱民等译，沈阳：辽宁人民出版社 1988 年版，第 22 页。

习能力对于动物的物种生存之所以非常重要，就在于它是其后天自我再生产能力的重要组成部分。这种后天自我再生产能力进化至人这种最高级的生命形式，就产生了以扬弃的方式包含着低等生物的适应和高等动物的学习在内的高级的自我再生产活动——教育。教育作为人类重要的后天自我再生产活动，它区别于其他生命形式的后天自我再生产的本质特征即在于其社会性以及由这种社会性所赋予的文化意义。但是，无论这种区别是多么巨大，作为后天自我再生产的生命活动，它们在根本上仍然具有同一性。从总体上看，"文化是人类为生存而利用地球资源的超机体的有效方法，通过符号积累的经验又使这种改善的努力成为可能，因此，文化进化实际上是整体进化的一部分和继续"①。所以，教育的文化意义并不构成割裂教育与人的生命活动的抽象物，相反，倒是联系教育与人的其他生命活动的桥梁。它使教育成为人的自我再生产的后天方面，成为人的一种重要生命活动。没有教育这种生命活动，人就无法作为"人"而被再生产出来。仍然引用康德的话来说："人只有通过教育才能成为人。"

第二，教育作为人的一种重要生命活动具体表现为人的"生长"，表现为人开发、占有和"消化"人的发展资源从而生成社会的个人的过程。一种生命存在要实现自我再生产，它就必须同外部生存环境进行能量交换。在具体的生命活动中，生命存在的自我再生产过程是和这种能量交换过程直接同一的。在这种意义上，生命存在的自我再生产活动具体表现为生命存在从外部环境的资源中获取能量从而不断生长发展的过程。生命存在的进化等级越高，它从外部生存环境中开发和占有发展资源并从中汲取生长能量（"消化"）的能力越强，因而其发展资源的构成也就越是丰富多样。低等生物的生长能量主要来自物质形态的资

---

① 托马斯·哈定等：《文化与进化》，韩建军等译，杭州：浙江人民出版社 1987年版，第 7 页。

源，人的发展资源既有物质形态的，又有精神形态的。一些高等动物的生存经验在其自我再生产过程中也起着十分重要的作用，但这种生存经验主要依附于个体的生存活动，它们的生存群体对这种表现为简单的生存经验的生长能量几乎没有什么储存的能力。人类由于有了文化这样一个属于其种群共有的"生存工具箱"，所以它可以把各种生存经验作为生长能量储存起来，"文化延续着生物的过程，占用了剩余能量，并为其生存将剩余能量注入组织中"①。这种生存能量储存的过程是通过文化在不同个体或不同群体间传播和扩散，通过人的能动的生命活动实现文化创新而不断推进的。生存能量的积聚和增长不仅由于文化创新能够作为新的生存能量储存到文化的"生存工具箱"中，而且这种新的生存能量进而还能转化为人的发展资源为其他个体开发利用。"创新通过学习的传播从内在的意义上说要比基因通过分化的再生产的传播更为有效。"② 因为，人类文化的传播与扩散可以超越时空的局限，同时也超越了基因的个体性及其遗传信息容量有限性的局限。科学研究表明，"如果物种为生存所需的信息量大于几百亿比特的话，那么就必须由非遗传系统提供信息"。就人类而言，文化就是一种重要的非遗传系统，它的信息容量几乎是无限的。人的生长发展与其他生命形式生长发展的最大区别即在于人能创造和开发利用文化这样的精神形态的发展资源，然而，无论这种区别大到什么程度，人对各种形态发展资源的开发、占有和"消化"却总是作为人的一种生命活动而统一一体的。人类学研究已经证明：在人的生成过程中，遗传、生化因素（如营养）、

---

① 托马斯·哈定等：《文化与进化》，韩建军等译，杭州：浙江人民出版社1987年版，第7页。
② 马文·哈里斯：《文化·人·自然——普通人类学导引》，顾建光等译，杭州：浙江人民出版社1992年版，第154页。

文化学习和个人经验是相互联系，共同发挥作用的。① 也就是说，人的生成过程是一个完整的而不是割裂的过程，对文化这种发展资源的开发是作为对其他发展资源开发的某种"延续"而包含于整个生命活动中的。完整意义上的"教育"就是这样一种生命活动，作为一种人类学事实，它具体表现为人开发、占有和"消化"人的发展资源从而生成完整的"社会的个人"的过程。对这一过程的任何割裂，直接的就是对人的全面完整的生成过程的割裂，从而也就是人的片面化。

第三，教育作为人的全面生成过程总是在一定社会生活中进行的，一切共同的社会生活都是人生长的土壤。"人只有通过教育才能成为人。"在现实历史的现象层面上我们可以看到，人只要在共同的社会生活中生长，就可以成为一个"人"；脱离了社会生活，人就无法作为一个"人"而进行自我再生产。那些在生长的关键期脱离了社会生活的儿童，即使以后再回到社会中来，也难以恢复到正常人的生长水平。关于一个人如果脱离了社会生活就无法作为一个"人"而进行自我再生产这一点，人们已形成广泛的共识，并且在这一方面还有几十个研究实例记录在案②。然而，对具有无数例证的另一事实，我们却熟视无睹，这一事实就是：只要是在共同的社会生活中，人就可以生长成为一个"人"。这里的"社会生活"当然也包括学校教育和各种体力或脑力劳动，但一个人即使没有受到过学校教育，他所参与的其他社会生活过程仍然可以保证他生长成为一个"人"，日常的社会生活中已经蕴藏了他在生长成为一个"社会的个人"的过程中所必需的基本发展资源。这

① 参阅 R. M. 基辛：《文化·社会·个人》第四章，甘华鸣等译，沈阳：辽宁人民出版社 1980 年版。
② 参阅程正方：《野兽哺育的孩子与隔离人世的儿童》；派尼丝：《现代"野孩"》（原题：*The Civilization of Genie*）。均见瞿葆奎：《教育学文集·教育与人的发展》，北京：人民教育出版社 1989 年版，第 592—606 页。

一事实已足以证明：人的教育是交织在社会生活过程中的，是与社会生活统一一体的，学校教学以及其他专门的文化学习都是作为社会生活的一部分而在人的自我再生产过程中发挥作用的。事实上，人类的绝大多数学习行为都自觉或不自觉地直接发生于一般社会生活过程中，并且专门的学习行为也是作为一个特殊部分而包含于社会生活过程中的。所以，如果撇开那些既成的"教育"定义，完全从一种人类学事实的角度来理解教育现象，那么我们就不得不作出这样的结论：人的教育与人的社会生活是直接同一的。人的社会生活具体表现为人的各种生命活动，对这些生命活动，我们从不同的角度可以进行不同的抽象概括，"教育"就是我们对人的各种生命活动从其在人的生长发展过程中的作用的角度进行的抽象概括。如果我们把这种抽象概括还原为人的生命活动，还原为一种人类学事实，考察这一抽象概括作为具体的现象在实际历史过程中的表现，也就是说，我们假如不是从概念层面，而是从现象层面来考察"教育现象"的话，那么，"教育"就自然会以其本然的面貌——社会生活而呈现在我们面前。所以，作为一种人类学事实的教育，是和人的一切社会生活统一一体的。

第四，作为一种人类学事实，教育是一种以人为主体的活动，它与社会生活的同一具体来说就是与人们的主体际交往活动的同一。自然界不是机械的、僵冷的、一成不变的，它内在地包含着一种"自发的活性"，这一点我们在导论中已经提及。从无生命的物质运动到各种生命存在的生命活动，自然界自发的活性转变为生命活动的主动性。生命存在物为了自身的生长发展，总是主动向外部世界搜寻和获取生存能量，这同无机界被动的反映性和无意识的运动性有着根本的不同。当生命存在进化到人的时代之后，在人这种生命存在那里，生命活动的主动性已经进化成为一种能动性，表现为人的主体性。"人作为主体所具有的属性，是一种高度发展的自然存在物所能够具有的属性，它也就是自然物质潜在具有的属性。主体的那一切特性不过是这种潜在属性的实现而已。"① 在这里，自然界自发的活性在它按照自己固有规律运动变化的过程中上升为一种自觉的活性，并在它的这种运动变化的最高级产物——人的身上表现出来。教育作为人的一种自我创造的活动本身就包含在人的这种主体性之中，"'自我创造性'就是仅仅为人所具有并使人成为主体的第一个重要特性"②。所以，教育作为一种人类学事实是自然界高度进化的必然结果，它作为这种进化结果直接地表现为人的自我创造活动，因而是一种以人为主体的活动。这种以人为主体的人的自我创造活动作为实际历史过程中的事实又总是表现为人与人之间具体的互动，表现为人与人之间的主体际交往关系，这就是教育活动的社会性。我们可以看到，前文描述的教育现象不断分化和整合的历史，是同人与人之间的这种主体交往关系，即人的社会关系的具体形态的不断丰富、发展和不断模式化、制度化紧密联系在一起的。如果我们做细致的分析就不难发现，不同类型的社会关系结构往往会产生出不同类型的教育。这是因为，人与人之间的主体际交往活动本身就是教育作为一种人类学事实的最具体的表现形式，这两者在实际历史过程中是直接同一的。实际上，教育这种人的自我创造活动作为自然界高度进化的产物在具体进化过程中逐步产生的过程，同时也就是物质世界的普遍联系通过不断进化而产生出人与人之间主体际交往关系的过程。这种主体际交往关系的建立，使得人可以把与"我"同类的生命存在物——"他人"当作与"我"一样的主体来理解，这是人作为人而相互交流信息的前提，因而也是教育的前提和基础。也正是出于这种原因，教育才总是在共同的社会生活中进行的，并且是和共同的社会生活直接同一的，一切

① 高清海：《马克思主义哲学基础》下册，北京：人民出版社 1987 年版，第 13—14 页。
② 高清海：《马克思主义哲学基础》下册，北京：人民出版社 1987 年版，第 14 页。

教育形态都莫不如此。

　　教育现象史的考察告诉我们，教育作为一种人类学事实的发展进化是一个不断地分化与整合辩证统一的过程，因此，现存的教育现象具有相互联系的多重具体形态，并且随着教育形态的不断分化与丰富，其相互之间的联系又在不断地增强。为了从这多重形态的教育现象中获得一个统一的认识，克雷明提出了所谓"教育的结构型式"（configuration of education）的概念①，用来指称一个人在社会生活中所受到的来自不同方面的各种教育的总和。但是，"教育的结构型式"只反映不同教育形态的相加关系，并且只限于对个人所受教育做总和的描述，因而就整个社会而言，其"教育的结构型式"仍然是复数的，所以，克雷明的这一概念还不能看作是对教育现象的一种真正统一的认识。要得出对教育现象的真正统一的认识，我们就必须从作为人类学事实的丰富多彩的具体教育现象中抽象出一个能总括全部教育现象的"教育"概念，而我们在本章第三节中所做的四步抽象，最终恰恰得出了我们在导论中提出的泛教育理论的教育概念。正如黑格尔所言，"在概念里那些区别开的东西，直接地同时被设定为彼此同一，并与全体同一的东西"②。所以，只有在概念的水平上，我们才真正获得了对教育现象的统一的认识。同样，考察"教育"概念在教育认识史中的运动发展，对理解教育本质也具有重要意义。

---

①　See Lawrence Arthur Cremin, *Public Education*, Basic Books, Inc., Publishers, New York, 1976, pp. 30—43.

②　黑格尔：《小逻辑》，贺麟译，北京：商务印书馆 1980 年版，第 329 页。

第二章

教育认识史的考察

本章逻辑线索：教育概念在文本层面上的"教育—教授—教育"的辩证历程——教育概念的矛盾运动在逻辑层面上反映了"生成—改造—生成"的教育观念辩证历程——教育学的发展史中存在着"教育学—教授学—教育学"的辩证历程——杜威是上一个否定之否定过程的终点和我们正在经历着的这个否定之否定过程的起点——新的否定之否定环节也就是在更高层次上向杜威回归——杜威的"教育"概念——泛教育理论的"教育"概念与杜威等人的"教育"概念的异同——泛教育理论及其"教育"概念符合教育认识史的进步逻辑并具有自己独特的理论价值

恩格斯说："历史从哪里开始，思想进程也应当从哪里开始，而思想进程的进一步发展不过是历史过程在抽象的理论上前后一贯的形式上的反映。"① 历史的发展往往是迂回曲折的、跳跃式的，其中包含无数的细节和偶然现象，而思维的逻辑则是对历史发展规律的总结性、概括性的把握，它超越了一切现象性的细节和偶然因素，因此，通过对教育认识史的考察，把握反映在教育思想史中的人对教育现象的认识的内在逻辑进程，我们就有可能在反思的自身同一中接近寓于教育现象之中的教育本质及其矛盾运动规律，进而揭示潜伏于人的现实教育活动中的必然趋势。这个思维过程与对"教育"概念的反思过程是统一的，因为"概念是必然性的真理，它包含有扬弃了的必然性在自身内。反过来，同样可以说，必然性是潜在的概念"。②

一　教育概念在教育学中的演化

黑格尔说："在科学中，精神运动的各个环节……表现为各种特定的概念及这些概念的有机的、以自身为根据的运动。"③ 在辩证法的视域内，科学史，即人类精神活动对一定客观现象的认识和反映的历史，与这门科学中特定概念的内在演化的逻辑进程是辩证统一的。在作为科学母体的哲学，以及从哲学母体中分化出来的教育学中，"教育"概念也不是僵死的、一成不变的，而是有其自身的辩证运动演化历程。这个演化历程从一个侧面反映了人类对教育现象的认识不断深入的历史。

下面，我们尝试从两个层面着手考察"教育"概念在教育思想史

---

① 马克思、恩格斯：《马克思恩格斯选集》第二卷，北京：人民出版社 1972 年版，第 122 页。

② 黑格尔：《小逻辑》，贺麟译，北京：商务印书馆 1980 年版，第 307 页。

③ 黑格尔：《精神现象学》下卷，贺麟、王玖兴译，北京：商务印书馆 1979 年版，第 272 页。

中辩证运动的逻辑历程。

（一）文本层面："教育"（教养）与"教授"（教学）之间的矛盾运动过程

就文本的层面而言，在现代教育学中，"教育"这个概念最显著的矛盾特征就是所谓广义与狭义的矛盾。一般认为，"广义的教育是泛指一切增进人们知识、技能、身体健康以及形成或改变人们思想意识的活动。狭义的教育是指社会通过学校对受教育者的身心所施加的一种有目的、有计划、有组织的影响，以使受教育者发生预期变化的活动"①。"教育"概念的广义与狭义矛盾的存在，本身就说明了人对教育现象的认识还有待进一步完善。从这对矛盾入手考察教育概念辩证运动的逻辑进程，不失为接近教育本质的一个有价值的突破口。

作为历史考察的逻辑前提，我们有必要首先廓清教育概念的广义与狭义矛盾本身的形式和内容。要完成这个逻辑任务，我们又必须先弄清这两个问题：（1）狭义的"教育"是否等于"学校教育"？（2）教育概念的广义与狭义区别的内在逻辑依据是什么？

在很多人看来，狭义的"教育"指的就是"学校教育"，这几乎成为众所周知的常识，然而，只要稍加分析便可看出这种常识性的认识实际上是似是而非的。首先我们必须搞清楚"学校教育"一词在这里指的是什么意思。"学校教育"既可理解为在学校中进行的所有教育，又可理解为学校所提供的一切教育，不管做何种理解，其中都存在明显的矛盾。如果"学校教育"指的是在学校中进行的教育，那么"狭义的教育也就是学校教育"这个判断就不能成立，因为宾词"学校教育"没有周延地表达主词"狭义的教育"的全部外延。按照狭义的教育定义，在许多校外教育机构中进行的也是狭义的教育，学校不过是这诸多

---

① 南京师范大学《教育学》编写组：《教育学》，北京：人民教育出版社 1984 年版，第 1 页。

教育机构中主要的一种，它们都是制度化教育体系的职能机构。譬如，在少年宫进行的教育很多就是有目的、有计划、有组织的。如果"学校教育"指的是学校所提供的教育，"狭义的教育就是学校教育"这个判断依然不能成立，因为宾词"学校教育"的部分外延是主词无法包含的，即主词与宾词之间是部分相交的关系而不是重合关系。在学校所提供的教育中，包含着大量无自觉目的、无计划或无组织的影响。譬如学校中非正式的人际交往对个人就有着十分重要的教育作用，但它却显然不符合狭义教育的界定特征。就连看似最具目的性、计划性和组织性的课堂教学中也潜藏着很多狭义的教育概念所无法包含的教育影响，如教师个人教学风格对学生行为习惯、思维方式等方面的教育作用就显然不在狭义的教育之列。出现这些矛盾的根本原因就在于这种对狭义教育概念的理解把外在的形式特征与内在的质的规定性混淆起来，一同作为区别广义的教育与狭义的教育的标准。外在的形式特征，无论是时空上的表现形式还是机构上的表现形式，都不应成为区别广义的教育和狭义的教育的根本标准。

从前文引述的定义中可以看出，"有目的、有计划、有组织"这狭义教育的三个内在特性，显然被认为是区别广义教育概念和狭义教育概念的重要逻辑依据。然而，对狭义教育概念的这三个特性，我们还可以进一步追问其中更为根本的、直接表达了狭义教育概念的内在的质的规定性的东西，因为"质是规定性、自为的规定性、设定的东西，是一"①。"一"即是直接的、内在的自身同一。在"目的""计划"和"组织"中，"计划"和"组织"仍然带有一定程度的外在性，属于质的外在表现形式，它们最终都是为实现目的服务的。但是，单纯的"有目的"又不足以构成狭义教育的完整的质的规定性，这里需要做两

---

① 列宁:《哲学笔记》，北京:中共中央党校出版社1990年版，第125—126页。

条补充说明：一是这里的"目的"是谁的目的；二是由谁来实现以及如何实现这一"目的"。前文引述的定义表明了这里的"目的"是社会的，因为"社会"是对受教育者施加狭义的教育影响的主体。可是，在具体的教育活动中，"社会"的目的必须转化为个人主体的行动目的才能实现，而在狭义的教育活动中，这个实现目的的行动主体不是受教育者"自我"而是"他人"，是作为教育者的"他人"具体确定和实现了这里所说的"目的"。这个确定和实现的过程也就是"他人"根据目的制订教育计划并组织实施的过程，尽管"自我"也作为主体参与到教育活动中去，但活动的直接目的却外在于"自我"的内在需要，即是外在地加诸"自我"的活动的。这就是狭义的教育最根本的质的规定性。广义的教育定义显然没有做这样的限定，广义教育概念的内涵限定少于狭义教育概念而外延则大于并包含狭义教育概念。广义的教育既可以是"他人"施加影响的过程，也可以是"自我"生成的过程。德国教育家尼迈尔就认为"广义的教育，是指对于个人之一切活力，不加以障碍，只加以助长之一切影响而言"。"狭义的教育云者，是指在一定目的之下，对于儿童所施之身体的精神的影响而言。"① 如果我们把广义的教育概念仍然表述为"教育"，那么，根据其质的规定性，狭义的教育概念就应当表述为"教授"，这样，我们就在"一"的层次上用词语的形式把两个不同的概念各自区分了出来。

事实上，我们的上述分析过程只不过是一个再发现的过程。在历史上教育思想的叙述文本中，早就存在着"教育"（education）和"教养"（enculturation）、"教授"（pedagogy /teaching）、"教学"（instruction）、"训练"（training）、"教导"（didactic）等表现在语言符号形式上的概念的区别。古代汉语的词汇起初一般都是单音节的，所以"教"和"育"

---

① 雷通群：《西洋教育通史》，上海：商务印书馆 1935 年版，第 252 页。

本来表达的是两个不同的概念。根据东汉许慎《说文解字》的解释：
"教，上所施，下所效也。""育，养子使作善也。"① 可见，"教"是一
个长者施加影响而幼者仿效学习的过程，近乎"教学""教导"；"育"
则是一种人格陶冶与生成过程，近乎"教养"。"教育"作为一个完整
的概念，涵盖了"教"和"育"两个方面，因此，其外延更广而内涵
却更为抽象。这也是符合人的认识规律的。"教""育""teaching""in-
struction""training"等，都是人们直接从各种具体的教育实践活动中进行
初步的知性分析和综合而形成的"知性概念"（conception）；而"教育"
（education）则是在此基础上进一步在理性的综合作用中形成的"辩证概
念"（notion/德：Begriff）。② 从关于各种教育实践的抽象的知性概念到
"教育"这个抽象具体的辩证概念，其中存在着一个由感性的具体上升
到理性的抽象，再从理性的抽象上升到理性的具体，从而把握教育现象
的内在联系和本质的辩证逻辑历程。这个辩证逻辑历程表现在具体的教
育思想史中不是一个直线前进的过程，而是在循环往复、螺旋上升的辩
证运动中逐步逼近教育本质的过程。这个关于教育现象的认识的辩证逻
辑历程，远在教育学作为一门独立学科产生以前就早已开始。

在古希腊，就有两个词表示教育概念：一是 Agoge，意思是指引、
约束、管教；二是 Paideia，这个词源于 Pais 和 Paidia，其中 Pais 的意思
是儿童，而 Paidia 则是儿童运动或游戏。③可见"教育"概念在文本层
面上的矛盾此时即已产生。这种矛盾在教育现实形态上表现为两种典
型：斯巴达的教育和雅典的教育；就文本层面上的表现而言，在苏格拉

---

① 许慎：《说文解字》，北京：中华书局 1963 年版，第 69、310 页。
② 关于这两类概念的区别，参阅黑格尔《小逻辑》第 160 页和贺麟先生"译者引言"
"新版序言"，北京：商务印书馆 1980 年版。"知性概念""辩证概念"的译法，参
阅萧焜焘《科学认识史论》"序言"，南京：江苏人民出版社 1995 年版。
③ 参考滕大春：《外国教育通史》第一卷，济南：山东教育出版社 1989 年版，第
174 页。

底以前，从荷马时代经智者派到苏格拉底，其教育实践反映出一个
"教育—教授—教育"的逻辑历程，但文本上的叙述已难考证，这同孔
子论夏礼和殷礼难以完全征之一样——"文献不足故也"①。在苏格拉
底以后的古希腊"三杰"的论著中，从苏格拉底经柏拉图到亚里士多
德，"教育—教授—教育"的矛盾辩证运动依稀可辨。苏格拉底的所谓
"助产术"如今被普遍引为启发式教学的经典，但据柏拉图的《美
诺篇》（Μενων）记载，苏格拉底自己却不承认这种行为是"教授"
（δ'δαξειν/英译：didactic），只是迫于常识才不得不使用"教授"这个
词来指称他使童仆学会毕达哥拉斯定理的行为。② 在他看来，是那个童
仆自己经过努力"回忆"出了关于毕达哥拉斯定理的知识。柏拉图虽
然继承了苏格拉底的"回忆说"，并借苏格拉底的口批评智者派的教育
观，认为"教育实际上并不像某些人在自己的职业中所宣称的那样。
他们宣称，他们能把灵魂里原来没有的知识灌输到灵魂里去，好像他们
能把视力放进瞎子的眼睛里去似的"③，但是，在他的"理想国"里，
不同天赋的人要接受不同的教育改造，并且这种教育过程是一种外铄的
过程。他曾用给羊毛染色比喻教育和培养战士勇敢的品质，并且认为那
些在奴隶身上表现出来的"不是教育造成"的勇敢品质不能称之为勇
敢。④ 柏拉图在这里所主张的教育与斯巴达人的教育相类似，对此，宣
称"吾爱吾师，吾尤爱真理"的亚里士多德给予了毫不留情的批判。⑤

---

① 孔子：《论语·八佾》。杨伯峻译注《论语译注》，北京：中华书局 1980 年版，
第 26 页。
② Plato, *Meno*, See *The Collected Dialogues of Plato, Including the Letters*. H. Hamilton &
H. Cairns(editors), Princeton University Press, 1973. pp. 365—369.
③ 柏拉图：《理想国》，郭斌和等译，北京：商务印书馆 1986 年版，第 277 页。
我认为，这段话更能代表苏格拉底的思想，亦未尝不可看作是一种"转述"。
④ 柏拉图：《理想国》，郭斌和等译，北京：商务印书馆 1986 年版，第 148—149 页。
⑤ 参阅亚里士多德：《政治学》，吴寿彭译，北京：商务印书馆 1965 年版，第
390、413 页。

在古希腊的"三杰"中，亚里士多德持较为"中庸"的教育观，表现出在否定之否定环节上集大成者的气象。他说："教育必须基于三个原则——中庸、可能和适当，如此而已。"① 与这三个原则相联系，他把自然（天性）、习惯和理性看作教育的三要素②，认为"我们学习世事有些是通过习惯，有些是通过教导"③。自然天性，非人力所能及；在习惯和理性中，习惯又先于理性，所以习惯的形成先于理性的教导，"正如土地须先开垦然后播种一样"④。他一方面强调后天的教导对人之生成的作用，另一方面又特别指出："教育的目的及其作用有如一般的艺术，原来就在效法自然，并对自然的任何缺漏加以殷勤的补缀而已。"⑤ 可见亚里士多德所说的"教育"不仅仅指"教授"，而是在人的生成过程这样广泛的意义上使用这一概念的。

在我国春秋战国教育思想史的叙述文本中，同样可以辨析出一条"教育—教授—教育"的辩证发展的痕迹。孔子的教育思想并不局限于"教授"，他更加强调个人主动的学习和修养，《论语》开篇即云："学而时习之，不亦说乎？"把学习和实际演练放在首位⑥。孔子很少使用"教"这个概念，在《论语》中，"教"只出现了 7 次，而"学"则出现了 64 次之多。在教导学生时，孔子也讲求"不愤不启，不悱不

---

① 张法琨：《古希腊教育论著选》，北京：人民教育出版社 1994 年版，第 306 页。
② 参考博伊德、金合：《西方教育史》，任宝祥等译，北京：人民教育出版社 1985 年版，第 37 页。
③ 张法琨：《古希腊教育论著选》，北京：人民教育出版社 1985 年版，第 286 页。
④ 亚里士多德：《尼各马科伦理学》，苗力田译，北京：中国社会科学出版社 1990 年版，第 231 页。
⑤ 亚里士多德：《政治学》，吴寿彭译，北京：商务印书馆 1965 年版，第 405 页。
⑥ 孔子：《论语·学而》。杨伯峻《论语译注》，北京：中华书局 1980 年版，第 1 页。"习"，杨氏解作"演习"。

发"①，把学生主动学习的内在需要当作教学活动的前提。孟子以其性善论为基础，进一步发扬了孔子的主动教育思想。孟子的教育概念中，"养"尤为值得注意。孟子在同其弟子公孙丑谈论如何达到"不动心"的境界时曾说："我善养吾浩然之气。"② 这里的"养"，可解作"修养""陶冶"。在孟子看来，"存其心，养其性，所以事天也"③。由于人性本善，所以人格的自然陶冶是顺乎天性的。孔孟之后的教育思想走向了"自然"与"人为"的两极，其中《老子》④、庄子极力主张"天道自然"，反对后天的教育作用，而墨子则极力主张"有道者劝以教人"⑤，并且要持"叩则鸣，不叩则亦鸣"的"强说人"的态度，突出强调教育者在教育活动中的主导作用。⑥ 墨子说："不强说人，人莫之知。"所以，"教授"的意义就十分重要了。荀子是一个处在先秦哲学和教育思想总结阶段上的思想家，矛盾双方在这里达成了辩证的统一。荀子既强调"教"，又强调"学"；既强调"师"，又强调"养"。在他看来，教师的教授、个人主动的学习和修养、环境的影响，都是"成人"过程中不可或缺的。在《荀子·劝学篇》中，荀子就同时强调了教育的这三个方面，他说"学而不可以已"，而"干越夷貉之子，生而

---

① 孔子：《论语·述而》。杨伯峻：《论语译注》，北京：中华书局1980年版，第68页。

② 孟子：《孟子·公孙丑上》。朱熹：《四书章句集注》，北京：中华书局1983年版，第231页。

③ 孟子：《孟子·尽心上》。朱熹：《四书章句集注》，北京：中华书局1983年版，第349页。事：朱子解"奉承而不违也"。

④ 冯契：《中国古代哲学的逻辑发展》第118页，认为老子在孔子之前，但《老子》成书于战国初期，故在哲学发展的逻辑进程中，《老子》放在孔子之后，上海：上海人民出版社1983年版。

⑤ 墨子：《墨子·尚贤下》。顾树森：《中国古代教育家语录类编》，上海：上海教育出版社1988年版，第103页。

⑥ 参阅郭齐家：《中国教育思想史》，北京：教育科学出版社1987年版，第57页。

同声，长而异俗，教使之然也"，"蓬生麻中，不扶而直，白沙在涅，与之俱黑……故君子居必择乡，游必就士"。① 这里的"教"，与《荀子·修身篇》中"以善先人者，谓之教"的"教"意义不尽相同，前者可以理解为"教育"，而后者则只是"教导"。由此可见，荀子的"教育"概念还是比较全面、完整的，它在否定之否定的环节上总结了先秦教育思想家对教育本质的认识。

在博伊德和金合所说的欧洲第二个教育理论时期②，从人文主义教育思想经新教教育思想到夸美纽斯，教育概念在文本层面上的矛盾又经历了一个"教育—教授—教育"的辩证逻辑历程。作为对经院主义教育思想的反动，人文主义者的"教育"概念十分注重自然的养成和陶冶。"他们相信人是一种独具学习能力和学习爱好的天赋的创造物"，正如亚里士多德所言，"每个人天生就渴望认识事物"③，因此教育也是一种顺乎天性的自然养成和陶冶过程。他们提倡面对自然，面对社会现实生活的"新学习"（new learning）和"顺应自然的教学"（following nature's teaching）。在人文主义教育理论家伊拉斯谟（Desiderius Erasmus）的著作中，"教育"（education）、"教学"（institution）并列使用，但仔细辨析仍可见其细微差别，其中"教学"更多是与"自然"（nature）相对而言，强调"训练"性；而"教育"则是一个更为一般的概念，如伊拉斯谟说："Efficax res est natura, sed hanc vincit efficacior institutio"（自然是有力的，但教学更是强有力的），"Educatio superat omnia"

---

① 荀子：《荀子·劝学篇》。孟宪承：《中国古代教育文选》，北京：人民教育出版社 1985 年版，第 82、83 页。

② 即从中世纪末到文艺复兴时期。参阅博伊德、金合：《西方教育史》，任宝祥等译，北京：人民教育出版社 1985 年版，第 25 页。

③ Geoffrey Herman Bantock, *Studies in the History of Educational Theory*, Vol. I, George Allen & Unwin Ltd., 1980, p. 17.

(教育能克服一切障碍)①。"教育""教学""训练"等概念在这一时期的并列使用，也反映了随着教育现象的制度化和学校教育形态的产生发展，"教授"概念开始了对"教育"一般概念的僭越。当伊拉斯谟产下的"母鸡蛋"给马丁·路德（Martin Luther）孵出了"好斗的公鸡"时②，"教育"概念在文本层面上的矛盾运动走向了否定的中介环节。在马丁·路德的论著中，"教育"主要指的是学校教育。他认为多数家长没有资格教育儿童，"即使父母有资格并愿意教育儿童，但由于他们还有别的工作和家务事，他们没有工夫这样做，除非聘请私人教师，否则公立学校教师就是绝对不可少的"③。在文艺复兴和启蒙运动之间承前启后的夸美纽斯的教育思想十分复杂，充满矛盾。夸美纽斯十分重视学校教育，把学校视为普及教育的必由之路。他说："人人应该受到一种周全的教育，并且应该在学校里面受到。"④ 从他最主要的教育著作《大教学论》（拉丁原文：Didactica Magna／英文：The Great Didactic）的标题即可看出他的教育思想主要探讨的是学校教育，是关于"教授""教导""教学"的学问。但是，在他晚年的教育思想中，他又通过"学校"概念的泛化，表现了向一般的"教育"概念回归的努力。这一努力集中体现在于《大教学论》修改定稿（1638 年）以后 28 年（1666

---

① W. H. Woodward, *Erasmus*, p. 81. See G. H. Bantock, *Studies in the History of Educational Theory*, Vol. I, George Allen & Unwin Ltd., 1980, p. 61.

② 伊拉斯谟语。参阅曹孚等：《外国古代教育史》，北京：人民教育出版社 1981 年版，第 177 页。

③ 华东师范大学教育系、杭州大学教育系：《西方古代教育论著选》，北京：人民教育出版社 1985 年版，第 184 页。

④ 夸美纽斯：《大教学论》，傅任敢译，北京：人民教育出版社 1984 年版，第 55 页。

年，是年夸美纽斯已是 74 岁高龄）发表的《人类改进通论》七卷巨著中。① 在这部巨著的第四卷《泛教论》第五章中，夸美纽斯写道："对整个人类来说整个世界就是学校，从宇宙的开始到终结都是学校；同样，对每个人来说，他的生活，从摇篮到坟墓就是学校……要使整个生活都成为学校，这是非常容易做到的。所需要的只是让各种年龄的人去做他所能做的事，让人终生都有东西要学，有事要做，有能获得成功并且收获生活果实的领域。"②

　　从以卢梭为代表的启蒙运动教育思想家，经过科学教育学的创立者赫尔巴特，到在传统教育学与现代教育学之间承上启下的约翰·杜威，"教育"概念的矛盾运动又经历了另一个"教育—教授—教育"的否定之否定的辩证历程。在卢梭的自然主义教育思想中，"教育"的概念是差不多覆盖了人的全部生长发展过程的。他在《爱弥儿》的第一卷中就明确指出了"教育"概念的三方面内涵："我们的才能和器官的内在的发展，是自然的教育；别人教我们如何利用这种发展，是人的教育；我们从影响我们的事物获得良好的经验，是事物的教育。"③ 在这里，"教授"只被视为"教育"的一部分，并且是一个应当配合"自然"的辅助部分。他说："不要教授（teach）他（爱弥儿）科学，要让他发现科学。"④ 因为他更看重的是人的自然生长发展，认为"一旦把教育

① 《人类改进通论》以拉丁文写成，据杨汉麟说，迄今只有片段译成了英文。这一现象本身也反映了在"教授"僭越"教育"的时代，人们对"教育"概念本身的遗忘。参阅任钟印：《夸美纽斯教育论著选》，北京：人民教育出版社 1990 年版，第 453—454 页。
② 夸美纽斯：《人类改进通论》，吴式颖译自俄文版《夸美纽斯教育文选》第 2 卷，见任钟印：《世界教育名著通览》，武汉：湖北教育出版社 1994 年版，第 332 页。
③ 卢梭：《爱弥儿》上卷，李平沤译，北京：商务印书馆 1978 年版，第 7 页。
④ J. J. Rousseau, *Emile*, B. Foxley(trans), London, Everyman, 1943, p.131.

看成是一种艺术，则它差不多就不能取得什么成就"①，所以班托克
(G. H. Bantock)把卢梭称作"人为矫饰教育的头号敌人"(the prime en-
emy of the 'artificial')②。卢梭笔下的爱弥儿，就是在全部生活中接受教
育的。赫尔巴特评价卢梭说："他所教的学问，就是生活。"③ 赫尔巴特
对这种教育思想持坚决反对的态度，他在《普通教育学》一开始的
"绪论"中就竭力突出"通过教学来进行教育"的思想，强调"传
授"。他说："教育学是教育者自身所需要的一门科学，但他还应当掌
握传授知识的科学。而在这里，我得立刻承认，不存在'无教学的教
育'这个概念。"④ 其《普通教育学》原德文书名"*Allgemeine
Pädagogik aus dem Zweck der Erziehung*"意义就是"出于教育目的的普遍
的教授学"，本意即在就"教授"论"教育"。杜威则强烈批判这种
"把教育历程错误地认为是教师告诉和学生被告诉的事体"的教育观，
"提出了与传统不同的教育概念"。⑤ 这个与传统不同的教育概念，可以
用杜威著名的三个命题来表达："教育即生活""教育即生长""教育即
经验的改组或改造"。这样，"教育"概念经过一个否定之否定的辩证
发展历程，在杜威那里又重新回到了它自身。

从上面的历史考察中，我们可以透过"教育"概念外在话语形式
的辩证运动，看出广义和狭义教育概念的矛盾运动的历史，实质上是教
育概念不断从整体（教育）到部分（教授）再回到整体（教育）的否

---

① 卢梭：《爱弥儿》上卷，李平沤译，北京：商务印书馆1978年版，第7页。
② Geoffrey Herman Bantock, *Studies in the History of Educational Theory*, George Allen &
　Unwin Ltd. , 1980, p. 272.
③ 赫尔巴特：《普通教育学·教育学讲授纲要》，李其龙译，北京：人民教育出版
　社1989年版，第7页。
④ 赫尔巴特：《普通教育学·教育学讲授纲要》，李其龙译，北京：人民教育出版
　社1989年版，第12页。
⑤ 滕大春：《美国教育史》，北京：人民教育出版社1994年版，第540、541页。

定之否定的发展史。这个否定之否定的概念发展史，反映了人们的认识逐步接近教育本质的"综合—分析—综合"的思想逻辑。由于"教授"在"教育"概念所有部分中最重要，也最易为人所掌握，因而成为人们认识教育本质的突破口。这个思想历程越是向后来的高级环节发展，教育概念否定之否定的辩证运动的脉络也越是清晰，教育概念与教育现实这两条"渐近线"也越来越接近。①

（二）逻辑层面："生成"（自然）与"改造"（人为）之间的矛盾运动过程

保罗·利科尔（Paul Ricoeur）说："'本文'就是任何由书写所固定下来的任何话语。"②在古希腊哲学中，"逻各斯"（λoros）的原意就是"话语"，"道""理性""规律"是"逻各斯"的转意。赫拉克利特说："虽然万物都根据这个'逻各斯'而产生，但是我在分别每一事物的本性并表明其实质时所说出的那些话语和事实，人们在加以体会时却显得毫无经验。"③有人借用中国古代哲学的概念"道"来翻译赫拉克利特留下的残篇："如果你们不是听了我的话，而是听了我的道，那么，承认'一切是一'就是智慧的。"④奇妙的是，在中国先秦哲学中，"道"和"话语"也是紧密联系的，《老子》开篇即云："道可道，非常道。"⑤其中的第二个"道"即是话语的言说。黑格尔也说："逻各斯

---

①　参阅马克思、恩格斯：《马克思恩格斯全集》第 39 卷，北京：人民出版社 1974 年版，第 408 页。

②　保罗·利科尔：《解释学与人文科学》，陶远华等译，石家庄：河北人民出版社 1987 年版，第 148 页。

③　北京大学哲学系外国哲学史教研室：《古希腊罗马哲学》，北京：商务印书馆 1961 年版，第 18 页。

④　北京大学哲学系外国哲学史教研室：《西方哲学原著选读》，北京：商务印书馆 1981 年版，第 22—23 页。

⑤　任继愈：《老子新译》，上海：上海古籍出版社 1985 年版，第 61 页。

是理性，事物的本质和言，事物与说。"① 可见，"话语"或"文本"在其根本上所指称的正是人的思维能够不断接近却永远无法完全把握的"存在理性""事物的本质"或"逻各斯"。所以，在"教育"概念文本层面的矛盾运动过程中，还潜藏着一个更为深刻的逻辑层面上的矛盾运动过程。

陈桂生教授试图通过"个体本位—文化本位—社会本位"来描述人对教育本质的认识史的内在逻辑，这是从价值取向的角度入手的一种探讨。② 我认为这种探讨相对而言与教育目的问题的联系更为紧密，也更为直接。就关于教育本质的认识而论，"生成"与"改造"的矛盾运动是一个更加直接，也更加根本的辩证逻辑过程。人的教育过程是一个能动的生成过程，还是一个受动的改造过程？这是以往一切关于教育本质的讨论中最根本、最核心的一对矛盾。这对矛盾斗争消长的辩证历程在现当代教育思想中的郁结，形成了关于教育本质的两个隐喻（metaphor）："农业隐喻"和"工业隐喻"。持"生成说"者把教育看作一种类似于农业生产的过程，往往用"树苗"之类的意象比喻受教育者；持"改造说"者则把教育看作一种类似于工业生产的过程，常常把受教育者称作教育的"产品"。"树苗""产品"等词语，就是这两种隐喻在文本层面上的反映，因此，在前文的文本层面分析的基础上，我们可以进一步深探教育概念在逻辑层面上矛盾运动的辩证历程，因为"在正确解释的层次上，理解本文为我们提供了理解隐喻的钥匙"③。

"生成"与"改造"的矛盾运动，也是在古希腊哲人对教育现象的

---

① 黑格尔：《耶拿实在哲学》，转引自张汝伦：《历史与实践》，上海：上海人民出版社 1995 年版，第 390 页。

② 陈桂生：《教育原理》，上海：华东师范大学出版社 1993 年版，第 196—205 页。

③ 保罗·利科尔：《解释学与人文科学》，陶远华等译，石家庄：河北人民出版社 1987 年版，第 182 页。

探究和思索中即已产生。从现有的史料可以看出，早在智者派兴起时就发生过一场关于人的 ἀρετη(arete)能不能传授的大争论。① 所谓 arete，指任何事物的特长、用处和功能；人的 arete 就是人的品德和才能。② 在智者以前希腊人的传统观念中，arete 是自然的禀赋，一个人所具有的 arete 是自然生成的，是人在成长过程中受到父母长辈的影响、范例的感染，自然而然潜移默化的结果，而不是由别人有意识有目的地教授的结果。③ 伯罗奔尼撒战争前夕，科林斯人的代表在第二次同盟代表大会上就曾这样说："我们天生的善良品质（arete）不是他们所能通过教育而获得的；而他们在技艺（techne）上的优势是我们可以通过艰苦训练而获得的。"④ 我们知道，智者可以说是古希腊最早出现的职业教师，因此，arete 能否教授直接关涉他们安身立命的观念依据，他们以雄辩的巧舌论证 arete 的可教授性。柏拉图的《普罗泰戈拉篇》和《美诺篇》中就记载了这场争论。普罗泰戈拉对苏格拉底说："我可以向你证明，这些参与公众议事的 arete 不是天生的，也不是自发的，而是通过教育和尽心学习才获得的。"⑤ 但是，在苏格拉底看来，手工制作之类的技艺（techne）是可以教授的，但人的 arete 却无法教授，据色诺芬在《回忆苏格拉底》中的记载，当被问及勇敢是教育得来的还是天生就有的时候，苏格拉底回答说："我以为正如一个人的身体生来就比另一个

---

① 参阅汪子嵩等：《希腊哲学史》第 2 卷，北京：人民出版社 1993 年版，第 173 页。
② 古代希腊文中的 arete，中文、拉丁文、日文和近代西方各种文字，所有学者都公认找不到一个与之确切对应的本国语言的译词。我们或许可以把 arete 理解为与人的本质相联系的、人之成为人的一切东西。
③ 汪子嵩、陈村富等：《希腊哲学史》第 2 卷，北京：人民出版社 1993 年版，第 171 页。
④ 修昔底德：《伯罗奔尼撒战争史》，谢德风译，北京：商务印书馆 1960 年版，第 84 页。
⑤ 转引自汪子嵩等：《希腊哲学史》第 2 卷，北京：人民出版社 1993 年版，第 174 页。

人的身体强壮，能够经得住劳苦一样，一个人的灵魂也可能天生比另一个人的灵魂在对付危险方面更为坚强；因为我注意到：在同一种法律和习俗之下成长起来的人们，在胆量方面是大不相同的。不过我以为，人的一切天生的气质，在胆量方面，都是可以通过学习和锻炼而得到提高的……无论是天资比较聪明的人或是天资比较鲁钝的人，如果他们决心要得到值得称道的成就，都必须勤学苦练才行。"① 即便是那些技艺的教授，苏格拉底也不主张以职业训练为目的，而是更加注重教养的目的，他在与希波格拉底讨论普罗泰戈拉的智者的"教导"时就希望希波格拉底"不把这些技术中的任何一种当作职业来学习，而只当作教育的一部分来学习，因为一个君子和自由人应当知道这些技术"②。可见，就"生成"与"改造"的矛盾运动来说，苏格拉底在否定之否定的环节上实现了对英雄时代教育思想的回归和超越。他在总体上把人的教育视为一种生成过程，但这种"生成"是在扬弃的过程中内在地包含了后天"改造"的生成。在苏格拉底以后，少有教育思想家持绝对的"生成"或"改造"的观点，"生成"与"改造"的矛盾运动以孰主孰次的形式继续推进。

从苏格拉底经柏拉图到亚里士多德，是另一个"生成—改造—生成"的辩证圆圈运动。柏拉图尽管继承了苏格拉底的 arete 天赋观，但他更重视后天的训练，认为"灵魂的其他所谓美德似乎近于身体的优点，身体的优点确实不是身体里本来就有的，是后天的教育和实践培养起来的"③。并且他把后天的教育看作一种使灵魂有效转向的"技巧"。在柏拉图的"理想国"里，他甚至推崇斯巴达的教育，强调对不同天

---

① 色诺芬：《回忆苏格拉底》，吴永泉译，北京：商务印书馆1984年版，第116页。

② 北京大学哲学系外国哲学史教研室：《古希腊罗马哲学》，北京：商务印书馆1961年版，第127页。

③ 柏拉图：《理想国》，郭斌和等译，北京：商务印书馆1986年版，第278页。据该译本索引，这里的"美德"即由 arete 的英译 virtue 翻译而来。

赋的人进行相应的后天训练，为此他还把教育看作一种"强迫"，认为"我们作为这个国家的建立者的职责，就是要迫使最好的灵魂达到我们前面说是最高的知识，看见善，并上升到那个高度"①。这也就是说，为了理想国的利益，必须对个人施以"改造"。亚里士多德对斯巴达的教育持坚决的反对态度，他认为教育应当是自由的、顺乎个人生长规律的。在《政治学》中，他多次批评那些对少年儿童强制进行严酷训练的城邦，指出这类体育训练对少年儿童身体的发育和姿态多有损害，而通过这种训练来培养少年们勇敢的品德（教授一种 arete）也是一个错误，并且即使就勇敢的培养而言，这种严酷训练的方法也是乖谬的。②他认为教育应依人的生长行事，因为"无论是一个人或一匹马或一个家庭，当它生长完成以后，我们就见到了它的自然本性；每一自然事物生长的目的就在显明其本性……事物的终点，或其极因，必然达到至善"③。可见，亚里士多德把教育看作一种以内部发展为依据的自我实现的过程，即个人以自然天赋为基础在后天社会环境中的"生成"过程。也正因为如此，亚里士多德才把教育作为一种个人的而非国家的过程放在第一位。他发现，每个人生长发展的丰富完满都不能局限于城邦生活，"这一发现，标志着从纯粹的公民教育向更广泛的教育的转变"④。这正是他对柏拉图学说的发展和超越的体现，通过这种发展和超越，他实现了在更高层次上向苏格拉底的辩证回归。

这种"生成"与"改造"的矛盾运动，在我国先秦教育思想史中同样有所表现。孔子一面说："性相近也，习相远也"，一面又说："唯

---

① 柏拉图：《理想国》，郭斌和等译，北京：商务印务馆 1986 年版，第 279 页。
② 亚里士多德：《政治学》，吴寿彭译，北京：商务印书馆 1965 年版，第 413—414 页。
③ 亚里士多德：《政治学》，吴寿彭译，北京：商务印书馆 1965 年版，第 7 页。
④ 博伊德、金合：《西方教育史》，任宝祥等译，北京：人民教育出版社 1985 年版，第 41 页。

上知与下愚不移。"① 在他的教育思想中，"生成"与"改造"的矛盾尚未得到展开，处于一种存而不论的状态。或许正是由于这个特别的开端，"生成"与"改造"在中国教育思想史中的矛盾运动经历了一个十分漫长的历史过程，从而呈现出与西方不同的特征。从总体上看，这一漫长的逻辑历程自孟子的"复性说"，经荀子的"化性说"，以及宋明理学"复性说"的重提，直到王夫之的"性日生而日成说"的提出，才完成了一个否定之否定的圆圈运动。在这个辩证运动过程中，除了先秦老庄和魏晋玄学等崇尚"自然无为"外，其他学派都十分强调后天教育对人的生长发展的作用，这或许是我们中国人传统教育观念中较少注重个人自身主体性的一个思想根源。孟子认为人性本善，人生而有"善端"，"恻隐之心，仁之端也；羞恶之心，义之端也；辞让之心，礼之端也；是非之心，智之端也"②。人之"成人"，即在于这"四端"的展开，所以"仁义礼智，非由外铄我也，我固有之也"，而"学问之道无他，求其放心而已矣"③。所谓"求放心"，就是要找回迷失的本性。墨子却认为人完全是后天教育的结果，这就如同染丝，"染于苍则苍，染于黄则黄"④，所以，与孟子不同，墨子明确提出强教于人的教育观，主张通过教育把一定的思想观念灌输给他人，表现出明显的"改造"倾向。荀子看到了教育过程中自然与人为之间的辩证关系，他把自然天性称作"性"，把人为的后天教导和学习叫作"伪"，认为

---

① 孔子：《论语·阳货》。杨伯峻：《论语译注》，北京：中华书局 1980 年版，第 181 页。

② 孟子：《孟子·公孙丑上》。朱熹：《四书章句集注》，北京：中华书局 1983 年版，第 238 页。

③ 孟子：《孟子·告子上》。朱熹：《四书章句集注》，北京：中华书局 1983 年版，第 328、334 页。

④ 墨子：《墨子·所染》。顾树森：《中国古代教育家语录类编》，上海：上海教育出版社 1988 年版，第 102 页。

"无性，则伪之无所加；无伪，则性不能自美。性伪合，然后成圣人名"①。但是他认为人性本恶，所以竭力主张通过后天的教导和学习"改造"人性，即所谓"化性起伪"。他说："今之人性恶，必将待师法然后正，得礼义然后治。"② 先秦教育思想以"改造"论终结。直到明末清初的王夫之通过对"性恶说""性无善无恶说""性善恶混说"和"性三品说"等的总结性批判，从而在更高层次上向孟子性善论回归，这一辩证历程才最终达到其否定之否定的阶段，而当时的中国已经站在启蒙的门槛上了。王夫之认为，人性是不断"生成"的，"夫性者生理也，日生则日成也"，"习与性成者，习成而性与成也"，他还认为，人性的形成不是被改造的结果，而是主动地权衡取舍，"自取自用"的结果。他说："自取自用，则因乎习之所贯，为其情之所歆，于是而纯疵莫择矣。"③ 王夫之还赞成张载的"成身成性"，并且提出"循情而可以定性"④，认为人的成长发展应当是一个身与心、感性与理性统一一体的生成过程。

在西方，从文艺复兴经宗教改革到夸美纽斯，"生成"与"改造"的矛盾运动继续推进。班托克就以"自然与人为"作为其《教育理论史研究》第 1 卷（1350—1765）的副标题。⑤ 文艺复兴时期的教育思想家总体上是持自然生成的教育观的。伊拉斯谟认为个人的发展有三个因素：自然，即"部分是先天接受教育的能力，部分是对美德的天生爱

① 荀子：《荀子·礼论》。杨柳桥：《荀子诂译》，济南：齐鲁书社 1985 年版，第 534 页。
② 荀子：《荀子·性恶》。杨柳桥：《荀子诂译》，济南：齐鲁书社 1985 年版，第 647 页。
③ 王夫之：《尚书引义》，北京：中华书局 1976 年版，第 63、64 页。
④ 王夫之：《诗广传》，北京：中华书局 1964 年版，第 43 页。
⑤ Geoffrey Herman Bantock, *Studies in the History of Educational Theory*, Vol. I: *Artifice & Nature*, George Allen & Unwin Ltd., 1980, 1350—1765.

好"；训练，即"教育和指导的熟练的应用"；练习，即"放手运用我
们自己方面的能动性，亦即自然赋予的能动性，并借训练促进这种能动
性"①。维韦斯（Juan Luis Vives）进一步发展了伊拉斯谟的人文主义教
育思想，博伊德和金合说他"最先提出了一个革命的教育概念，即教
育主要是一个由学习者的本性所决定的学习过程"②。在人的本性问题
上，与人文主义者崇尚自然人性不同，路德新教并没有放弃基督教的
"原罪说"，这决定了新教教育总体上是一种强制性的改造，伊拉斯谟
与马丁·路德教育思想的根本分歧即在于此。新教加尔文派同样持
"改造"的教育观，加尔文（John Calvin）在《基督教原理》中写道：
"我们皆知，罪自从征服了第一个人以后，不仅蔓延到全人类，而且占
据了每个人的灵魂……人既然已被告知他们的良知已荡然无存，而且四
处被可怜的需求所包围，就应接受教导去追求他所缺乏的良知和所被剥
夺的自由。"③ 夸美纽斯批判总结了文艺复兴时期和宗教改革时期的教
育思想，在一个新的高度提出了"生成"的教育观，这集中体现为他
的教育总法则："自然适应性"。夸美纽斯说："直到现在为止，教导的
方法还很不可靠……所以我们应该看看，我们能不能够把训练才智的艺
术奠定在一种坚定的基础上面。""由于只有尽量使艺术的步骤符合自
然的步骤才能正确地奠定这种基础，我们打算遵循自然的方法。"④ 他
不仅把人的自然生长视为"教导"的基础，而且进一步在更加广泛的
意义上指出人的智慧来自成熟和经验。他说："人生的经历必然同世界

---

① 博伊德、金合：《西方教育史》，任宝祥等译，北京：人民教育出版社 1985 年
版，第 176 页。
② 博伊德、金合：《西方教育史》，任宝祥等译，北京：人民教育出版社 1985 年
版，第 180 页。
③ 约翰·加尔文：《基督教原理》。吴元训：《中世纪教育文选》，北京：人民教
育出版社 1989 年版，第 715 页。
④ 夸美纽斯：《大教学论》，傅任敢译，北京：人民教育出版社 1984 年版，第 91 页。

发展的过程一样，这就是只有当他成熟后才能有智慧，而且按事物本质来说也不能不是这样……一个人生活得越长久，他的经历就越多，所积累的经验也就越丰富，凭借经验，就能产生智慧。"① 这种生成论的教育观，是夸美纽斯晚年把"学校"概念推广至整个社会的"泛教论"的基石。

从卢梭经赫尔巴特到杜威，"生成"与"改造"的矛盾又经历了另一次辩证圆圈运动。卢梭教育思想的核心就是"回归自然"。他反对宗教"原罪"说，认为"人的心灵中根本没有什么生来就有的邪恶"，"出自造物主之手的东西都是好的"②，以此为哲学基础，他主张教育应当是"自然教育"，他笔下的爱弥儿所受到的教育，实际上就是在生活中自然地生长。他说："在自然秩序中，所有的人都是平等的，他们共同的天职，是取得人品；不管是谁，只要在这方面受了很好的教育，就不至于欠缺同他相称的品格。"③ 所以，限于口头上的教训不是真正的教育，"教育、教训和教导，是三样事情"，真正的教育就在生活之中，"我们一开始生活，我们就开始教育我们自己了"④。赫尔巴特不同意卢梭的这种教育观，而是总体上把教育看作一种改造。赫尔巴特说："教育学以学生的可塑性作为其基本概念。"⑤ 为保证这种"塑造"的顺利进行，必须用各种手段首先使学生就范，甚至必要时采用体罚。显然，"教育"概念在这里收缩成卢梭的"教育"概念中"人的教育"中的强制性的那一小部分。到了杜威那里，"教育"概念又突破了这种狭隘

---

① 夸美纽斯：《泛智学导论》。任钟印：《夸美纽斯教育论著选》，北京：人民教育出版社 1990 年版，第 166 页。

② 卢梭：《爱弥儿》上卷，李平沤译，北京：商务印书馆 1978 年版，第 5、95 页。

③ 卢梭：《爱弥儿》上卷，李平沤译，北京：商务印书馆 1978 年版，第 13 页。

④ 卢梭：《爱弥儿》上卷，李平沤译，北京：商务印书馆 1978 年版，第 13、14 页。

⑤ 赫尔巴特：《普通教育学·教育学讲授纲要》，李其龙译，北京：人民教育出版社 1989 年版，第 190 页。

的限定，重新向全面的"生成"回归。在杜威看来，教育即生活，"生长是生活的特征，所以教育就是不断生长"①。对赫尔巴特忽视人的主动性的"塑造说"，杜威明确提出了批评。②

"教育"概念在文本层面上的矛盾运动和它在逻辑层面上的矛盾运动是联系在一起的，"教育—教授—教育"的辩证运动不断循环往复，是以"生成"和"改造"这两种教育观之间的矛盾斗争为逻辑基础的。人的生长发展在其本质上是一种生命现象，同无机界的简单变化不同，它的本质特性就是主动的"生长"，并且是所有生命的生长中最高级、最复杂的，因此，来自外部的"改造"不足以全面概括教育这种使人成为人的活动的本质，全面的教育观应当是内在地包含了"改造"的"生成"教育观。所以，就概念的文本形式而言，"教育"是与"教养""教授""教学""训练""教导"等不同的，它在逻辑上是一个更为一般的概念，后面各种概念都作为它的属概念而包含于它。这也就是说，我们通常所说的"狭义的教育"，实际上不过是"教育"的各种属概念而已，而所谓"广义的教育"才是"教育"概念本身，只是关于"教育"概念的定义，还要仰赖我们对教育现象认识的不断深入而不断完善。

二　教育学发展的逻辑进程

人们对教育现象的认识的不断深入，表现在理论上就是教育学在哲

---

① 约翰·杜威:《民主主义与教育》，王承绪译，北京：人民教育出版社1990年版，第57页。

② 约翰·杜威:《民主主义与教育》，王承绪译，北京：人民教育出版社1990年版，第74—76页。

学母体中孕育、降生及其独立发展的过程。或者反过来说,教育学作为一门科学理论的发展逻辑进程,与教育学家对现实社会中教育现象的经验的(非先验的)论断,以及作为这些论断的逻辑形式的教育学概念结构体系(尤其是其中的"教育"概念)的不断演化过程,在本质上是联系在一起的辩证统一的过程。

按照约瑟夫·斯涅德(Joseph D. Sneed)的观点,"科学理论是一个概念结构(conceptual structure),这个结构可以产生关于一个松散地指定(但不是完全来指定)的'运用范围'(range of applications)的各种经验断言"①。在教育科学理论中,"教育"的概念是直接关涉到这门科学的所谓"运用范围"的概念结构的核心。"教育"概念的"整体—部分—整体"的辩证运动,必然会相应地引起教育学的"运用范围"的变化,这种变化表现在教育学的科学发展史中,就是教育学本身的"教育学—教授学—教育学"的辩证运动逻辑历程。在这里,我们用"教育学"这个词指称研究全部的使人成为人的教育现象的科学;而用"教授学"这个词指称只研究把一定的知识传授给他人的方法的科学。需要明确的是:只有知识才是可以教授的。这是因为,所谓"教授"实质上是一个借助于语言的或体态的符号行为向他人传递信息的过程,就其本质而言,教授是一种交往行为,并且这种交往行为的直接目的既不在于合法人际关系的建立,又不在于言说者的自我表白,而是在于某种事实的呈示。在哈贝马斯的三种交往模式中,"教授"这类交往行为属于认识式的交往模式,它所表述的是外在的客观世界,即使这种表述是关于"我"或"我们"自身的,"我"或"我们"在这里也一定是

---

① 约瑟夫·D. 斯涅德:《革命性科学变化描述:形式的方法》。卡尔纳普等:《科学哲学和科学方法论》,江天骥主编,北京:华夏出版社1990年版,第300页。

客体化了的。① 因此，"教授"的直接结果只限于"知道"，它只能直接作用于人的认知结构，至于教授对象在情感、意志、性格、品德等非认知心理因素方面与此相联系的变化，只是这种交往于行为的次级效应，因为这些非认知的心理变化不是借助教授从外部移入的，而是主体本身能动的发自内部的自我塑造的结果。实际上，思维或动作的技能也是无法直接教授的，我们教授的只能是关于这些技能的知识，教授对象必须在掌握和正确理解这些知识的基础上，通过主动的模仿和练习才能真正获得这些技能，这同样也只是教授所引起的次级效应。"热爱祖国是一种高尚的情操。"我们可以通过教授使他人获得（知道）这个"知识"——只要接受主体对我们的符号行为作出了正确的解释，"知道"就是可以保证的。无论这里存在着多么复杂的思维加工和知识同化过程，接受主体所"知道"的毕竟是通过教授而从外部"移入"的。至于接受主体是否由此即产生爱国之情，则是"教授"行为本身所无法保证的。"教育"则不同，就其本质而言，教育是作为主体的人在共同的社会生活过程中开发、占有和消化人的发展资源，从而生成特定的、完整的、社会的个人的过程，因此它覆盖了人的全部的生长发展。所以我们说，"教育学—教授学—教育学"的运动历程，实际上也是一种"整体—部分—整体"的否定之否定的辩证历程。这一辩证的逻辑历程之所以要以"教授学"为其中介环节，最主要的原因就在于培根及其以后的哲学和社会思潮中的"知识中心主义"，这是我们前文已有论述的。

写到这里有一点已经十分明确了，那就是：教育学的每一次带根本性的进步——即在辩证运动的逻辑历程中通过对原有环节的否定而跳跃

---

① 参考哈贝马斯：《交往与社会进化》第一章，张博树译，重应：重庆出版社1989 年版。

到下一个环节，实际上总是同教育学家对现实社会中教育现象的根本看法发生变化联系在一起的，这种根本看法，就是教育学的科学范式。库恩（Thomas S. Kuhn）和波普尔（Karl Raimund Popper）之间尽管有很多争论，但至少有一点是他们共同的，这就是波普尔所说的："我们是按照一种预设的理论去看待一切事物的。"① 这种预设的理论，库恩从主观信念的角度出发，把它解释为科学研究者看待其研究世界的世界观；波普尔从客观逻辑的角度出发，把它解释为等待证伪的假说。这代表了探索科学进步逻辑的两个基本方向，在我们看来，这两个基本方向是互为补充的。从主观方面来说，当问题追溯到范式的层次时，我们的确很难再提供纯粹客观的论据来回答"为什么"的问题：为什么我们不能把"教育"这个概念就限定在"教授"的范围内，而把人的生长发展的其他方面留给别的什么概念，如"育教"之类？像这一类问题我们是无法作出纯粹客观的回答的。为什么要如此这般地界说（看待）教育现象？似乎确实只是个信念问题。就教育学的科学发展史而论，正如库恩所言，"规范（范式）改变确实使科学家们用不同的方式去看待他们的研究工作约定的世界"②。远的不说，仅就保罗·朗格让（Paul Lengrand）提出的"终身教育"的概念为我国教育学界所接受以后，它所引起的范式的革命就非常明显，几乎是一夜之间的事，我们看待"教育世界"的方式，关于这个世界疆界的"约定"、内部的构成、未来的趋势等等，都焕然一新了。而这一切的直接原因，只不过来自我们接受了对"教育"的一种新看待方式。"对库恩来说，科学变革——从一个'范式'到另一个'范式'——是一次神秘的皈依，它不是也不

---

① 卡尔·波普尔：《常规科学及其危险》。伊姆雷·拉卡托斯等：《批判与知识的增长》，周寄中译，北京：华夏出版社1987年版，第64页。

② T. S. 库恩：《科学革命的结构》，李宝恒等译，上海：上海科学技术出版社1980年版，第91页。"范式"（paradigm），又译作"规范""范型"等，此据《中国大百科全书·哲学》译作"范式"。

可能是靠一些理性的规则来引导的，因而整个地归于发现的（社会）心理学的范围。科学变革是一种宗教式的变革。"① 拉卡托斯（Imre Lakatos）的这段话切中了库恩理论的要害。如果我们只承认科学进步的主观方面的动因，那么最终必然会抽空其经验的基础和理性的根据。就科学进步的客观逻辑方面而论，波普尔并非没有道理，我们之所以放弃旧的教育概念转而接受一种对"教育"的新的看待方式，在一定意义上正是由于旧的教育概念已经被"证伪"。证伪的力量来自两类问题的矛盾和"反常"，这两类问题就是劳丹（Larry Laudan）所说的"经验问题"和"概念问题"。②

劳丹认为，"科学本质上是解决问题的活动"。问题分两类：经验问题和概念问题；其中经验问题又分三种，即未解决的问题、已解决的问题和反常问题。当概念问题发生冲突或经验问题发现反常时，科学革命的危机就产生了。③ 教育学的科学变革也是如此，仍以"终身教育"的提出所引发的教育学的变革为例。首先是经验问题中发现反常问题。这种反常问题的表现概括起来主要是教育现象无论是在时间上还是空间上都"溢出"了传统教育学的理论框架，我们发现在传统教育学理论所描述的"教育"以外，还有很多因素事实上在"教育"着人。为了迎接以加速度变迁着的社会现实的挑战，人们不得不投身到一个永无止境的学习过程中，这个过程同样需要科学的解释和指导，然而，传统教育学对此却一筹莫展。"事实证明，如果不借助于新的教育概念，并依据这种新概念去充分考虑人们对训练、指导和进步的不断的和普遍的要

---

① 伊姆雷·拉卡托斯：《证伪和科学研究纲领方法论》。伊姆雷·拉卡托斯等：《批判与知识的增长》，周寄中译，北京：华夏出版社1987年版，第119页。
② 拉里·劳丹：《进步及其问题——科学增长理论刍议》，方在庆译，上海：上海译文出版社1991年版，第3页。
③ 参阅拉里·劳丹：《进步及其问题——科学增长理论刍议》第一、二章，方在庆译，上海：上海译文出版社1991年版。

求，那么，要想寻找问题的答案无疑是不可能的，也是徒劳无益的。"①
于是，"终身教育""回归教育"等新的教育理论就被提了出来。"当一
个理论，尽管与观察结果不矛盾，却不能解释或解决（那些已经被一
竞争的理论解决了的）结果时，最重要的反常就出现了。"② 因为这个
经验问题对该理论来说不再可能构成一个"未解决的问题"，而只能是
一个反常问题，它必然导致我们对这个理论的怀疑。所以，在一定意义
上讲，众多新教育理论的提出，把反常问题转化成了变革传统教育理论
的直接动力。"无论我们怎样强调卷入我们生活中的任何因素，这些因
素都具有一个共同的特征，这就是摧毁传统的教学理论以及方法的大
厦，使教育和教育工作者面临形形色色的问题与需要。"③ 其次是在众
多教育理论的基础上产生的概念问题。劳丹把概念问题分作两类：内在
的概念问题和外在的概念问题。④ 内在的概念问题，在这里表现为传统
教育理论内部出现的不一致或模糊不清而导致的概念冲突，此类矛盾我
们在导论中已有所论述。"广义的教育概念"和"狭义的教育概念"并
存本身就在一定程度上反映了传统教育理论对"教育"的理解是模糊
不清的。在传统教育理论中，一方面这种理论强调培养受教育者的主体
性，另一方面迫于对教育概念的狭隘理解而不得不把受教育者当作接受
改造的客体，这就是其内部明显的一个不一致之处。像这类内在的概念
问题，传统教育理论中并非只有这两个，与此同时，外在的概念问题也

---

① 保罗·朗格让：《终身教育导论》，滕星等译，北京：华夏出版社 1988 年版，
   第 53 页。
② 拉里·劳丹：《进步及其问题——科学增长理论刍议》，方在庆译，上海：上海
   译文出版社 1991 年版，第 24 页。
③ 保罗·朗格让：《终身教育导论》，滕星等译，北京：华夏出版社 1988 年版，
   第 22 页。
④ 参阅拉里·劳丹：《进步及其问题——科学增长理论刍议》，方在庆译，上海：
   上海译文出版社 1991 年版，第 46 页。

是矛盾重重，主要表现在不同教育理论之间的概念冲突。譬如：富尔（Edgar Faure）等人认为教育"包括培养和发展一个人全部潜能的文化过程"①，这就同传统教育学中的"教育"概念存在着明显的矛盾。所有这些经验问题和概念问题，都构成了推动教育学发生科学革命的内部或外部动力，其中经验问题是第一级问题，而概念问题"是关于概念结构（例如理论）的充足理由的较高级问题，它是用来回答第一级问题的"②，因此，推动教育学进步的这两种直接动力是相互联系在一起的。

下面，我们就尝试从这两种直接动力入手，来考察教育学发展的辩证逻辑进程，力图揭示其中的范式更迭规律及其未来趋势。我们必须尝试摆脱教育史课本中千篇一律的分析和描述模式，我们不得不尝试采用新的考察方法，否则，"即使根据历史，也无法形成新的科学观"③。用"范式更迭"来描述教育学发展史上那些带有根本性的变革，是因为这些变革确乎是关于我们如何看待我们的研究工作所约定的那个世界，并且这里只有一条线索，找不到"教育学的发展史"和"学校教育学的发展史"这样两条平行的线索，即使"学校教育学的发展史"是存在的，它也只是作为"教育学的发展史"的部分环节交织于这条线索之中的，而不是与这条线索平行的另一条独立的线索。也就是说，这二者之间的关系不是简单的一门学科与其分支学科的发展史关系，因为，如果抽去"学校教育学的发展史"，我们就根本无法把"教育学的发展史"连成一条线索，这是一种环节的缺失，而不是分支的忽略。也正是基于这样的认识，我认为陈桂生教授所说的"近代教育学的双重起源"，实际上是一脉相承的发生史上的不同环节。陈桂生教授认为，

---

① Edgar Faure, et al. , *Learning to be*, Unesco, Paris, 1972, p. 116.

② 拉里·劳丹：《进步及其问题——科学增长理论刍议》，方在庆译，上海：上海译文出版社 1991 年版，第 46 页。

③ T. S. 库恩：《科学革命的结构》，李宝恒等译，上海：上海科学技术出版社 1980 年版，第 1 页。

"'前教育科学'阶段的建树,一是沿着教学艺术(不定型)—教学法—教学论的路线,通向教育学;一是由非科学的教育思想(包括哲学形态的与融于教育随笔、教育小说之中的)—'哲学的'教育论—'哲学的'教育学的路线,转向'科学的'教育学。这就是近代教育学的两重起源"①。这当然是一种很有价值的理论创见,但如果我们换一个思考问题的角度,我们就会发现教育学真正的发生线索只有一条:孕育于哲学母体并逐步分化独立出来。"教学论"的产生只是这条线索中的预言教育学之诞生的一个重要环节,而其他因素都不过是推进这一过程的"经验问题"和"概念问题"的表现,或者说是影响这一过程的现实基础和思想基础。陈桂生教授自己也如此表述"双重起源",他说:"近代教育学具有双重起源:一是关于教育问题的哲学思辨,一是实际教学经验的总结。"后者实际上不正是促使教育学在哲学母体中成熟并分娩出来的现实因素吗?其实,远在教育学孕育于哲学母体时,这种现实因素就一直在发挥着影响作用。这就是看起来"教育学的双重起源常集于一身"的原因。② 实际上,夸美纽斯时代的"教学论"并未完全脱离哲学母体,直到赫尔巴特提出教育学作为一门科学以"实践哲学"为基础,教育学才真正作为一门独立学科并立于哲学之侧。为了保持全部逻辑进程的完整性,我们把教育学的这个发生的过程也列入考察范围,并以文艺复兴时期人文主义教育思想作为考察的起点,因为在一定意义上讲,文艺复兴和启蒙运动时期的人文主义哲学是教育学直接的产生者。

---

① 陈桂生:《广义教育学史》,上海:华东师范大学教育系(1990)年版(油印本),第1页。

② 陈桂生:《广义教育学史》,上海:华东师范大学教育系(1990)年版(油印本),第2页、第2页注1。

（一）孕育时期的范式转型及其作用：从文艺复兴时期人文主义教育思想经宗教改革时期新教教育思想到夸美纽斯的"大教学论"

库恩的"范式"，"按社会学的规定来说，是先于理论的，"，"范式是在还没有理论时起作用的那种力量"。① 在教育学的孕育时期，尽管教育学作为一个独立的理论体系尚未形成，但在那些关注并研究教育问题的哲人中，研究教育现象的"范式"却先于理论形成，并且范式的转变在教育学的发生过程中起着十分重要的作用。为便于分析考察，我们把那种着眼于人的全面生成的看待教育现象的方式称作"全人范式"，在这种范式的引导下，教育学往往把人的各方面生长发展都纳入自己研究工作所约定的世界，把教育理解为一个"生成"的过程，这是一种以全部教育现象为研究对象的真正意义上的"教育学"；那种把教育仅仅理解为"教授"的看待教育现象的方式，我们称之为"认知范式"，在这种范式的引导下，教育学往往只注重研究人在认知方面的生长发展，即便注意到人在其他方面的生长发展，其看待这些方面的生长发展的方式也是认知的，并且在总体上，它把教育理解为一个通过"教授"进行"改造"的过程，严格说来，这只是一种研究部分教育现象的"教授学"。"教授学"之所以成为教育学形成和发展的辩证逻辑进程的否定性中介环节，一方面是由于"教授"是人类教育活动中最自觉、最引人注目的一种教育活动（在教育的制度化历史背景下更是如此）；另一方面是由于教授实践中提出来的经验问题最具典型性、最需要建立一门独立学科来加以研究，并且教育学的这一研究领域也终始最贴近实践，因而是最具革命性的。这就是"全人范式"和"认知范式"的不断转换表现为教育学发展的逻辑进程即是"教育学—教授学—教育学"的辩证圆圈运动的主要原因。

---

① 玛格丽特·玛斯特曼：《范式的本质》。伊姆雷·拉卡托斯等：《批判与知识的增长》，周寄中译，北京：华夏出版社 1987 年版，第 84、85 页。

在文艺复兴时期，人文主义教育思想家在研究教育现象时显然是采用的"全人范式"。维多里诺（Vittorino da Feltre）倡导的"博雅教育"（liberal education）和韦杰里乌斯（Pietro Paolo Vergerius）提倡的"全面教育"（all round education），都强调人的身心和谐发展，主张养成全面的、完整的人。[①] 他们把养成"全人"（all-sided man）看作是对古希腊教育理想的重现，并且不仅把"教授"，而且把人在全部生活中的生长发展都看作教育思想理应观照的范围。伊拉斯谟在论述语言教学时就反对生硬灌输语法规则，认为"我们的语言能力不是靠学习规则，而是靠同习惯于用准确精练语言表达思想的那些人的日常交往，靠大量阅读优秀作家的作品来获得"[②]。蒙田（Michel Eyquem de Montaigne）也同样主张教育应养成身心全面发展的人，他认为世界的各个角落都是书房，日常的交往、旅行等也都是很好的教育。他认为应当"让孩子们首先接触事实，用事实进行教育。是用行动去做，而不是只听，是在生活的道路上塑造他们、改造他们、教育他们，特别是用范例和工作，而不是只用规则和文字。所以学习不只是使心灵上获得知识，也要获得品德和习惯，它们不只是获得物而是要变成禀性"[③]。宗教改革尽管是以文艺复兴为思想准备，但新教各派看待教育现象的方式却与人文主义者迥然不同。新教各派主要是通过开办学校来与旧教争夺教育权的，同时他们从事教育的直接目的仍然是通过"教授"灌输基督教教义以培养虔诚的信徒，因此，其教育思想不仅重视学校教育，而且贬抑自然的生活中的教育，从而把教育现象主要限定于"教授"的范围。马丁·路德的

---

① 参阅滕大春：《外国教育通史》第二卷，济南：山东教育出版社 1989 年版，第 169—179 页。

② 博伊德、金合：《西方教育史》，任宝祥等译，北京：人民教育出版社 1985 年版，第 175 页。

③ 蒙田：《论学究气》。吴元训：《中世纪教育文选》，北京：人民教育出版社 1989 年版，第 484 页。

得力助手梅兰希顿（Philip Melanchthon）在他的《萨克森学制计划》中就明确地说："传教者也应该训诫人民，送他们的孩子上学，这样，把孩子们培养起来传授正确的教义并以聪明和能干的才智为国家效力。"①路德派新教的另一名教育家斯图谟（Johann Strum）也认为，办学的目的就在于培养学生的三重品质："虔诚"（piety）、"知识"（knowledge）和"雄辩"（eloquence）。②这样的教育推行开来，就难怪伊拉斯谟说"路德教盛行之处，就是学术消亡之处"了。就教育学的发生而论，夸美纽斯无疑是重要的里程碑。在这一时期，一方面由于学校教育的兴起，大量的产生于教学实践的"经验问题"被提出来，而这些具体的经验问题往往又是以抽象思辨见长的哲学理论难以一一给出具体答案的。于是，人们就像在手工艺生产中所做的那样，开始总结教学实践中的经验。稍早于夸美纽斯的德国教育家拉特克（Wolfgang Ratke）就是这类代表，他所总结出来的秘不示人的教学法正是试图解决语言教学等方面的经验问题。③像拉特克教学法这样一些在总结经验的基础上提出来的"准理论"，它们对经验问题的不同解答又进一步向哲学理论提出了"外在的概念问题"。这两方面的力量，迫使哲学辟出专门的领域对教育实践中一些具体的问题作出自己的思考和回答，夸美纽斯的"大教学论"就在这样的背景下产生了。总的说来，夸美纽斯的"大教学论"还是一种关于教育问题的专门的哲学理论，是作为当时的时代精神的自然主义哲学对教育问题比较具体的回答，同时也表现了哲学理论对现实教育经验进行概括和抽象的尝试，这正是夸美纽斯真正对历史作出的巨

① 梅兰希顿：《萨克森学制计划》。任钟印：《世界教育名著通览》，武汉：湖北教育出版社1994年版，第207页。
② 参阅滕大春：《外国教育通史》第二卷，济南：山东教育出版社1989年版，第257页。
③ 参阅S. E. 佛罗斯特：《西方教育的历史和哲学基础》，吴元训等译，北京：华夏出版社1987年版，第252—254页。

大贡献。博伊德和金说："最伟大的夸美纽斯本人，这位使方法条理化的人，直到今天仍然具有生命力；这不是因为他的教学法，而是因为他在探求方法时，提出了更为广泛的问题，并发展起一种具有永久价值的教学哲学。"① 夸美纽斯的"泛智"（pansophia）思想，正是一种"全人范式"的体现。他说："不只是人的一个方面，而是整个的人都需要发展，在为完善人性所需要的一切方面都需要发展。"因此，"要使整个生活都成为学校"②。正是在这样的范式引导下，他把教育理解为一种"生成"过程，一种超越了教学边界（"泛教"）的既"教"且"育"的活动。

（二）降生时期的范式转型及其作用：从卢梭经赫尔巴特到杜威

博伊德和金认为："十七世纪绝大部分改革家的思想水平比起他们的先辈来，要略逊一筹。一般说来，他们不接触教育和人生的根本问题，仅把自己局限在教育方法的较肤浅的细节上。"③ 由于要回答教学实践所提出的具体的经验问题，夸美纽斯的教育思想中也夹杂着很多这样的"细节"。卢梭的《爱弥儿》则表现出一方面站在哲学的高度对这些"细节"进一步进行概括和抽象，另一方面又采取文学的叙事话语避免过于远离经验问题的努力。小佛罗斯特说："卢梭在教育界发动了一场哥白尼式的大革命。他把儿童放在教育过程的中心，认为儿童有一种潜在的发展可能，而教育就是为儿童提供优良的环境，使其充分地实

---

① 博伊德、金合：《西方教育史》，任宝祥等译，北京：人民教育出版社1985年版，第239—240页。

② 夸美纽斯：《人类改进通论》。见任钟印：《世界教育名著通览》，武汉：湖北教育出版社1994年版，第329、332页。

③ 博伊德、金合：《西方教育史》，任宝祥等译，北京：人民教育出版社1985年版，第239页。

现这种可能性。"① 而卢梭之所以能发动这场哥白尼式的革命，是与他采取"全人范式"来看待教育现象分不开的。他所理解的"教育"是关于人的身心各方面全部的生长发展的，因为"我们在出生的时候所没有的东西，我们在长大的时候所需要的东西，全都要由教育赐予我们"②。他把这种关于人的全部的教育分为三种："自然的教育""人的教育"和"事物的教育"，其中"人的教育"和"事物的教育"又必须配合我们所无法控制的"自然的教育"，因此，正确的教育应当是一种以儿童为中心的"生成"过程。这种"生成"的教育观从卢梭经裴斯泰洛齐到康德都一直得到贯彻，反映了在"全人范式"的指导下，哲学在教育思想这一特殊领域一方面对教育实践中的经验问题进行解答和概括，另一方面对内在和外在的概念问题尝试作出解决，从而在这一领域加快理论建构的努力。这种努力，在赫尔巴特那里实现了从量的积累到质的飞跃的否定性变革，独立的教育科学体系以"教授学"的面貌问世了。③

作为一种"教授学"，赫尔巴特的《普通教育》首要关注的问题是"怎样教育"而不是"教育是什么"，这同自培根以来自然科学和社会科学主要探究"是什么"的旨趣背道而驰。村井实说："他（赫尔巴特）对问题的这种提法本来就已孕育着他的教育学不久即将僵化成为

---

① S. E. 佛罗斯特：《西方教育的历史和哲学基础》，吴元训等译，北京：华夏出版社 1987 年版，第 345 页。

② 卢梭：《爱弥儿》上卷，李平沤译，北京：商务印书馆 1978 年版，第 7 页。

③ 赫尔巴特的《普通教育学》德文原书名 *Allgemeine Pädagogik aus dem Zweck der Erziehung*，意为"出于教育目的之普遍教授学"。关于 pedagogy 与 education 的区别，可参考 E. N. Henderson 为 P. Monroe 编写的 *A Cyclopedia of Education* 所撰 Pedagogy 条目。See Paul Monroe, *A Cyclopedia of Education, Vol. 4*. The Macmillan Company, 1911.

狭义的学校教育学的可能性。"① 而这种问题的提法，又是他看待教育现象所采用的狭隘的"认知范式"所决定的。他十分强调"通过教学来进行教育"② 的思想，把"教育"看作一种通过"教授"而使学生"知道"的过程。在这样的范式引导下，他自然要把儿童的认识、兴趣、注意、记忆等心理方面的问题作为科学探究的对象，而其他方面的问题则都消解在思辨的所谓"伦理学"研究中。赫尔巴特所采取的狭隘认知范式，很快就受到来自其学派内部的修正和外部的批判。赫尔巴特学派中的维尔曼（Otto Willmann）另创《教化学》，认为教育是一种以养成智的活动为主，以智的同化为目的的活动，而教化则以养成努力和意志为主，以道德的同化为目的。③ 这实际上是对赫尔巴特教育学体系的分裂和解构。狄尔泰（Wilhelm Dilthey）也对所谓"普遍的教授学"（Allgemeine Pädagogik）是否可能提出怀疑。狄尔泰反对以"教授学"代替真正的"教育学"，主张把教育过程理解为人的生活体验过程和"追体验"（Nacherlebnis）过程，使过去那种单一的"知的教育"变为知、情、意统一的全生命的活生生的教育，从而把"总体的人"重新推到了教育理论的前台。④ 赫尔巴特之后，教育学经历了近一个世纪的多元分化和内部整理，到约翰·杜威那里才实现了新的范式转型，完成了卢梭之后的又一次"哥白尼式的革命"。

　　作为对卢梭的否定之否定，杜威的这一次"哥白尼式的革命"至少有这样三重意义：一是重新肯定了儿童（受教育者）在教育活动中的中心地位；二是重新把人的全部生成过程（生活）纳入教育学研究

---

① 参阅大河内一男等：《教育学的理论问题》，曲程等译，北京：教育科学出版社1984年版，第22—24页。

② 赫尔巴特：《普通教育学·教育学讲授纲要》，李其龙译，北京：人民教育出版社1989年版，第13页。

③ 参考姜琦：《西洋教育史大纲》，北京：商务印书馆1930年版，第404—408页。

④ 参阅邹进：《现代德国文化教育学》第二章，太原：山西教育出版社1992年版。

工作所约定的世界；三是努力摆脱"教授学"的狭隘框架而在更加广泛的意义上建立完整的"教育学"的尝试。这三重意义，同杜威采用"全人范式"看待教育现象是密切联系在一起的。用"生活""生长"和"经验的改造"来解释教育，实际上也就是将完整的人的生成过程都纳入了教育学的视野之中。正因为杜威所理解的教育包括了人的全部生成过程，他才说"除了更多的教育，没有别的东西是教育所从属的。用一句平常话说，一个人离开学校之后，教育不应停止"①。既然教育就是人的全部生成过程，而人的全部生成过程也就是他的生活过程，那么教育就是生活。人是自己生活的主人，生活始终是人的生活，因此人在自己的教育过程中自然也应当处于中心地位。杜威批评赫尔巴特所代表的被动狭隘的"教授学"，他说："赫尔巴特的哲学考虑教育的一切事情，唯独没有考虑教育的本质，没有注意青年具有充满活力的、寻求有效地起作用的机会的能量。"② 这种批评反映了杜威的教育理论与赫尔巴特教育理论之间最主要的概念冲突，而这种概念问题的背后又存在着与它紧密联系着的经验问题。在南北战争后重建民主社会的时代背景下，美国各地教育当局开始改革落后的美国学校教育，如帕克（Francis Parker)倡导的"昆西运动"，就用直观教学和参观旅游等手段，引导学生从实际生活中学习。③ 这些教育改革，又自然要受到美国人建立"民主社会"的理想和社会价值的影响。这些在民主主义指引下开展的教育改革中所产生的各种经验问题，当时在美国颇具影响的赫尔巴特、裴斯泰洛齐等人的教育理论难以解答。所有这些，都是杜威实现教育学范

---

① 约翰·杜威：《民主主义与教育》，王承绪译，北京：人民教育出版社1990年版，第55页。"用一句平常话"原译文为"有一句平常话"，据上下文校订。
② 约翰·杜威：《民主主义与教育》，王承绪译，北京：人民教育出版社1990年版，第76页。
③ 参阅滕大春：《美国教育通史》，北京：人民教育出版社1994年版，第530—533页。

式转型的历史条件。杜威在 1929 年出版的《教育科学的资源》一书中就明确表达了建立与传统"教授学"不同的一种"教育科学"的设想，但是，他认为"教育科学的最终的现实性，不在书本上，也不在实验室中，也不在讲授教育科学的教室中，而是在那些从事指导教育活动的人们的心中"。他认为教育科学无须独立的体系，"从其他科学抽取来的资料，如果集中在教育上的问题，就能够成为教育科学的内容"。他还说"教育是一种包括科学在内的活动"，教育科学与教育过程中对问题循环往复以至无穷的探究是一致的。① 杜威最重要的教育著作《民主主义与教育》的副标题是"教育哲学导论"（*An Introduction to the Philosophy of Education*），他的其他主要教育著作中，除《我的教育信条》书名中使用了"pedagogic"这一形容词外，均未见称作"教育学"或"教育科学"的。由此看来，杜威虽然实现了从"认知范式"向"全人范式"的转变，但他最终并没有成功地建立一门真正的"教育学"来代替他所批判的"教授学"，这与他的思想最终仍未摆脱"教授学"传统的狭隘框架有关，我们将在下一节中讨论这个问题。

三　杜威的教育概念

有位评论家曾经断言："美国未来的思想，必定会超越杜威……可是很难设想在前进中怎样能够不通过杜威。"② 这一评价是非常中肯的，对传统教育学的终结和现代教育学的发轫而言，杜威既是上一个否定之

① 杜威：《教育科学的资源》。赵祥麟、王承绪：《杜威教育论著选》，上海：华东师范大学出版社 1981 年版，第 276—285 页。
② 阿瑟·G. 沃恩：《作为教育家的杜威》。转引自戴本博：《外国教育史》下卷，北京：人民教育出版社 1990 年版，第 94 页。

否定过程的终点，又是下一个辩证运动的起点。

康内尔（W. F. Connell)在《二十世纪世界教育史》中写道："在二十世纪的教室内，有一个从教学到教育的不断变化过程……学校从教学到教育过程的变化是一个越来越有人情味的过程。它把教学的重心从教材移向学生。教师成了这样的人，即他的主要技能就在于理解儿童并懂得怎样帮助儿童发展他们的能力。尽管对扎扎实实学习的兴趣并没有停止，教师却不再是一个卖弄学问的人了。"① 这个"从教学到教育"的转变，首先应该归功于约翰·杜威，归功于杜威对传统"教授学"的深刻批判及其为建立科学的现代"教育学"而奠定的理论基础。从杜威开始，经过布鲁纳和巴班斯基，到今天"终身教育""学习化社会"等全新教育思想所表现的孕育之中的新的教育科学变革，这是一个仍然在不断推进着的又一轮否定之否定的辩证运动。

首先，从文本层面来看，在杜威的教育著作中，"教授"（pedagogy)已经基本上为"教育"（education)所取代。这一文本上的变化至少包含着这样三重意义：一是"教育"概念涵盖面的扩展。与"教授"相比，"教育"这个概念已不再局限于教师"教"（teaching)和学生"学"（learning)的过程，而是包括了人的生长发展的全部过程，它冲破了"学校教育"的时空框架，广布于人的社会生活的各个领域。杜威说："我认为一切教育都是通过个人参与人类的社会意识而进行的。这个过程几乎是在出生时就在无意识中开始了。它不断地发展个人的能力，熏染他的意识，形成他的习惯，锻炼他的思想，并激发他的感情和情绪。"② 可见"教育"一词在这里所指称的是一个完整的人在他的全部

---

① W. F. 康内尔：《二十世纪世界教育史》，张法琨等译，北京：人民教育出版社 1990 年版，第 23 页。

② 约翰·杜威：《学校与社会·明日之学校》，赵祥麟等译，北京：人民教育出版社 1994 年版，第 3 页。

生活过程中全面地"生成"的过程。这样广泛的含义，是远非"教授"的概念所能表达的。二是"教育"概念的社会意义之显现。把"教育"概念拓展到"社会生活"的广阔领域，这就为进一步揭示这一概念的社会意义提供了可能。杜威认为："教育是社会的职能"①，同时"教育是社会进步和社会改革的基本方法"②，通过对教育与社会之间辩证关系的认识，"教育"这一概念内在包含的社会意义和社会价值呈现在我们面前。显然，"教授"所能向我们直接展现的不过是人的无数社会活动中一个特殊的活动而已。三是表现了人类对教育现象认识的抽象水平的提高。前文我们已经说过，与"教授"相比，"教育"是一个更为一般，抽象程度更高的概念。彼得斯（Richard S. Peters）通过语言分析揭示了"教育"概念的抽象性，他说："所有这类考察都必定以注意到'教育'是一个并不十分接近具体实际的概念而开始……我们不会问'你是在教授他代数呢还是在教育他代数呢？（Are you instructing him in algebra or are you educating him in algebra?）'，这样问好像教授和教育是两个可以相互替代的过程。但我们或许会问'你是在通过教授他代数来教育他吗？（Are you educating him by instructing him in algebra?）'，换而言之，'教育'不指称某一特殊过程，相反它囊括了一个过程家族（a family of processes）中任何一个成员都必须符合的标准。"③ 也就是说，"教育"并不是"教授""教学""教导"等众多过程中的一个特殊过程，而是所有这些特殊过程的一般的总称。杜威也说："我们也用养

---

① 约翰·杜威：《民主主义与教育》，王承绪译，北京：人民教育出版社 1990 年版，第 12 页。

② 约翰·杜威：《学校与社会·明日之学校》，赵祥麟等译，北京：人民教育出版社 1994 年版，第 15 页。

③ R. S. Peters, *The Concept of Education*, Routledge & Kegan Paul Ltd. 1967, p. 1.

育、培养、教化等词，这些词表明教育所要包括的不同水平。"① 可见在杜威的教育理论中，"教育"已是一个包括了"教授""教学"等概念的更高一级抽象概念。

在第二次世界大战以后兴起的新行为主义、结构主义等教育思想流派的教育论著中，"教学""教授""学习"又重新占据了中心地位，表现出对杜威教育思想的否定倾向。布鲁纳（Jerome S. Bruner）的教育名著《教育过程》（*The Process of Education*）的英文版副标题就是"一个开拓学与教的新途径的关于学校教育的探索性讨论"（*A searching discussion of school education opening new paths to learning and teaching*）。② 这一时期另几位著名教育学家的代表著作，如斯金纳（Burrhus Frederic Skinner）的《学的科学与教的艺术》（*The Science of Learning and Art of Teaching*）、赞可夫（L. V. Zankov）的《教学与发展》（*Teaching and Development*）和巴班斯基（U. K. Babansky）的《教育过程的最优化》（*Optimization of the Process of Teaching*）等，同样都是以学校中的"教学"为中心概念的。不过值得注意的是，这里的"教学"（teaching/teaching and learning）与传统的"教授"（pedagogy/didactic）不同，尽管它成为教育理论关注的中心概念，形成对"教育"（education）在教育学范畴体系中"地位"的僭越，但它并没有构成对"教育"概念的替代。也就是说，这些教育理论仍然承认"教学"是"学校教育"（school education）中的一种活动和过程，而"学校教育"又只是全部"教育"中的一个特殊领域。由此可见，即便在文本层面上，这些教育理论也并没有真正"回到传统去"，而是在否定环节上对杜威教育概念的深化。布鲁纳在其《教育过程》的导论中就说："每一代人都给那些形成其时代教

---

① 约翰·杜威：《民主主义与教育》，王承绪译，北京：人民教育出版社1990年版，第12页。

② Jerome S. Bruner, *The Process of Education*, Random House, Inc. , New York, 1960.

育的热望以新的形式。某种作为我们这一代人的标识的热望或许正在凸现，这种热望就是广泛的对教育质量和智育目标的重新关注——但是不放弃那种将教育当作为民主社会培养平衡发展的公民之手段的理念。"①这段话表明了这一时期的教育学家在某种程度上结合"现代教育"与"传统教育"的努力。②这种努力，也为20世纪的教育理论走向否定之否定的总结环节奠定了基础。

在20世纪的最后二十多年里，以联合国教科文组织为核心的一批有远见卓识的教育理论家提出了"终身教育"（lifelong education）、"学习化社会"（learning society）等新的教育理念，预示着一个否定之否定的总结阶段行将到来。就文本层面而言，这些新教育理论有一个共同特征，即多在"教育"概念的前面加上各种修饰语，并且这些修饰语都标举这些新教育理念与"学校教育"的不同之处。这种对自身与"学校教育"（school education）或被人误解作教育本身的"教育"（schooling）之间差异的努力标举，表达了对以布鲁纳等人为代表的否定环节的否定意向。值得注意的是，那些在一定程度上代表着教育国际观点的文献中，"教育"一词的含义正在发生变化。富尔等人在《学会生存》中就曾经写道："从今以后，教育不能再被界定为关于某种必须吸收的固定内容的东西，而应当被视作人类生存的一种进程，借助这一进程，人通过各种经验学会自我表达，学会交往，学会探究世界，并且日益——自始至终地——完善自身。"③这种解释表现了一种在更高层次上向杜威回归的趋向。

其次，在逻辑的层面上，从杜威经布鲁纳到今天，一个新的"生成—改造—生成"的辩证逻辑进程也正在推进之中。在杜威的教育理

---

① Jerome S. Bruner, *The Process of Education*, Random House, Inc., New York, 1960, p. 1.
② 参阅戴本博：《外国教育史》，北京：人民教育出版社1990年版，第418页。
③ Edgar Faure, et al., *Learning to be*. Unesco, Paris, 1972, p. 143.

论中，"教育"显然是被理解为一种"社会的个人"的"生成"过程的。"教育即生长"是他提出的重要命题之一，"生长"（growing）是杜威教育理论体系的一个核心范畴。杜威说："教育的过程是一个继续不断的生长过程"①，他赞成卢梭关于教育要以人的天赋能力为根据的主张，认为"教育不是从外部强加给儿童和年轻人某些东西，而是人类天赋能力的生长"②。但是，杜威并不同意卢梭把自然和社会对立起来，他说卢梭所说的和所做的有不少是傻的，而把出于本能的活动看作是自发的、正常的发展则纯粹是神话，"自然的或天赋的能力，提供一切教育中的起发动作用和限制作用的力量；但是它们并不提供教育目的"③。这种切中要害的批评，可以看出杜威的"生成"教育观不是向卢梭简单的回归，而是在更高层次上对卢梭自然主义的"生成"教育观的超越，是一种辩证的否定之否定意义上的肯定。

作为这一辩证运动的否定环节，斯金纳的新行为主义教育观是一种典型的"改造"教育观。斯金纳在哲学上的一个重要作为就是对他所谓的"自主人"（autonomous man）实施无情的解构和坚决的摧毁。他坚信："对人类行为的实验分析必将使自主人丧失我们以前所赋予他的所有功能，并把它们一个一个地转移到控制性环境上。"④ 以这样的哲学思想为基础，斯金纳走向了对杜威的否定。他对杜威等人的教育理论大加批判和嘲弄，说在这些理论中，"技能被减少至最低限度，喜爱那些

① 约翰·杜威：《民主主义与教育》，王承绪译，北京：人民教育出版社 1990 年版，第 58 页。
② 约翰·杜威：《学校与社会·明日之学校》，赵祥麟等译，北京：人民教育出版社 1994 年版，第 221 页。
③ 约翰·杜威：《民主主义与教育》，王承绪译，北京：人民教育出版社 1990 年版，第 121 页。
④ B. F. 斯金纳：《超越自由与尊严》，王映桥等译，贵阳：贵州人民出版社 1988 年版，第 200 页。

含糊不清的成就——为民主而教育，教育整个儿童，为生活而教育，等等。事情到此就算完了；因为很不幸，这些哲学思想并不接着建议技术上的改进。在设计改进课堂教学实践上，它们很少或毫无帮助"①。斯金纳认为，有机体主要是通过强化作用进行学习的，只要应用特殊的强化技术，从而形成特殊形式的强化后果，就可以随意塑造一个有机体的行为。他从"改造"的教育观出发，把"教育"理解为一种"行为塑造"。他说："教育就是建立在将来对个体和他人有利的行为。这种行为最终将受到许多不同方式的强化；同时，强化是教育机构为了建立条件作用而安排的一种手段。教育所使用的强化物具有人工性，诸如'训练''练习''实践'等术语所示。"② 这种论述实际上就是说教育是一部分人对另一部分人所实施的"改造"。

当前教育国际对"学习"不厌其烦地再三强调，可以看作是一种新的"生成"教育观的先声。富尔等人在《学会生存》中就明确认为，"在原始社会，教育是综合的和连续的。它的目的在于形成一个人的性格、能力、技巧和道德品质，个人是通过一种共同生活的过程（symbiotic process）来教育自己，而不是被他人教育的……只要我们初看一下当今上学的社会（school-going society），我们就会发现情况并没有发生多么大的变化"③。在富尔等人看来，尽管当今社会学校林立，但无论是儿童还是成人，通过社会生活经验所获得的自然的、非制度化的教育仍然占一个人所受教育的大部分，这种自然的、非制度化的教育是学校教育的基础，而学校教育把个人从经验中获得的知识系统化和概念化。对

---

① B. F. 斯金纳：《学习的科学和教学的艺术》。华东师范大学教育系、杭州大学教育系：《现代西方资产阶级教育思想流派论著选》，北京：人民教育出版社1980年版，第322页。

② B. F. 斯金纳：《科学与人类行为》，谭力海等译，北京：华夏出版社1989年版，第378页。

③ Edgar Faure, et al., *Learning to be*, Unesco, Paris, 1972, pp. 4—5.

那些把教育理解为一种被动的接受"训练"过程的"改造"教育观，富尔等人提出了尖锐的批评，并把这类教育称作"驯化教育"（education for domestication），认为这是一种肢解人性的教育。他们认为，教育应该是一种"解放"，一种发自学习者自身的主动的活动，而不是由外部强加给学习者的被动的"改造"。

前文我们已经说过，杜威教育理论是采取"全人范式"来看待教育现象的，他强调完整的人的生长。到布鲁纳时代，教育学家们重新拿出了"认知范式"，教育学在很大程度上又成为"教授学"——虽然这些教育学家们只把他们的理论称作"教学论"，但教学论的发展成为教育理论领域几乎是唯一受关注的理论，这等于用局部的教学论取代了整体的教育学。布鲁纳把他的教育名著叫作《教育过程》，但其中的内容全部局限在"教学论"的范围以内，"结构""认知"是其中的核心范畴。赞可夫、巴班斯基等教育学家也都只是教学论专家。教育家对人的生长发展的关注一时间全都集中在"认知"领域，其他方面似乎全部被遗忘了。这一时期还有一个值得注意的现象是复数的"教育科学"这一概念脱颖而出，由单数的"教育科学"（science of education）转变为复数的"教育科学"（educational sciences）实际上意味着一个探讨全部教育现象的统一的"教育学"的消解。米亚拉雷（Gaston Mialaret）把这一现象称作一个"发展"，认为"这本身就意味着没有一门科学占有垄断地位，其他科学也是合法甚至是必不可少的"，这样的多学科性十分宝贵，它可能帮助人们从对教育的多学科性认识中找出一些"普遍适用的规律"①。然而，事实上，这种多学科性的一个副作用就是老资格的"教授学"占据领导地位，教育学重新被狭隘的"认知范式"所统治。

① 加斯东·米亚拉雷、让·维亚尔：《世界教育史》，张人杰等译，上海：上海译文出版社1991年版，第501页。

"经验问题"终于出现了。富尔等人在《学会生存》中这样描述当前的教育:"为了各种训练目的,人的多重维度之一——理性认知,已经被武断地分割得支离破碎,而人的其他维度,不是被遗忘,就是遭到忽视;不是被还原到一种胚胎状态,就是任其在混沌状态下发展。"①面对这样一种教育现状,富尔等人决心回到"全人范式"去,重建一个完整的教育科学,因为现实表明,"过去那些教师和教育家们的创造性直觉在这方面同现实是吻合的"②。他们把"培养完人"(towards the complete man)作为一个新教育理想大力加以提倡。富尔在《学会生存》的"呈送报告"中提出了四个基本设想:(1)这项研究工作是正当的;(2)"一个人有实现他自身潜能和参与创造他自己未来的权力";(3)"发展的目的就在于生成完善的人",使他作为一个"人"来承担各种责任;(4)"只有全面的、终身的教育才能培养出完善的人"。③他认为这种全面的教育观念已经长期被一种"说教的、学究式的教育学"(didactic, scholastic pedagogy)弄模糊了④,因此,人们一直把"教育"和"教学"混为一谈,认为教育是给人以"生活的起点"(start in life),如今,我们应该赋予"教育",从而也赋予"教育学"以更加广泛的含义,教育学应当从过去的"教授艺术"(the art of teaching)转变为一门科学(a science),并且"从起点训练(initial training)的观念过渡到继续教育的观念,这是现代教育学的标志"⑤。前文我们已经说到过,杜威是不承认有一门独立的教育科学的,他认为教育科学包括在教育过程中,是从事教育活动的教育者心中的"确定的知识","无论哪门学科的方法、事实和原则,只要能使我们更好地解决教育行政和教学

---

① Edgar Faure, et al., *Learning to be*, Unesco, Paris, 1972, p. 155.

② Edgar Faure, et al., *Learning to be*, Unesco, Paris, 1972, p. 139.

③ Edgar Faure, et al., *Learning to be*, Unesco, Paris, 1972, p. vi.

④ Edgar Faure, et al., *Learning to be*, Unesco, Paris, 1972, p. 5.

⑤ Edgar Faure, et al., *Learning to be*, Unesco, Paris, 1972, pp. 116—117.

上的问题，都是适当的"①。相比之下，富尔等人的教育科学观大大超越了杜威的实用主义教育科学观。《学会生存》不仅在更高层次上提出了教育科学的"全人范式"，而且提出了建立一门以全部教育现象为研究对象的教育科学的理论构想。

然而，正如马克思说过的那样："一切作为前提和条件的东西，在过程结束时则必然出现。"② 我们目前正在经历的这个否定之否定过程是以杜威为起点的，因此，我们任何超越杜威的企望，都不能不"通过"杜威。在这种意义上讲，细致分析杜威的"教育"概念，分析它的内涵、它对过去教育概念的超越、它的根本缺陷，所有这些对我们今天关于教育本质的认识和"教育"概念的探求，无疑都具有重要意义。

杜威在其教育著作中并没有明确给出一个能全面完整地表达他对教育的理解的"教育定义"③，我们这里只能在前文初步分析的基础上，由公认的能代表杜威对"教育"的理解的三个命题开始，尝试推导出一个综合的表述。

一是"教育即生长"。

博伊德和金在《西方教育史》中这样写道："约翰·杜威与霍尔在教育思想上有共同点。他们教育思想的起点都是用进化的理论研究儿

---

① 赵祥麟、王承绪：《杜威教育论著选》，上海：华东师范大学出版社 1981 年版，第 282 页。

② 马克思、恩格斯：《马克思恩格斯全集》第 46 卷上册，北京：人民出版社 1979 年版，第 262 页。

③ 杜威在给孟禄的《教育百科全书》撰写"教育"词条时曾写道："教育可以被定义为一个经验的不断改造的过程，其目的在于拓宽和加深经验的社会内容，而同时，个人获得对有关方法的控制能力。"但这一表述似乎也很难看作就是杜威给"教育"的定义。See Paul Monroe, *A Cyclopedia of Education*, Vol. 2, The Macmillan Company, 1911, p. 400.

童。"① 我们从杜威的著作年表中也可以看出，由哲学和心理学的角度入手探索"人"的生长发展，这是将这位天才思想家引入教育理论领域的一座桥梁。对一位职业的哲学家来说，以"人的生长"这样一个人学交叉点作为其探索教育本质的心路历程的起点，也是符合思想发展的一般逻辑的和顺理成章的。"对杜威这个进化论者来说，实在不是一个完全已有的、现成的和固定的体系，根本不是一个体系，而是处于变化、成长和发展中的事物。"② 所以，不存在什么绝对的起源和绝对的终结，万物的存在就是过程本身，人的生存也不例外。正如实在总是成长中的实在一样，人也总是生长着的人，因此，人作为"人"而存在同人的生长是同一的。既然教育就是一种使人成为人的过程，那么"教育即生长"就是一个自然而然、水到渠成的结论。

在杜威的教育理论著作中，"生长"和"发展"基本上可以看作是一对同义词，杜威经常用"生长或发展"这样一种并列方式来指称同一个概念。我们可以把"生长"视为杜威对教育学范畴体系中"发展"概念的特殊"理解"。在《民主主义与教育》中，杜威说："当我们说教育就是发展时，全看对发展一词怎样理解。"③ 那种把儿童和成人相比较的观点，将发展理解为按照某种既定目标对儿童相对于成人而言的"欠缺"的填充；杜威不同意这种对发展的理解，他认为人的发展应当是一个不断的生长过程，教育就是不断的生长。这里不存在任何固定的、僵死的、作为某种终结的目的，生长的目的是更多的生长，生长本身就是目的，这就在过程意义上（而非价值意义上）否定了作为某种

---

① 博伊德、金合：《西方教育史》，任宝祥等译，北京：人民教育出版社 1985 年版，第 391 页。霍尔（Granville Stanley Hall, 1844—1924），儿童研究运动的创始人。

② 梯利：《西方哲学史》增补修订版，葛力译，北京：商务印书馆 1995 年版，第 623 页。

③ 约翰·杜威：《民主主义与教育》，王承绪译，北京：人民教育出版社 1990 年版，第 54 页。

终结的"教育目的"的存在。一个人，无论他是儿童还是成人，只要他作为一个正常人生活着，他就总是在不断地生长着，所以教育也就不会因一个人的成熟而结束。"常态的儿童和常态的成人都在不断生长。他们之间的区别不是生长和不生长的区别，而是各有适合于不同情况的不同的生长方式。"① 所以，生长是一个贯穿人的生命全程的过程。

杜威的"生长"概念是一个同时表达了人的身心两方面发展的"一元"的概念。在杜威看来，"生长的原理在本质上必须是统一的"②，"生长"是一个身心两方面统一一体的完整的人的生成过程，个人也总是作为一个整体而不断生长着的个人。"生长"概念的这种"一元性"，是同杜威的经验自然主义思想对哲学史上主客二元论的反抗联系在一起的。在《经验与自然》中，杜威指出："经验"属于詹姆士(William James)所说的那种"双义语"，它既包括人们所做的、所遭遇的事情，也包括人们的行动和遭受，这两方面意义又是统一的。"它之所以是'双义的'，就在于它是一个原始的整体，它不承认任何行动与材料、主体与客体的区分，而把双方面都包括在一个不可分析的总体之中。"③ 由于经验的这种统一性，人的"生活"及其"历史"也就具有了同样充分的完整意义。生活是一种"无所不包的活动"④，人作为物质存在的生理上的生长和作为精神存在的心理上的生长都统一于这种活动，因此，"生长"概念也是"双义的"，它包括了人的发展的各个方

---

① 约翰·杜威：《民主主义与教育》，王承绪译，北京：人民教育出版社 1990 年版，第 54 页。
② 凯瑟琳·坎普·梅休等：《杜威学校》，王承绪等译，上海：华东师范大学出版社 1991 年版，第 391 页。
③ 赵祥麟、王承绪：《杜威教育论著选》，上海：华东师范大学出版社 1981 年版，第 272—273 页。
④ 杜威：《经验与自然》。赵祥麟、王承绪：《杜威教育论著选》，上海：华东师范大学出版社 1981 年版，第 273 页。

面，把人的发展统一于一个不可分割的整体的过程之中。

与卢梭的自然主义思想不同，杜威的"生长"概念是与人的社会生活密切联系在一起的。卢梭相信天生的器官和能力可以独立地、"自发地"发展，从社会接触得来的教育，必须从属于这种自发的发展。在他看来，"出自造物主之手的东西，都是好的，而一到了人的手里，就全变坏了"。在我们所受到的自然的教育、人的教育和事物的教育这三种教育中，自然的教育完全无法为我们控制。"既然三种教育必须圆满地配合，那么，我们就要使其他两种教育配合我们无法控制的那种教育。"① 杜威认为，卢梭的这种观点是一种"奇特的偏见"，他举语言学习为例来说明"生长"不能离开社会生活，他说："学习语言，从发音器官、听觉器官等的天赋活动开始。但是，如果认为这些活动有它们自己独立的发展，自身能发展完善的言语，那是荒谬的。"② 杜威所说的"生长"，总是个人在一定社会生活中的生长。他把不断地生长看作是生活的本性，认为生活便是一个通过不断地生长而自我更新的过程。因此，在杜威的教育理论中，"生长"是一个总是在一定社会生活中进行的，与社会生活有机联系、密不可分的过程。由此自然引出关于教育本质的另一个命题："教育即生活"。

二是"教育即生活"。

在杜威的教育理论中，"教育即生活"这个命题包含了两层主要的意义，《民主主义与教育》前两章的标题恰好表达了这两层意义："教育是生活的需要"；"教育是社会的职能"。

所谓"教育是生活的需要"，也就是说教育是生活的一种内在要

---

① 卢梭：《爱弥儿》上卷，李平沤译，北京：商务印书馆1978年版，第5页、第7—8页。

② 约翰·杜威：《民主主义与教育》，王承绪译，北京：人民教育出版社1990年版，第120页。

求，而不是在生活之外的某种为了生活的准备。"努力使自己继续不断地生存，这是生活的本性。"① 而生活要实现这种不断延续的本性，就离不开教育通过沟通所进行的经验的传递。在社会生活的不断自我更新的过程中，教育作为一种经验的延续是必须和必然存在于其中的一个实在的人类学事实。"教育在它最广的意义上就是这种生活的社会延续。"② 现实的经验延续的过程又总是通过具体的个体与社会环境的相互作用而实现的，只有表现为"个体"的具体的、现实的个人才能成为生活经验的实际承载者、传递者和创造者，所以这里所说的"生活"总是具体的个人在一定社会中的生活，是具体的个人在社会环境中的现实活动，而不是脱离现实的由外部强加给个人的某种抽象物。正是在这一意义上，杜威说教育是一项"以个人兴趣为导向"的任务，因为生活的需要只有通过个人在兴趣驱动下的现实的活动才能实现。另一方面，作为教育的"生活"又总是社会的生活，"经验的传递"本身就包含了作为教育的"生活"内在的社会意义。"教育是生活的需要"实际上意味着教育是"社会生活"的需要，因为教育是生活延续的内在要求，生活延续必须借助经验的传递来实现，而经验的传递和沟通又总是在一定的社会共同体中进行的。"人们因为有共同的东西而生活在一个共同体内；而沟通乃是他们达到占有共同的东西的方法。"③ 所以，杜威所说的作为教育的"生活"是具体的个人在一定社会中与他人共同的生活。"教育是生活的需要"既包含了个人的意义，又包含了社会的意义。

---

① 约翰·杜威：《民主主义与教育》，王承绪译，北京：人民教育出版社 1990 年版，第 10 页。

② 约翰·杜威：《民主主义与教育》，王承绪译，北京：人民教育出版社 1990 年版，第 3 页。

③ 约翰·杜威：《民主主义与教育》，王承绪译，北京：人民教育出版社 1990 年版，第 5 页。

　　"教育是社会的职能"，是指教育是社会生活的一种必然的效果，所以教育与人的社会生活是同一的过程。在杜威看来，"社会不仅通过传递、通过沟通继续生存，而且简直可以说，社会在传递中、在沟通中生存"①。这也就是说，社会生活本身就是一种经验的传递与沟通的过程，所以社会环境本身就对个人具有教育作用，个人在一定社会环境中生活的过程同时也是一个教育过程。社会环境的这种教育职能，是通过个人参与共同的社会活动而实现的。"社会环境能通过个体的种种活动，塑造个人行为的智力的和情感的倾向。"② 杜威认为，个人在社会生活过程中所必需的行为、性格和态度等方面的发展，是无法在直接的"教授"过程中实现的，只有通过社会环境的中介作用，这种发展才能真正实现。杜威把"社会环境"理解为一个人的活动和其他人的活动的联系，某一社会成员的活动与所有相关伙伴的全部活动联系起来，就组成了这个社会成员的社会环境。因此，真正的教育存在于共同的社会活动中，"个人参与某种共同活动到什么程度，社会环境就有多少真正的教育效果"③。在这种意义上，认为"教育是社会的职能"，实际上也就同时否定了那种对教育的脱离社会生活的狭隘理解。个人在社会生活中与他人共同的活动，也就是这个人在社会中的"经验"。杜威说："我们使用'生活'这个词来表示个体的和种族的全部经验。"④ 在杜威的教育理论中，"经验"始终是生活为人的教育所提供的重要内容。

----

① 约翰·杜威：《民主主义与教育》，王承绪译，北京：人民教育出版社1990年版，第5页。
② 约翰·杜威：《民主主义与教育》，王承绪译，北京：人民教育出版社1990年版，第18页。
③ 约翰·杜威：《民主主义与教育》，王承绪译，北京：人民教育出版社1990年版，第24页。
④ 约翰·杜威：《民主主义与教育》，王承绪译，北京：人民教育出版社1990年版，第3页。

三是"教育即经验的改组或改造"。

教育是一种生长，并且是一种个人在社会生活中参与共同活动而实现的生长，那么这种生长的具体实现过程及其内在机制又是怎样的呢？在杜威看来，生长的具体过程和内在机制可以概括地表述为"经验的改组或改造"。

杜威认为，生长的具体表现是习惯。"习惯有两种形式，一是习以为常的形式，就是有机体的活动和环境取得全面的、持久的平衡；另一种形式是主动地调整自己的活动，借以应付新的情况的能力。前一种习惯提供生长的背景；后一种习惯构成继续不断的生长。"[1] 实际上，前一种形式的习惯就是经验的形成、保持和积累，而后一种形式的习惯是在形成新经验的同时对既成经验的改造。所以，杜威说："生长的理想归结为这样的观点，即教育是经验的继续不断的改组和改造。"[2] 在1896 年发表的论文《心理学中的反射弧概念》中，杜威就强调了人的心理活动的协调性和连续性，并主张用"适应"和"效用"的观点来研究有机体的活动，认为刺激——反应的循环往复，应当被看作是一种经验的连续不断的调节，构成行为背后的质就是这种连续不断的调节。在一定的社会生活中，个体通过参与共同的活动和社会环境发生相互作用，在连续的不断变化着的刺激——反应中协调自己的行为，形成新的经验，对既成经验进行改组或改造，这就是具体的生长过程，同时也是教育的最基本的过程。

在杜威看来，"经验的改造可能是个人的，也可能是社会的"[3]。所

---

① 约翰·杜威：《民主主义与教育》，王承绪译，北京：人民教育出版社1990 年版，第 57 页。

② 约翰·杜威：《民主主义与教育》，王承绪译，北京：人民教育出版社1990 年版，第 81 页。

③ 约翰·杜威：《民主主义与教育》，王承绪译，北京：人民教育出版社1990 年版，第 84 页。

以，"教育即经验的改组或改造"这个命题就同时包含了个人的意义和社会的意义。就个人的意义而言，这种经验的改组或改造，一方面表现为个人对各种"活动"之间相互关系的认识的增进；另一方面表现为个人在社会环境中正确行动的能力的增强。用杜威的话来说就是："这种改造或改组，既能增加经验的意义，又能提高指导后来经验进程的能力。"[1] 我国有句成语叫"吃一堑，长一智"，恰好表达了杜威这种行动本身包含智慧的思想。就社会的意义而言，"教育即经验的改组或改造"这个命题又暗含地表达了杜威所说的教育在文化上的目的。杜威认为，教育不是卢梭所认为的那样是一种纯粹自然的发展，而是一种具有文化意义的发展。教育对个体人格发展的作用不仅可以提高个人的文化修养，同时也促进社会的发展和文化的进步。这也是杜威如此关注人的生长或教育问题的一个重要原因。他在 1910 年发表的《达尔文对哲学的影响》一文中说："要改进我们的教育，要改善我们的生活方式，要促进我们的政治，我们必须求助于生长的特殊条件。"[2] 杜威所理解的"文化"，本身又是一种生长的条件，他说："文化就是不断扩大一个人对事物意义的理解的范围，增加理解的正确性的能力，也许没有比这更好的文化的定义了。"[3] 因此，"教育即经验的改组或改造"这一命题的个人意义和社会意义是统一的。一方面，个人在社会生活中通过参与共同活动，在改组或改造个人经验的同时也促进着社会文化的发展；另一方面，社会文化的进步又有利于个人的生长。

　　"经验的改组或改造"不是一个通过灌输实现的被动过程，而是在

---

① 约翰·杜威：《民主主义与教育》，王承绪译，北京：人民教育出版社 1990 年版，第 82 页。
② 赵祥麟、王承绪：《杜威教育论著选》，上海：华东师范大学出版社 1981 年版，第 117 页。
③ 约翰·杜威：《民主主义与教育》，王承绪译，北京：人民教育出版社 1990 年版，第 131 页。

个人积极主动地参与共同活动的过程中能动地实现的。杜威说："经验包含一个主动的因素和一个被动的因素，这两个因素以特有形式结合着……我们对事物有所作为，然后它回过来对我们有所影响，这就是一种特殊的结合。"① 在主动的方面，经验就是尝试；在被动的方面，经验就是承受结果。杜威把两方面称作经验的"交互作用的原则"，认为个人总是同社会环境发生着交互作用。在这种交互作用过程中，人的活动又是一个主动的前提。没有主动的尝试，也就无所谓与这种尝试相联系的承受结果。在杜威看来，那些没有同个人活动联系起来的事情，对这个人来说都是没有意义的。所以，经验的主动方面和被动方面又统一于个人能动的活动，统一于个人对共同社会活动的主动参与。一个人如果不参与任何活动，不同社会环境发生任何的交互作用，那就不可能获得多少有意义的经验，更谈不上经验的改组和改造。因此，杜威十分强调"在做中学"，他所理解的教育是一个主动的过程。

从"生长"到"生活"再到"经验"，这个过程以生长为起点，又以生长的具体过程和机制为终点，经历了一个从个人到社会再到个人与社会的统一的辩证历程。在杜威看来，教育即个人的生长。人的生长总是在社会生活中进行的，个人在社会生活中能动地参与共同活动，从而实现经验的改组或改造，这就是生长的具体表现。所以，根据杜威关于教育本质的上述三个命题，我们可以尝试综合表述杜威对教育概念的理解："教育是个人在社会生活过程中通过主动参与共同的活动实现经验的改组或改造，从而达成整体的、延续不断的生长发展的过程。"

就这三个命题的综合意义而论，杜威的教育概念是一个其外延包括了全部教育现象的完全的教育概念。与以往教育思想史上的教育概念相比较，杜威的教育概念主要有这样三个特点：第一，杜威的教育概念是

---

① 约翰·杜威:《民主主义与教育》，王承绪译，北京：人民教育出版社 1990 年版，第 148 页。

一个从生成观的角度出发提出的、与"教授"概念有着明确区别的、真正完整全面的教育概念。第二,杜威的教育概念是和社会生活紧密联系在一起的,它冲破了学校教育的时空框架,肯定了社会生活对人的教育作用。第三,杜威的教育概念实际上承认了人在教育活动中的主体地位,他把教育看作是在个人主动参与共同的社会活动的过程中发生的,因此这是一个能动的自我生成的过程。这三个特点统一于杜威的教育理论体系中,是杜威对教育认识史的重要贡献。沿着这条思路进一步探索,就可能发现当代教育国际提出的"终身教育""学习化社会"等教育思想。所以,韦恩(Kenneth Wain)认为杜威的教育哲学与终身教育计划之间有着明显的一致。① 但是,杜威并没有把这条思路贯彻到底,而是在某种程度上又退回到了传统的教育学理论体系。从根本上讲,杜威最终仍然没有走出传统的教育学理论体系。他尽管提出了"教育即生长""教育即生活"的观点,但他最终并没有把教育学的理论视野放在人的全部生长发展过程上,没有把广布于人的社会生活的全部教育现象都纳入教育学的论域,相反,他在1899年发表的《学校与社会》中提出的"学校即社会"的思想,在其代表性教育著作《民主主义与教育》(1916年发表)及其以后的教育思想和教育实践中继续得到贯彻。按照"学校即社会"的观点,学校应该"成为一个小型的社会,一个雏形的社会"②。这种观点不是把学校教育本身就看作社会生活的一个特殊部分,而是希望用学校教育来替代社会生活,希望学校教育实现包括社会生活中的教育在内的全部教育的职能,希望仅仅依靠学校就能改进人的全部教育乃至改进整个人类社会,这显然是本末倒置的。杜威正

---

① See Kenneth Wain, *Philosophy of Lifelong Education*, Chapter 6. Croom Helm Ltd. , 1987.

② 约翰·杜威:《学校与社会·明日之学校》,赵祥麟等译,北京:人民教育出版社1994年版,第34页。

是从这里开始走进了一个教育思想的误区，这也是杜威教育思想的最重要的缺陷，是他的教育思想后来受到批判的症结。布鲁纳就曾指出，就学校而言，教育诚然本身就是生活而不是生活的准备，但它是一种"特殊形式的生活"，需要进行精心的设计，"学校不应当仅仅只是向学生提供得以继续与更广大的社会环境和日常生活经验相联系的机会"①。

我们可以这样说：在布鲁纳等人对杜威教育思想进行的批判基础上，进一步对杜威教育思想进行辩证的"扬弃"，这是当代教育理论取得突破性进展的关键。

四 "泛教育"概念与类似教育概念的辨析

泛教育理论在很多方面明显地受到杜威教育思想的启发，因此它所提出的"教育"概念与杜威的教育概念之间存在着很多相似之处，这反映了泛教育理论在扬弃杜威教育思想方向上的尝试性探索和努力。作为一种否定之否定的尝试，泛教育理论有必要把自己的"教育"概念与包括杜威在内的教育思想史上重要教育理论所提出的类似的教育概念，以及当代教育理论界流行的一些主要的类似概念区别开来。这样的概念辨析是证明泛教育理论的"教育"概念之理论价值的逻辑前提。

（一）与教育思想史上类似概念的辨析

在以往的教育思想史上，主要有三位处在不同历史时期的否定之否定环节上的教育思想家所提出的"教育"概念，泛教育理论的"教育"概念与其存在较多的相似之处，因而有必要加以区分，这就是：夸美纽斯的"泛智教育"、卢梭的"自然教育"和杜威"教育"概念。下面分

---

① 布鲁纳：《杜威教育哲学之我见》，《外国教育研究》1985 年第 4 期。

别加以辨析：

1. 与夸美纽斯的"泛智教育"的辨析

夸美纽斯的"泛智教育"思想有一个不断深化和完善的发展过程。
1632 年，40 岁的夸美纽斯写成《大教学论》，并在其中提出了"周全
的教育"的概念；1650 年，在《泛智学校》（或译《泛智学校蓝图》，
Sketch of a Pansophic School）中，夸美纽斯对这种提供"周全的教育"的
学校提出了周全的计划设计；到 1666 年，晚年的夸美纽斯在其总结性
著作《人类改进通论》的第 4 卷《泛教论》中进一步发展了《大教学
论》中的"周全的教育"的思想，"并在历史上第一次具体阐述了'终
身教育'的设想"①。应该说，《人类改进通论》中表达的"泛智教育"
思想更能代表夸美纽斯成熟的教育思想，因而可以成为我们进行概念辨
析的主要依据。

夸美纽斯的"泛智教育"与泛教育理论的"教育"概念主要有两
点相似之处。其一，两者都强调教育概念的全面完整。值得注意的是，
《人类改进通论》第 4 卷的标题"Panpaideia"实际上也可以直译成"泛
教育"（Pan-education）。夸美纽斯说："在希腊人那里，'paideia'（教）
指的是教学和教育，借助于它们使人们成为有文化的人，而'泛'的
意思则是普遍性。可见，泛教说的就是要使所有的人都学习，都学习一
切和全面地学习。"② 由于对百科全书式的知识的尊崇，夸美纽斯一贯
强调教育要"周全"，"人人应该受到一种周全的教育"③ 是他的一个
基本教育思想。就强调教育概念的"周全"而言，"泛智教育"和泛教
育理论的"教育"概念无论是在文本层面上还是逻辑层面上都存在着

---

① 任钟印：《夸美纽斯教育论著选》，北京：人民教育出版社 1990 年版，第 453
页附录。

② 夸美纽斯：《人类改进通论》。任钟印：《世界教育名著通览》，武汉：湖北教
育出版社 1994 年版，第 327 页。

③ 夸美纽斯：《大教学论》，傅任敢译，北京：人民教育出版社 1984 年版，第 55 页。

明显的相似之处。其二，在对教育现象的时空分布的认识上，两者也是十分相近的。"泛智教育"理论和泛教育理论都主张"教育"概念的时空边界应当把人的全部社会生活和人的生命全程都包括在内。夸美纽斯在《人类改进通论》中写道："对整个人类来说，整个世界就是学校，从宇宙的开始到终结都是学校；同样，对每个人来说，他的生活，从摇篮到坟墓都是学校。"① 泛教育理论也同样认为，作为一种人类学事实的教育现象是广布于人的社会生活的各个领域的，并且也是覆盖了每个人的一生的。

但是，在这多处相似的背后，泛教育理论所提出的"教育"概念与夸美纽斯的"泛智教育"又有很多根本性的区别。取其主要的区别而论：其一，"泛智教育"的"泛"与"泛教育理论"的"泛"尽管都含有"周全"的意义，但二者的"周全"却有着不同的具体含义。夸美纽斯所说的"周全"，主要是就教育内容而言的，所谓"周全的教育"实际上是一种内容极其广博的教学，甚至广博到无所不包。夸美纽斯希望通过这种"周全的教育"，使人了解和掌握"一切最重要的事物的原则、原因与用途"②。而"泛教育理论"的"泛"，则主要是就"教育"这个概念本身的内涵和外延而言的，意在"溢出"传统的、狭隘的"教育"概念的边界，从而使"教育"这个概念能够真正周延地指称全部的教育现象。其二，在夸美纽斯的泛智教育论中，"教育"这个概念实际上并没有包含全部教育现象，没有成为一个比"教授""教学"等概念更高一层次的更加抽象的概念，而是同这些具体概念混合在一起的，并且多数情况下指的就是"教学"。泛教育理论认为，"教育"这个概念比"教授""教学"等概念的抽象程度更高，"教授"

① 夸美纽斯：《人类改进通论》。任钟印：《世界教育名著通览》，武汉：湖北教育出版社1994年版，第332页。
② 夸美纽斯：《大教学论》，傅任敢译，北京：人民教育出版社1984年版，第55页。

"教学""教养""教导""教训"等等，指的都是"教育"的具体表现形式，是包含于"教育"概念的，属于"教育"概念的一部分。正是因为存在着这样的概念上的差异，夸美纽斯的"泛智教育"实际上是主张"要使整个生活都成为学校"①，而泛教育理论则认为整个生活从来就是广泛意义上的"学校"。其三，夸美纽斯的"泛智教育"理论并没有确立人在教育活动中的主体地位，他所说的"教育"实际上只是一种"教授"。在《大教学论》的开篇第 1 页，他就表明了一种要"阐明把一切事物教给一切人类的全部艺术"的理想。既然他把"教育"只理解为一种"教授"，那么不管其"泛智教育""泛"到什么程度，都不能没有一个从事"教授"的"教育者"。夸美纽斯在《人类改进通论》中说：泛智教育的教育者是"有能力教授所有的人和全面地教授一切的教导者"，他认为"教育者应该是挑选出来的人，应该是信仰虔诚、严肃认真、热爱劳动和理智清醒的人，是我们现代希望看到全体人民都应该做的那种人"，这样一个"全能的教师"② 恐怕只有上帝才能承担了。所以，在夸美纽斯那里，人还始终是个被教育者，而不是教育的主体。泛教育理论则明确主张：人是教育的主体。人是作为主体在社会生活中通过参与共同的社会活动（包括教学）来开发人的发展资源的。这是泛教育理论与夸美纽斯泛智教育论之间最深刻的区别。

2. 与卢梭的"自然教育"的辨析

泛教育理论的"教育"概念与卢梭的"自然教育"主要有两点相近之处。第一，泛教育理论和卢梭的"自然教育"理论都从人的"生成"的角度出发来理解"教育"概念。卢梭主张的"自然教育"是一

---

① 夸美纽斯：《人类改进通论》。任钟印：《世界教育名著通览》，武汉：湖北教育出版社 1994 年版，第 332 页。

② 以上《人类改进通论》的论述均引自任钟印：《世界教育名著通览》，武汉：湖北教育出版社 1994 年版，第 336 页。

种以人的"内在自然"的发展为中心的教育。所谓"内在自然",实际上就是人的天性。他认为,自然的教育是无法人为控制的,所以,为了实行和谐的教育,人为的教育活动就必须配合自然的教育,充当自然教育的配角,因为人按照其天性发展必定是美好的和完善的。在卢梭看来,"本性的最初的冲动始终是正确的,因为在人的心灵中根本没有什么生来就有的邪恶,任何邪恶我们都能说出它是怎样和从什么地方进入人心的"①。所以,卢梭的"自然教育"实际上是主张要让人按照其天性而"生成"。泛教育理论也主张教育是一种个人的"生成"过程,而不是一种一部分人改造另一部分人的过程。那些"塑造"式的教育实际上只是给人作为主体的"生成"以外部的影响,却从来也不曾真正"塑造"出一个完全的人,不曾改变过人总是在一定社会环境中"生成"的事实。第二,卢梭的"自然教育"和泛教育理论的"教育"概念都把人的生活本身就理解为教育过程。爱弥儿所受的教育实际上就是一种"生活的教育",就是让爱弥儿广泛接触大自然、接触生活,从而在其中自由地生长。所以,"生活"可以说是卢梭所说的"自然教育"的本来的形式和主要的内容。卢梭说:"在我们中间,谁最能容忍生活中的幸福和忧患,我认为就是受了最好教育的人……真正的教育不在于口训而在于实行。我们一开始生活,我们就开始教育我们自己了。"论及教育内容,他说:"生活,这就是我们要教他的技能。"② 泛教育理论也认为"教育"概念在其完整的意义上是覆盖了的全部社会生活的,因为在人的全部社会生活中,教育无处不在。实际上,学校教育本身也是人的社会生活的一个特殊组成部分,就对人的生成的作用而言,学校教育也应当与社会生活对人的教育作用是协调一致的。

泛教育理论的"教育"概念与卢梭的"自然教育"之间的区别主

①　卢梭:《爱弥儿》上卷,李平沤译,北京:商务印书馆1978年版,第94—95页。
②　卢梭:《爱弥儿》上卷,李平沤译,北京:商务印书馆1978年版,第13页。

要表现在两个方面：第一，卢梭的"自然教育"是一种以培养"自然人"为目的的自然生长过程，而泛教育理论则强调"教育"的社会性，认为教育是一种"社会人"的生成过程。在卢梭看来，"由于自然状态是每一个人对于自我保存的关心最不妨害他人自我保存的一种状态，所以这种状态最能保持和平，对于人类也是最为适宜的"[1]。基于这种观点，卢梭认为教育的目的应当在于培养"自然人"，教育的结果应当是一个"人"而不是一个"公民"。他这样表述"自然人"与"公民"的区别："自然人完全是为他自己而生活的；他是数的单位，是绝对的统一体，只同他自己和他的同胞才有关系。公民只不过是一个分数的单位，是依赖于分母的，它的价值在于他同总体，即同社会的关系。"[2]与卢梭的这种观点不同，泛教育理论认为，教育不仅发生于社会生活中，而且也只有通过社会生活才能最终实现。正如不存在脱离社会生活的抽象的"人"（或纯粹自然的人）一样，也不存在真正与人的社会生活毫无联系的教育活动。人总是在一定社会生活中生成的，教育的结果也总是一定社会生活中的"社会人"。第二，卢梭的"自然教育"理论是反对人为的"教授"的，而泛教育理论却认为人为的"教授"也是教育的具体表现形式之一。在卢梭的教育观念乃至哲学观念中，"出自造物主之手的东西，都是好的，而一到了人的手里，就全变坏了"[3]。所谓"自然教育"，指的就是顺应人的自然天性，使之在自然中率性发展的教育。卢梭用栽培树木来比喻教育，认为应该让人像树木那样自然生长，只要给它浇浇水就行了，而不要人为地把它弄成人们所喜爱的样子，像花园里的树木一样歪歪扭扭。在卢梭看来，人生而具有学习的能

---

① 卢梭：《论人类不平等的起源和基础》，李常山译，北京：商务印书馆1962年版，第98页。

② 卢梭：《爱弥儿》上卷，李平沤译，北京：商务印书馆1978年版，第9—10页。

③ 卢梭：《爱弥儿》上卷，李平沤译，北京：商务印书馆1978年版，第5页。

力，教育不是要教给人真理，而是要让人在自然生长的过程中去发现真理；要让年轻人拥有自己的看法，而不是把别人的看法传授给他。所以，卢梭的"自然教育"实际上只是一种取代旧的"教授"方式的一种新的具体教育方式，而不是在这些具体教育方式基础上的更高的抽象。泛教育理论的"教育"概念就是这种抽象的结果，因此它并不是简单反对人为"教授"，而是认为"教授"只是"教育"的一种具体形式，一个组成部分。泛教育理论的"教育"概念是包括了人为"教授"，也包括了卢梭所说的那种"自然教育"在内的抽象程度更高的概念。

3. 与杜威的"教育"概念的辨析

正如前文所言，泛教育理论在很多方面都受到了杜威教育思想的影响，尤其是在对"教育"概念的理解和解释上更是有很多与杜威教育思想相近之处。首先，和杜威教育思想一样，泛教育理论也从生成的观点出发，把"教育"看作一种发生于个人主动参与共同的社会活动的过程中的社会现象。杜威认为，作为一种"普遍的过程"的教育，即完整意义上的"教育"，总是通过个人参与共同的社会生活而进行的。个人在多大程度上参与了这种共同的社会生活，他也就在多大程度上受到了普遍意义上的教育。在 1966 年英文版的《民主主义与教育》中，他说："人们最初的知识和最牢固的保持的知识，是关于怎样做（how to do)的知识……应该认识到，自然的发展进程总是从包含着从做中学(learning by doing)的那些情境开始。"[1] 杜威所理解的"教育"，是个人通过参与社会活动而实现的一种主动的生成过程。泛教育理论是十分强

---

[1] 杜威：《民主主义与教育》1966 年英文版第 184 页。转引自滕大春：《外国教育通史》第五卷，济南：山东教育出版社 1993 年版，第 303 页。人民教育出版社 1990 年出版的《民主主义与教育》中译本是王承绪先生据 1937 年英文版翻译的。

调人在教育活动中的主体地位的，它同样也把教育理解为个人通过参与社会共同活动实现的一种主动的和能动的过程，是人生长成为一个"人"的过程。一切形式的教育对人的发展的作用，只有通过人自己能动地参与社会活动才能真正得以最终实现。其次，泛教育理论的"教育"概念和杜威的"教育"概念都肯定教育活动的社会性，肯定教育的结果应当是生成社会的人。在《我的教育信条》中，杜威申明："我认为受教育的个人是社会的个人，而社会便是许多个人的有机结合。"①他认为，如果从人身上舍去社会的因素，那我们就只剩下一个抽象的东西。所以，他在批判赫尔巴特的"塑造"说的同时，也批评了卢梭关于"自然人"的教育思想。正因为他肯定教育培养的是"社会的人"，他才充满热情和理想地把教育看作是改进生活方式、建立民主社会的一个重要工具。同样，泛教育理论也把"教授"理解为一种社会的现象，肯定教育所培养的是社会的个人。它认为，在一定的社会生活中，个人作为主体通过参与社会生活不断开发、占有和"消化"人的发展资源，从而不断地再生产出社会的个人，这就是在普遍意义上的"教育"。再次，杜威的"教育"概念和泛教育理论的"教育"概念都一致承认社会生活对人的教育意义，都在广泛意义上把"生活"和"教育"紧密联系在一起，认为教育作为一种人类学事实是存在于人的全部社会生活中的，而不是仅仅局限于学校生活的时空框架。进而言之，杜威认为"人类联合的每一种方式，它的长远意义在于它对改进经验的素质所作出的贡献"②。因此，教育可以在社会生活的改进中发挥重要作用，而社会生活改进的最终目的却又在于人的发展和完善；泛教育理论也同样

---

① 约翰·杜威：《学校与社会·明日之学校》，赵祥麟等译，北京：人民教育出版社 1990 年版，第 5 页。

② 约翰·杜威：《民主主义与教育》，王承绪译，北京：人民教育出版社 1990 年版，第 10 页。

持这种观点，认为就人的解放这一理想而言，人的发展最终应当成为社会发展的主要目的。

泛教育理论的"教育"概念与杜威"教育"概念的主要区别，首先在于杜威的"教育"概念并没有彻底厘清"教育"与"教授"之间的关系，因此他在肯定"教育即生活"的同时，对"生活"又作出了偏狭的理解。从这种观点出发，他主张要把学校办成小型的社会，而且要让学生在活动中获得和改组个人的经验，从而导致了学校教育效率的下降。泛教育理论认为，"教授"本身就是"教育"的一种具体形式，学校生活也是人的一个特殊社会生活领域，因此，它把学校教育视为人的全部教育的一个重要的组成部分，承认学校教育在一定历史时期内存在的合理性，承认学校教育有不同于其他教育现象的特殊形式、特殊方法和特殊规律。学校教育只是"教育"的部分而不是全部，但不能因此要求学校教育和一般社会生活中的教育现象一模一样，因为正是各部分不同形式的教育现象，才组成了"教育"这个总体。其次，泛教育理论也不赞成简单地把"以儿童为中心"当作一条绝对的教育原则。正像布鲁纳所说的那样，"为了儿童去牺牲成人或为了成人去牺牲儿童，其错误是相同的"①。实际上，儿童成为教育活动的"中心"，并不等于儿童就一定成了教育活动的"主体"，相反，"以儿童为中心"本身就暗含着把儿童置于教育活动组织者的客体对象位置上的意义。泛教育理论认为，在普遍意义上讲，人总是教育活动的主体；就学校教育这种特殊教育形式而言，学生和教师都是教育活动的主体，而具体教育活动过程中学生和教师的主导地位是在不同条件下相互转化的，而不是绝对的。这说明泛教育理论在对"教育"概念的理解上，更加彻底地坚持了人的教育主体的地位。再次，泛教育理论提出新的"教育"概念，

① 布鲁纳：《杜威教育哲学之我见》。转引自滕大春：《外国教育通史》第五卷，济南：山东教育出版社 1993 年版，第 323 页。

其目的与杜威提出进步主义"教育"概念的目的也不同。杜威提出进步主义"教育"概念的目的，显然主要在于改造学校教育，"提出公共教育的建设性的目的和方法"①。他正确地预见到，"随着正规教学和训练的范围的扩大，在比较直接的联合中所获得的经验和在学校所获得的经验之间，有产生不良的割裂现象的危险"②。因此，他期望通过进步主义"教育"概念的提出，扭转学校教育脱离社会生活的倾向。泛教育理论提出新的"教育"概念，旨在从理论上重新审视教育概念，力图通过把一切教育现象合理地纳入"教育"概念，使"教育"概念摆脱"教育＝学校"的狭隘理解，从而在更加抽象、更加普遍的逻辑层面上把全部教育现象统一成为一个有机的整体。泛教育理论认为，只有这样才能在全面认识"教育"现象的基础上正确认识学校教育的普遍性和特殊性，才能真正逐步克服杜威所预见的"割裂现象"。第四，泛教育理论的"教育"概念和杜威的"教育"概念所依据的哲学基础不同，前者以马克思主义唯物辩证法为哲学基础，后者则主要以实用主义、进化论和经验自然主义为哲学基础，这是两者最根本的区别。

（二）与当代教育理论界流行的主要类似概念的辨析

我们正处在一个由杜威经布鲁纳走向新的否定之否定环节的时代。在这个时代，各种预示着否定之否定环节到来的新的"教育"概念和观念层出不穷，其中有很多"教育"概念与泛教育理论所提出的"教育"概念有相似之处。这里主要取两个与泛教育理论的"教育"概念做简要辨析：一是国际社会流行的"终身教育"；二是我国教育理论界流行的"大教育"。

---

① 约翰·杜威：《民主主义与教育》，王承绪译，北京：人民教育出版社1990年版，第1页。
② 约翰·杜威：《民主主义与教育》，王承绪译，北京：人民教育出版社1990年版，第11页。

1. 与"终身教育"的辨析

"终身教育"（lifelong education，又译"终生教育"）是联合国教科文组织成人教育科长保罗·朗格让（Paul Lengrand）1965 年在国际成人教育顾问委员会上提出的。1970 年，联合国教科文组织大会提议将"终身教育"视为对整个教育过程的一种解释，推荐给各成员国作为实施教育改革的指导思想之一。1972 年，联合国教科文组织指导各成员国"第二个发展十年"的报告《学会生存》的提出，进一步在国际上确立了终身教育的原则。目前，"终身教育"已经为国际社会广泛接受，成为指导世界教育发展的一条重要教育理论。

泛教育理论的"教育"概念与"终身教育"主要有两大共同点：一是两者都从超越现有学校教育体系的角度对教育概念作出了广泛意义上的解释。保罗·朗格让指出：我们教育的一般状况与从前相比尽管有了不少改进，"但是社会用来教育和训练其未来公民的工具——无论是中小学，还是大学，仍一代又一代以同样的特征出现：支离破碎地与生活相联系"①。因此，为了成功地回应社会生活迅猛发展向我们提出的挑战，我们必须建立一种能够帮助一个人在其一生中不断学习和得到训练的教育框架，这就是"终身教育"。埃德加·富尔等人明确肯定："一个人是通过共同生活的过程来教育自己的，而不是被别人所教育的。"② 无论是在原始社会还是学校林立的现代社会，这种情况都实际上没有发生什么真正根本性的变化，在人的社会生活中，教育从来都是无处不在的。同样，泛教育理论也认为，由于对"教育"概念的偏狭理解已不能适应现代社会生活的发展，人类的生活世界中的教育和在科

① 保罗·朗格让：《终身教育导论》，滕星等译，北京：华夏出版社 1988 年版，第 34 页。
② Edgar Faure, et al., *Learning to be*, Unesco, Paris, 1972, p. 4.

学世界中的教育之间存在着分裂的现象和进一步分裂的危险趋势①，因此，从教育理论界开始，进而在整个社会建立对"教育"概念的一种完整、全面的理解已刻不容缓。泛教育理论提出的"教育"概念，就是朝着这个方向的一种努力。二是泛教育理论和终身教育理论都从人的完善这样具有终极意义的角度思考对"教育"概念作出全面的理解。这两种理论都认识到，教育的分裂造成和助长了人性的分裂，所以都把人的完善作为重新全面地解释"教育"概念的一个终极目的。保罗·朗格让认为，"终身教育代表着这样一种努力，以个人不再与自己发生冲突的方式使那些训练的不同阶段协调一致起来。它通过强调协调性以及个人个性发展的完整性和连贯性，来决定教育手段和课程的设置"②。埃德加·富尔等人更是明确喊出"培养完人"（Towards the complete man)的口号。③ 培养完整的人格，这同样是泛教育理论的"教育"概念的应有之义。泛教育理论提出这样一个新的"教育"概念，其最终目的正是期望通过完整教育概念的提出，引导人们把一个人全部的生存过程看作一个有机的整体，从而有朝一日实现生活世界的教育和科学世界的教育的重新整合，进而实现人性的重新整合。

　　泛教育理论的"教育"概念与"终身教育"的重要区别主要表现在：第一，两个概念的内涵和外延都不尽相同。终身教育理论的出发点主要是成人教育，所以它所提出的"终身教育"在很大程度上只是学校教育向学校以外时空的推广。它提出这个新的教育概念，主要是想"依据这种新概念去充分考虑人们对训练、指导和进步的不断的和普遍

---

① 参阅本文第三章"两个世界的教育"。

② 保罗·朗格让：《终身教育导论》，滕星等译，北京：华夏出版社 1988 年版，第 52 页。

③ Edgar Faure, et al., *Learning to be*, Unesco, Paris, 1972, p. 153.

的要求"①。所以，对"终身教育"这个概念来说，它的提出的实际意义就在于"学校如今已成为生活的一个几乎是普遍的特征"②。我们或许可以说，约翰·杜威是要把学校变成社会，而终身教育理论则是要把社会变成学校。虽然"终身教育"在时间和空间上实现了对现有学校教育体系的超越，但它对"教育"概念的理解在根本上却仍然限定在"教授"和有意识的学习的范围，因此还有大量的作为一种人类学事实而存在于人的社会生活中的教育现象，是这一概念所未能包含的。泛教育理论提出新的"教育"概念的出发点主要是理论性的，因此它在逻辑上指出了"教育"是一个比"教授""教学""训练"等概念的抽象程度更高一级的概念，是包括了多种教育形式的全面指称一切教育现象的总体性的概念。它主要不是追求在时空上对学校教育进行推广，而是认为学校教育是全部教育现象中的一种特殊组成部分，此外还有大量有意识或没有明确意识的教育现象，从来都是作为一种人类学事实而广布于人的社会生活的一切领域和过程之中的。第二，泛教育理论是在理论上提出了一个新的"教育"概念，而"终身教育"更主要的是作为一种指导教育发展的模式、一种发展框架而被提出来的，所以，如果说泛教育理论的"教育"概念仅仅是在理论上表述了一个关于"教育是什么"的理论，那么"终身教育"则是一种教育乌托邦（或教育理想国）的构想。施瓦茨（B. Schwartz）就认为，"终身教育与其说是一整套新的教育目的，不如说是在实现这些目的的过程中要执行的一系列战略计划的总设计"③。正因为它是一种战略总设计，所以在很多终身教育理论

① 保罗·朗格让：《终身教育导论》，滕星等译，北京：华夏出版社1988年版，第53页。
② Len H. Goad, *Preparing Teachers for Lifelong Education*, Unesco Institute for Education, Hamburg, 1984, p. XV.
③ 里士满：《继续教育的概念》。瞿葆奎：《教育学文集·教育制度》，北京：人民教育出版社1990年版，第552页。

家的著作中，"未来的教育"之类的字眼俯拾皆是。而泛教育理论的"教育"概念却主要着眼于从理论上探讨教育现象的本质，所以，尽管它也表现出某种理论上的理想主义倾向，但对它所提出的"教育"概念而言，教育却是从来如此、将来亦如此的，也就是说教育作为一种历史现象在不断发展着，但"教育"概念所要表达的却是其中一以贯之的本质。正是由于这种区别，终身教育计划实施的结果是一个学校化的社会（a schooled society）①，而泛教育理论提出新的"教育"概念的目的之一却恰恰是对这种泛滥于现代社会的学校化意识的解构，因为它坚信：教育最终应当是一种解放的工具而不是统治的工具。

2. 与"大教育"的辨析

由于国际上终身教育等思想的影响，我国教育理论界近年来流行一种"大教育"理论。这种"大教育"观念与泛教育理论的"教育"概念主要的共同点就是：两者都认为教育不只是局限于学校，而是广泛分布于社会生活许多领域，并且社会生活各领域中众多形式的教育现象又相互联系，组成了一个有机的整体。关于"大教育"这个概念的界定，有很多不同的表述。有人认为，"所谓大教育，就是面向全人生、全社会的教育，它是包括所有教育在内并使其有机组织起来的一个大系统"②。有人还总结出"大教育"的五大特点："时间长、空间广、效率高、质量好、内容多。"③ 其中所谓的"时间长、空间广"，主要就是指教育在时间和空间上对学校教育时空框架的超越。一般都认为，大教育是由家庭教育、社会教育、自我教育、学校教育等多种形式的教育有机联系在一起组成的一个开放的系统。泛教育理论显然是赞成"大教

---

① 参阅伊万·伊利奇：《非学校化社会》，吴康宁译，台湾桂冠图书股份有限公司1992年版。

② 巩其庄、郭长征：《大教育引论》，沈阳：辽宁教育出版社1990年版，第148页。

③ 查有梁：《大教育论》，成都：四川教育出版社1990年版，第99页。

育"观念对那种关于"教育"概念的狭隘理解的否定的。和这种教育观念一样，泛教育理论也认为全部教育现象有机联系在一起构成一个完整的系统，作为一个整体，这个系统在时间和空间上覆盖了人的全部社会生活，并表现出一个系统的整体的部分性和部分的整体性。作为同一时代的理论产物，泛教育理论对"教育"的理解与"大教育"理论对"教育"的理解，在对传统的、狭隘的"教育"概念的批判这一点上，它们是共同的。

　　但是，泛教育理论所提出的"教育"概念与"大教育"之间也存在着很多不同之处。第一，严格说来，"大教育"很难看作是一门学科的一个科学概念，在很大程度上它只是一种社会观念，表达的是一种政策倾向，因此，它的内涵和外延是模糊的，我们很难给它下一个清晰的定义。查有梁先生就用"大教育观"来指称这种教育观念，并且认为"从发展的观点看，只有社会主义公有制基础上的教育，且同现代化大生产观、大经济观、大科学观相适应的教育观，才是现代名副其实的大教育观"①。这种对教育在经济、科学和文化发展中的重要作用的强调，明显反映出"大教育"作为一种教育政策观念的特征。而泛教育理论主要是从建立一门以全部教育现象为研究对象的教育学的角度出发提出其"教育"概念的，所以，"教育"这个词在这里所要表达的不是一般观念，而是反映教育本质的"教育概念"，它更加侧重表达的是作为一个学科基本概念的逻辑意义，是教育理论范畴体系之网上的一个重要纽结。因此，泛教育理论所提出的"教育"概念比"大教育"更具抽象性，其价值也主要表现在理论方面。第二，"大教育"实际并没有包含全部的教育现象，在很大程度上它也只是"学校教育"在时空上的简单推广。用巩其庄等人的话来说，就是"大教育对于小教育来说，是

---

① 查有梁：《大教育论》，成都：四川教育出版社1990年版，第87—88页。

小教育的延伸和扩充"①。查有梁在《大教育观》一文中不厌其烦地从学校系统、教育对象、教育时间、教育方式等许多角度列举了大教育系统的具体构成，如幼儿教育、中学教育、职工教育、全日制教育、业余教育、家庭教育、社会教育等等。②吴存心认为大教育体系由普通教育系统、职业技术教育系统、成人教育系统、师范教育系统这四大系统构成。③巩其庄和郭长征则认为大教育体系由家庭教育系统、学校教育系统和社会教育系统，以及师范教育系统和自学系统组成。④从这些关于"大教育"构成的论述就可以明显看出，"大教育"实际上只是学校教育及其补充的总称，在总体上仍然没有超越那种把教育狭隘地理解为"教授"和自觉学习的思维框架。而泛教育理论的"教育"概念则由于其抽象性而具有更加广泛的含义，它的外延要比"大教育"还要大。第三，"大教育"理论没有明确人在教育活动中的主体地位，并且多数持"大教育观"的人仍然用"改造"的范式理解"教育"，这是它同泛教育理论在"教育"概念理解上的重要区别。总之，"大教育"在更大程度上只是一个政策术语，甚至只是一个表达政策倾向的口号，我们很难把它看作一个科学概念，因而也很难将它同泛教育理论的"教育"概念作逻辑意义上的辨析。

通过上述关于教育思想史的考察和相关概念的辨析，我们基本上已经证明了泛教育理论对教育本质的理解和认识是符合教育理论发展的内在逻辑的，并且是有其自身独立的理论价值的。作为教育学的一个基本范畴，它所提出的"教育"概念也具有独特的认识论意义。黑格尔说：

---

① 巩其庄、郭长征：《大教育引论》，沈阳：辽宁教育出版社1990年版，第148页。

② 参阅查有梁：《大教育观》，《瞭望》周刊，1986年第12—15期。

③ 参阅吴存心：《树立大教育观念》，《教育研究》1986年第6期。

④ 巩其庄、郭长征：《大教育引论》，沈阳：辽宁教育出版社1990年版，第160页。

"真正的思想和科学的洞见，只有通过概念所作的劳动才能获得。"① 下面，泛教育理论就根据它的"教育"概念来对教育现象做进一步的分析。但愿这样的"通过概念的"精神劳作有所收获。

① 黑格尔：《精神现象学》上卷，贺麟、王玖兴译，北京：商务印书馆1979年版，第48页。

第三章

两个世界的教育

本章逻辑线索：探索对教育现象的一种领域性划分——教育现象领域与人的生长领域具有同构性——生活世界与科学世界是古代和现代人的两个生长家园——古代和现代教育分为生活世界的教育与科学世界的教育两大领域——生活世界的教育是自然的、直观的和奠基性的——科学世界的教育是体系化、技术化和课题化的——科学世界的教育是从生活世界的教育中分化出来的——教育的意义基础在生活世界之中——发生在近代的教育的领域性断裂及其意义基础的遗忘是现代教育的深层危机

奥列弗（Donald W. Oliver）在分析教育与现代性（modernity）问题时用过这样一个形象的比喻："鱼大概是最后一种理解水之本质的生物。"① 我们每个人一来到这个世界，教育就作为一种既存的、被给予

---

① Donald W. Oliver & Kathleen Walderon Gershman, *Education, Modernity, and Fractured Meaning*, State University of New York Press, 1989, p. 11.

的人类学事实而影响着我们的生长，但对这种人类学事实的本质，我们却知之甚少。在习以为常的情况下，我们往往把一切都看作理所当然，很少像哲学家们那样怀着智慧的疑讶对这些事实问个究竟。我们满足于"理"所当然，而这些"理"又不是出自我们亲历的探索，却是来自专家系统所提供的知识和日常生活中的模糊常识。

分析，用我们自己的眼光面对原初的事实，才可能有新的发现。

一 对教育现象的一种领域性划分

关于教育现象，理论上已有多种分类方法，但深入、专门的类型学研究尚不多见。由于对教育现象的类型和谱系缺少深刻的理解，已有的各种教育分类在划分标准的明晰性和一贯性上往往存在着这样那样的不足。

第一种：把教育划分为德育、智育、体育、美育和劳动技术教育，这是对教育现象最为普遍的一种划分。鲁洁教授把这种既存的对教育现象的划分解释为一种由人的素质结构规定的对教育的"组成部分"的划分①，这种解释是颇为耐人寻味的，它含蓄地揭示了这种划分所包含的内在矛盾性。首先，鲁洁教授把这种划分的结果称作"教育的几个组成部分"，这说明她没有把这种划分看成教育活动类型的划分，也就是说她没有把德育、智育、体育和美育等看成各种独立的教育活动，认为它们只是"教育"的不同"组成部分"。我把这里的"组成部分"理解为"侧度"，德育、智育、体育和美育是任何一个完整的教育活动都具备的四个侧度（我称这四个侧度为：生命、知识、道德和审美），

① 参阅南京师范大学《教育学》编写组：《教育学》，北京：人民教育出版社1984年版，第178—193页。

因此，这第一种划分实际上是教育活动侧度类型的划分，而不是活动本身的分类。这样，"劳动技术教育"作为一种独立的教育活动就不应当在这一分类中出现。作为一种独立的教育活动，劳动技术教育本身就包含着生命、知识、道德和审美四个侧度。其次，鲁洁教授把人的素质结构当作这种对教育现象的划分的内在依据，这就规定了四个"组成部分"之间的关系是功能—结构关系，而不是简单的一一相加关系。对这里的"德育""智育""体育"和"美育"，应紧扣"组成部分"来理解其意义，不能把它们混同于教育活动类型。譬如，这里的"体育"实际上指的是教育活动的生命侧度，与"体育活动"的含义不同，独立的体育活动不仅包含生命侧度，也同时包含着知识、道德和审美侧度。一切实际的教育活动都包含生命、知识、道德和审美侧度，纯粹的单一侧度的教育活动是不存在的，因此，这第一种对教育现象的划分只能是教育活动侧度类型的划分，那些混淆侧度类型与活动类型的理解必然陷于逻辑的困境。

第二种：把教育划分为学校教育、家庭教育和社会教育。这种被广为采用的教育分类所依据的分类标准并不十分明确。如果是以教育现象存在的时空为分类标准，那么学校和家庭在时空上都是分属于社会的，因而无法与社会在时空基础上并列；如果是以教育活动的组织机构为分类依据，那么"社会教育"就应该换作"工作单位教育""社区教育""传媒教育"等，因为"社会"显然不是一个简单的机构。这种分类根本的局限还在于它没有把"时空"与"场所"区分开来。英国社会学家吉登斯（Anthony Giddens）认为，理解现代性的关键之一就是时间、空间和场所的分离。[①] 在现代社会里，"场所"已被赋予全新的意义，它不再只是简单的时间—空间四维统一体，多数情况下它是跨越不同地

---

① See Anthony Giddens, *The Consequences of Modernity*, Cambridge: Polity Press, 1990, pp. 17—29.

域和不同时段的多重时间—空间结构的组成部分，是社会生活的一种结构性片段。一个处在家庭时空中的人，却可以通过电脑网络或其他通信与传播媒介接受学校或"社会"提供的教育，因此，仅从时空上分类，已很难表明不同种类教育的特质。为适应现代教育的时空互渗和一体化趋势，教育理论可以用"场所"概念在理论上把教育从固定的四维时空中析离出来，划分成：学习场所中的教育、生活场所中的教育、工作场所中的教育和"公众场所"中的教育。一个进入电脑网络获取信息的人，尽管他处在家庭时空里，但我们仍然应当把他看作一个"公众场所"中的人，因为他已突破家庭时空而与公众建立了联系。

第三种：把教育划分为幼儿教育、小学教育、中学教育、大学教育和成人教育。这是一种以教育程度与方法特点为依据的教育分类，不同的教育程度和方法是与个体在不同年龄阶段的发展水平相适应的。这种教育分类的局限性在于它只限于制度化的教育体系，这个体系之外的各种教育现象没有包括在这种教育分类中。与此相似的初等教育、中等教育和高等教育的分类也是以制度化教育体系为基础的。严格说来，这些教育分类都属于学校教育分类，而不是对全部教育现象的分类。

第四种：把教育划分为职业教育和普通教育，有的还特别把师范教育也单独列为一类。这是一种以教育的培养目标为依据的教育分类，同样，它也是一种局限于制度化教育体系的教育分类。这种分类反映了在不同培养目标的引导下，学校教育或其他制度化教育机构在课程内容、结构和教学方法上的不同特征。超越了制度化教育体系的界限，这种教育分类也就失去了有效性。

第五种：将教育划分为制度化教育和非制度化教育，有的学者首先将教育分为形式化教育和非形式化教育，认为制度化教育是在形式化教育的基础上产生的。^① 这种教育分类的依据是教育组织形式演变的阶段性，即在教育历史发展的不同阶段，教育活动在组织形式上呈现的不同特征。这样划分出来的非形式化教育、形式化教育、非制度化教育、制度化教育等教育类别都是按时序依次排列的，相互构成线状结构关系，而不是共时并列排列的层面关系。^② 也就是说，对制度化教育而言，非制度化教育是在制度化教育体系产生以前的一切教育历史形态，而不是指同时代的在制度化教育体系之外的那些教育现象。在这种大的历时分类中也有一些小的共时分类，但这些共时分类只限于对某一种教育组织形式的进一步划分，而不是一种对全部教育现象的共时分类。如安德森（R. H. Anderson）曾依学年制度、学生组织制度和教师组织制度三项标准将在美国所见的教学组织方式划分成 24 种类型，但这也仅仅是对制度化教育内部诸多具体组织形式的进一步分类，而不是全面的教育分类。^③ 因此，将教育划分为制度化教育和非制度化教育，就这种教育分类的本意而言，它反映的是教育现象在组织形式上的动态历史演变过程，对同一历史时段上共时并列的诸般教育现象之间的关系，它无法给予全面的反映。

除上述常见几种教育分类外，不同历史时期的教育思想家们为了达成各自的理论和实践目的，对教育现象从不同角度进行过多种多样的划分。但这些教育分类都难以完全满足我们今天全面认识现代社会中全部教育现象的需要。为了进一步分析和认识现代社会中的全部教育现象，泛教育理论不仅从构成层面和场所分布的角度对全部教育现象作具体分析，而且还要从总体上对全部教育现象进行领域性的划分。

① 参阅陈桂生：《教育原理》第四、五章，上海：华东师范大学出版社 1993 年版。
② 注意区别这种常见分类与泛教育理论作了特殊约定的对教育形态分化进程的描述。参阅第一章。
③ R. H. Anderson, *Teaching in a World of Change*, Harcourt Brace & World Inc., 1966, p. 42.

　　"领域"（realm）一词，一般用来指称人们从事社会活动的某个范围。这种范围往往很大，并且不一定限于某种具体的时空结构。"领域"是分析社会生活结构的最大一级单位，如"上层建筑领域"（the realm of the superstructure）。"领域"也是一种在理论上对社会生活结构进行分析的单位，因此它超越了具体时间、空间、场所的局限，是对社会生活构成的一种抽象描述。

　　泛教育理论从总体上对现代社会中全部教育现象进行领域性的划分主要有以下几点意义：第一，对全部教育现象进行领域性的划分，有利于我们把对现代教育的总体结构考察与对现代社会的总体结构考察结合起来，从而在对现代性的分析和批判的基础上对现代教育进行更加深刻的总体性分析和批判。借助于这种总体性分析和批判，我们可以透过现代教育在现象层面上表现出来的形形色色的矛盾冲突，发现和揭示现代教育的深层危机。第二，用"领域"这样一种超越具体时间、空间和场所的总体性的社会生活结构单位来分析教育现象，有利于我们从整体上把握教育现象，将现代社会中的全部教育现象都纳入教育学的理论视野中来。由于突破了具体时间的局限，对教育现象的领域性划分可以超越制度化教育和非制度化教育的分类在时序上所受到的限制，从而为剖析现代教育建立了一个总体性的、共时的坐标系；由于跨越了具体空间的限定，对教育现象的领域性划分可以摆脱学校教育、家庭教育和社会教育等的分类所受到的空间框架的约束——这些具体的空间框架并非是构成各类教育活动的不同特性的必然的、内在的、本质的因素，即具体的空间框架并不对各种教育活动的不同特性构成必然的、内在的规定，同样一种教育活动可以在各种不同的空间框架中进行——从而真正以教育活动本身具有的不同特性为依据对教育现象进行总体性的划分；又由于超越了具体场所的限制，对教育现象的领域性划分可以充分发挥其理论的抽象性，把教育现象从具体的时空组合中剥离出来，直接从教育现象本身的特性出发来分析和描述教育现象的内在差异性和多样性，从而更为直接地把握不同领域中的教育现象与人的生长之间的不同联系。第三，以"领域"全面划分教育现象，可以使教育现象在结构上与人的社会生活融合起来，并在此基础上揭示教育的"意义"所在，从而为现代教育找到重返现实生活的归路。"领域"是分析社会生活结构的单位，用"领域"来对教育现象作全面的划分，更便于在结构上把教育与人的社会生活统合起来。教育与生活在结构上的这种统合，真正赋予教育学理论以全面审视教育现象的广阔视野，避免落入将全面的理论反过来重新限定于学校教育狭隘框架的窠臼。通过教育与生活的这种结构上的统合，泛教育理论还力图真正把教育的变革与社会生活的变革联系在一起，从而越过学校教育的边界，以社会生活的内在变迁为广阔背景全面考察现代教育的发展趋势。同时，与生活的融合还是人追寻教育之"意义"的必然归路。海德格尔说："意义是某某东西的可领悟性的栖身之所。"[1] 教育的"可领悟性的栖身之所"只能在人生长于其中的社会生活中。运用分析社会生活结构的方法来划分教育现象，可以为我们在"生活—教育"的解释学循环（hermeneutic circle）[2]中把握教育的意义结构并进而揭示教育意义的根基提供一种方法论上的便利。

"领域"是分析社会生活结构的单位，运用这一单位可以对社会生活做不同角度的划分。马克思在《德意志意识形态》和《〈政治经济学批判〉序言》等经典著作中把社会生活划分成经济基础和上层建筑两大基本领域。丹尼尔·贝尔（Daniel Bell）在《资本主义文化矛盾》一书中把现代社会划分成三个相互对立的领域，即"经济—技术体系"

---

[1] 海德格尔：《存在与时间》，陈嘉映、王庆节译，北京：生活·读书·新知三联书店1987年版，第185页。
[2] 解释学循环，指一种在解释活动中把整体看作与部分相关或把部分看作与整体相关的方法论上的设计。

"政治"与"文化"。① 在尝试对教育现象做领域划分之前，我们必须首先考虑应该以什么为出发点做此种划分。要寻找这个出发点，先要明确我们对教育现象进行领域性划分的目的。马克思和贝尔对社会生活的上述两种领域性划分的直接目的在于社会批判。我们对教育现象进行领域性划分的直接目的则在于探寻教育与社会生活、与人的生长之间的全面的内在联系，因此这种教育领域的划分应该是在生存论意义上的领域划分，这种划分应当以人"在世界之中存在"（In-der-Welt-sein）②的状态为出发点，应当是一种对人的生长家园的理论分析。

二　现代人的两个生长家园

人"在世界之中存在"，人生长于其中的世界是一个开放的世界。"与其他高等动物不同，人类没有种类特属环境（species-specific environment），没有因其自身的先天机体而固定构成的环境。"③ 动物由于各自的不同生物特性而与环境保持着大体上固定的关系，它们生活在属于各自种类的封闭世界里，但人与环境关系的特征就在于它的"世界开放性"（world-openness）。这种开放性决定了人的生长家园总是处在一

---

① 丹尼尔·贝尔：《资本主义文化矛盾》，赵一凡等译，北京：生活·读书·新知三联书店 1989 年版，第 56 页。
② "在世界之中存在"，海德格尔术语，又译"在世""在世之在"等。海德格尔反对把人从世界中剥离出来成为孤立的主体，强调人和世界在生存论意义上的统一性，认为一方面"我在世界中"，另一方面"若无此在存在，亦无世界在此"，二者浑然天成。中国俗语云："人生在世。"实在巧妙地表达了此种"天人合一"的生命智慧。
③ Peter L. Berger and Thomas Luckmann, *The Social Construction of Reality*, Doubleday & Company, Inc. , 1966, p. 47.

个不断扩展和演化着的辩证运动过程中，并且这一辩证运动过程是与人的本质力量的张扬密切关联的。

对原始人来说，他们所生存于其中的世界是一个直观、具体、丰富而又神秘的整体，这个整体具有一种朴素的内在同一性。按照列维-布留尔（Lucién Lévy-Brühl）的观点，原始人的思维是受"互渗律"（Law of Participation）支配的，"在原始人的思维的集体表象中，客体、存在物、现象能够以我们不可思议的方式同时是它们自身，又是其他什么东西"[①]。他认为，原始人的原逻辑思维运算决定于互渗律，这种思维没有真正一般的概念，只有在一定程度上代替概念的集体表象。一种循环于存在物之间和集体表象中的神秘力量把各种存在物联合并同一起来。因此，在原始人的视域里，影响他们生长的世界是一个没有分化的统一的整体，甚至连物理世界与心理世界也是同一一互渗的。他们所思想的东西与现实的东西同一一体，作为一个整体构成他们的生长家园。他们的这种生存状态，是其自身的发展水平所决定的。

随着人作为主体认识和改造世界的本质力量的不断增强，人作为一种"在世界之中"的生命存在，以及作为这种生命存在的生长家园的"世界"，都在不断变化和发展着。生存技术和生存观念的不断丰富和进步，并在此基础上逐步形成作为知识总体的"科学"，即古代意义上的"哲学"。在历史的发展与进化过程中，人类生活的经验以及认识和改造世界的成果以符号为中介不断在这个知识总体中积淀下来，促进着这个知识总体的分化和扩展，终于把这个知识总体构筑成为宏伟的"第二自然"。这样，人所生存于其中的"世界"就发生了一个深刻的变化，人生在世，不仅是生长在客观的、现实的外部世界中，而且也生长在"第二自然"之中。为了自身生存与发展，人不仅要在生活中获

[①] 列维-布留尔：《原始思维》，丁由译，北京：商务印书馆 1981 年版，第69—70 页。

取直接的生活经验，而且还要从"第二自然"中汲取营养。于是，"无论你往上看还是往下看，人都有两个'家'"①。一个家在现实的生活中，一个家在抽象的"科学"里。

不过，在古代和近代的最初几个世纪中，这种作为知识总体的"科学"或"哲学"仍然保留着"作为关于全部存有者的科学的意义"②，它包含着一切对人来说有意义的问题的反思，这里既有对自然的观照，也有对人生的思考，并且所有这些反思都无不与人的存在问题紧密联系在一起。上帝是否存在？地球是不是宇宙的中心？对这些问题的研究工作的职业化并不代表"科学"对"人生"的漠视。因此，表现为抽象符号系统的"第二自然"在这里仍然与人生活于其中的现实的周围世界保持着共同的意义基础。也就是说，这时的人尽管已经有了两个生长家园，但这两个生长家园的意义基础是统一的，其间没有产生什么根本的分裂。

从伽利略对自然的数学化开始，直到笛卡尔的"客观主义的理性主义"的确立③，人的生长家园的意义基础的断裂才真正发生。这种客观主义的理性主义狂热地追求着一种理想的实证性，它使人们相信：在我们真实地感知到的周围现实世界之外，还存在着一个"更为真实"的世界，寻求对那个"更为真实"的世界的绝对精确的把握才是科学的最终意义和最高理想。在这种客观主义的理性主义看来，"北京故宫城墙是紫红色的"这个命题表达的只是一种主观感受而不是真理，"科学的"真理应当是："北京故宫城墙反射着某某（精确数据）段频率的

---

① 陈家琪：《主体的纯粹形式与文化人类学》。见张世英等：《哲学与人》，北京：商务印书馆 1993 年版，第 68 页。

② 参阅胡塞尔：《欧洲科学危机和超验现象学》，张庆熊译，上海：上海译文出版社 1988 年版，第 8 页。

③ 参阅胡塞尔：《欧洲科学危机和超验现象学》第二部分，张庆熊译，上海：上海译文出版社 1988 年版。

光。"人们在生活中可以直接感受到的"紫红色"在这种"科学"中被抽象掉了。这种客观主义的理性主义从自然科学向哲学和其他科学的渗透并作为备受推崇的"科学理性"而逐步取得统治地位,使得人在科学中的那个"家"发生了重要的变化,它变得越来越远离生活中的那个"家",而它原先在人的生存论层面上的丰富意义却被纯粹的客观性约简掉了。科学观念被实证地简化为纯粹事实的科学,人生的意义受到排除,科学变成单纯的认识和改造世界的工具从而丧失了生活意义,于是,人在科学理性的神话中悬浮起来,人的生长家园经历了一场"断裂",困在科学理性中的现代人从社会生活中游离出来变成一个个"单子",一个个怀着深重的乡愁的流浪者。有的学者感叹道:"我们的时代是悲剧性的。它的可悲在于科学和日常的人的理性之间产生了巨大的裂痕。这样,人类正在失去科学童年时代那种对自己的信心和对未来乐观的高瞻远瞩的把握整体的能力。"[1]

借用胡塞尔的现象学概念,我们把现代人的两个生长家园分别称作"生活世界"和"科学世界"。既然是"借用",就不是严格按照这两个概念在先验现象学中所限定的内涵与外延而进行的完全移植,因为这两个概念在本文中所担负的逻辑任务与先验现象学中显然不是完全相同的。事实上,胡塞尔也从未给出过"生活世界"和"科学世界"的严格定义,并且他在不同的地方使用这两个概念时也往往有着不尽相同的含义。当然,我们所以选择借用这两个概念,正是由于它们的基本意义在本文中仍然是有效的。不过,奢望本文给出这两个概念的严格定义是不现实的,我们希望下面的描述能够比较明确地表达出这两个概念的基本内容。

生活世界是我们在生活的自然态度中所能直接感知的世界,它是个

① 金观涛:《人的哲学:论"科学与理性"的基础》,成都:四川人民出版社
1989年版,第24页。

人和群体生活于其中的现实而又具体的环境。我们降生斯世，斯世即为生活世界。"由于这种先天给予性，我们将所经验到的一切都认作理所当然。在做进一步的深入关注之前，对我们来说，万事万物的一切情状皆自然使之，没有什么好疑问的。"① 这种自然态度，类似于禅学中的"平常心""见山只是山，见水只是水""万物皆如其本然"。② 在这种自然态度下生活，我们并非一举一动都要找出自觉的理性根据或者与某个远大理想联系起来。正如胡塞尔所言，对我们每个人来说，"生活世界始终是在先被给予的，始终是在先存在着而有效的，但不是出于某种意图、某个课题，不是根据某个普遍的目的而有效的"③。

在自然的态度下，生活世界作为一个素朴的经验世界以其直接的"自明性"（self-evidence）避免了主客二分的对立，"它对我们不成为那种对象性的东西，而是呈现了一切经验的预先给定的基础"④。人，就其本真状态而言，只是"在世界之中"生长的一种生命存在物，因此，人与这个世界在根本上是相融的，而不是对立的。中国哲学中的"天人合一"，正是在这种生存论的意义上对人与世界的关系的深刻概括。庄子说："天地与我并生，而万物与我为一。"⑤ 他用夸张的方式说明了人是在一个与己相融的世界中"逍遥"地以自然的态度生长着。在这

① Alfred Schutz & Thomas Luckmann, *The Structures of the Life-World*, Northwestern University Press, 1973, pp. 3—4.

② 阿部正雄：《禅与西方思想》，王雷泉、张汝伦译，上海：上海译文出版社1989年版，第8页。

③ 《胡塞尔全集》第6卷第461页。转引自伊索·凯恩（Iso Kern，中文名"耿宁"）：《论胡塞尔的"生活世界"》，倪梁康译，载《文化：中国与世界》第2辑，北京：生活·读书·新知三联书店1987年版。

④ 汉斯-格奥尔格·加达默尔：《真理与方法——哲学诠释学的基本特征》上卷，洪汉鼎译，上海：上海译文出版社1992年版，第318页。

⑤ 庄周：《庄子·齐物论》。王先谦注《庄子集解》，上海：商务印书馆1936年版，第13页。（上海书店1987年影印）

样的自然本真的境界中，生活世界以其自明的现实性直接呈现在人的周围，这种呈现是直观的、具体的、现实的和历史的，因而也是丰富的，它给人以感性的存在基础，失去这个感性基础，人就无所依托，也无法现实地存在于世界中。人的这个感性存在基础并不是排斥理性的，只是这里的理性不是抽象的理论理性，而是直观呈现在生活中的具体的存在理性。存在理性"就是在世界中的理性，或者说世界本身的合理性和这种合理性原则"①。同抽象的理论理性相比，存在理性更为基础，它是人生存的先决条件，是社会生活的文化构成因素，是现实的、活的思想。以实践理性为中介，存在理性与理论理性之间建立了一种极为复杂的相互转化关系。② 没有普遍有效的存在理性，人的生存世界将是全然无序、不可理解的，理论理性也将无从产生，而且生活世界也将由于主体际性的不可能而成为不可能的"无何有之乡"。

"生活世界总同时是一个共同的世界，并且包括其他人的共在（Mitdasein）。"③ 这就是生活世界的社会性，或者"主体际性"（die intersubjektivitaet）。"主体际性"不仅包含了"共在"的社会性，而且还意味着生活世界本身的主观相对性。"生活世界表现为人最基本的、明显的主体间的世界之理解的范型"④，它不仅仅是孤立的"自我"的"视域"（horizont）中的周围世界，同时也是与我共同生活在一起的他人视域中的周围世界。在现实生活中，我们并非把自己周围的人在纯粹客

---

① 张汝伦：《历史与实践》，上海：上海人民出版社 1995 年版，第 302 页。

② 我认为存在理性的先在性并不构成它与主观理性之间的先天鸿沟，否则，主观理性岂不是无本之木，生活世界岂不是永无澄明的神秘黑洞？这与张汝伦先生以及他所理解的西方某些哲学家的思想有所不同。我以为，存在理性与主观理性的距离在于它难以用语言精确表达，所谓"道可道，非常道"。

③ 汉斯-格奥尔格·加达默尔：《真理与方法——哲学诠释学的基本特征》上卷，洪汉鼎译，上海：上海译文出版社 1992 年版，第 319 页。

④ 恩·沃·奥尔特：《艾德蒙特·胡塞尔与恩斯特·卡西尔心目中文化的一与多》，见张世英等：《哲学与人》，北京：商务印书馆 1993 年版，第 225 页。

观的注视中当作复杂的生化系统，而是把他们作为人来经验，"我把他们中的每一个都理解作和承认作一个像我自己一样的自我主体"，同时也"把他们的周围世界和我的周围世界都客观地当作同一个世界"①。正是由于生活世界的这种社会性，不同人群的生活世界往往也是不相同的。生活世界的社会性又与另一方面紧密相关，即生活世界的主体际交往的可能性。"生活世界就是这样一种现实，在这种现实中，我们相互理解是可能的。"② 在哈贝马斯那里，"生活世界"是作为交往行动的境界和背景而为交往行动提供"坚实的根基"的。③

在生活世界中，人通过对世界的直接感知获得关于这个世界的知识，这种直接的知识逐步典型化，就形成了生活世界的观念，这些观念经概念化和体系化，产生科学理论。"这条道路从缄默的、无概念的经验和它的普遍的交织出发，首先导向代表性的、不确定的、最初的一般性，在日常生活中，有这种一般性就够了；然后这条道路从这里又导向真正的和真实的概念，真正的科学必须以这些概念为前提。"④ 科学理论所描述的逻辑上客观有效的科学世界是人的生活世界的活动衍生出来的一个特殊的理性视域，因此，科学世界是生活世界的理性沉积物。

科学世界是生活世界的抽象图景，胡塞尔称之为"原则上无法直

---

① 胡塞尔：《纯粹现象学通论》，李幼蒸译，北京：商务印书馆 1992 年版，第 92—93 页。

② Alfred Schutz & Thomas Luckmann, *The Structures of the Life-World*, Northwestern University Press, 1973, p. 35.

③ 参阅哈贝马斯：《交往行动理论·第二卷——论功能主义理性批判》，洪佩郁等译，重庆：重庆出版社 1994 年版，第 158—205 页。

④ 胡塞尔手稿《自然与精神》。转引自伊索·凯恩：《论胡塞尔的"生活世界"》，见《文化：中国与世界》第 2 辑，北京：生活·读书·新知三联书店 1987 年版，第 329 页。

观到的、'逻辑的'亚建筑"①。人为了进一步把握生活世界诸般现象之间的因果关系，理解世界的本质，从而驾驭世界，服务人生，他们运用理性的逻辑之网，过滤掉生活世界的偶然性和主观性，在抽象的、一般的层面上描述世界内在的普遍结构，从而在科学世界里超越生活世界的主观—相对性和直观—自明性，达到一种超直观、超主观的客观性。然而，科学世界这种超主观的客观性并非就是无主观的纯粹客观性。耿宁（I. Kern）说："尽管客观科学的逻辑亚建筑超越了直观的主观生活世界，但它却只能在回溯到生活世界的明证性时，才具有它的真理性。"② 唯科学主义在对科学理性狂热崇拜的推动下，颠倒生活世界与科学世界的关系，把科学世界超主观的客观性误当作无主观的纯粹客观性，从而认为科学世界才是根本性的。这不仅使科学变成一种不能明确自身意义的盲目的力量，而且也给人的发展带来一系列问题。

科学世界是一个由逻辑与概念体系构成的灰色的理论世界。科学的抽象本性决定了科学世界不可能直现全部的生动具体、多姿多彩的生活世界。"我们在生活世界中所经验到的对象的'感觉丰满性'，却被科学系统地抽象化了"，"至于科学的态度到底从我们在生活世界里所持的自然态度中汲取和摒弃了什么东西，这则是科学由于自身兴趣所限而不能阐明的"。③ 生活世界的缤纷色彩、天籁乐韵，乃至我靠近你的身体时所感觉到的温暖，在科学世界里都被抽象成了僵冷的"频率"。同样，在科学所描述的一系列机械的"刺激—反射"模式和零散的心率、

---

① 胡塞尔：《欧洲科学危机和超验现象学》第 130 页。转引自倪梁康：《现象学及其效应——胡塞尔与当代德国哲学》，北京：生活·读书·新知三联书店 1994 年版，第 135 页。

② 耿宁：《生活世界作为客观科学的基本问题和作为普遍的真理和存在问题》。转引自倪梁康：《现象学及其效应——胡塞尔与当代德国哲学》，北京：生活·读书·新知三联书店 1994 年版，第 135 页。

③ R. J. 安德森：《哲学和人的科学》，载《哲学译丛》1990 年第 2 期。

腺体分泌等测量数据中，我们也看不到在生活世界中活生生的人形态各异的一颦一笑、喜怒哀乐，更看不到这喜怒哀乐、一颦一笑所包含的意义。

我们每个人都是首先降生于生活世界的，生活世界是我们的第一承托者，并且也是我们最根本的生长家园。初入生活世界，我们就开始用我们的感官来感知这个世界中的光、色、声、味，抚摸和抓握周围那些独立于"我"而存在的事物，认识存在于我们周围的桌椅、树木、太阳、小鸟、人，并通过与他人的接触，在和他人一起共同活动过程中了解和适应社会生活。在这一过程中，生活世界直观地在我们面前展开了它自明的客观实在性，同时，生活世界的"感觉丰满性"也滋养着我们丰富人性的生长。马克思说："全部历史是为了使'人'成为感性意识的对象和使'人作为人'的需要成为'自然的、感性的'需要而作准备的发展史。"① 人首先要作为一个生长在现实的生活世界中的具体的、现实的、有血有肉的人，然后才能谈得上人的发展。

在科学世界里，人在理性方面，严格地说应当是在理智（intellect）方面可以获得长足的发展。然而，人在科学世界里所获得的理智方面的发展，只有回溯到现实的生活世界中才能被赋予其对人生的意义，并且只有回溯到生活世界中，理性才能作为理性而显现出来。纯粹的科学世界（不包括科学生活，科学工作者的职业生活也属生活世界）除了抽象的、以客观的"真"为目的的概念、命题和逻辑推演外，它无法再为人的生长提供别的东西。只有感性的、生动的、丰富的生活世界，才能够满足人在理智、情感、意志等多方面发展的基本需要。生活世界为人"成为人"提供了全部共同的、基本的要素。一个普通人可以不知道地球的"自转""公转"而正常地生活，而一个天文学家却不能不在

---

① 马克思、恩格斯：《马克思恩格斯全集》第 42 卷，北京：人民出版社 1979 年版，第 128 页。

太阳东升西沉的生活世界中存在。当然，一个人也可以暂时沉浸到自己的内心世界中去，可以遁入梦境，可以进入一个信仰中的非真实世界，或者是计算机"虚拟现实"，还可以像唐·吉诃德那样生活在幻想世界中，但是，他仍然无法摆脱生活世界这一存在基础。内心世界作为自我的一部分是生活经验的结果和反映，梦境、信仰世界和"虚拟现实"也是先前生活经验的结果与折射，幻想世界仍然是现实的生活世界的曲折表现，并且当人们退出这些非真实世界时，最终还是要回到生活世界去。在一定意义上讲，除了内心世界作为生存者的一部分是生活世界影响人生长的结果外，其他几类非真实世界都是包括在生活世界之中的，是生活世界的特殊组成部分和特殊表现形式。胡塞尔说："对生活在梦幻世界的幻想家（或梦想家）来说，我们不能说他把虚幻当作虚幻，确切地说，他已经修改了现实性。"① 在唐·吉诃德的眼里，风车就是实实在在的巨人，他一刻也没有脱离过他的生活世界。如果说内心世界对人生长的影响只是生活世界影响的结果和人生长的内部机制的话，那么其他几类非真实世界对人生长的影响本身就是生活世界影响的特殊组成部分。生活世界是人生存不可或缺的先决条件。

科学世界是我们进修理性的"营地"，我们建在异乡的家园；生活世界是我们故乡的家园，我们最根本意义上的"家"，我们生命的根。

---

① See Alfred Schutz & Thomas Luckmann, *The Structures of the Life-World*, Northwestern University Press, 1973, p. 30.

三　生活世界的教育

杜威说："因为生长是生活的特征，所以教育就是不断生长。"[1] 生活世界是我们最根本的生长家园，这也就是说，生活是每个人"作为人"所必须接受的最基本的教育。

能够全面揭示教育本质的教育定义，这是我们长期以来苦苦搜寻的东西，然而，寻来找去，仍然是言人人殊，莫衷一是，真有些像索尔蒂斯（J. F. Soltis）比喻的那样在捕猎一头子虚乌有的 centaur[2]。"教育"最根本的意义究竟是什么？让我们把过去那些经典的和非经典的教育定义暂时悬置（epoche）[3]起来，放入括号，存而不论，直接去寻找教育的根源。

现代人常常把"教育"（education/schooling）与"学校"（school）在某种程度上等同起来，那么，在学校产生以前是否存在教育呢？当然是存在的，否则人类的生产和生活经验何以代代承传？可见学校并不是教育的本原。在学校作为一种机构尚未产生以前，类似于学校教育的那种有明确目的和目标的教育已经存在于社会生活之中，这是不是教育的本原呢？显然也不是，因为自觉的目的以人对自身活动的反思为前提，而在人的意识发展到反思水平之前，人类社会已走过漫长的历程。在这漫漫长路上，人类文明只能依靠与生活融合（不是杂合）一体的教育薪火相继。生活总是先在的、给予的，对人来说没有"前生活"的时代。

---

[1]　约翰·杜威：《民主主义与教育》，王承绪译，北京：人民教育出版社 1990 年版，第 57 页。

[2]　centaur, 古希腊神话中人首马身的怪物。

[3]　epoche, εποχη, 希腊文，意思是"保留"。古希腊怀疑论的基本概念，指对一切成见保持中立态度，既不作判断，也不采用。胡塞尔借此表达现象学"面对事实本身"的方法和精神。

所以，生活就是初始的教育，现代教育的根在生活世界中。由于秉承了动物界类似教育的本能①，原始人类就具有一种教育的意向，这种教育的意向至今仍保存在我们意识的深处，使我们在生活中不知不觉地充当着教育者和受教育者。随着社会生活的发展，在生活世界中，自发的教育逐步启发出与之并存的自觉的教育。教育自觉性的不断提高，并且逐步体系化，最终分化出科学世界的教育。

生活世界的教育是一种自然的教育。它不采取研究的态度，无论是否有自觉的、明确的目的，一切都是在自然的态度下进行着，自然而然，顺理成章。我们一生下来，周围的人和事物就开始影响我们的生长，所以卢梭说："我们的教育是同我们的生命一起开始的。"② 然而，不管是幼儿还是成人，对这种生活世界的教育并没有时刻感到它的存在，我们并没有时刻感到我们正在接受教育；另一方面，一个心智健康的成人遇到一个婴孩，往往禁不住上前拉拉他的小手，同他说上几句话，这一切对那个婴孩的发展具有重要意义，而那个成人一般却不会感到自己是个教育者，更不会有刻意的教育技艺的雕琢，一切皆出乎一种原始的意向，自然使之。《中庸》开篇即云："天命之谓性，率性之谓道，修道之谓教。"③ 原初意义上的教育本来就是率性而为的事。在生活世界里，即使是那些自觉的、有目的的教育，也都是在自然的态度下率性而为的，因为人无法把自己完全封闭在科学理性中。中国人教育子女刻苦读书，多是自觉的、有明确目的的，但这种自觉性和目的性是生活世界赋予他的，并且也是在生活的自然态度下发挥着作用。即便是一个受过教育专业训练的人，看到自己的儿子考个"鸭蛋"回家，恐怕

---

① 法国社会学家勒图尔诺（C. L. Letourneau）在其 1900 年出版的《不同人种中教育的进化》中有详细描述。参阅瞿葆奎：《教育学文集·教育与教育学》，北京：人民教育出版社 1993 年版，第 158—172 页。

② 卢梭：《爱弥儿》上卷，李平沤译，北京：商务印书馆 1978 年版，第 13 页。

③ 子思：《中庸》。朱熹：《四书章句集注》，北京：中华书局 1983 年版，第 17 页。

也很少有人能毫不动情地按照教育科学原则来一番完全理性的"教育科学操作"，父亲或母亲的角色心理往往要把他拉回生活世界。孟母断织劝学①，恐怕也是怒而为之，然后才能近取譬，以喻其子，而不会是在某种理论指导下刻意采取的教育技巧。

生活世界的教育是一种直观性的教育。在生活世界里，我们总是在具体的、感性的、"当下即是"的存在状态中受到教育。千姿百态、色彩缤纷的万事万物，都直接地、现实地呈现在我们面前。母亲指着一朵花对孩子说："这是红花。"她没有必要对"红花"下一个定义，也不用管这株植物属草本还是木本，更无须对花反射的光线做光谱分析，一切都由这朵他们共同视域中实实在在的花呈现出来。这种直观性决定了生活世界的教育在一定程度上表现出主观相对性。母亲甲说这是一朵红花，而母亲乙却可能说是紫花。生活世界的教育所具有的这种主观相对性，客观上是对人的原初思维活力的保护，它给人的思维留下了必要的自由和想象空间，这也是生活世界本身所要求的。正如胡塞尔所言，"关于这个世界自由的、充满想象的变化及其形状，只能以可能的、经验上直觉到的形状出现，而不能以精确的形状出现"②。科学世界中那些理想的点、线、面，只有回到生活世界才能得到现实的显现。生活世界的教育由于其直观的感性的丰富性，还成为我们作为"此在"（Dasein）在情感、意志、直觉等非理性方面的生长所必不可少的土壤，因为这些人格构成因素一般都与具体的情境和个体的行为直接关联。同样，真正有效的道德教育最终也必须体现为一种生活世界的教育，因为现实的伦理只能在社会生活中。黑格尔以辩证的方法揭示了道德的这一本质特征，他把伦理称作"真实的精神"（Der wahre Geist），并且说：

---

① 《韩诗外传》："孟子少时诵，其母方织，孟子辍然中止，乃复进……其母引刀裂其织，以此诫之。"
② J. 劳斯、朱静生：《胡塞尔的现象学与科学实在论》，《哲学译丛》1989年第3期。

"这道德意识一般是现实的和能动的，它在它的现实和行动中履行着义务。"① 他还指出了康德道德世界观的矛盾，把康德从抽象的"道德律令"出发的空洞说教称作"倒置"（Verstellung），认为道德的倒置必将导致伪善。② 看看现实中脱离生活的、空洞说教的学校道德教育，我们还会惊诧于那些擅长邀宠者伪善的"表现"吗？

生活世界的教育是一种奠基性的教育。科学世界的教育是随着人类理性力量发展到一定阶段而从生活世界的教育中分化出来的一种特殊形态，它是以生活世界的教育为基础的。任何人只要作为一个人在人类社会中生存，他就必须而且必然要首先接受生活世界的教育。他在生活世界中接受的教育，是他一切知识、情感、意志、能力等方面发展的前提，也是他接受科学世界的教育的前提。康德曾经说过："人只有依靠教育才能成为人。人完全是教育的结果。"③ 康德在这里所说的"教育"主要是指"道德陶冶"，他说："所谓教育系指保育（儿童的养育）、管束、训导和道德陶冶而言。"④ 在现代社会的语境中，我们应当对"人只有依靠教育才能成为人"这一命题作出新的诠释，这里的"教育"应该理解为"生活世界的教育"。"生活世界的教育"是人"成为人"的充分必要条件，这是生活世界的教育的奠基性的集中体现。在生活世界的教育中，把人导入社会生活，使人成为人的基本因素均已具备。一个目不识丁，不懂科学理论的文盲，可以依靠生活世界的教育获得适应

① 黑格尔：《精神现象学》下卷，贺麟、王玖兴译，北京：商务印书馆1979年版，第126页。
② 黑格尔：《精神现象学》下卷，贺麟、王玖兴译，北京：商务印书馆1979年版，第135页。
③ 康德：《论教育》，见任钟印：《世界教育名著通览》，武汉：湖北教育出版社1994年版，第499页。
④ 康德：《论教育》，见任钟印：《世界教育名著通览》，武汉：湖北教育出版社1994年版，第498页。

社会生活的基本能力。仅仅就"成为人"而言，缺少科学世界的教育不会对他产生根本的影响。我们很难想象一个人丝毫不接受生活世界的教育，只凭科学世界的教育而成为"人"，这样的"人"最多只能像一台计算机一样精确掌握各种抽象定义、规则，却不可能获得作为一个真正的"人"立于天地之间的能力。姑且不论情感、意志、直觉等非理性的人格因素——人在这一方面的发展显然是离不开生活世界的教育的，科学世界教育的特点就是培养人中立地、客观地、逻辑地认识世界，显然不是人的非理性方面发展的充分或者必要条件——即使是在知识方面，科学世界的教育也不能没有生活世界的教育的奠基。卢梭说："如果我们把人的知识分为两部分，一部分是所有的人共有的，另外一部分是学者们特有的，那么，把后者同前者一比，就显得是太渺小了。可是，我们是不大重视我们所获得的一般的知识的，因为它们是在不知不觉之中甚至是在未达到有理智的年龄以前获得的。"[①] 这种"所有的人共有的""一般的知识"正是生活世界的教育所赋予的，我们也称之为"常识"（common sense）。这类知识之所以重要，就在于它是奠基性的。哈贝马斯认为，"生活世界所具有的那种强烈而隐蔽的直接性奠定了任何一种知识模式的无法摆脱的基础"[②]。我们很难想象一个毫无关于水的感性经验的科学家却对"H$_2$O"具有丰富的真知。家庭教师让失明的海伦·凯勒伸手去感觉流动的水来教她认识水（water），如果她只教给海伦·凯勒水的分子结构、水的三种形态、水压等，那么这些僵死的科学知识永远也不会让海伦·凯勒真正认识水（water）。

就像舒茨（Alfred Schutz）和卢克曼（Thomas Luckmann）所说的那样："生活世界的知识储存是以多种方式与经验主体的境遇相关的，它

① 卢梭：《爱弥儿》上卷，李平沤译，北京：商务印书馆1978年版，第48页。
② 倪梁康：《现象学及其效应——胡塞尔与当代德国哲学》，北京：生活·读书·新知三联书店1994年版，第354页。

建立在先前实际经验的沉积基础上，这些先前的实际经验与主体的境遇紧密联系在一起。反之，每一实际的经验又按照知识储存的一系列类型及其关联被纳入主体流动的生活经验和个人经历之中。"① 这里的"知识"是一个宽泛的概念。个人与生活世界知识储存的这种关系是个体社会化的社会内在文化机制，而这种关系的中介环节就是生活世界的教育。正是通过与个人流动的、活生生的生活经验交织在一起的生活世界的教育，个体的生长与生活世界的知识储存才联系在一起，从而实现了贯穿个体生命全程的社会过程。我们不应该撇开生活世界的教育而颟顸笼统地谈人的社会化，因为个体发展的先天条件简单加上外部环境条件并不能必然地导致社会化，它们只是自然人转化为社会人的必要条件而不是充分条件，这里只存在自然人向社会人转化的潜在可能性，"个体发展从潜在的多种可能状态向现实发展的转化，个体与环境两种不同性质的因素真实发生相互作用，人对外界存在的摄取吸收（无论是精神性的，还是物质性的），都要通过发展个体的不同性质、不同水平的生命活动来实现"②。在生活世界中，发展个体的生命活动表现为人们在共同的社会生活过程中对人的发展资源的开发、占有和"消化"，表现为不断的生长，表现为生活世界的教育。

我们通过生活世界的教育实现人的社会化和个人化。使人"成为人"的过程不是一个抽象的理论过程，在这里，个人生长的经历总是同社会生活具体的、流动的情境紧密联系在一起。由于生活世界的"共在"性，个人在具体的社会生活情境中常常是以米德（George H.

---

① Alfred Schutz & Thomas Luckmann, *The Structures of the Life-World*, Northwestern University Press, 1973, pp. 99—100.

② 叶澜：《教育概论》，北京：人民教育出版社 1991 年版，第 226 页。

Mead)所说的"泛化的他人"① 的组成部分而存在的。以泛化的他人的形式，个人被卷入社会生活的过程，社会生活过程也被纳入个人流动着的生活经验和经历中，进而转化为个人的生长。即使个人在表面上暂时脱离了泛化他人的有组织的行动而独自处在一般生活情境中，由于过去经验，他也往往会在同生活情境的互动中持某种泛化的他人的态度，这使他时刻以社会中的人存在。如果个人沉浸在自己的内心世界或梦幻世界里，那么这种内心世界或梦幻世界作为过去生活经验的结果与折射也会在影响个人生长方面起到某种代偿作用。这两种暂时脱离要是被延长到一定时期后，个人的生长就会由于脱离生活世界的教育而出现停滞、退化和变态。除了"泛化的他人"形式外，个人也可以在更为简单的人际互动中实现社会化，因为对人来说生活世界始终是一个共在的世界，不过，"泛化的他人"是这一过程中的一个重要转折点。

生活世界的教育在个人与社会发展中的另一个重要作用是整合作用。由于生活世界的教育是每个人都必须和必然接受的奠基性的教育，这就使得在一定的共同"视域"（Horizont，又译为"地平圈""边缘域"）中的人总是受到基本相同的生活世界的教育，从而一定人群中的个人在人格生长方面就被赋予了基本的同一性。这个有着共同"视域"的人群可以是社会小群体，也可以是一个民族。因此，生活世界的教育的这种整合作用对社会结构有着双向的影响，一方面，不同地域、不同职业、不同阶层等由于各自成员所受的生活世界的教育不尽相同而分别整合成不同的社会群体；另一方面，从更大的范围来看，这些

---

① G. H. 米德说："这个有组织的共同体或社会群体使该个体的自我获得统一，可以称它为'泛化的他人'……就一个球队这样的社会群体而言，只要该球队作为一个有组织的过程或社会活动成为其任何一个个体成员的经验，它便是一个泛化的他人。"参阅乔治·H. 米德：《心灵、自我与社会》第 20 节，赵月瑟译，上海：上海译文出版社 1992 年版。

不同群体的成员所受到的更为基本的生活世界的教育又总是相同的，所以生活世界的教育又是整合不同社会群体的重要力量。极而言之，人类对地球上万事万物的感性经验基础是基本相同的，英美人对 water 的感性经验，同德国人对 Wasser、日本人对みず、中国人对水的感性经验都是基本相同的，尽管命名各不相同。所以，整个人类所受到的最基本的生活世界的教育存在着共同性，这才使得人类的相互理解成为可能，不同的文化之间才会存在可移译性。

关于生活世界的教育的内在构成，我们也可以从不同角度加以分析。根据表现形式和对人的生长所产生影响的不同，我们可以把生活世界的教育划分成日常的生活领域的教育和非日常的生活领域的教育，对生活世界教育的这两个亚领域，我们将在下一章专门论述；根据人们在教育活动中意识的自觉程度，我们可以将生活世界的教育大致划分成两大类型：默化和教化；根据生活世界教育内容的抽象水平，我们还可以划分出生活世界教育的两大层次：缄默的层次和常识概念的层次。

在生活世界的教育中，有相当一部分是在不知不觉的甚至是无意识的情况下进行的，我们把这类不自觉的教育叫作"默化"。在默化过程中，我们不仅没有意识到自己正在充当教育者和受教育者，而且对自己的行动所具有的教育意义也没有清晰的自觉。这些行动本身的直接目的往往并不在于促进我们的生长，但它们却对我们的生长有着极其深刻的影响。由于默化是在不自觉的和无意识的状态下进行的，它的影响可以直接进入我们的人格深层，也就是勒温（Kurt Lewin）所说的人格核心区（inner-personal region）的"外围单元（peripheral cells）"①，从而在奠定我们那些最基本的行为模式、行动风格和人格倾向的过程中起着不可忽视的作用。譬如：我们仅仅从步态上就可以区分出日本女子和中国女子，

---

① See Calvin S. Hall & Cardner Lindzey, *Theories of personality*, John Wiley & Sons, Inc. 1978, pp. 391—393.

这就是不同生活世界中的默化的不同结果。长期在农村生活的人往往说话的嗓门比长期生活在城市中的人要大，这也是不同生活世界的默化对人的生长的不同影响形成的。我们在这里借用"教化"这个词来指称生活世界的教育中自觉的、有目的的那部分。这里的"目的"是一种自在的、具体的目的，它不具备科学世界教育目的的自为性和普遍性，而是仍然处于生活世界的自然态度下，是一种不问其所以然的目的，因为在教化过程中，仍然是存在理性和情感、意志、直觉等非理性心理因素支配着人的行动。在教化过程中，参与教化活动的人的社会角色心理仍然是生活世界中的一般角色心理，他们并不以职业化的教育者和受教育者的角色参与活动。同时，教化过程的目的、内容和方法也没有系统化和制度化，人是在自然的生活态度下调节和控制着教化行动的。正因为教化活动的这些特质，我们指望把家庭教育科学化的理论愿望是一个不可能也不应该彻底实现的幻想。家庭教育品质的提高不能靠直接的科学化，而要通过教育科学理性逐步转化成生活世界的存在理性这一中介环节来实现，而这个转化的过程将是缓慢而漫长的。即使如此，作为一种教化过程的家庭教育永远也不可能完全置于科学理性的监控之下。教育科学的色盘里无法调制出生活世界的全部色彩。尽管如此，教化还是比默化更接近科学世界的教育，它是科学世界的教育从生活世界的教育内部产生并分化出来的直接前提。

胡塞尔在论述他的先验现象学的理论道路时，曾提出导向"真正的科学"的两个前提性步骤，即"缄默的、无概念的经验"和"代表性的、不确定的、最初的一般性"，"因而最终承受科学的经验就不再是一种缄默的、前概念的直观，而是现实的、具体的历史世界和它的文化构成"①。这恰好符合生活世界的教育的两层结构及其与科学世界的

① 伊索·凯恩：《论胡塞尔的"生活世界"》，载《文化：中国与世界》第2辑，北京：生活·读书·新知三联书店1987年版。

教育的承接关系。在生活世界教育的两层结构中，最基层的就是一种缄默的层次，这一层次的生活世界的教育给人的是一种"缄默的、无概念的经验"。例如：我们通过接受生活世界教育而获得的在日常人际互动的具体情境中对他人的表现作出恰当反应的经验就是一种缄默的、无概念的经验。这种情境实在是太复杂了。仅就互动中的面部表情而言，谁能通过概念化揭示出这些异常丰富的表情互动关系呢？正如德阿特（Colin De'Ath）所说的那样，"在经验性的语境中，存在着许多'具体范例'（concrete exemplars），非正式学习者习得的词汇显得更加有限"①。我们对此类复杂的生活情境的理解和表述只能达到"具体范例"的水平，因而也无法借助概念来传授这些情境中的经验，一切只能借助于缄默层次的生活世界教育来传授和习得。所谓"只能意会，不可言传"。然而，生活世界的教育中并非不存在概念，否则，我们对生活世界的感知和理解就会处于完全零散的状态而无法用语言表达。不过，生活世界的教育所能教给人的只是一种常识概念，即关于那种"代表性的、不确定的、最初的一般性"的语言表达，它不需要精确的定义，内涵和外延也不像科学概念那样有严格限定，并且还包含着生活感受的主观相对性。实质上，这种常识概念只是对某一类事物的一般命名，用胡塞尔的话来说，这还不是"真正的和真实的概念"，它直接与我们的生活世界相关联。在爱斯基摩人的语言中，有很多专有名词用来表示各种特点，各种状况下的风、雪和海豹②，这可以很好地说明常识概念层次上生活世界教育的特点。在生活世界的教育中获得的常识概念，是我们学习科学概念的重要基础。

---

① Colin De'Ath, *Anthropological and Ecological Foundations of Lifelong Education*, See R. H. Dave, *Foundations of Lifelong Education*, Published for the UNESCO Institute for Education by Pergamon Press, 1976, p. 273.

② 王恩涌等：《文化地理学》，南京：江苏教育出版社 1995 年版，第 197 页。

四　科学世界的教育

科学世界的教育从生活世界的教育中产生并分化出来是一个很长、很复杂的演化过程。这个过程又是同科学世界孕育于生活世界并最终分化出来的过程是一致的。科学世界的教育以科学世界的形成为前提，并反过来促进科学世界的进化。

科学世界的教育的产生和分化独立过程可以在总体上分作两大阶段：前学校教育阶段和学校教育阶段。严格意义上的作为"有目的、有计划、有组织地进行系统教育的机构"的学校，是伴随着近代科学的产生而产生的，因此，"无论在哪一个国家，都是近代才开始设立学校。进入19世纪以后，才逐渐发达起来"[①]。在此之前的古代社会中，也已建立了具备教育功能的社会机构。在中国，"古之教者，家有塾，党有庠，术有序，国有学"[②]；在古印度，有吠陀学校、"古儒"学校和森林学校等；在古希腊有"学园"和修辞学校等[③]；在古代的亚述有"土板之家"[④] 等。然而，不仅在教育内容上这些机构的教育缺乏学校教育那样严密的系统性、计划性和组织性，而且就社会功能而言它们也不像学校那样主要担负教育任务，而是同时还作为宗教机构、政治机构

[①]　大河内一男等：《教育学的理论问题》，曲程等译，北京：教育科学出版社1984年版，第45页。

[②]　《礼记·学记》。孟宪承：《中国古代教育文选》，北京：人民教育出版社1985年版，第97页。

[③]　参阅戴本博：《外国教育史》上卷，第二至七章，北京：人民教育出版社1989年版。

[④]　日本筑波大学教育学研究会：《现代教育学基础》，钟启泉译，上海：上海教育出版社1986年版，第15页。

等承担多种社会功能。此外，古代教育机构与近代学校还有一个重要区别：古代教育机构重在提供一般教养，而近代学校重在进行知识教学。

尽管古代教育机构所提供的教育缺少近代学校教育的严密的系统性、计划性和组织性，但它毕竟是以作为抽象概念体系的理论为核心的，在这里，支配人的教育活动的是理论理性而不再是存在理性。当然，教育机构作为一个社会实体也不能脱离生活世界而存在于抽象的观念中，处在教育机构中的人也不可能摆脱生活世界这一存在根基，这里仍然存在着生活世界的教育，但就这些教育机构自觉地、有明确目的地提供的教育而言，它们已经属于科学世界的教育了。随着存在理性从主导地位的撤离和理论理性占据中心地位，人的教育活动发生了一系列内在的转变。首先是人在教育活动中的自然态度转变成了一种研究态度。这种态度的转变是同当时的哲学对人性的反思相一致的。"樊迟问仁。子曰：'爱人。'问知。子曰：'知人。'"① 认识人被看成是智慧的表现。孔子对自己的学生就很注意了解，他曾说过很多这方面的话："柴也愚，参也鲁，师也辟，由也喭。""德行：颜渊，闵子骞，冉伯牛，仲弓。言语：宰我，子贡。政事：冉有，季路。文学：子游，子夏。"② 娓娓道来，了如指掌，如数家珍。其次，与研究态度紧密联系在一起的是教育者开始自觉地讲求教育技艺的完善。了解人，是为了更好地教育人。人的教育活动本身也被置于这种研究态度之下。孔子对教育的对象、作用、目的、内容和方法等都有论述，并且总结出了启发教育、举一反三、因材施教、温故知新、以身作则等许多教育原则和方法。这种对教育活动的理论性反思，也是生活世界的教育中所没有的。第三，与

---

① 《论语·颜渊》。杨伯峻注《论语译注》，北京：中华书局 1980 年版，第 131页。对"知人"有不同注解，有的解作"智人"，即：使人有智慧。杨伯峻解作："善于鉴别人物。"有"知人善任"之意。此依杨注，作"了解人"理解。

② 《论语·先进》。杨伯峻：《论语译注》，北京：中华书局 1980 年版，第 110、115 页。

态度转变密切相关的还有一个重要转变，即：受教育者的客体化。这是生活世界的教育与科学世界的教育的重要分水岭。在生活世界的教育中，人是以自然的态度作为"在世界之中"的存在而存在的，这是一种天人合一、主客交融的存在状态，教育和生长是同一的。即使是在自觉的生活世界教育中，人也没有被置于科学（在古代作为知识总体）客观的理性目光之中。进入科学世界的教育领域之后，人的自然态度转变为研究态度，受教育者作为研究的对象在科学理论的客观目光注视之下变成了一个被认识、被改造的客体。即使在古代，哲学与各门具体科学尚未分化，这个知识总体也毕竟是一种抽象的理性产物，一种概念系统，生活世界的直观感性已被扬弃，"内在的本质被知性的解剖作用分析出来，进一步被理性的综合作用所把握"①。追寻客观真理的"求真"的精神已在这个知识总体中突出显现，所以，以此理性为核心的科学世界的教育也被赋予了客观冷峻的目光。然而，人的生长与一般自然物的运动变化（包括动植物、微生物的生命演化）终究有着本质的区别。科学世界的教育要实现对人的"改造"，最终仍然要通过人与人的主体际互动才能达成。

直观的生活世界教育不能告诉我们客观世界的普遍的必然性，在这种教育中，人总是在有限的"视域"中以一种自然的态度生长着，因为，就像黑格尔说过的那样，个别历史事件的真实性"所涉及的是个别的客观存在，是一种带有偶然性和武断性的内容，是这种内容的一些非必然的规定"，而科学事实则获得了"普遍理解的可能性"，科学世界的教育所传授的理性知识克服了个别性的局限，它是"向一切人提供的""能够经学习而成为一切人的所有物"②。随着人类交往范围的扩

① 萧焜焘：《科学认识史论》，南京：江苏人民出版社1995年版，第3页。
② 黑格尔：《精神现象学》上卷，贺麟、王玖兴译，北京：商务印书馆1979年版，第8、26页。

大和理性力量的不断联合与迅速扩张，科学世界的教育即成为必需和必然。直观的生活世界的教育所赋予人们的知识和能力尽管有着存在论意义上的同一性，但其在不同生活群体中所表现出的合法性上的可通约性是无法与科学世界的教育相比的。"三角形内角之和等于180°"这个命题在任何地方的欧氏几何学中都是公认的真理。

科学世界的教育是一种体系化的教育。这种教育从内容到形式都是作为社会体系的一个从属体系而发生和发展的，因而它扬弃了生活世界的教育的偶发性和离散性，表现出明显的目的性、结构性和有序性。就内容而言，科学世界的教育所传授的知识表现为抽象的概念系统，它向人们灌输的价值观念也从属于整个社会价值体系。在自然的、直观的生活世界的教育中，人们向他人表述的知识和价值观念总是带有主观的、个人的性质；而在科学世界的教育中，教师讲授的知识体系和价值体系不再仅仅属于他个人，而是属于他所从属其中的社会体系。这些知识和价值观念的传授一开始就具有明确的目的，这些目的实际上又总是从社会体系出发的，它表达的是社会体系运作与进化的需要，而不直接是个人生长的基本需要。就形式而言，科学世界的教育也表现出组织化和体系化的特质。科学世界的教育的产生直接以教师作为一种专门职业的出现为外在标志，而教师职业的出现作为一种分工又是社会体系分化的结果。科学世界的教育从一开始就是作为一种组织行为而在特殊的社群中进行的，它要求人将自己的人格与认知发展置于这一特殊社群所建立的计划和控制之下，并为个人的发展设计和提供预先规定了的体系化的程序与方法。近现代形成的学校教育是科学世界的教育在体系化上的完成，学校教育不仅对不同的人（无论这些人的自身需要、兴趣、先天资质和社会背景如何）提供同样的、预先套装好的一组组知识和价值，而且还要求这些人在同样的年龄，通过同样的步骤，以同样的方式学习这些套装的教育内容，进而它往往还像其他社会体系一样，对内运用纪律（这些纪律常常比法律还要苛刻一些），对外通过制造"只有教才导致最可靠的、最好的学"的神话，以维护这一体系自身的利益。①

科学世界的教育是一种技术化的教育。这种教育从生活世界的教育中分化出来的一个基本前提就是：人类的知识和技术已经积累到这样一种程度，它要求有一部分人来专门从事这些知识和技术的传授，并且不断改进教育技艺以提高传授效率。这种对教育技艺和效率的追求，反映了在科学世界的教育的初始阶段，即"前学校教育阶段"，前技术理性即已渗入人类的教育活动。在人类社会的合理化（rationalization）进程中，教育活动中的前技术理性逐步与技术理性联结起来，表现为教育在内容、形式、方法诸方面的技术化，以及与这种技术化相关联的技术理性的"文化霸权"（cultural hegemony）在教育领域的形成。"在社会现实中，不管有什么变化，人对人的统治都是把前技术的理性与技术的理性联结起来的历史连续体。"② 而教育领域中文化霸权的形成对人的发展的影响尤为深刻。在现代学校教育中，这种技术化更是渗透到了教育活动的几乎每一个方面。就内容而言，不仅科学技术是现代学校教育的核心内容，而且这些教育内容的内在组织结构和编排序列，也无不折射出技术理性的内在逻辑；学校教育活动的组织形式、方法和手段也是明显地遵循着技术理性的逻辑，尽管近年来的学校教育已表现出某种自觉的人性化的追求，但这种追求本身却依然在技术理性的逻辑规定之下，人们仍然指望通过非人格化的技术力量来建构新型的人性化的学校教育。在一定意义上讲，大规模、高效率的班级授课制下的学校教育正是在科学技术迅猛发展的背景下产生和发展的。学校教育应运而生的这种社会

① 参阅伊万·伊利奇：《非学校化社会》第三章，吴康宁译，台湾桂冠图书股份有限公司 1992 年版。
② 赫伯特·马尔库塞：《单向度的人》，张峰等译，重庆：重庆出版社 1988 年版，第 122 页。

历史基础本身就从根本上制约着学校教育，这决定了学校教育无法从根本上超越技术理性的逻辑。事实上我们也看到，学校教育正日益作为科学世界的教育在技术化上的完成形态而不断展现出自身独特的历史价值和人类学意义。从整个教育世界来说，科学世界的教育的技术化与生活世界的教育的人性化应当是互补的，而不是根本对立的。

科学世界的教育是一种课题化的教育。在生活世界里，教育是同维特根斯坦所谓的"生活形式"（Lebensform）直接融合一体的，因而它"既不是可推理的，也不是不可推理的。它就这样存在着——就像我们的生命"①。在这里，一切都是直观自明的。人们以一种自然的态度来对待教育，还没有把教育当作研究的对象。在科学世界的教育中，人在生活世界的教育中的那种自然的态度转化为一种研究的态度。在这种研究的态度下，教育内容及其组织结构、教育手段与方法、人的身心发展，以及教育活动本身等，都是作为课题而不断展开的。作为一种课题化了的教育活动，科学世界的教育从内容到形式和方法都不再是无待的、直接给予的，而是有待逻辑证明的。所有"在自然思维中最显而易见的事物一下子变成了神秘的东西"②，都必须作为研究对象来加以研究。在这里，教育原初所具有的生活旨趣转化为一种认识和探究的旨趣。科学世界的教育向人提供的知识不再是由生活本身直观地给予的，而是来自作为知识总体的科学（Wissenschaft）关于这个世界的观念的逻辑体系，是科学这种形式化的知识体系所包含的意义在观念上向人的展开。因此，这种知识以及这种知识的教育已经超越了生存的基本目的，它不满足于使人适应社会生活而在最基本的意义上"成为人"，而是直接以普遍的理性目的为内在动力；这种知识以及这种知识的教育的内在

① Ludwig Wittgenstein, *On Certainty*, Blakwell, 1969, p. 559.
② 胡塞尔：《现象学的观念》，倪梁康译，上海：上海译文出版社 1986 年版，第 21 页。

结构原则也超越了生活的自然秩序，从而以不同课题的形式附着于科学知识体系的框架。这里所说的科学知识体系同样包括关于人和人的教育的知识，也就是说，科学世界的教育在内容上的课题化大致决定了它在方法论上的课题化。在这里，人的身心发展、教育手段和方法、教育现象自身的逻辑，都是作为课题而被赋予意义的，并且是作为课题在人类追求自身本质力量的完善的理性道路上不断被探究，不断被完善着。关于理性的浪漫主义理想使人们相信："人类的可完善性事实上是无限的""教育和理性的传播，将会完成人类解放的事业"①。

　　科学世界的教育对人的发展的作用，在前学校教育阶段和学校教育阶段也是不尽相同的，这与指导教育的理性自身的分化与分裂是密切联系在一起的。在古希腊人那里，尽管原始的理性非理性的直接同一已经破裂，但无论是荷马时代还是亚里士多德时代，理性和非理性仍然处于一种直观辩证统一之中，并通过宇宙的、神的事物体现着理性的和谐。② 基督教哲学把理性安排在创造物之中，却仍然保持着理性与存在、理性与非理性之间的内在联系，"从那最崇高的、特出地安排在上帝之中的纯理解力开始，逐步下降，一直到理性的以及无理性的生物的最外部的边缘"，都作为存在和非存在体现着作为上帝之光的理性。③ 直到文艺复兴时期，理性与存在、理性与非理性之间还能保持某种对话。达·芬奇虽然十分强调只有通过数学证明的才是真正的科学，但是他也说："如果你说那些从头到尾都在理性中的科学才有真理性，那是

① Ian G. Barbour, *Issues in Science and Religion*, Prentice Hall, Inc. 1966, p. 64.

② 参阅冯玉珍：《理性的悲哀与欢乐——理性非理性批判》第四章，北京：人民出版社 1993 年版。

③ 爱留根纳：《论自然的区分》。见北京大学哲学系外国哲学史教研室：《西方哲学原著选读》上卷，北京：商务印书馆 1981 年版，第 237 页。

我们不能同意的①。"在这样一种统一理性的指导下，前学校教育阶段的科学世界的教育对人在理性方面发展的作用仍然是全面的（不管这种作用指向何方），并且对人的非理性发展也并不排斥。这时的各类教育机构都十分强调人的全面教养。在拉伯雷的笔下，高康大希望他的儿子庞大固埃成为"一个十全十美、毫无缺陷的人，不管在品行、道德、才智方面，还是在丰富的实际知识方面"②。古典教育的"教养"与现代教育的"教学"不仅在教育内容上存在着前者全面、后者专门的区别，而且在方法论上也表现出明显的区别：教养不仅像教学一样也讲求认知，而且还更加强调陶冶。正如雅斯贝尔斯所言，"具有知识并不就是教养，只有把精神的内在本质变成自己的东西才是教养"③。而这个"把精神的内在本质变成自己的东西"的过程，既需要理性的作用，也需要非理性的作用，它时时要回溯到生活世界的意志、直觉、顿悟和激情乃至无意识当中去，向生活世界的教育求助。因此，在前学校教育阶段，科学世界的教育并没有同生活世界的教育发生断裂。然而，自从笛卡尔开辟了被胡塞尔称作"客观主义的理性主义"的近代理性精神以来，理性本身发生了分裂，并在"科学理性"的语词中蜕变成一种"认知意志"（the will to know）。米歇尔·福柯（Michel Foucault）通过他的"科学理性考古学"揭示出与"现代性"伴随始终的"认知意志"是如何作为一种"排斥规则"在科学理性中发挥着权力作用的，它不仅压抑着非理性，而且对传统理性概念中的非认知的、超越的部分也采取排斥的态度。"它诱使思维满足于事实，拒绝超越事实，并且服从既

① 达·芬奇：《笔记》。见北京大学哲学系外国哲学史教研室：《西方哲学原著选读》上卷，北京：商务印书馆1981年版，第311页。
② 拉伯雷：《巨人传》上卷，上海：上海译文出版社1981年版，第270页。
③ 雅斯贝尔斯：《教育的哲学反思》第五章"对教养的考察"，陈武元译，载《外国高等教育资料》1995年第1—2期。

定的状况"①。对此，有的学者称之为"知性对理性的僭越"，认为"知性僭越理性也就是理性的失落。由此铸成了现代思维结构中感性—理性（实即知性）、现象—本质的二分模式，这是囿于现象界的模式。现代人遗忘了超越的一度和本体的一度……知性不仅排斥了理性，而且成为二分模式中压制感性的专制君主。"② 这种"认知意志"在现代学校教育中的统治就表现为教育的"知识中心主义"。学校教育阶段的科学世界的教育最突出的特点就是用"知道"取代了"教养"。这里的认知是对科学所追寻的那个数学化、理想化了的纯粹客观的"真理世界"的认知，所以，正如胡塞尔批评的那样，它排斥对"人生意义"之类问题的回答。于是，在与生活世界的教育发生断裂之后，科学世界的教育把自身的生活意义基础遗失了。这对现代人的生长产生了极其深刻的影响。

五　断裂、浮士德精神与现代拉皮塔（Laputa）

就其原初的和本质的意义而言，教育就是生活世界的一个侧度。人的社会生活本来就是一种建构性的活动，人在建构周围世界的同时也建构着自身。"人类的自我发展，是人的'生活活动'及其所创造的人的'生活世界'的全部意义。"③ 同样，生活世界的确也全面地蕴涵了人类自我发展的全部意义，它是人最根本的生长家园。科学世界的教育是生

---

① Herbert Marcuse, *Reason and Revolution: Hegel and the Rise of Social Theory*, New York, 1954, p. 27.

② 尤西林：《康德"理性"及其现代失落》。见湖北大学哲学研究所《德国哲学》编委会：《德国哲学》，北京：北京大学出版社 1990 年版，第 12—13 页。

③ 孙正聿：《寻找"意义"：哲学的生活价值》，载《中国社会科学》1996 年第 3 期。

活世界的教育本身分化的结果，从这个角度看，科学世界的教育在总体上又包含于生活世界的教育之中，只有回溯到生活世界的教育中去，科学世界的教育才能在人类丰富、全面的生活世界教育活动中被给予完整的意义。这种回溯是必要的，因为正如狄尔泰所言，"生命历程的关联只有通过生命各个部分对于整体的理解所具有的意义范畴才是可理解的，同样，人类生命的任何一个片段也只有这样才是可理解的"①。

然而，在人类教育活动的整个辩证发展历程中，我们时代的教育正处在一个由分化到分裂并转向整合的转折点上，整合的意志刚刚初露端倪。这个辩证历程的否定环节久远得可以一直追溯到理性非理性直接同一的原始智慧经过荷马时代的诗性智慧这一中介而走向分化的时代。教育在这个否定环节上呈现出一种由家乡世界和异乡世界组成的一般结构，这种一般结构的不同组成部分对人的发展的不同作用及其意义应当是相互联系的。

生活世界的教育主要赋予人们以适应社会生活所必需的基本知识，即生活常识。这里所说的"常识"不是一般的限于认知意义上的常识，而是在更加广泛的意义上指参与社会生活所必需的"常人能力"。常人能力的获得过程，也就是个人在生活世界的教育中得到了认知、情感、意志、直觉、价值观、信仰，以及生理等多维度的发展，从而作为一个正常人在生活世界中不断生长的过程。生活世界的教育不仅在理性方面，而且在非理性方面，多维度、全方位地促进人的发展，因为生活世界本身就不是单面的，而是多维度的，"这个对我存在的世界不只是纯事物世界，而且也以同样的直接性是价值世界、善的世界和实践的世界"②。在生活世界的教育中，社会生活对常人的要求、常人能力的发

① 转引自李超杰：《理解生命：狄尔泰哲学引论》，北京：中央编译出版社1994年版，第115页。
② 胡塞尔：《纯粹现象学通论》，李幼蒸译，北京：商务印书馆1992年版，第91页。

展和生活为这种能力发展提供的条件，这三个方面统一于生活世界的教育活动中。通过生活世界的教育，人由存在状态转向生存状态。这种教育活动是与"生活活动"融合一体的，正是在流动的"生活过程"中，人获得了各种基本的社会生活能力。然而，也正是这种"生活过程"本身不断要求人在理性方面取得新的更为长足的发展，这正是科学世界的教育分化独立的内在根据。

科学世界是一个由康德所说的"纯粹理性"（reine Vernuft）构筑的世界，纯粹理性的原则规定我们在这里永远不能求助于作为常识的"良知"（gemeiner Verstand）。① 科学世界的这种结构特性决定了科学世界的教育只能是人在理性方面的进一步自我发展，因为作为生活世界的抽象图景的科学世界无法为人的非理性方面的发展提供直观的、现实的和具体的条件。生活世界的东西在进入科学理性视域时，总是要经过理性之网的过滤，因此，科学世界中只有抽象的概念体系以及与概念体系相应的符号体系，它无法越过科学理性的逻辑而直接呈现具体的生活世界的场景。就人类非理性的三个层面来看，无论是认识论层面的直觉、灵感和顿悟，还是人性论层面的情感、意志和欲望，或者是意识论层面的无意识，它们的共同特征是非逻辑性、自发性、模糊性和直接性，其发生、发展是突然的、离散的、无统一固定规则的。② 由于非理性的这一系列特征，我们无法将人的非理性因素的发展纳入科学世界的教育所要求的技术化逻辑程序。现代学校教育试图通过人格主义态度的引入来强化自身对人在情感、意志、直觉等非理性方面发展的作用，以期提高学生的创造能力、培养完善人格。这种努力或许可以影响存在于学校生

---

① 参阅康德：《任何一种能够作为科学出现的未来形而上学导论》，庞景仁译，北京：商务印书馆1978年版。第166—168页。

② 参阅胡敏中：《理性的彼岸——人的非理性因素研究》第三章，北京：北京师范大学出版社1994年版。

活中的生活世界的教育对人的非理性发展的作用，但就以科学概念体系为核心的课程教学而言，这种科学世界的教育不可能直接介入人的非理性发展。科学世界的教育只能以影响人的理性发展为中介，间接地作用于人的非理性发展，这是它的作用阈限，也是它向生活世界的教育回溯的内在必然要求。

科学世界是人作理性进修的异乡世界，科学世界的教育把"非常识"的知识传授给人，从而使人的视域不断拓展到生活世界的地平圈之外。人的视域的这种拓展过程，同时也就是"非常识"的不断常识化和传统意义上的"常识"的不断消解过程。通过科学世界的教育的这种转化作用，当代的生活世界部分综合了前一时代的科学世界，并构成了当代科学世界的意义基础，而下一个时代的生活世界又必定是部分综合了当代科学世界的。在这个过程中，人的生活世界更加多姿多彩，人的本质力量不断得到扩张，人自身的发展也日益走向丰富、自由和全面。这样，在同质的、间断性的科学世界的教育与异质的、连续性的生活世界的教育之间就建立了一种本质的联系。

从本质上看，人的教育的家乡世界与异乡世界这种在自行组织和分化中产生出来的结构应当是一种协同耦合的结构。① 然而，由于理性的分裂以及对科学理性的盲目极端崇拜，现代教育的两大领域之间发生了断裂。一方面，现代人把派生的科学世界的教育当作"教育"本身，认为科学世界的教育就是人的全部教育，而那更为根本的生活世界的教育却不知不觉地被遗忘了；另一方面，现代的科学世界教育又表现出悲壮的"浮士德精神"，在这种教育中，人为了取得知识和对自然的权力（这种权力意志渗透到社会生活中又转化成对人的权力），放弃了对自身生命根本的关注，把自己的灵魂典当了出去。池田大作在同罗马俱乐

① 参阅赫尔曼·哈肯：《协同学：大自然构成的奥秘》，凌复华译，上海：上海译文出版社 1995 年版。

部创始人奥锐里欧·贝恰的对话中说："现代的教育过于偏重知识教育，忘记了作为一个人的基本生活态度和对待事物方法的教育。"① 其实，这不仅仅是个简单的"偏重"问题，而是"人的教育"之意义基础的遗忘。这里的"意义"不是指语言文字的所指，而是所谓"意愿的实践"（die Praxis des Wollens），也就是行为对人的价值。② 教育的意义在乎"成人"，把人导入社会生活，所谓"能定能应，夫是之谓成人"③。因此，教育的意义基础在生活世界中，科学世界的教育必须回溯到生活世界的教育，与生活世界的教育建立"意义"的联系，方能明白和实践自身对人的正确意义。马克思曾经说过："人不仅通过思维，而且以全部感觉在对象世界中肯定自己。"④ 人的一切存在与发展，都离不开现实的、活生生的社会生活这一感性基础。

　　现代教育的领域性断裂和意义基础的遗忘给现代人生存与发展的影响是极其深刻的。仿佛是伟大的预言或神秘的诅咒终于应验，取得理性的辉煌胜利的现代人蓦然回首，却发现人已身陷自己构筑的理性的空中岛屿，就像斯威夫特（Jonathan Swift）笔下的格列佛（Gulliver）身陷拉皮塔⑤一样。为这个现代拉皮塔提供悬浮力并为之导航的不是斯威夫特描写的那块大磁石，而是科学理性的新神话。现代人的拉皮塔之厄最深刻

---

① 池田大作、奥锐里欧·贝恰：《二十一世纪的警钟》（英文本：Before It Is Too Late），卞立强译，北京：中国国际广播出版社 1988 年版，第 152 页。
② 参考詹栋梁：《教育人类学理论》第十章，台湾五南图书出版公司 1989 年版。根据大陆语言习惯对其中译文有所修改。
③ 《荀子·劝学》。见孟宪承：《中国古代教育文选》，北京：人民教育出版社 1985 年版，第 85 页。
④ 马克思：《1844 年经济学哲学手稿》，北京：人民出版社 1985 年版，第 82 页。
⑤ 拉皮塔，英国讽刺作家斯威夫特在其 1726 年出版的 Gulliver's Travels 中描写的一个悬浮空中的岛屿。这个岛上的居民两只眼睛不是注视面前的人和物，而是一只深陷进去作内省状，另一只则永远凝视苍穹。他们终日从事异想天开的研究计划，连食物也是切成各种规则的几何图形。

的表现即在于直接影响人的生长的教育的非生活化和生活世界的非教育化。信仰危机、价值沦落、人的原子化，以及现代教育内部的道德教育软弱、课业负担过重等一系列问题，都是这一深刻危机的表象。譬如："课业负担过重"问题就是源于现代教育的"浮士德精神"和学校承担大量原属生活世界教育的任务所致。

　　人类在教育方面的拉皮塔之厄首先表现为"人的教育"与社会生活的疏离。在现代的语境中，"教育"（education）和"学校教育"（schooling）几乎已成为同义语。① 人们已习惯上将学校教育当作"教育"本身，即当作全部的"人的教育"。这是"人的教育"之意义基础的遗忘在社会意识及其表述中的体现。在这样的社会意识（social consciousness）支配之下，作为人从事教育这种社会行为（social action）的动因的实践理性（praktische Vernunft）②也要发生相应的变化，由于这种实践理性的引导，"教育"这种原本完整的人类学事实不知不觉地发生着领域性的断裂和萎缩。一方面，生活世界的教育由于被排斥在社会意识的自觉视域之外而逐渐呈现萎缩趋向，也就是前文所说的"生活世界的非教育化"，现代生活对人的教育功能明显萎缩了。这种萎缩突出表现在现代社会中生活世界的教育的无理化（irrationalized）。与整个现代社会系统的组织化、序列化趋向相反，现代社会中生活世界的教育却在结构上日益呈现出混沌与无序的特征。技术理性的文化霸权向生活世界的渗透并没有建立理性的统一秩序，反而逼出了非理性的社会思潮，"反抗"成了现代社会的一个基本的对话方式。只要你打开电脑进入互

① See *The Advanced Learner's Dictionary of Current English*, SCHOOLING: education. EDUCATION: systematic training and instruction (esp. of the young, in school, college, etc.).

② "所谓'实践理性'，是指实践主体的'意志'。'意志'是人的实践行为的动因。"见《中国大百科全书》哲学卷，第二册，北京：中国大百科全书出版社1985年版，第810页。

联网这个现代大众传媒的象征，领略一下多元价值观的五花八门的信息，你就可以体会到现代人的生活世界教育实际上是怎样的无序了。在现代意识中，教育是学校的事。另一方面，在现代社会里，由于"社会体系明确地突破了生活世界的视野，脱离了交往日常实践的先见"①，所以，作为社会体系的下属体系，科学世界的教育也表现出一种与个体生活世界相脱节的旨趣和趋向。尽管对"人"的呼唤不绝于耳，但科学世界的教育所关注的主要焦点却是那些关于宇宙物理和人性片段的抽象概念体系，而对现实的、感性的、活生生的人，它的逻辑语言无法表达现实人生缄默的意义。也就是说，由于其意义基础的遗忘，它已从生活世界的教育这一母体上断裂开来，成了一个理性的孤岛。这种萎缩和断裂必然带来"教育的非生活化"。现代教育在很大程度上已变异为一个由科学理性控制的"人类无土培植实验室"，一个人造的拉皮塔。作为人类生长根基的现实社会生活却从教育活动中逐步消退，成为教育活动的背景、脚注、画外音，直至归于沉寂。

其次是教育与社会生活的疏离所必然带来的教育与人本身的疏离。正如胡塞尔批判的那样，科学理性要求人们"小心排除一切作出价值判断的立场"，它只关心"物理和精神世界到底是怎样的"，而对"人生意义"这样的根本性问题却无话可说。② 在科学理性的纯客观目光的注视下，只有"人理"，却找不到人性，在这"人理"中，一部分是用分析"物理"的方法肢解人性而得出的支离破碎的抽象观念，另一部分则是真理、教条与想象的抽象混合物。现代的 Laputans ③都醉心于"为自己造出关于自己本身、关于自己是何物或应当成为何物的种种虚

① 哈贝马斯：《交往行动理论·第二卷——论功能主义理性批判》，洪佩郁等译，重庆：重庆出版社1994年版，第229页。
② 胡塞尔：《欧洲科学危机和超验现象学》，张庆熊译，上海：上海译文出版社1988年版，第6页。
③ Laputans，居住在拉皮塔的人们。

假观念"①，而对眼前现实存在着的"人"却视而不见。在那些抽象的"人"的观念的指导下，现代教育在疏远着马克思所说的"人的世界"的同时也疏远着马克思多次强调的"现实的人"②，因为"人并不是抽象的栖息在世界以外的东西。人就是人的世界"③。这种教育活动遵循着各种预先规定了的程序和预先套装的价值，对作为历史中的"这一个"的活生生的、有血有肉的、有理性、有激情、有个性、有独立意志的"现实的人"，它没有真正予以实际的重视。这种教育只关心要把人培养成何种类型的人——这些"类型"也是预先规定的抽象模式，却不关心每一个人独特的生长环境，不关心他们的内心潜藏着的愿望、热情等现实生命冲动所指的方向，一切活动都不准越出其规模化大生产的流程与逻辑。由于同具体主体生活世界的疏离，它的抽象技术逻辑决定了它不会追问自己：为什么要按照固定的模式培养这个人，这样做对这个人来说其意义与价值何在，以及这样做在其终极意义上是否"应该"？在这种教育的理性视域中已找不到"这个人"，"人"的现实内容被抽空了，剩下的只是一个游离丁现实生活世界的、形式化了的、影子般的"人"。只要它还没有回溯到自身在生活世界中的意义基础，即使它也呼唤人的个性、人的非理性的培养，其结果也至多是造出一批新的抽象模式和观念。

最后，教育与人的疏离直接导致了人与人自身的疏离，这是现代人的 Laputa 之厄的集中体现。教育的过程也就是人的生长过程，所以，一个时代的教育状况，往往决定着那个时代及其以后一段时期内的人的

① 马克思、恩格斯：《马克思恩格斯选集》第三卷，北京：人民出版社 1960 年版，第 15 页。
② 参阅杨金海：《人的存在论》第二章，南宁：广西人民出版社 1995 年版。
③ 马克思、恩格斯：《马克思恩格斯选集》第一卷，北京：人民出版社 1972 年版，第 1 页。

状况。正如雅斯贝尔斯所言："由于十九世纪的教育方法……人类对于那时候各种事物的丰富知识产生了一种情况，在这种情况下，人类似乎能够支配万有，而他自己则什么也不是。"① 这种教育给人以关于宇宙万物和人自身的分析性的抽象理性图景，同时却让人忘记了自身的现实的"存在"。黑格尔说："理念作为自然生命时所获得的实在因此就是具有现象的实在。"② "现象"（phenomenon）源于希腊文 φαινομενον, 意即显现者。以抽象的"人"的理念取代"现实的人"，就剥离了人的"现象"，也就是人的"存在"的"掩蔽"（verhullen）。人在对自身作为"此在"的存在的遗忘中被工具化。这种工具化在语言上的突出表现就是人把自己叫作"人力资源"，转而忘却了自己原来的指称其本质的真实姓名："人"。人在自己的教育活动中把自己"开发"成了"人力资源"。在现代教育中，人简单地采取了人在改造自然时所采取的态度，即单纯的主体改造客体的"君临态度"，却排斥了人在生活世界中"生存"所不可或缺的主体与主体之间的"交往态度"。这种君临态度把原本属于交往行为（kommulikative Handlungen）的教育活动变成了目的合理性行为（zweckrationale Handlungen），把教育由人发展自身的活动转变为一部分人改造另一部分人的活动，从而使得技术理性（工具理性）在现代教育中的统治地位合法化。与其他领域相比，技术理性在教育领域里成为一种占统治地位的权力意志对人生存的现实根基所形成的破坏最为直接，也最为深刻，因为教育直接引导着人按照它所提供的人的存在形象来实现人自身。因此，人类无论从哪个出口逃离科学理性的 Laputa，教育的变革都是一条必经的天梯。

　　在探寻教育变革的道路上，现代教育思想家们从来没有停止过前进

---

① 雅斯贝尔斯：《关于我的哲学》。见 W. 考夫曼：《存在主义》，陈鼓应等译，北京：商务印书馆 1987 年版，第 143 页。

② 黑格尔：《美学》第二卷，朱光潜译，北京：商务印书馆 1979 年版，第 156 页。

的步伐。进步主义者主张要把学校改造成儿童真正的生活场所，让儿童从这种生活中学习、生长；以伊利奇（I. Illich）、赖默（E. Reimer）等为代表的激进派教育思想家则干脆直接呼唤一种"非学校化社会"（deschooling society）的到来。这些教育变革理论有一个共同的逻辑基础，即它们对教育现象的划分都是形式上的，它们按照教育的外在组织形式把教育划分成"学校教育"与"非学校教育""制度化教育"与"非制度化教育"，或者"正规教育"与"非正规教育"等。这种形式上的分类视角限定了它们所主张的教育变革多指向外在的教育制度的变革，而较少触及教育精神的变革，这一点就连最激动人心的终身教育的思想也不例外。事实上，现代教育的危机并非仅仅是简单的制度问题，这种危机是一种更为根本的精神上的危机：现代教育在工具化的进程中由于领域性断裂而丧失了生活意义。

"生活世界的教育"与"科学世界的教育"是在纯粹理论意义上对教育的一种领域性划分，这种划分通过教育精神特质的分析，试图揭示现代教育危机之根本所在，从而也进一步昭示：只有首先在生活世界的教育与科学世界的教育这两大教育领域之间建立了意义的统一性，即为现代教育找回其生活意义的基础，在这样的前提下，制度上的教育变革才有可能成为某种实质性的变革。

统一的教育意义基础的建立将是一个十分复杂的社会过程，这个过程与现代社会克服断裂、通过整合达成文化平衡的过程是密切联系在一起的。"问题在于发现那些具有更大的平衡性、全面性和联系性的重新解释和体验这个世界的方式。这种整合包括摧毁那些按照专业、职业和社会阶层割裂我们意识的功能专门化中的重重屏障。其中一条就是意味着要建立这样一个意义世界，一个超越或根除那种认为教育即教师之所为、建筑即木工之所为、宗教即牧师之所为的观念的意义世界。"① 这并非意味着立刻消除社会分工，而是一条指向共同视域中的意义世界的道路，即回溯到"共在"的生活世界中去。科学世界的教育要注意其交往的一面，这是它回溯到生活世界的教育的重要通道；生活世界的教育也需要增强其理性的一面，在有序化的进程中逐步恢复生活世界的良性教育功能。相比之下，生活世界教育的有序化是一个更为复杂的过程，需要做进一步深入的探究。

总体上说，"教育应该是一种探索，使人理解人生的意义和目的，找到正确的生活方式"②。知识应当为人生服务，无论是生活世界的教育还是科学世界的教育，人都应该成为真正的目的。即使是在那些有关专门知识和特殊技能的职业训练中，或者在最抽象的知识教学中，教育也始终不能忘记它的根本使命：使人成为人。

---

① Donald W. Oliver & Kathleen Waldron Gershman, *Education, Modernity, and Fractured Meaning*, State University of New York Press, 1989, p. 29.

② 汤因比语。见汤因比、池田大作：《展望二十一世纪——汤因比与池田大作对话录》，荀春生等译，北京：国际文化出版公司 1985 年版，第 60 页。

第四章

生活世界教育的亚领域

本章逻辑线索：生活世界可以划分为日常的生活领域和非日常的生活领域——劳动（工作）是日常生活和非日常生活两个亚领域之间的界碑——生活世界的教育可以分为日常生活中的教育和非日常生活中的教育两个亚领域——个体通过日常生活中的教育达成社会化和个人化——个人通过非日常生活中的教育实现专门化和总体化——两个亚领域中的教育是个体再生产和社会再生产的辩证统一——人自身的优化是生活世界的一切优化的内在组成部分——教育是幸福生活的不可或缺之一维

现在让我们回到前一章的开头。如果狭义地理解奥列弗（Donald W. Oliver）的比喻，那么其中的"鱼"和"水"所隐射的应当就是"人"和它的"生活世界"。生活世界的教育与人的生长息息相关，它无时无刻不在极其深刻地影响着人的发展，并且这种影响为其他一切对人的影响奠定了隐蔽的然而却是决定性的、不可摆脱的基础。但是，这一领域中的教育现象却由于其先在的给予性而被人们视为理所当然，很少引起人们的反思，也很少吸引教育理论的理性的探究目光。我们或许可以说：生活世界教育领域的盲区是教育学发展史上最大的缺憾和最根本的障碍。

无论是对人的发展的当代处境来说，还是就教育这一人类学事实自身的演化或教育学理论的进步而言，对生活世界教育领域的探索，都具有重要的理论价值和实际意义。

一　生活世界的两个亚领域

在前一章里，我们把人的生长环境划分为"生活世界"和"科学世界"两个生长家园。这种较大尺度上的人的世界的一般结构又分别包含着许多亚领域，"在每一具体情境中，给予我的只是这个世界的一个特定片段，处于实际接触中的只是这个世界的一部分"①。因此，要真正厘清人的生长与这个世界的"家乡世界"和"异乡世界"一般结构之间的关系，还必须深入到这个世界的各种具体的亚领域中去。

实际上，就"人的世界"即人的生活世界这一总体视角而言，科学世界本身就是作为一个特殊的亚领域而包含于生活世界的。胡塞尔说："科学的世界……正如一切以某种目标为划分范围的世界一样，本身也属于生活世界。"② 因此，胡塞尔又把科学世界称作"原则上无法

---

① Alfred Schutz & Thomas Luckmann, *The Structures of the Life-World*, Northwestern University Press, 1973, p. 103.

② 胡塞尔:《胡塞尔全集》第 6 卷，第 460 页。转引自张庆熊:《熊十力的新唯识论与胡塞尔的现象学》，上海：上海人民出版社 1995 年版，第 120—121 页。

直观到的、'逻辑的'亚建筑"①。这个理论——逻辑的亚建筑从生活世界的总体中分化出来成为人的"异乡的"生长家园，其自身又分化出许多亚领域，从那科学的总的起源逐步分化出来的每一门具体学科，甚至某一研究者所关注的某一具体课题，都可以看作科学世界在各种层次上的各种特殊的亚领域。在这科学世界多层次的亚领域最高一层次划分中，我们把科学世界剖判为哲学（形而上学）领域和科学（实证科学）领域两大特殊世界，或者像波普尔（Karl Raimund Popper)在探讨"分界"问题时所做的那样，将其分为经验科学（物理、化学、天文、地质、生物、医学、技术科学）和非科学（数学、逻辑学、哲学、"形而上学"、方法论、假科学、神话、占星术、宗教等）两大领域。② 由这一层次开始，我们可以把科学世界的这两个亚领域分别逐层划分成更多的亚领域。由于科学世界这一从属"人的世界"的"亚建筑"的逻辑性，它的分化和演绎的逻辑进程易于为理性所解释与描述，与生活世界相比，科学世界各个层次上亚领域的边界也相对比较容易划定。库恩(Thomas S. Kuhn)把科学革命的历史诉诸科学共同体的承认和信仰③，实际上是揭示了科学工作者的生活世界中的非理性因素对科学世界演化历程的影响，就作为纯粹的"逻辑的亚建筑"的科学世界而言，科学的发展确如拉卡托斯（Lakatos Imre)所认为的可以"当作构成合理的进

---

① 胡塞尔：《欧洲科学的危机与先验现象学》第130页。转引自倪梁康：《现象学及其效应——胡塞尔与当代德国哲学》，北京：生活·读书·新知三联书店1994年版，第135页。

② 参阅邱仁宗：《科学方法和科学动力学——现代科学哲学概述》，北京：知识出版社1984年版，第38页。

③ See Thomas S. Kuhn, *The structure of scientific revolutions*, The University of Chicago Press, 1962.

步"而展现出来。① 作为符合理性的"逻各斯"（Logos）的"合理的进步"，科学世界的亚领域的分化演变进程及其谱系关系比生活世界的演化更易把握。我们可以看到，几乎每一门成熟科学都有自身清楚的发展历程的历史描述，而对生活世界的那些小尺度的亚领域的演进却少有清楚的探究。在这些少有的对生活世界亚领域的探究中，赫勒（Agnes Heller）的研究是较为系统和深入的一个。

尽管同样深受胡塞尔的影响，但赫勒还是把她自己的"日常生活批判理论"同舒茨等人的"生活世界的现象学"从总体上区别开来。她在其代表性著作《日常生活》的英文版序言中明确指出"'日常生活'不等同于'生活世界'"②。实际上，她和舒茨代表着对生活世界的进行亚领域分析的两种不同视角，在舒茨的现象学中，对生活世界的亚领域分析是同交织着人对世界的主观体验的"生平情境"（biographical situation）联系在一起的③；而赫勒却是首先以"人的再生产"为出发点展开她对日常生活世界的亚领域的批判性分析的。④ 赫勒的这个出发点正是我们所感兴趣的，因为我们对生活世界的亚领域分析，目的正在于揭示这些亚领域与人的生长之间的关系。不过，我们也不排除在微观尺度的分析中对舒茨的适当引用，对生活世界亚领域的这两种分析视角是互补的而不是对立的。

需要指出的是，在胡塞尔、舒茨、伯格（Peter L. Berger）、卢克曼

① Lakatos Imre, *Falsification and Methodology of Scientific Research Programmes*. See Lakatos Imre & A. Musgrave (eds.): *Criticism and the Growth of Knowledge*. Cambridge University Press, 1970, p. 93.
② 阿格妮丝·赫勒：《日常生活》，衣俊卿译，重庆：重庆出版社1990年版，第4—5页。
③ See Alfred Schutz & Thomas Luckmann, *The Structures of the Life-World*, Northwestern University Press, 1973.
④ 参阅阿格妮丝·赫勒：《日常生活》，衣俊卿译，重庆：重庆出版社1990年版。

等人的著作中，"生活世界"（Life-World）和"日常生活世界"（Everyday Life-World）往往是不加区别的。在胡塞尔的著作中，与"生活世界"（Lebenswelt）相关的词更多，如"周围世界"（Umwelt）、"生活的周围世界"（Lebensumwelt）等。① 在本文中，"日常生活"或"日常生活领域"（the daily realm of life-world）与"生活世界"的含义却是明显不同的。在这里，"日常生活"只涵盖了生活世界的一部分，特指生活世界的一个亚领域，即生活世界中的日常的领域；与它相对的概念不是"科学世界"，而是"非日常生活"（the non-daily realm of life-world），即生活世界中的非日常的领域。

"一般说来，日常生活代表着个体再生产领域，而非日常活动则构成社会再生产或类的再生产领域。"② 赫勒认为，"工作"是划分日常生活与非日常生活的一个关键范畴。正如"人"既指个人又指人类一样，"工作"这个词也具有双重意义，"一方面它指谓特定类型的日常活动，另一方面它指谓直接的类活动"③。按照赫勒的解释，马克思常用两个词来标明这种区别，即用"劳动"（labour）指称日常活动意义上的工作，而用"工作"（work）专指类本质对象化意义上的工作。这样，具有双重意义的"工作"范畴就成了一块天然的界碑。界碑的一面刻着"日常生活"，另一面则刻着"非日常生活"。对大多数人来说，工作是日常生活中不可逃避的部分。《圣经》上说："你必将终生辛苦劳作方得糊口。"④ 工作是个体再生产的前提，尽管有些人不工作，但他们可

---

① 参考倪梁康：《胡塞尔现象学概念通释》（暂定名）打印稿。P. Janssen："生活世界"条目。

② 衣俊卿：《日常交往与非日常交往》，载《哲学研究》1992 年第 10 期。

③ 阿格妮丝·赫勒：《日常生活》，衣俊卿译，重庆：重庆出版社 1990 年版，第 65 页。

④ "through painful toil you will eat of it , all the days of your life." See *Genesis, The Fall of Man, Holy Bible*, New International Version.

以不工作的原因却正在于其他人在工作中为他们创造了个体再生产的前提条件。然而，工作同时又是超越日常的直接类本质活动，是社会再生产和类的再生产的最基本的活动。"正是在改造对象世界中，人才真正地证明自己是类存在物。"① 在工作（劳动）中。"社会的个人"在再生产个体的同时再生产着人的社会和人的类。这样，"工作"由于其本质属性的这种二重性而将人的生活世界划分成日常生活和非日常生活两个紧密联系着的亚领域。

　　作为个体生存和再生产的各种活动和要素的总称，日常生活包含着三个构成层面：一是以个体生命延续为宗旨的日常生活资料的获取与消费活动；二是以日常语言为媒介，以血缘和天然情感为基础的交往活动；三是伴随着各种日常活动的日常观念活动。② 第一个构成层面主要包括作为日常活动的工作、个人交织着生物学和人类学意义的生命活动，以及种族繁衍活动等，所谓"衣食住行、饮食男女"。马克思和恩格斯在《德意志意识形态》中所揭示的作为人类生存和历史发展的三个前提性事实的社会活动的"三个方面"即处在这个最基本的社会生活层面上。"人们为了能够'创造历史'，必须能够生活。但是为了生活，首先就需要衣、食、住以及其他东西。"③ 在生活的生产过程中，人与人之间又发生了最基本的交往关系，用马克思和恩格斯的话来说，"生活的生产——无论是自己生活的生产（通过劳动）或他人生活的生产（通过生育）——立即表现为双重关系：一方面是自然关系，另一方面是社会关系"。④ 人与人之间这两方面最基本的交往关系就构成了

---

① 马克思：《1844 年经济学哲学手稿》，北京：人民出版社 1985 年版，第 54 页。

② 参阅衣俊卿：《日常交往与非日常交往》，《哲学研究》1992 年第 10 期。

③ 马克思、恩格斯：《马克思恩格斯全集》第 3 卷，北京：人民出版社 1960 年版，第 31 页。

④ 马克思、恩格斯：《马克思恩格斯全集》第 3 卷，北京：人民出版社 1960 年版，第 33 页。

日常生活的第二个层面。其中的第一方面关系主要是血缘关系和两性关系，第二方面关系主要是在作为日常活动的工作以及其他生命活动中结成的以天然情感为基础的人际交往关系，这种人际交往关系是非日常生活领域中更高层次社会关系得以发生和发展的基础。在日常生活的第三个层面上，作为前两个构成层面的结果，日常观念活动通过日常的工作和日常的交往对日常意识的再生产而体现为常识水平上的观念活动。反过来，这些常识水平上的观念活动又引导和支配着日常的工作和日常的交往。对个人的"生活的生产"而言，这些日常观念已经提供了足够的观念上的基本条件。

"非日常生活"是对那些旨在维持社会再生产或类的再生产的各种活动的总称。它有两个构成层面，其一是有组织的或大规模的社会活动层面；其二是自觉的人类精神生产和生活层面。[①] 这里需要廓清两条界线，即"日常生活"和"非日常生活"之间的界线，以及"非日常生活"和"科学世界"之间的界线。如果说前一条界线是"工作"的话，那么后一条界线就是"感知"。正如我们在前文所说的那样，"工作"由于其本质属性的二重性而成为"日常生活"和"非日常生活"之间的一块天然界碑，其作为个体再生产的日常活动的一面在日常生活领域中，而其作为社会或类的再生产的直接类本质活动的一面在非日常生活领域里。区分"非日常生活"这个生活世界的亚领域与"科学世界"的界限就在于生活世界的可直观性和科学世界的不可直观性。胡塞尔把"生活世界"称作"原则上可直观到的事物的总体"，而把"科学世界"叫作"原则上无法直观到的、'逻辑的'亚建筑"。[②] 譬如一个研

---

① 参阅衣俊卿：《日常交往与非日常交往》，《哲学研究》1992年第10期。为区别于"科学世界"，本文对"非日常生活"第二构成层面的界定与衣文有所不同。

② 胡塞尔：《欧洲科学的危机与先验现象学》第130、133页。转引自倪梁康：《现象学及其效应——胡塞尔与当代德国哲学》，北京：生活·读书·新知三联书店1994年版，第132、135页。

究欧氏几何的数学家，他所研究的经过数学抽象的、理想状态下的"点、线、面"在原则上是不可直接感知的，因而是科学世界里的东西，而他画在纸上的点、线、面却是实实在在可直接感知的——严格地说这些纸上的点、线、面与他所真正研究的那个抽象对象并不是一回事——因而是他的生活世界里的东西。从他通过这些关于点、线、面的研究工作可以从国王那里获得俸禄以维持生计的角度看，这些工作是他日常生活中不可或缺的有机部分；从人类精神生产的角度而言，他的工作又超越了日常性而成为非日常生活领域中的活动。因此，无论是在有组织的或大规模的社会活动层面上，还是在自觉的人类精神生产和生活的层面上，"非日常生活"都是这些现实的活动本身以及作为构成这些活动的要素的一切可感知事物的总称。同时，非日常生活的这两个层面的非日常性都表现为这样的特征，即人在这两个层面所进行的活动在本质属性上表现为直接的类本质活动。在第一个层面上，那些有组织的、大规模的政治、经济和社会文化活动，如社会化大生产、公众事务、公共教育、政党活动、社会革命等，都超越了个体的日常生活而直接表现为社会在人的类本质对象化活动中不断获得再生产的过程。对简单的个人来说，这些活动都不直接是其生活的生产的必要条件。但是，对一个分化了的复杂社会体系而言，这类活动却是社会生活再生产所必不可少的。在第二个层面上，人类自觉的精神生产活动，如科学研究、艺术创作和哲学思辨（思辨活动本身）等，更是明显地超越了个体的日常生活。这些远离日常生活的精神生产活动一开始就是社会体系分化的结果，而这种分化一旦发生，这些精神生产活动就成为人作为类的再生产所不可或缺的历史活动。在这种精神生产活动中，个人处在生活世界的"临界状态"，他一方面是存在于生活世界中的人，另一方面又处在科学世界中。但无论他所从事的精神生产活动多么抽象，他也不可能完全脱离日常生活，更不可能摆脱生活世界，因为"作为'劳动'，无论工作执行中所运用的意识的程度和知识的种类如何，他都总是日常生活的有机部分"①。这些活动本身总是精神生产者日常生活的组成部分，尽管就其个人的再生产而言他并不一定要从事这项工作，但他一旦选择了这项工作，这项工作就作为现实的活动嵌入了他的日常生活。

作为生活世界的两个亚领域，日常生活和非日常生活除了共有生活世界的特征外，还各自表现出一系列不同的特性。

日常生活的特性就在于它的自发性、重复性和习惯性。赫勒认为："'自在的'类本质对象化的共同特性构成日常生活—活动的基础，并为它的构建提供框架。"② 因为日常生活中的人与从事科学、艺术、哲学等"自为的"类本质活动的个体不同，他还没有同类本质形成自觉的关系，而是同类本质处于自在的、缄默的关系之中。对个体来说，整个日常生活结构与图式是自在地给定的，在这种自在地给定的活动结构和图式中，他每天在日常生活领域所进行的活动都是自然而然地发生的。与这种自发性相联系，日常生活中人的活动作为"'自在的'类本质活动是重复的活动"③。在赫勒看来，日常生活的主要特征在于一些同质图式（归类模式）支配着异质行为的极为宽泛的范围，"借助这些图式，个人管理和安排他所从事或决定要从事的一切，以及他那里所发生的一切和他所发现自己置身于其中的一切情况；他以这样的方式来从事这些以便能部分地或全部地使这些经验同他'业已习惯'的东西相

① 阿格妮丝·赫勒：《日常生活》，衣俊卿译，重庆：重庆出版社1990年版，第75页。
② 阿格妮丝·赫勒：《日常生活》，衣俊卿译，重庆：重庆出版社1990年版，第143页。
③ 阿格妮斯·赫勒：《日常生活》，衣俊卿译，重庆：重庆出版社1990年版，第144页。

吻合"①。因此，日常生活的结构和图式本身就具有一种抵御改变的惰性，这种惰性表现为双重特性：日常生活活动本身的重复性和人在日常生活中的行为的习惯性。一方面，在生活的给定时期，我们的日常生活以"每一天都发生"的方式无条件地持续着；另一方面，要成功地应付日常生活的异质活动，我们就必须能够按照一定的"秩序"和"规则"行事，而这些规则和秩序是由社会一般的或特殊的习惯系统所提供的。实际上，"成为习惯"本身就一方面意味着重复性活动模式的形成，另一方面又意味着某种类型的活动对我们来说已成为自然而然的。所以，"迄今为止的日常生活是传统文化的寓所"②。

相对于日常生活而言，非日常生活的主要特性即在于它的自觉性、流变性和创造性。人在非日常生活领域中通过"自为的"类本质对象化活动与类本质建立了自觉的联系。"自为的"，在这里意味着人的类本质的自觉展开。在非日常生活中，尽管个人在作为生活的活动中仍然保持着生活世界的自然态度，但支配这些活动的意识已经达到了自觉的水平，并且在非日常生活的第二个层面上，自觉的程度已经使人处在由自然态度向研究态度转变的"临界点"上。作为职业生活，精神生产者是以生活的自然态度对待自己的工作的；而在他的工作过程中，他又显然是以研究的态度对待其工作对象的。黑格尔说："作为否定的东西的自身联系就是自为存在着的东西。"③ 因此，作为"自为的"类本质对象化的非日常生活表现出与日常生活的惰性根本不同的否定和批判精神。在非日常生活领域，人们不是像在日常生活中那样循规蹈矩，而是

---

① 阿格妮丝·赫勒：《日常生活》，衣俊卿译，重庆：重庆出版社1990年版，第178页。
② 衣俊卿：《现代化与日常生活批判——人自身现代化的文化透视》，哈尔滨：黑龙江教育出版社1994年版，第34页。
③ 黑格尔：《小逻辑》，贺麟译，北京：商务印书馆1980年版，第211页。

处处求新求异，从而表现为非日常生活的流变性和创造性。在人类历史的演化进程中，非日常生活总是人的生活的发展与创造的前沿领域。

生活世界的两个亚领域的不同本质属性和表现特征，决定了他们在人的生长过程中具有各自不同的作用。

二　日常生活中的教育

赫勒在她的《日常生活》中把"日常生活"界定为"那些同时使社会再生产成为可能的个体再生产要素的集合"①。这个定义表达了"日常生活"的两层含义：一是个人在日常生活中不断再生产出个体自身；二是这种个体的再生产构成了社会再生产的基础。这两个方面统一起来可以说明，"日常生活"一开始就是作为人的最基本的生长环境以及人在这种环境中的生长（生命活动）而被定义的。因此，日常生活先天地就是对人的最基本的教育。

日常生活中的教育首先是凭借了日常生活的习惯系统得以实现的。杜威把"经验的连续性"（experiential continuum）作为其教育经验哲学的一个重要原则，并且认为"经验的连续性原则是以习惯的事实作为基础的"②。正是以习惯为中介，过去的经验影响着现在经历着这种经验的人，而这种对人的影响又必然会不同程度地作为人的生长结果而对以后的经验产生影响。日常生活的习惯系统之所以能够影响人的生长，其原因就在于习惯系统具有这样一种一般原则，即"习惯建构的'传

---

① 阿格妮丝·赫勒：《日常生活》，衣俊卿译，重庆：重庆出版社1990年版，第3页。

② 约翰·杜威：《我们怎样思维·经验与教育》，姜文闵译，北京：人民教育出版社1991年版，第260页。

染'性质","习惯帮助人设法达到人的行为的复杂结构,它为日常生活提供了框架和形式(常常在内涵上是美学的或道德的),这些因素导致了习惯的大量增生"①。我们要成功地应付日常生活的异质活动,就必须掌握这些框架和形式,从而按照一定社群的习惯系统所提供的节奏、秩序和规则融入日常生活。斯金纳(B. F. Skinner)用所谓"教育的相倚联系"解释习惯习得的社会原因,认为"在行为的令人讨厌的性质和行为的与团体标准不一致的性质之间存在着一种经常的联系",因此,一致的行为会受到赞许强化,而不一致行为则会受到批评和抑制,并且"随着个体达到了同行为的标准模式的一致,他自己也会支持这种模式,并对其他人的行为应用相似的分类……因此,一旦一种习惯、生活方式已经出现,社会系统似乎就会合理地自我维持它"②。所以,日常生活中的教育总是同一定社会群体的文化模式和社会习俗紧密联系在一起,表现出明显的传统性。在不同民族或不同地区,由于文化传统的差异,其日常生活中教育的内容和形式都表现出相应的差异。

本尼迪克特(Ruth Benedict)说:"个体生活的历史中,首要的就是对他所属的那个社群传统上手把手传下来的那些模式和准则的适应。落地伊始,社群的习俗便开始塑造他的经验和行为。"③ 文化人类学用"濡化"(enculturation,又译"文化化")概念来表达这种塑造的过程。可以说,濡化是习惯系统在日常生活教育中发挥教育作用的具体形式。正是在这种意义上,有些学者认为"文化化与教化或社会化是同一个

---

① 阿格妮丝·赫勒:《日常生活》,衣俊卿译,重庆:重庆出版社1990年版,第168页。

② B. F. 斯金纳:《科学与人类行为》,谭力海等译,北京:华夏出版社1989版,第389—392页。

③ 露丝·本尼迪克特:《文化模式》,王炜等译,北京:生活·读书·新知三联书店1988年版,第5页。

意思"①。濡化可以是自觉的，也可以是不自觉的，并且在大多数情况下濡化都是在日常生活中自发地进行的。例如，我们日常起居的方式和节奏就是自幼一直在一定社群中耳濡目染而不断形成的。这个过程多数情况下是自发的，但有时儿童也会在"为了养成良好生活习惯"的目的下受到成人自觉的训练。濡化的基本方式及其特征就是重复。"有秩序、有惯例的文化产生重复，这被称为习惯。"② 如果某一社群的文化处于动荡和混乱之中，那么它的日常生活对其成员的教育作用也会受到削弱。出于文化自我保存的需要，像吉普赛人流浪群体那样的生活环境多变的社群，其习惯体系对个体成员的约束力也表现出更多的强制性和严厉性。

习惯有个人习惯和社群习惯之分。社群习惯是在一定社会群体中沿袭既久的风俗、礼仪、惯例等；个人习惯是个体在自身的生活实践中接受日常生活教育而形成的，作为濡化的结果它是社群习惯体系的现实体现，作为个人日常生活框架中的调节规则体系它又表现出个体的个人性格。③ 一方面，个人习惯体系和社群习惯的对象化体系之间的关系都是唯一的，"没有两个人占有完全相同的个人习惯结构体系"；另一方面，"'个人的'在这里很少意味着'不为别人所实践'"，它仍然通过人际互动而影响着他人。④ 所以，人际互动是习惯系统在日常生活的教育中发挥作用的重要现实途径，在日常生活的教育中，个人并不是全然被

① J. R. 坎托：《文化心理学》，王亚南等译，昆明：云南人民出版社 1991 年版，第 248 页。

② 威廉·费尔丁·奥格本：《社会变迁——关于文化和先天的本质》，王晓毅等译，杭州：浙江人民出版社 1989 年版，第 96 页。

③ 参考周文彰：《狡黠的心灵——主体认识图式概论》，北京：中国人民大学出版社 1991 年版，第 173 页。

④ 阿格妮丝·赫勒：《日常生活》，衣俊卿译，重庆：重庆出版社 1990 年版，第 169 页。

动地直接接受社会群体抽象的习惯体系的熏染，而是在现实人际互动中既接受社会群体中其他成员的影响同时又影响着其他成员。个体的日常生活教育因而就是一个能动的过程，在这个积极的卷入过程中，社群习惯成为我们性格的有机部分，同时体现我们个性的个人习惯又不断为日常生活的习惯体系做出新的贡献。这使得日常生活中的教育在重复性的形式下时时展现着新的生机。

其次，日常生活中的教育主要是在人们的日常交往活动中得以实现的。所谓"日常交往"，就是人们在日常生活中"以日常语言为媒介、以血缘和天然情感为基础的交往活动"①。在日常生活教育中，日常语言是主要的形式性工具客体。② "日常语言具有某种模糊性、多义性，然而，一旦它进入一个具体的语言情境，它的意义却由此确定了下来。"③ 日常语言强烈的情境依赖性表明它本身就是日常生活不可分割的有机组成部分，是影响人的生长的一种特殊环境。列维-斯特劳斯在《苦闷的热带》中写道："谁要讨论人，谁就要讨论语言，而要讨论语言，就要讨论社会。"④ 日常语言是联系人与生活世界的一根脐带，是人从生活世界中开发、占有和"消化"人的发展资源所不可缺少的教育工具。日常语言的模糊性和多义性恰好适应了包括日常生活中的教育活动在内的生活世界教育的丰富性和主观相对性的需要。生活世界的多姿多彩决定了人关于这个世界经验的多样性，而经验的多样性又决定了日常语言的模糊性和多义性，以便用较少的语词表达多种多样且变动不居的意义。在这里，作为教育过程中形式性工具客体所表述的直接的对象性教育客体是人对这个世界的经验。"语言将共有的经验客观化并使

① 衣俊卿：《日常交往与非日常交往》，《哲学研究》1992 年第 10 期。

② 参阅"绪论"中关于"工具性教育客体"的论述。

③ 刘放桐等：《现代西方哲学》上册，北京：人民出版社 1990 年版，第 413 页。

④ 转引自尚志英：《寻找家园——多维视野中的维特根斯坦语言哲学》，北京：人民出版社 1992 年版，第 188 页。

它们在整个语言共同体中获得有效性，因此，语言在成为集体知识储存的基础的同时也成为这种知识储存的工具。此外，语言还为新经验的客观化提供手段。"① 在日常生活中，这种"知识储存"表现为常识。日常生活中的教育过程在一定意义上即是个体在日常交往活动中对常识的提取、同化从而不断生成个体人格和认知图式的过程，在这个过程中自始至终交织着日常语言的运用。事实上，对语言的掌握和运用本身就是日常生活中的教育的一项重要内容，也正由于我们运用语言的能力是通过日常生活中的教育获得的，所以我们才能够在无意识水平上自如地运用语言而不必对语言的音位、词法和句法时刻保持自觉。"这种无意识的现象，在我们了解了我们语言的语法或音位学之后还会存在。因为这种了解是学者的特权，而事实上语言却只能作为一种集体的构造生存和发展，即使学者的语言学知识也总是同他作为说话者的经验脱节的。"② 这也可以解释为什么通过科学世界的教育学习语言比较困难。

语言与交往活动是直接同一的。如果说"语言是思想的直接现实"③，那么交往活动就是语言的直接现实，语音、语法和文字只是语言的形式和外壳，所以日常语言学派的代表之一奥斯汀（John Langshaw Austin）说："说话即行事"（saying something is doing something）④，强调语言的行为性。海德格尔也用"语言言说"来回答"什么是语言本身"

① Peter L. Berger & Thomas Luckmann, *The Social Construction of Reality*, Doubleday & Company, Inc. 1966, p. 68.
② 克洛德·莱维-斯特劳斯：《结构人类学》，谢维扬等译，上海：上海译文出版社1995年版，第60页。
③ 马克思、恩格斯：《马克思恩格斯全集》第3卷，北京：人民出版社1960年版，第525页。
④ 参阅周昌忠：《西方现代语言哲学》，上海：上海人民出版社1992年版，第324页。

的问题。① 日常生活中的教育以日常语言为形式性工具客体，也必然地以日常交往活动为这种教育活动的具体行为形式。日常交往活动又总是以血缘和天然情感为基础的。所以，血缘关系和情感关系是日常生活中教育主体际交往关系的基质，其中情感关系是一种更具普遍性的基质，血缘关系中也总是弥漫着天然的情感。"我们的日常判断或见解即使没有情感内涵，也总是具有情感伴随物。"② 作为日常意识的表达，日常言语也总是或多或少地包含和伴随着一定的情感意义和情绪色彩。因此，情感基质是日常生活中的教育活动所无法摆脱的。这也可以解释上一章中的那个例子：受过教育科学专业训练的父亲或母亲，看到自己的孩子考试得了个"鸭蛋"回家，很少会毫不动情地来一番理性的"教育科学操作"。由于日常接触中"角色隔离"③ 的作用，即使这位父亲或母亲是一位专业的教育工作者，他此时的教育活动也是限定在日常生活教育的亚领域中，因而其教育活动无法摆脱情感基质。要是上述情境发生在他的专业工作中，那么他就会面对"角色冲突"的窘境。

日常生活中的教育无法摆脱其情感基质对人类的生长来说是件值得庆幸的事。可以说，正是由于日常生活中的教育总是包含了情感的基质，我们的孩子才不至于成长为冷酷的"机器人"——天然的情感是在社会生活中生成的，任何先天的腺体都不能成为天然情感的充分条件，任何高明的关于情感的科学知识的传授或者以这类知识为指导的情感反应训练（如演员表演训练），也不可能培养出真正的情感。这里的"天然"是相对于"社会情感"（如道德情感、阶级情感等）而言的，

---

① M.海德格尔：《诗·语言·思》，彭富春译，北京：文化艺术出版社1991年版，第166页。

② 阿格妮丝·赫勒：《日常生活》，衣俊卿译，重庆：重庆出版社1990年版，第171页。

③ 参阅欧文·戈夫曼：《日常接触》，徐江敏等译，北京：华夏出版社1990年版，第77页。

少有"先天"之意。① 仅此一点，我们即有充足理由反对科学理性对家庭教育等日常生活教育活动的渗透，这里必须有一个能够达成理性非理性统一的转换中介，以便其"转变为自在的、可经验的、可自发运用的图式"②。事实上，在这一亚领域中任何直接的科学理性渗透都会以不同形式在不同程度上激起非理性的骚动和反抗。日常生活中的教育是无法摆脱其情感基质的，因为它以日常交往为前提，而情感的表达又是人类在日常人际互动中的第一交往手段。早在婴儿期，情感的表达（如哭、笑、怒等）就作为婴儿影响其看护者行为的重要交往手段而在其早期社会性发展中起着十分重要的作用。③ 从个体的社会性发展来看，日常生活中的教育不仅在个体的情感发展过程中起着决定性的作用，而且个体人格的其他非理性因素的发展也主要是通过日常生活中的教育实现的。

最后，凭借日常生活资料的获取与消费活动，日常生活中的教育成为人开发资生资源④促进人的生命发展的主要活动。尽管物质生活资料的生产作为"自为的"类本质的对象化活动属于非日常生活领域，但它作为"劳动"意义上的"工作"又是"自在的"类本质的对象化活动，其现实的"履行"是日常生活的有机部分。⑤ 同时，衣食住行等物质生活资料的消费活动，即资生资源的占有和"消化"，又总是在日常生活领域内进行的。一般人不把这些活动看作教育活动，卢梭在《爱

① 参阅胡敏中：《理性的彼岸——人的非理性因素研究》，北京：北京师范大学出版社 1994 版，第 127—132 页。

② 衣俊卿：《现代化与日常生活批判——人自身现代化的文化透视》，哈尔滨：黑龙江教育出版社 1994 年版，第 55 页。

③ See David R. Shaffer, *Social and Personality Development*, Second Edition, Brooks/Cole Publishing Company, 1988, pp. 107—108.

④ 参阅"绪论"中关于"人的发展资源"的论述。

⑤ 参阅阿格妮丝·赫勒：《日常生活》，衣俊卿译，重庆：重庆出版社 1990 年版，第 65 页。

弥儿》中称这种活动为"自然的教育",并且在第一卷中即以较大篇幅论述儿童的养育对其生命发展的影响。① 泛教育理论承认这些活动是教育活动,并且认为这些教育活动是"人的教育"的基础之基础,因为人的生命发展是其他方面发展的前提。而这教育的基础之基础正是在日常生活领域中,表现为日常生活中的教育的一个重要方面。实际上,卢梭笔下的爱弥儿受到的教育大部分是日常生活中的教育,这也是符合人的教育的实际情况的。与日常生活中的教育相比,人在非日常生活领域或科学世界中所受到的教育只是很小一部分。

日常生活中的教育作为生活世界教育的一个亚领域所表现出的特征主要有:传统性、自在性和异质性。

"传统性"在这里意味着沿袭、重复,同时也意味着延续和变迁。总体上说,教育主要是保存传统的,因为"教育即传授,而传授意味着延传某些已经获致的东西"②。相比之下,日常生活中的教育的传统性更为突出,因为传统主要是通过日常生活中的教育得以延续的,并且日常生活中的教育本身就是传统的一部分,它是作为传统的一种内在机制而在传统的承传和变迁中发挥作用。正因为它是传统的一种内在机制,所以同科学世界的教育或非日常生活中的教育相比,无论是在内容上还是在形式上,日常生活中的教育都更为典型地反映着不同民族的文化差异。日常生活中的教育的传统性首先表现在它同日常生活的习惯体系之间的紧密联系中。按照波普诺(David Popenoe)的观点,社会习惯和风俗指的是同一种"规范"(norm)。③ 一个人之所以能够融入某个社会的传统风俗中去,或者说这个社会日常生活的习惯体系之所以会转化

---

① 参阅卢梭:《爱弥儿》上卷,李平沤译,北京:商务印书馆 1978 年版,第 7—62 页。

② E. 希尔斯:《论传统》,傅铿等译,上海:上海人民出版社 1991 年版,第 240 页。

③ See David Popenoe, *Sociology*, the 8th edition, Prentice-Hall, Inc. 1991, p. 66.

为他个人的习惯并成为其人格的一部分，这都完全是日常生活中的教育的结果。譬如：中国人执筷进食的习惯就是自小在日常生活中接受教育而形成的，其中有模仿，有成人的指导和训练，也有自己主动的练习。实际上，不仅这种细小的行为习惯，而且我们人格构成中后天生成的那部分，像思维方式、情感表达方式、待人接物方式等，也都主要是日常生活中的教育的结果。从一定意义上讲，日常生活中的教育和习惯体系本身就是统一一体的，正是在社会习惯体系的约束下，经过日常生活活动中无数次的重复，社会传统才渗透于我们的喜怒哀乐、举手投足。"事实上，教育的基本功能之一就是重复，向每一代人重复前一代人从祖先那里继承下来的知识。"① 其次，日常生活中的教育的传统性还表现在它本身也是社会传统的一部分，并且从内容到形式都泛着传统的古铜色。我们甚至可以说，日常生活中的教育方式最能典型地反映一个民族的文化传统。《朱子家训》首句："黎明即起，洒扫庭除，要内外整洁；既昏便息，关锁门户，必亲自检点。"② 这句话所反映的朱柏庐的家教内容和方法，就既渗透了儒家的"修身齐家"思想，又蕴涵着道家的"道法自然"的思想和释家"神通并妙用，运水与搬柴"的修身悟道之法。如今的中国孩子所以受着严格的"家教"，又何尝不是源于"昔孟母，择邻处，子不学，断机杼"的楷模、"窦燕山，有义方，教五子，名俱扬"的诱惑，乃至"养不教，父之过，教不严，师之惰"的压力呢？最后，日常生活中的教育的传统性直接通过它在文化承传与变迁中的作用表现出来。日常生活中的教育是人通过代际影响保存传统文化的最主要手段。一个民族如果存有敬老的习俗，那么它的日常生活教育中必定包含着这方面的内容，只靠科学世界的教育或非日常生活中

---

① Edgar Faure, et al., *Learning to be*, Unesco, Paris, 1972, p. 57.
② 朱用纯：《朱子家训》。见"蒙学经典"《三字经·千字文·朱子家训·幼学琼林》，北京：经济日报出版社 1995 年版，第 112 页。

的教育，是很难成功地保存这一传统的。日常生活中的教育是直接同习惯体系联系在一起的，这里的变迁十分缓慢，往往要通过代际更迭的方式来实现变迁。"教育增加了习惯的力量"，甚至是习惯形成与延续的主要手段，而"习惯是文化惯性的结果，也是文化惯性的原因"①。日常生活中的教育的传统性与科学世界的教育常常表现出的在知识和观念上的前锋性形成了鲜明对照。用道金斯（Richard Dawkings）的生物学眼光来看，日常生活中的教育就是他所发现或发明的神秘的"觅母"（Meme）。②

　　赫勒认为，日常生活是"占有'自在的'类本质对象化的最典型的领域"③，因此，日常生活领域中的教育活动也是一种占有"自在的"类本质的活动，并由此表现出自在性的特性。"自在"（an sich sein）或"自在（之物）"（Ansichsein）在黑格尔那里是指自身所包含的对立面尚未发展和显露的绝对理念发展阶段，表现为存在本身及其客观性。这个词在马克思的哲学中又引申出"自发"之意，如"自在阶级"。我们说日常生活中的教育具有自在性的特性，正是就它作为教育活动主要还是一种自发的、在自然的状态下现实地存在着的教育活动而言的。④ 这些活动的直接目的往往并不在于教育，即令它是直接以教育人为目的的，这种目的一般也是文化赋予的、通过活动体现出来的自在的目的，而非

---

① 威廉·费尔丁·奥格本：《社会变迁——关于文化和先天的本质》，王晓毅等译，杭州：浙江人民出版社1989年版，第97—98页。
② 参阅R.道金斯：《觅母：新的复制基因》。见庄锡昌等：《多维视野中的文化理论》，杭州：浙江人民出版社1987年版，第135页。
③ 阿格妮丝·赫勒：《日常生活》，衣俊卿译，重庆：重庆出版社1990年版，第125页。
④ 我的理解，无论是在黑格尔还是马克思那里，"自在与自为"这对范畴并不能完全以"自发与自觉"来替换，按"自在"的"存在本身"之意，人类有些有意识的自觉活动仍是自在的。"自在"的英文即"in itself"，而"自发"则是"spontaneity"。

发自主体自我内部的欲求，并且这种目的还常常通过社会意识的转换与变形而以某种替代形式出现。譬如：中国人教育子女的活动尽管是有目的的，但这种目的并不直接清晰地呈现为促进子女人格整体或部分的发展，而是作为文化的赋予以"成龙成凤""光宗耀祖""出人头地"的形式表现出来。日常生活中的教育的自在性，是与它同文化的密切联系相关联的。"人类文化主要在'自在的'类本质对象化中，即在工具和物品中，在习惯体系中，在语言中积累……'自在的'对象化也是手段，在任何给定时期再生产任何人之生活，即生产任何'个人'的生活或人类的生活的手段。"① 日常生活中的教育的自在性首先就表现在它作为"个人"的再生产活动却是与再生产"个人"的生活的活动直接同一的。"个人怎样表现自己的生活，他们自己也就怎样。"② 教育在原初意义上就是与人的社会生活直接同一的，在教育现象随着社会历史发展而发生分化之后，日常生活中的教育仍然作为其他分化出去的教育形态的基础而以未分化的、自在的教育亚领域的形式继续存在和发展着。在这个亚领域中，教育活动同时也是生活活动，其作为教育活动的本质属性寓于生活活动之中而未完全展开。日常生活中的教育的自在性另一方面的主要表现是这种活动的非"我思"性。"当着人们尚未充分意识到人的活动的意义时，他的活动属于自在的活动，与此相适应，人也只是一个自在的存在。"③ 在日常生活中，个人对自己活动的意义并非时刻保持理性的警觉，多数情况下，他没有在"我思"的水平上作为主体参与日常生活，而是以某种介于个人与"泛化的他人"之间的"日常态度"中的主体卷入日常生活的。在这种日常态度下，个体不可

① 阿格妮丝·赫勒：《日常生活》，衣俊卿译，重庆：重庆出版社 1990 年版，第132—133 页。
② 马克思、恩格斯：《马克思恩格斯全集》第 3 卷，北京：人民出版社 1960 年版，第 24 页。
③ 高清海：《马克思主义哲学基础》下册，北京：人民出版社 1987 年版，第 67 页。

能对自己每一行动的教育意义都有充分的意识，他也没有把自己当作一个教育主体来意识。实际上，正是这种理性的松懈，才使得日常生活中的"人际熏染"（interpersonal influence）成为可能，而这种人际熏染却是日常生活中的教育的一个基本心理基础。日常生活中普遍的移情现象即是一个例证，在广泛的日常接触中，"一种普遍的规则要求人们在日常接触中与他人保持同样的情绪"①，这种普遍的规则对人在日常生活中的情感生长有着重要意义，但如果个人总是作为一个"我思"的主体呈现在日常生活中，这种非理性的移情现象就很难出现，而且其他的人际熏染也很难产生，同样我们也无法看到人们由于长期生活在一起而形成某种人格上的相似性（甚至有研究认为相貌上也会出现这种相似性）的现象。

日常生活中的教育的第三个主要特性是其异质性（heterogeneity）。所谓"异质性"是借自生物学和心理学的一个名词，在这里指日常生活中的教育现象构成因素的相异性，相对的概念是"同质性"（homogeneity）。日常生活中的教育过程，或者说个人在日常生活中的生长过程，就是一个永无止境的不断从异质性走向同质性的过程，"个性愈是发达，它在日常生活中的行为愈是统一，它的能力和倾向就愈是趋向同质性，即统一个性的同质结构"。然而，"无论个性或它的理想模式在特定时代采取什么具体形式，个性永远达不到完善，它处于永恒的变化之中"。因此，"甚至在最同质的个体的情形中，异质性也是日常生活不可分割的组成部分"②。日常生活中的教育的异质性体现为它的教育内容的异质性、教育方法的异质性以及教育活动中的个人的异质性。

---

① 欧文·戈夫曼：《日常接触》，徐江敏等译，北京：华夏出版社1990年版，第9页。

② 阿格妮丝·赫勒：《日常生活》，衣俊卿译，重庆：重庆出版社1990年版，第17、62页。

"日常生活的特征之一是它的异质性，它在一个异质行动的世界中骚乱地推进，它要求异质的技巧和能力。"① 这些异质的技巧和能力，却又是与那些异质行为直接同一的日常生活中的教育活动的结果。要促进个体这些异质的技巧和能力的生成，日常生活中的教育在内容和方法上也必然在异质性这一特性上与日常生活中的行动保持一致。日常生活是人的生活世界一个自在的、未分化的亚领域，它的自在性决定了它同时也是一个包含着丰富多彩的内容的异质性领域。对一个新生儿来说，他将来在生活中要学会的各种技巧和能力不仅是不可计数的，也是多种多样的，而且"社会愈是处于动态之中，个人和他所出生于其中的社会之间的关系愈是偶然，一个人终生所需要的用以确证自己的生存要求的努力就愈加持久"②，所以，个人也就总是在各种异质的生活活动中接受着异质的日常生活教育。在日常生活教育中，从内容到方法，这种异质性无处不在，每一种教育内容都是独特的，每一个教育活动都折射出参与者的个性。与此相联系的是，在日常生活中，"人的唯一性、人的不可重复性是一个本体论的事实"③。因此，参与日常生活中的教育活动的个人也都是独特的"这一个"，各有互不相同的个性，也就是说，构成"日常生活中的教育的参与者"这个集合的元素总是异质的，并且这些个人的个性结构也总是异质的，他们的能力、技巧和人格倾向等在日常生活中表现和生长的可能性几乎是无穷的。在日常生活的舞台上，一个人总要扮演多重角色，尽管一个人一生可能扮演的"社会角色"是有限的，但如果我们"把社会角色定义为系于特定身份上的权利与

---

① 阿格妮丝·赫勒：《日常生活》，衣俊卿译，重庆：重庆出版社1990年版，第61—62页。

② 阿格妮丝·赫勒：《日常生活》，衣俊卿译，重庆：重庆出版社1990年版，第5页。

③ 阿格妮丝·赫勒：《日常生活》，衣俊卿译，重庆：重庆出版社1990年版，第10页。

责任的规定，我们便能说，一个社会角色总是包含一个或一个以上的剧中角色"①，所以，在日常生活活动以及与这种活动同一的日常生活教育活动中，同一个体在不同具体情境中的自我呈现也是异质性的。

正是在多姿多彩的日常生活过程中，个人不断地生长着，历史不断地延续着，其中的每一项活动，都可以看成沛西·能爵士（Sir Thomas Percy Nunn）所说的"严肃的自我建造"或"试验性的自我建造"②。

三　非日常生活中的教育

列斐伏尔（Henri Lefebvre）在其名著《日常生活批判》中写道："人的工作、社会活动以及他在整个社会中的地位和境遇，正是这些东西使他成为一个社会的、人类的存在，而不只是一个淹没在自然生命中出生、成长、死亡的生物学意义上的人，也正是这些东西依照现行的劳动组织形式制约和限定着他。"③ 如果把这些东西从人的生长过程中排除出去，即把人的生长限制在纯粹日常的世界里，那么，人也就只能作为一个生物学意义上的人而"淹没在自然生命中"了。"但是，人不仅仅是自然存在物，而且是人的自然存在物，也就是说，是自为地存在着的存在物，因而是类存在物。"④ 所以，人在生活世界里的生长必须且必然地要超越日常生活这一"自在的"类本质活动领域，在非日常生

① 欧文·戈夫曼：《日常生活中的自我呈现》，黄爱华等译，杭州：浙江人民出版社 1989 年版，第 15 页。

② 参阅沛西·能：《教育原理》第十三章，王承绪等译，北京：人民教育出版社 1992 年版。

③ Henri Lefebvre, *Critique of Everyday Life*, Vol. 1, Grasset, Paris, 1947. English translated by John Moore, Verso, London, 1991, p. 148.

④ 马克思：《1844 年经济学哲学手稿》，北京：人民出版社 1985 年版，第 126 页。

活领域中，通过"自为的"类本质活动占有、确证和实现自身作为人的类存在物的本质。人的这种自为的生长过程，也就是人在非日常生活这一生活世界的亚领域中的教育过程。

非日常生活中的教育在总体上表现为人的发展通过两条途径实现社会性的扩展和境界的提升，这两条途径是统一的，并且是以"工作"以及"工作的组织形式"为根本的历史表现形态的。用恩格斯的话来说："只有一种能够有计划地生产和分配的自觉的社会生产组织，才能在社会关系方面把人从其余的动物中提升出来，正像一般生产曾经在物种关系方面把人从其余的动物中提升出来一样。"[1] 当人在有组织的或大规模的社会活动中实现了对以血缘关系和自然情感为基础的日常人际关系的超越之后，人的教育活动才真正开始由一种自在的类本质活动转化为自为的类本质活动，人的生长也才真正开始从个体走向类。在有组织的或大规模的社会活动中，教育主体之间的交往关系分化成多重层次，如个人与类的交往关系；个人与共同体的交往关系；作为个体的个人与作为"成员"的个人的反身自我交往关系。这种交往关系的分化，突破了日常生活中的教育主体之间的家庭血缘关系和日常伙伴关系以及随机的日常接触关系的有限视界，为个人的发展提供了更多的开发和占有"人的发展资源"从而实现社会性扩展的途径。在非日常生活领域的教育活动中，个人的社会性扩展集中体现为个人的自我意识向"为我们意识"（we-consciousness）[2]的扩展。在有组织的或大规模的社会活动中，个人之间的相互影响往往直接体现着组织和执行这项社会活动的共同体对个人的教育，即个人在与共同体的交往关系中接受教育。在这

---

[1]　恩格斯：《自然辩证法》，于光远等译，北京：人民出版社 1984 年版，第 19 页。

[2]　"为我们意识"，赫勒术语，指作为主体的人的"集体意识"（collective mind）。参阅阿格妮丝·赫勒：《日常生活》，衣俊卿译，重庆：重庆出版社 1990 年版，第 44—47 页。

种教育活动中，共同体不断自觉地培养着个体成员的"为我们意识"，以期增强其归属感和凝聚力。另一方面，在作为个体的个人与作为"成员"的个人的反身交往关系中，"我"不断地扩展为"我们"，"自我意识"也不断地扩展为"为我们意识"。此外，与共同体中那些代表着共同体的重要人物（如政党中的领袖、班级中的老师等）之间的交往关系对个人的社会性扩展往往具有特别重要的影响。非日常生活中的教育活动通过这种个人社会性的扩展，把日常生活中的教育对个体再生产的追求转化成为一种以个体再生产为基础的对社会或类的再生产的不断追求。

事实上，"个人的为我们意识是同自我意识同步发展的"①。根据米德（George H. Mead）的研究，如果失去了"有组织的社会关系背景"，"自我"或个人的自我意识就无从产生。② 在非日常生活教育活动中，个人是在"为我们意识"的控制之下作为社会共同体的组成部分而行动着，因此，他的行为是组织化了的，其目的性指向共同体的或类的发展利益，而此时此刻作为部分的个人与作为整体的共同体或类在发展利益上又是一致的，并且个人特性的发展与共同体或类的发展也是一致的。在这里，个人的社会性扩展把个人的发展带入了一个新的境界，"个人把'我们'——无论是有机共同体，选择的共同体或团体——视作他自身的延伸和拓宽……个人是整体的组成部分；整体的胜利是个人的胜利，当整体为了自身的利益而发展壮大，特性也随之茂盛"③。甚至在需要的时候，个人可以为了共同体的利益而作出最大的牺牲，并把

---

① 阿格妮丝·赫勒：《日常生活》，衣俊卿译，重庆：重庆出版社1990年版，第44页。

② 参阅乔治·H.米德：《心灵、自我与社会》第三篇"自我"，赵月瑟译，上海：上海译文出版社1992年版。

③ 阿格妮丝·赫勒：《日常生活》，衣俊卿译，重庆：重庆出版社1990年版，第45页。

这种牺牲看作自己的人格完善和自我实现之举。在这样的发展境界中，个人在共同体中获得了相对同质的价值体系①，从而超越了日常生活中的个人的偶然性和单一性，并在共同体的和类的普遍性中真正作为一个"社会的个人"呈现在他的生活世界里。"社会的个人"是综合了个体的个性和类的普遍性的完整的人，或者用列斐伏尔的概念称之为"总体的人"②（Homme Total）。也只有在总体的人的发展水平上，个人的自我意识才可能真正达到健全和完善。

　　同时，非日常生活中的教育还有另一条途径实现个人向"总体的人"的提升，这条重要的途径就是类本质活动意义上的"工作"（work）。相对而言，这是个人的社会性扩展的一条更为根本的途径。赫勒在她的《日常生活》中给出了一个十分宽泛的"工作"定义："所有直接的社会活动，特定社会的再生产所必需的所有对象化，都可被视作'工作'。"③ 按照这一定义，上文所说的"有组织的或大规模的社会活动"也包括在"工作"的概念中。

　　马克思在批判黑格尔关于"劳动"和"异化"思想时指出："劳动是人在外化范围内或者作为外化的人的自为的生成。"④ 在作为类本质活动的"工作"过程中，个人通过这种自为的类本质对象化活动不断

---

① 根据阿格妮丝·赫勒的定义："共同体是可以在其中获得相对同质的价值体系，以及个人必然从属于结构化的和有组织的团体或单位。"见阿格妮丝·赫勒：《日常生活》，衣俊卿译，重庆：重庆出版社1990年版，第38页。

② 列斐伏尔的"总体的人"主要指人和他自身的统一，个性与社会性的统一。他认为个人只有在与社会共同体密切而明朗的关系中才能达成这种统一。

③ 阿格妮丝·赫勒：《日常生活》，衣俊卿译，重庆：重庆出版社1990年版，第67页。

④ 马克思：《1844年经济学哲学手稿》，北京：人民出版社1985年版，第120页。据赫勒理解，马克思在讨论工作过程的异化问题时常用"劳动"概念。参阅阿格妮丝·赫勒：《日常生活》，衣俊卿译，重庆：重庆出版社1990年版，第69页。

确证自身作为类存在物的本质，此时的人的生长或教育才进入了自为的
领域。于是"工作"就成了一个人的成长由自在走向自为的标志，这
个标志不仅是经济学意义上的，而且是社会学和哲学意义上的。在加入
"工作"过程中去之前，个人在生活世界所接受的教育主要还是限于日
常生活这一亚领域的，他不仅在经济上，而且在作为人的能力的发展与
成熟水平上，都还难以脱离作为监护者的家庭或其他作为监护者的社会
共同体（如孤儿院）。这种作为"人"而自为地独立生活的能力，与其
说是工作的前提，还不如说是工作这种非日常生活中的教育活动的结
果。"穷人的孩子早当家。"正是工作的重压促使个人作为"人"独立
生活的能力大大提升。在我们每个人的生长过程中，"工作"都是一个
非同寻常的转折点，这个转折点同样也不仅仅是经济学意义上的。工作
不仅仅给了我们经济上独立的能力，不仅仅意味着从此个人可以依靠自
己的力量获取基本的生活资料以完成日常意义上的个人再生产，而且，
以这种独立获取生活资料的能力为前提，工作使个人再生产成为一种
"自为的生成"过程，并且这一自为的生成过程以类本质力量的外化为
中介而与类的再生产建立了联系。在这种联系中，个人占有了类的普遍
性从而在个性与社会性的统一中进入了"总体的人"的发展境界——
当然，这里还要有一个异化劳动的扬弃过程，个人的自我意识通过异化
扬弃而达到与类的自觉意识的同一，从而实现对自己的"工作"意义
的自觉。正是由于作为非日常生活中的教育的"工作"在"总体的人"
的自为生成过程中的这种重要意义，马克思才在《资本论》中写道：
"未来教育对所有已满一定年龄的儿童来说，就是生产劳动同智育和体
育相结合，它不仅是提高社会生产的一种方法，而且是造就全面发展的
人的唯一方法。"[1] 排除作为类本质活动的"工作"这个"唯一方法"，

---

[1]　马克思、恩格斯：《马克思恩格斯全集》，第 23 卷，北京：人民出版社 1972 年
版，第 530 页。

自为的"总体的人"就无法生成。就此而言，家庭教育和学校教育都不可能是真正的"人"的教育的完成，它们无法赋予个人以全面的"人"的本质，即无法真正造就"总体的人"。"人以一种全面的方式，也就是说，作为一个完整的人，占有自己的全面的本质。"① 因此，全面的、完整的或总体的人，才是"人"的教育的真正实现。

在工作中，个人之间的交往关系可分为两个层面：一是以天然情感为基础的发生在日常领域的工作伙伴关系；二是以社会分工中的功能性协作为基础的工作合作关系，这种功能协作意义上的工作合作关系严格说来已不是个体再生产的日常的要素，它发生在非日常的生活领域。工作伙伴关系的基质是情感性的，而工作合作关系的基质则是理智性的；工作伙伴关系属于一种以面对面交往为特征的首属关系，工作合作关系则多以分化了的科层制关系体系为特征，属于一种次属关系。因此，工作合作关系对个人的教育作用是一种非日常生活领域中的教育。通过这种非日常生活中的教育，个人才真正"嵌入"了制度化的社会体系的"结构"之中。在与他人建立工作合作关系之前，个人尽管经过日常生活中的教育已经成为一个社会的成员，但在制度化的社会结构中他还没有获得自己确定的位置，因此，严格地说他还没有真正成为一个"社会的个人"。伯格（Peter L. Berger）和卢克曼（Thomas Luckmann）从"现实的内化"（internalization of reality）的角度分析，将人的社会化分为"初级社会化"（primary socialization）和"次级社会化"（secondary socialization）。他们认为："初级社会化是个体在少儿时代经历的基本的社会化。通过初级社会化，个人成为社会的一个成员；次级社会化是一

---

① 马克思：《1844 年经济学哲学手稿》，北京：人民出版社 1985 年版，第 80 页。1979 年版的刘丕坤译本第 77 页译作："人以一种完整的方式占据自己完整的本质：即是说，作为总体的人。"

切将已经社会化的个体纳入其社会客观世界新领域中去的后续过程。"①
个体社会化过程由初级社会化转入次级社会化的重要标志就是"工
作"。只有在超越了日常性的"工作"这种直接的类本质活动中，个人
才成为马克思和恩格斯在《德意志意识形态》中所说的那种"发展了
人"的个人或者其中"有类或人在发展"的个人。② 在工作合作关系的
交往形式下，个人把自身的再生产过程纳入了社会或类的再生产过程，
通过自己的类本质对象化活动，在社会和类的发展过程中发展着自身。
由于工作合作关系的教育作用，个人认识到自身在社会或类再生产过程
中所扮演的特殊角色，并自觉地（以扬弃异化为前提）在这种角色中
发展和生长着。"我们或许可以说，次级社会化就是特定角色知识的获
得，这些角色又是直接或间接地植根于劳动分工之中的。"③ 严格说来，
一名真正的现实意义上的"工人"或"医生"，并不直接是技工学校或
医学院的教育结果，而是其"工作"中的非日常生活教育的直接结果，
学校教育只是产生这种结果的一种前提条件。从这一意义上讲，干什么
样的工作就决定了你将成为什么样的人，同样，你是什么样的人也决定
了你将适合什么样的工作。这种非日常生活中的教育对人的发展的作用
并不限于工作作风之类，而是对整个人格的生成都有着深刻的影响。

同样作为生活世界中的教育的一个亚领域，与日常生活中的教育相
比较，非日常生活中的教育的主要特征表现为：创造性、自为性和同
质性。

创造性是人们在非日常生活领域中的社会活动的根本特征。在这一

---

① Peter L. Berger & Thomas Luckmann, *The Social Construction of Reality*, Doubleday & Company, Inc. 1966, p. 130.
② 马克思、恩格斯：《马克思恩格斯全集》第 3 卷，北京：人民出版社 1960 年版，第 85 页。
③ Peter L. Berger & Thomas Luckmann, *The Social Construction of Reality*, Doubleday & Company, Inc. 1966, p. 138.

领域里，人们有组织的或大规模的社会活动，要么是推进社会朝着人们期望的方向发展，要么是抵制社会在某一方向的发展或改变其发展方向，总之都是要改变现状的；作为类本质对象化活动的"工作"，更是以创造性为其突出特性。非日常领域中社会生活的这种特性，决定了发生在这一领域里的并与人们在这一领域里的社会活动直接同一的非日常生活中的教育必然以创造性为主要特征。第一，非日常生活中的教育是人在创造外部世界的同时对自身的创造。马克思和恩格斯说："人创造环境，同样环境也创造人。"① 这听起来让人禁不住会想起埃舍尔（Maurits Cornelius Escher）的《双手互绘图》②。在人与环境构成的这个不断向前推进的自组织系统中，还必定有一个激活动力系统的动力源，即要有一个画出"人"和"环境"这两只"手"的"埃舍尔"，这个动力源就是人的自我创造力。借用蒂米尼茨卡（Anna-Teresa Tymieniec-ka）论述意识构造过程的话来说，"这种动力本身的浮现是由其载体功能性的个体系统激活的，这一系统我称之为创生，即对每一生存的生活历程的自我个体化的勾勒"③。人的自我创造力的集中体现就是作为类本质对象化活动的"工作"，或者说就是非日常生活领域中的教育。在非日常生活领域的教育中，个人的生命活动（生长或"创生"）表现为自为的类本质对象化活动，通过这些类本质活动，个人成为"社会的个人"，并作为社会的个人在创造着他的外部世界的同时创造着他自身以及他的类。第二，与日常生活中的教育对习惯体系的依赖不同，非

① 马克思、恩格斯：《马克思恩格斯全集》第 3 卷，北京：人民出版社 1960 年版，第 43 页。
② M. C. 埃舍尔（1898—1972），荷兰版画艺术家。以运用写实的细部达到特异的视觉与观念效果的版画而著名。《双手互绘图》中画的是一张纸上有两只手，其中的每一只手都是由另一只手绘成的。
③ A. T. 蒂米尼茨卡：《生命的自我个体化》，《中国现象学与哲学评论》第一辑，王新生译，上海：上海译文出版社 1995 年版，第 474 页。

日常生活中的教育所凭依的恰恰是人的创造力。在非日常生活领域中，个人正是通过创造外部世界的活动而发展自身的。没有创造外部世界的类本质对象化活动，个人就不可能把自身的发展与类本质力量的增强直接联系起来。或者说他就不可能获得类的本质特性所赋予他的那种"人"的创造力量，也不可能在"总体的人"的水平上获得个人的社会性的扩展。在这里，人的创造能力的提高和社会性的扩展都是寓于人的创造活动之中的。离开了"工作"这种创造性活动，非日常生活领域中的教育是不可能的。第三，非日常生活中的教育的创造性还表现为它的内容与形式的创造性。与日常生活相比，非日常生活是人的生活世界的一个极具变革性的亚领域，正是人的创造性的"工作"不断自觉地改变着人的生活世界，因此，这一领域里的人的教育也是日新月异的。当"孝悌"的内容和"棍棒出孝子"的方法在中国人的日常生活领域的教育活动中绵延不绝的时候，中国的年轻一代却正通过他们的各种社会活动不断吸收和树立新的观念，并且在充满创造性和挑战性的"工作"中以经常翻新着的方式发挥和发展着自身的创造力。如果离开了这一领域中极富创造性的教育，即离开了非日常生活领域中的各种类本质对象化活动，个人的类本质力量的获得和发展都只能是潜在的而不是现实的，所以，真正现实的"人"的教育是从"工作"开始的。

就其本质而言，或者说设想在扬弃了异化劳动的前提下，作为自为的主体的人在非日常领域里的类本质对象化活动本身就是自为的教育活动，或者说是"自在自为"的教育活动。当"劳动"（工作）摆脱了作为谋生手段的异化状态时，它作为造就全面发展的人的教育活动的本质特性就会显现出来，谋生的手段还原为发展的手段，维持生存的需要还原为个体再生产的需要，正是在这一意义上，马克思和恩格斯说"劳动就能恢复它的本来面目，成为一种享受"①，"成为个人的自我实现"②，"成了生活的第一需要"③。在这个基础上，"人终于成为自己的社会结合的主人"④，因而他所参与的各种有组织或大规模的社会活动也成为扩展自身社会性的手段。所以，揭开"遮蔽"其本质的异化的面纱，非日常生活中的教育就会显露出其自为性的本质特征。然而，异化作为一个中介性的过程却正是"工作"之为教育的本质的、内在的矛盾的展开，即从"自为"走向"自在自为"的必要环节。在原始社会，人们的劳动和其他社会活动，既是人的生存手段，同时又是人的发展手段，这两方面是自在地、朴素地、直接地同一一体的。一方面，只有通过劳动，人们才能获得维持生存所必需的各种生活资料；另一方面，也只有在劳动过程中，人们才能使自身的生存能力得到发展，并且不断学习和创造各种新的生存技术。摩尔根（Lewis H. Morgan）在《古代社会》中提出的"顺序相承的五种生存技术"清楚地表明了劳动与人的发展的紧密联系⑤，正像恩格斯所说的那样，劳动"是整个人类生活的第一个基本条件，而且达到这样的程度，以致我们在某种意义上不得不说：劳动创造了人本身"⑥。进入阶级社会以后，"由于作为超越日常性的类本质活动的工作是异化的，工作的履行就丧失了自己作为自我

---

① 马克思、恩格斯：《马克思恩格斯全集》第 1 卷，北京：人民出版社 1956 年版，第 578 页。

② 马克思、恩格斯：《马克思恩格斯全集》第 46 卷下册，北京：人民出版社 1980 年版，第 112 页。

③ 马克思、恩格斯：《马克思恩格斯全集》第 19 卷，北京：人民出版社 1963 年版，第 22 页。

④ 马克思、恩格斯：《马克思恩格斯全集》第 19 卷，北京：人民出版社 1963 年版，第 247 页。

⑤ 参阅路易斯·亨利·摩尔根：《古代社会》上册，第一编，杨东莼等译，北京：商务印书馆 1977 年版。

⑥ 马克思、恩格斯：《马克思恩格斯选集》第 3 卷，北京：人民出版社 1976 年版，第 508 页。

实现的特征"①，以至在我们的日常意识中，"工作"（劳动）意味着某种不得不从事之事，工作作为谋生手段和发展手段的两个方面的矛盾在异化的过程中展开和显露了出来。由于超越日常性的类本质活动的异化，它的作为非日常生活领域中的教育活动的本质属性被排斥在人们的日常意识之外。然而，也正是这种矛盾的展开和显露，才给人通过理论思维认识"工作"本质的这两个方面以可能性，并为其最终成为人的"第一需要"创造了条件。所以，从"自为"即"展开、显露"的意义上来理解，现时代的非日常生活领域中的教育正处在一个从自为走向自在自为的发展阶段。

人在非日常生活领域中的教育活动是同质性的，因为在这个领域里，"'个人'总是和类处于直接的和当下即是的关系之中……人的行为不仅间接地而且也直接地成为人的一般实践的组成部分"②，因此，个人的生长和发展是与类的发展直接同一的。这种与类的发展的直接同一性为个人的生长提供了一个同质的领域，个人在这个领域中通过自身的类本质对象化活动在一般的、普遍的水平上开发、占有和"消化"人的发展资源，这里的一般性和普遍性同时意味着人在这一领域的教育活动具有一种构成上的可通约性。个人由于民族、生活地区、社会阶层、家庭出身等生活背景的不同，其所接受的日常生活领域中的教育往往在内容和形式上表现出极大的差异，然而，在超越日常性的"工作"或有组织、大规模的社会活动中，即在非日常生活领域中，个人所受到的教育却在类的水平上表现出明显的共同性，尽管这些活动的具体内容和方式各有不同，但在个人的一般主体能力，即类本质对象化能力的发

---

① 阿格妮丝·赫勒：《日常生活》，衣俊卿译，重庆：重庆出版社 1990 年版，第 69 页。

② 阿格妮丝·赫勒：《日常生活》，衣俊卿译，重庆：重庆出版社 1990 年版，第 62 页。

展上，这些活动的内在一致性却是相当明显的。就此而言，我们甚至可以说，在大跨度的时间维或空间维上，人类非日常生活领域的教育活动也只有量的差异而无质的区别。原始人打制一块石器和现代人制造一杆猎枪，在发展人的一般主体能力这一点上，两种活动的本质特征是一致的，而且时间维度越是向现代推进，生活在不同空间的人们的非日常生活中的教育活动就越是趋向同质化，尤其是在科学世界渗入生活世界而于非日常生活领域形成的边缘域中，这种同质化更为明显，这同我们在史前的时间维上越是推向久远，人类的发展状况也越是趋向同质一样。从个体发展史的角度来考察，个人在日常生活领域中所受到的教育往往由于各自的先天资质、倾向和后天生活背景的不同而表现出很强的异质性，然而一旦他的发展进入非日常生活领域，他就成了"具体化了的类"（对此他并不一定要自觉地意识到），成了一个作为"总体的人"而"把自己所有的力量和能力，都集中于在一个同质的对象化领域中履行一个任务的个体"。这种同质的对象化领域对他来说是给定的，并且"一个对象化愈是一般地建构起来，它就愈加同质"①。与农民的"工作"相比，科学家的"工作"往往更具有明显的跨越时空的同质性，因此，在非日常生活领域中，个人通过自身的类本质对象化活动所受到的教育是同质的，也只有这种同质化的教育活动，才能将个人纳入人类社会的同质结构。

列宁说："全部历史本来由个人活动构成，而社会科学的任务在于解释这些活动。"② 泛教育理论正是试图从教育学角度对这些活动提出不同的解释，通过人的生命活动领域的划分以及不同领域中的活动的本质特性的揭示，从而将这些活动在人的发展过程中的意义展现出来。

----

① 阿格妮丝·赫勒：《日常生活》，衣俊卿译，重庆：重庆出版社1990年版，第62页。
② 列宁：《列宁全集》第1卷，北京：人民出版社1955年版，第375页。

四　一块金币的两面

生活世界的两个亚领域中的教育活动在人的发展过程中的意义也是各不相同的，个体通过日常生活领域中的教育活动实现社会化和个人化，而通过非日常生活领域中的教育活动实现专门化和总体化。生活世界教育的这两方面是紧密联系，相辅相成的，就像是一块金币，日常生活中的教育是铸有徽章的背面，非日常生活中的教育则是铸有面值的正面，正面在类的发展意义上赋予背面以价值，而背面则为正面之价值的有效性提供了基础。

齐默（J. M. Zimmer）和威特诺夫（S. J. Witnov）认为，"社会化是一个进程，在这个进程中，人'吸取'周围文化或亚文化群的价值观念、风俗习惯和看法"①。这种意义上的社会化进程主要是通过日常生活领域中的教育实现的，它只限于伯格和卢克曼所说的使人"成为社会的一员"的"初级社会化"，以及"次级社会化"② 处于日常领域的那部分（如父亲或母亲角色的获得），非日常生活领域里的"次级社会化"和"再社会化"③ （resocialization）不在此列。这种意义上的社会化也不限于成年以前，而是贯穿人的生命全程的，"社会的一员"要在不断的自我再生产中实现。"社会愈是处于动态之中……要使一个人对给定世

---

①　托斯顿·胡森等：《简明国际教育百科全书·人的发展》，中央教育科学研究所比较教育研究室编译，北京：教育科学出版社 1989 年版，第 438 页。

②　See Peter L. Berger & Thomas Luckmann, *The Social Construction of Reality*, Doubleday & Company, Inc. 1966, pp. 129—138.

③　See David Popenoe, *Sociology*, the 8th edition, Prentice-Hall, Inc. 1991, pp. 147—148.

界的习得过程在开始成年时就告终结，也就愈加不现实。"[1]

"日常生活"，按照赫勒的定义，就是"那些同时使社会再生产成为可能的个体再生产要素的集合"[2]。日常生活的这种质的规定性本身就决定了它是那种使人"成为社会的一员"的社会化进程所无法摆脱的基础、前提和背景。首先，日常生活是使生物人成为社会人的过程所不可或缺的基本要素的集合。这句话包含着两层含义：一是日常生活中包括了使生物人成为社会人所必需的所有基本的要素；二是只有日常生活领域才可能同时包括这些基本要素的全部。这也就是说，如果仅就使人"成为社会的一员"而言，日常生活中的教育是人的社会化的基本的充分必要条件。其次，日常生活同时是社会再生产和个体再生产的可能性所不可缺少的先天给予的前提。生活世界是人的先天的第一承托者，而日常生活又是生活世界中最基本的一个亚领域。任何一个人，无论他多么特殊，只要他作为人而现实地存在，他就不可能脱离日常生活。一个王子可以远离"工作"，远离有组织或大规模的社会活动，远离他未来的王位，但他却无法将日常的衣食住行排除在他的生活之外，菩提树下那个生活着的释迦牟尼也不能做到这一点，庄子笔下"游乎四海之外"的神人也还是要居于"姑射之山"，并且"吸风饮露"的。[3] 因此，日常生活中的教育是人之为人所不可逃避的。再次，日常生活是人的最基本的社会生活，它是人的全部社会生活的领域性分化的起点和基础。一个人由生物人转化为社会人，他首先面对的就是日常生活，并且也只有在日常生活中接受教育，这种转化才可能成为现实。日

---

① 阿格妮丝·赫勒：《日常生活》，衣俊卿译，重庆：重庆出版社1990年版，第5页。

② 阿格妮丝·赫勒：《日常生活》，衣俊卿译，重庆：重庆出版社1990年版，第3页。

③ 王先谦注：《庄子集解》，上海：商务印书馆1936年版，第4页。（上海书店1987年影印）

常生活过程本身就是人的社会化过程，也是人之为人所必经的最基本的教育过程。

关于日常生活中的教育与社会文化习俗之间的紧密联系，前文已有论述。有学者这样界定"社会化"："所谓人的社会化是指人的后天行为的规范化，指生物的人按照一定社会文化的要求教化为社会人的过程。社会化也可叫社会教化。"① 这个定义揭示了社会化过程与日常生活中的教育过程的直接同一性。就个人的社会化而言，日常交往活动是日常生活中的教育活动的主要表现形式。在日常交往活动中，一方面，这种交往活动的情感基质的熏染不断赋予个人的先天情绪反应以社会意义，并逐步形成符合社会规范的个人情感表达行为模式，如通过日常生活中的教育，可以不分场合任意哭闹的小男孩成长为一个"男儿有泪不轻弹"的男子汉。研究表明，亲密的日常人际交往活动的缺乏会对个体的社会化产生全面的不良影响。"幼儿在日常生活中得不到爱和关心就可能有不正常的人与人之间的关系和不适当的社会技能的表现。"② 日常生活中的教育对个人情感发展的重要作用是其他教育活动所无法替代的，并且这种作用对整个人格的社会化生成都有重要意义。这在个体同"重要他人"（significant others）③的日常交往中更是如此，"事实上，我们有充足的理由认为：没有同重要他人的这种情感联结（emotional attachment），学习过程即令不是不可能的，也是困难的"④。在日常交往

---

① 司马云杰：《文化社会学》，济南：山东人民出版社 1990 年版，第 472 页。

② 托斯顿·胡森等：《简明国际教育百科全书·人的发展》，中央教育科学研究所比较教育研究室编译，北京：教育科学出版社 1989 年版，第 349 页。

③ 对个体的自我发展有重要影响的他人或群体，如父母即为幼儿日常生活中的"重要他人"。参阅顾明远：《教育大辞典》第 6 卷，上海：上海教育出版社 1992 年版，第 462 页。

④ Peter L. Berger & Thomas Luckmann, *The Social Construction of Reality*. Doubleday & Company, Inc. 1966, p. 131.

活动的情感基质对个体情感社会化的影响基础上，另一方面，以日常语言为媒介，社会的日常观念在日常交往活动中内化为个人的生活常识，这种生活常识的形成过程与日常语言的习得过程交织在一起。"生活常识"所包含的纷繁复杂的具体内容却是我们难以清晰描述的，或许我们可以用杜威的一个同样具有丰富含义的概念——"经验"来作近似的表达。对"经验"的含义，杜威在《经验与自然》中作过一个富有自然主义色彩的涵盖极广的阐释。① 杜威认为，教育就是经验的不断改组和改造，而"经验的改造可能是个人的，也可能是社会的"②。个人的经验改造过程也就是生活常识在社会化进程中不断形成的过程，而社会的经验改造则是生活常识在个人社会化进程中又不断客观化形成新的社会日常观念的过程。情感熏染和生活常识的形成，这是日常生活中的教育为个体的社会化提供的两个情感的和理智的基本生长点。日常生活中的教育在这两个方面的作用及其交汇融合，使个体在理性方面和非理性方面不断实现社会化，生长成为"常人"意义上的社会的人。③

个人化和社会化是两个辩证统一的过程。按照波普诺（David Pope-noe）的定义，社会化过程是内在地包含了个人化的，他说："正式地定义，社会化就是人们借以形成个性并习得社会或群体习俗的社会互动过程。"④ 个体的个人化也是通过日常生活中的教育得以实现的。第一，人们对资生资源⑤的开发、占有和"消化"是在日常生活中进行的，这是个体生命发展的基本前提，而个体的生命发展又为个性的生长提供了必不可少的生理和心理的基础。尽管个体生命发展的程序是由遗传基因

---

① See John Dewey, *Experience and Nature*, chap. 1. Chicago & London, 1926.

② 约翰·杜威：《民主主义与教育》，王承绪译，北京：人民教育出版社 1990 年版，第 84 页。

③ 人的发展在这里还没有达到马克思在总体意义上所说的"社会的个人"的水平。

④ David Popenoe, *Sociology*, the 8th edition, Prentice-Hall, Inc. 1991, p. 128.

⑤ 参阅"绪论"关于"人的发展资源"的论述。

决定的，但日常生活中的教育却可以在相当大的程度上加速或延缓其发展进程，并影响其发展水平。这方面的日常生活中的教育的匮乏达到一定程度，也会严重影响个体的健康个性的生成。第二，个人的自我意识主要也是在日常的人际互动中形成和发展的。自我意识的形成和发展是个体个人化的基础和核心，而个体自我意识的形成又离不开日常生活领域的首属群体中的面对面的人际互动，自我意识的三种心理成分：自我认识、自我体验和自我控制力，其形成过程都离不开日常的人际互动，或者说离不开日常生活中的教育。① 米德（George H. Mead）认为："自我，作为可成为它自身的对象的自我，本质上是一种社会结构，并且产生于社会经验。"② 库利（Charles Horton Cooley）用"镜中我"（looking-glass self）的比喻形象地说明自我意识的形成离不开面对面的日常交往。③ 第三，日常生活中的教育是影响个人自我同一性（ego-identity）形成的重要因素。艾里克森（Erik Erikson）称自我同一性是"一种熟知自我和'明白个人未来目标'的感觉，一种从他信赖的人们中获得所期待的认可的内在自信"④。这种自我同一性的形成，是个体成熟、个人成为独立个体的主要心理标志。从童年期的自居作用到自我概念的逐步形成，至青年期的自我同一性的建立，日常生活中的人际互动始终发挥着不可或缺的重要作用。在中国的家庭教育中，多数父母对子女的关系都带有明显的控制倾向，因此年轻人中有相当一部分人处于一种"同一性早闭"（identity foreclosure）状态，在自我设计中依从父母期望，回

---

① 参阅时蓉华：《现代社会心理学》第五章，上海：华东师范大学出版社 1989 年版。

② 乔治·H. 米德：《心灵、自我与社会》，赵月瑟译，上海：上海译文出版社 1992 年版，第 125 页。

③ See C. H. Cooley, *Human Nature and the Social Order*, New York: Scribner's, 1902, pp. 147—169.

④ Erik Homburger Erikson, *Identity and the Life Cycle*, International Universities Press, 1959, p. 118.

避直面个人危机，这对个体的个人化显然是一种不利影响。

社会化和个人化是个体生长过程辩证统一的两个方面，这个过程本身孕育着一股超越日常性的力量，一股挣脱母婴联结（maternal bond），从弥漫着情感色彩的日常生活走向理智化的非日常生活，真正融入"社会结构"的生长力量。所以墨菲（Robert F. Murphy）说："社会化是从自我出发又远离自我的成长过程，但它的剩余物却是精神一体性的失落和疏远的感情。"① 当这股生长力量足以突破日常生活的框架时，非日常生活中的教育就介入了个体的生长过程。这个转变不是简单的替代性更迭，而是一种在整体性基础上的分化。事实上，远在这种分化真正发生以前，以学校教育为代表的科学世界的教育就在为这将要发生在生活世界教育中的分化做准备了。

专门化（specialization）是一个同时表现在个人生长和社会分化中的复杂过程，劳动分工是这个复杂过程的社会历史基础。从原始社会主要以年龄、性别和亲属关系角色（kinship roles）为基础的简单劳动分工，到现代社会在部门职能体系和科层制度下的复杂劳动分工，人类社会本身就经历了一个漫长的专门化过程。这种功能性的分化有些类似于生命形式从简单的未分化的变形虫和水母到高度分化的高等动物的进化历程，在这个进化历程中，生物体的多种组织器官不断形成各自专门的功能。"于是，现代人将进化论者关于专门化和科层控制的理论带入他们关于社会和文化的观念中，认为高等的文化就是那些伴随着精细繁复的管理与控制手段的具有复杂劳动分工的文化。""我们设想现代社会分化成了经济、政治、司法、文化和保健系统诸部门，每一部门由金字塔式的管理组织来运转。为人的生活与工作做准备的现代学校教育普遍围

---

① 罗伯特·F. 墨菲：《文化与社会人类学引论》，王卓君等译，北京：商务印书馆 1991 年版，第 45 页。

绕这些门类来组织进行。"① 其实，不仅学校教育如此，社会体系的专门化本身就意味着使个人"嵌入"社会结构的非日常生活领域的教育过程同时也是一个专门化的过程。

在非日常生活领域的教育过程中，个人的再生产被直接纳入社会再生产的进程，"这里出现的是同质化的心理学方面：我们把自己的全部努力都集中于特定任务的完成，同时中止有可能减损对这一任务的集中的所有本能和动机"②。这种同质化暗含着日常生活领域的教育中个人生长过程的那种整体性的中止，这种整体性教育的有效性被限定在日常生活领域之内。③ "任务的集中"是一种客观的专门化的要求，即个人在"工作"或有组织与大规模的社会活动中将自己投入到社会的某个片段中去，"他将自身献给音乐，献给革命，献给信仰，这不只是一种部分地献身，而是发自内心的全部生命的投入"④。于是，就像莎士比亚在《皆大欢喜》中写的那样，"在养育者的怀里啼哭和流口水"的婴儿不仅长成了情人，而且还变成了士兵和大法官。在特定的社会角色中，个人的生长表现出专门化的特征。这种专门化具体表现在三个主要方面：一是"特定角色知识"的习得（the acquisition of role-specific knowledge）。不同的社会角色都有各自不同的相关知识，一个人作为一名士兵和作为一名法官，他在"工作"中获得的知识是很不一样的。俗语"隔行如隔山"，说的正是这种特定角色知识的专门化特质。"特

① Donald W. Oliver & Kathleen Waldron Gershman, *Education, Modernity, and Fractured Meaning*, State University of New York Press, 1989, pp. 11—12.

② 阿格妮丝·赫勒：《日常生活》，衣俊卿译，重庆：重庆出版社 1990 年版，第 75 页。

③ "整体性"一词在这里的意义与经历专门化再走向更高整合的"总体性"或"全面性"有着深刻的区别。

④ Peter L. Berger & Thomas Luckmann, *The Social Construction of Reality*, Doubleday & Company, Inc. 1966, p. 145.

定角色知识"与扮演这种角色所必备的基本学科知识并不是一回事。一个谙熟法理和法律条文的法学博士，要是他未曾担任过法官，他就很难掌握完备的关于法官的角色知识。当然，学校教育以及其他职业培训也能通过角色排练提供某些特定角色知识，然而"角色的性质一旦确定，行动者通常会发现自己处在这样一种情境之中：他在运用某些身份，但是，对于这些身份，他的角色知识不够完全"①。个人要在专门化过程中不断习得角色知识。二是角色能力和角色素质的获得与提高。担任某一社会角色——如大规模社会活动的组织者，其所需角色能力和角色素质也必须通过实际活动中的非日常生活领域的教育才能真正得到发展和提高，日常生活领域的或科学世界的相关教育只能为这些角色能力与素质的实际发展提供一定的基础和准备。一个新从商学院毕业的经济管理学专业的学生，无论怎样优秀的学业成绩也不能成为他能够立刻成功地担任一家大企业总经理的证明，就像政治学院的毕业生不一定就具有政治活动家的能力与素质一样。事实上，一个医学院的毕业生在做过几十年外科医生之后，不仅实际操作的专业能力会有很大提高，而且其人格也会在很多方面因长期的专门化而发生变化，如更加冷静、理智等，好比一个齿轮装进机器经过运转中的磨合会使啮合状态改善似的，这个人也真正作为一名外科医生"嵌入"了社会结构中，这是专门化的一个例证。三是"特定角色语汇"（role-specific vocabularies）的习得。伯格和卢克曼说："次级社会化要求特定角色语汇的习得，这其中的一项含义就是语义场（semantic fields）的内化。在一个制度化领域里，这种语义场构造着常规的解释和传播。与此同时，'缄默的理解'（tacit

---

① 杰罗尔德·海斯：《社会角色》。见莫里斯·罗森堡、拉尔夫·H.特纳：《社会学观点的社会心理学手册》，孙非等译，天津：南开大学出版社1992年版，第127页。

understandings），即这些语义场的评价意味和情感色彩，也为人所习得。"① 在非日常生活领域里，每一类社会角色都有自己的语言标志，即特定角色语汇。这不仅包括一些特殊的词汇、术语和"行话"，而且在言语（speech）②风格及其理解的默契上，个人在不同的非日常生活活动中也会表现出不同的专门化特征。"法律！法律！你说话像个法官！"说这话的人是为对方不符合角色的言语专门化特征而不满。这种言语上的专门化，显然是非日常生活中的教育对个人生长产生影响的结果，也只有这种教育，才能真正使人顺利融入不同制度化领域的不同语义场中去。

专门化和总体化（totalization）也是个人生长的辩证过程中对立统一的两个方面。个人的专门化过程，同时也正是他以"嵌入"社会总体结构的方式不断走向"社会的个人"，走向"总体的人"，走向"具体的类"的过程。总体的观念，从黑格尔经马克思到萨特、卢卡奇和列斐伏尔，经历了一个不断解释的过程。我们在这里用"总体性"（totality)指个人的个性与社会性的统一而形成的个人的整体性，而用"总体化"来指称个人通过自身的类本质对象化活动不断走向这种整体性的过程。个人的总体化主要也是凭借了非日常生活中的教育得以实现的。第一，正是非日常生活中的教育活动扩展着个人的社会性。"工作"（劳动）是人在非日常生活领域首要的教育活动，"就其本质而言，劳动单是作为个人的行为就已经是社会性的了；在劳动着的人身上，实现

① Peter L. Berger & Thomas Luckmann, *The Social Construction of Reality*, Doubleday & Company, Inc. 1966, p. 138.
② 索绪尔（Ferdinand de Saussure)把语言和言语区分开来，认为语言是社会的同质的符号系统，是言语活动事实的混杂的总体中一个十分确定的对象，而言语是现实个人的异质的活动。参阅费尔迪南·德·索绪尔：《普通语言学教程》，高名凯译，北京：商务印书馆1980年版，第36—37页。

着人的社会的自我普遍化，即在客观上把不完整的人提高为合类的存在物"①。在工作和有组织或大规模的社会活动中，个人是作为构成社会或类的整体的"局部整体"而从事个人现实的类本质对象化活动的②，因此，这些活动对个人的教育作用也不断扩展着个人的社会性，使得个人的生长超越了在日常生活领域里与类的无声的直接同一，进而不断走向与社会或类的自为的同一，在这里，个人和社会的再生产成为一个连续的统一体，社会或类的整体生存能力的增强与个人能力的扩展和深化是同一过程的两个方面。如果以"次级社会化"来理解这一过程，那就正如波普诺所言："社会化不仅是个人生存与发展的要素，而且是社会生存和有效运作的要素。事实上，没有社会化就不可能有社会。"③

第二，非日常生活中的教育是个人发展和扩张自己的类本质力量的一条必由之路。马克思说："正是在改造对象世界中，人才真正地证明自己是类存在物。"④ 在日常生活领域，个人同自己的类是自在的直接同一的，他是自在地获得了类本质力量，并且这种类本质力量在他的日常性生命活动中自发地生长着，由于日常生活的"惰性"，其类本质力量在这一领域的自发生长表现出明显的重复性。个人要实现自身类本质力量自觉的发展并在这种发展中获得新的扩张，他就必须通过自己的类本质对象化活动突破日常生活教育的重复性框架，在非日常生活的教育中实现生长的创造性。对人来说，非日常生活领域的每一项创造性实践都是他在外延和内涵方面实现自身向新的生长带扩展与推进的重要手段，是张扬自身类本质力量所不可或缺的教育。这一切都是因为个人只有在非

---

① 卢卡奇：《关于社会存在的本体论·下卷——若干最重要的综合问题》，白锡堃等译，重庆：重庆出版社 1993 年版，第 194 页。

② 参阅卢卡奇：《关于社会存在的本体论·下卷——若干最重要的综合问题》，第二章第二节，白锡堃等译，重庆：重庆出版社 1993 年版。

③ David Popenoe, *Sociology*, the 8th edition, Prentice-Hall, Inc. 1991, p. 128.

④ 马克思：《1844 年经济学哲学手稿》，北京：人民出版社 1985 年版，第 54 页。

日常生活领域的类本质对象化活动中才真正可能"把他们自己及其行动看作是总体和过程的一部分"①。第三，通过非日常生活中的教育，个人不断地实现着个性与社会性的统一。"人的局部性是不能被彻底扬弃的；同样，人的生物学存在也不能被彻底扬弃。正是由于人的局部性和人的生物学存在在它们被克服的过程中不断地被重新再生产出来，所以它们恰恰构成了每一个人的整体统一。"② 个人的生长由于非日常生活领域的教育的介入而走向专门化，即作为一个社会化了的个人而"嵌入"社会结构，成为社会或类的总体的一个局部。然而也正是在成为这个局部的同时，他与社会和类发生了自为的联系，成了"社会的个人""具体的类"，因而是"局部整体"，这也就是说，非日常生活中的教育在克服日常生活中的教育所赋予个人的包括生物特性在内的偶然单一的个性的同时，又以设定与类本质的自觉关系为基础，在总体性的水平上把这种个性再生产了出来。因此，非日常生活中的教育"并不是'整个人'在其中被提升到'作为总体的人'的水平上的过程"③，而是在总体性的水平上不断实现个性与社会性统一的过程。这是"人的教育"的历史现实性所要求的。"总体性范畴并不是把它的各种因素化为一种无差别的一致性，化为同一性。"④ 马克思在论述"现实的个人"的发展问题时，也是在"全面发展""自由发展"或"全面而自由的发展"的前面始终一贯地冠以"个人"一词，而没有简单地以

① 乔治·卢卡奇：《历史和阶级意识——马克思主义辩证法研究》，张西平译，重庆：重庆出版社1989年版，第50页。
② 卢卡奇：《关于社会存在的本体论·下卷——若干最重要的综合问题》，白锡堃等译，重庆：重庆出版社1993年版，第358页。
③ 阿格妮丝·赫勒：《日常生活》，衣俊卿译，重庆：重庆出版社1990年版，第75页。
④ 乔治·卢卡奇：《历史和阶级意识——马克思主义辩证法研究》，张西平译，重庆：重庆出版社1989年版，第15页。

"人"来代替"个人"。① 在现实的个人通过自身自在的和自为的类的本质活动不断向"总体的人"提升的过程中，日常生活中的教育与非日常生活中的教育是不可分割的辩证统一的两个方面。

然而，在阶级社会里，"由于作为超越日常性的类本质活动的工作是异化的，工作的履行就丧失了自己作为自我实现的特征"②，因而在专门化的过程中不是"克服"而是肢解了日常生活中的教育赋予个人的整体的个性，一块金币的正反两面被析离开来——生活世界的教育的两个亚领域之间发生了断裂。这种断裂一方面限制了日常生活中的教育的自在的类的发展价值不断向自为领域的转化，另一方面也削弱了非日常生活中的教育在个人专门化的过程中内在蕴含着的总体化价值的有效性。正如马克思指出的那样，由于劳动异化的结果，"人（劳动者）只是在执行自己的动物机能时，亦即在饮食男女时，至多还在居家打扮等等时，才觉得自己是自由地活动的；而在执行自己的人类机能时，却觉得自己不过是动物"③。由于异化，"工作"由人发展自身类本质力量的教育活动变成了一种被迫履行的义务，这并不是工作的本质，而是工作与自身本质在对立方向上的分离，同样是粉刷篱墙，对汤姆·索耶来说是不得不做的工作，而对用食品和玩具向汤姆·索耶交换粉刷篱墙的"特权"的小伙伴们来说，却是一种难得的有趣游戏。④ 异化消解了工作在发展人的意义上的自为性，从而也消解了它对日常生活的自在性的

① 参阅王友洛：《不能以"人的全面发展"替代"个人全面而自由的发展"》，《哲学研究》1993 年第 8 期。
② 阿格妮丝·赫勒：《日常生活》，衣俊卿译，重庆：重庆出版社 1990 年版，第 69 页。
③ 马克思：《1844 年经济学—哲学手稿》，刘丕坤译，北京：人民出版社 1979 年版，第 48 页。
④ 马克·吐温：《汤姆·索耶历险记》，谢卓杰译（英汉对照本），北京：测绘出版社 1982 年版，第 12—19 页。

超越，这样，"劳动不是需要的满足，而只是满足劳动以外的其他各种需要的手段"①。作为手段，"劳动"和"工作"都变成了日常生活的自在的无机的组成部分，成了人对人的奴役。这立刻表现为"人的教育"的领域性断裂：非日常生活中的教育丧失了总体性的意义，并在自身的对立面上成为个人为了实现肉体生命的日常的、自在的再生产而不得不履行的义务；科学世界的教育也丧失了自身在生活世界的意义基础，并通过专门化向片面化的转变反过来加强了人的生活的异化——这种专门化向片面化的转变又是其在生活世界中完整的意义基础的断裂的必然结果。

总而言之，异化劳动直接导致了生活世界的教育的两个亚领域之间的断裂，这两个亚领域的断裂对科学世界的教育的意义基础的离析，又是生活世界的教育与科学世界的教育这"人的教育"的两大领域的断裂的根本原因。所以，我们可以这样说：劳动的异化是人的教育中一切领域性断裂的根源。

五　教育：幸福生活之一维

洛克（John Locke）在他著名的《人类理解论》中写道："一切含灵之物，本性都有追求幸福的趋向。"② 人类世代相继孜孜追求着幸福，然而对"什么是幸福"这样的问题，人类在思想史上却留下了许许多多形形色色乃至大相径庭的答案。不过，对大多数现代人来说，有两点

---

① 马克思：《1844年经济学—哲学手稿》，刘丕坤译，北京：人民出版社1979年版，第47页。
② 约翰·洛克：《人类理解论》上册，关文运译，北京：商务印书馆1981年版，第236页。

似乎已经得到公认：（1）幸福应在人的现实生活中，人类的伊甸园就是人的生活世界；（2）幸福生活始终是人创造的并且属于人的，人类的弥赛亚（Messiah）只能是人自己。因此，幸福生活的追求应是生活世界的优化，而人自身的优化又是生活世界的一切优化的内在组成部分。就此而言，完整的"人的教育"是幸福生活不可或缺的一个重要维度。

人自身的发展与幸福生活之间存在着内在的密切联系，人的全面而自由的生长是幸福生活的核心。这一点自古已为人所认识。古希腊的亚里士多德就说过："幸福即是合于德性的现实活动。"① 在亚里士多德的语境中，这即是说幸福是"人的功能"最大程度的发挥。② 亚里士多德所说的"人的功能"不是仅仅指生命的生长功能和感觉功能，而是更强调指称人的"理性的现实活动"，因为这是人所特有的。③ 所以，作为幸福生活之一维的教育必不能是断裂的，而必须是整合的，是在整体上作为人发展自身的自觉、自为的现实活动的教育。在这里，人对自身教育活动的整体自觉与"人的世界"中各个领域和亚领域的教育最终走向"人的教育"的整合是同一个辩证历程。这里我们用"自觉"一词，不是说把生活世界的教育也纳入科学理性的逻辑规程，而是指继科

---

① 亚里士多德：《尼各马科伦理学》，苗力田译，北京：中国社会科学出版社1990年版，第14页。

② 苗力田先生在《尼各马科伦理学》"译者后记"中写道："'德性'这个词，现在流行的术语中往往就英语的 virtue 而译作'美德'，但在柏拉图和亚里士多德的词汇中，arete 的内涵却广泛得多，深沉得多。一切事物，不但是人，都具有自己的本性，自己的特长。在他或它的这一特长充分地发挥时，就称之为arete。"见亚里士多德：《尼各马科伦理学》，苗力田译，北京：中国社会科学出版社1990年版，第235页。同时参阅冯俊科：《西方幸福论》，长春：吉林人民出版社1992年版，第74—76页。

③ 亚里士多德：《尼各马科伦理学》，苗力田译，北京：中国社会科学出版社1990年版，第11—12页。

学意识苏醒之后作为"一种自然生活态度的总体变化"① 的哲学意识的苏醒,用现代教育国际的话语来表述就是:"教育是整个社会的目的。"② 这同样也是共产主义理想的一个最重要的组成部分。恩格斯在回答"共产主义者的目标是什么"时曾经指出,共产主义者的目标就是"把社会组织成这样:使社会的每一个成员都能完全自由地发展和发挥他的全部才能和力量,并且不会因此而危及这个社会的基本条件"③。

　　"组织社会"亦即改造社会。什么样的社会能够为人提供高质量的幸福生活呢?不同的伦理学理论有不同的回答。平等主义者(egalitarian)认为这取决于社会中是否存有平等且充分的现实选择机会;生长主义者(developmentalist)认为需要补充一点:"较之成熟程度低的个体而言,成熟程度高的个体的选择具有更大价值。"对进化论者(evolutionist)来说,决定一个社会生活质量的有两类指标:一是这个社会的文化在怎样的进化水平上为个人行为提供了自然的模式,二是人在长期进化中形成的本性中的矛盾倾向在多大程度上以最小的外部压力和最大的文化意义而被消解。④ 在马克思主义学说看来,"个人的全面发展,只有到了外部世界对个人才能的实际发展所起的推动作用为个人本身所驾驭的时候,才不再是理想、职责等等。这也正是共产主义者所向往的"⑤。

---

① 胡塞尔:《欧洲科学的危机与先验现象学》第151页。转引自倪梁康:《现象学及其效应——胡塞尔与当代德国哲学》,北京:生活·读书·新知三联书店1994年版,第136页。

② Edgar Faure, et al., *Learning to be*, Unesco, Paris, 1972, p. 162.

③ 马克思、恩格斯:《马克思恩格斯全集》第42卷,北京:人民出版社1979年版,第373页。

④ See Donald W. Oliver, *Education and Community*, chap. 3—4. McCutchan Publishing Co. 1976.

⑤ 马克思、恩格斯:《马克思恩格斯全集》第3卷,北京:人民出版社1960年版,第330页。

这种理想的实现不能寄希望于人的基因变异，也不能指望关于"爱的原则"或自我牺牲精神的说教①，它需要一代代人在现实的实践中创造出实现这一理想的历史条件。

从逻辑上说，教育成为整个社会的目的，必然要经历这样的逻辑历程（不能等同于历史时序）：

第一，通过私有财产的积极扬弃，异化现象被消除，"工作"与"劳动"作为一种统一的社会活动恢复其"人发展自身的类本质活动"的本来面目。这里有这样两层含义：首先，由于共产主义社会对私有财产的积极扬弃的完成，生产对象和生产手段作为异己的社会力量与劳动者个人的对立被消除，因而劳动不再是一种外在的、非本质的"不得不从事之事"，而是人发展自身类本质力量的内在基本需要。这样，劳动对人来说就成了真正的"人的教育"，而且是"造就全面发展的人的唯一方法"②。只有在劳动中，个人才能作为"人"而再生产自身，即在总体的水平上不断实现自身。这时，劳动的直接目的就是"个人全面而自由的发展"，就是"人的教育"，正如马克思所言，"在这个必然王国的彼岸，作为目的本身的人类能力的发展，真正的自由王国，就开始了"③。在这个自由王国里，"劳动成为人的第一需要"并非是简单肤浅的产品数量的丰富或个人道德水平的提高的结果——尽管这些作为条件也包含在结果之中，而是"作为自由的个体，他不工作就无法再生

---

① 参阅马克思、恩格斯：《马克思恩格斯全集》第 3 卷，北京：人民出版社 1960 年版，第 516 页。

② 马克思、恩格斯：《马克思恩格斯全集》第 23 卷，北京：人民出版社 1972 年版，第 530 页。

③ 马克思、恩格斯：《马克思恩格斯全集》第 23 卷，北京：人民出版社 1972 年版，第 649 页。

产自身"①，他必须通过劳动把自己"教育"成为一个"人"。在这里，劳动的"外在目的失掉了单纯外在必然性的外观，被看作个人自己自我提出的目的，因而被看作自我实现"②，这意味着个体再生产与社会或类的再生产在自为的水平上统一起来，用马克思的话来说，就是"个体和类之间的斗争的真正解决"③。在这样的历史条件下，日常生活领域的教育的根本矛盾，即个体的社会化与个人化的矛盾在自为的水平上达到了对立面的统一，社会化和个人化真正成为同一的过程。其次，由于异化劳动的扬弃，"工作"与"劳动"作为"人发展自身的类本质活动"真正成为同一的社会活动，即工作的日常性和非日常性实现了自觉的统一，因而人的生活世界教育的两个亚领域——日常生活中的教育与非日常生活中的教育，也在人自为地发展自身的同时自为地发展着类的"目的同一设定"中获得了自觉的整合。在前文论述中，我们引用赫勒对马克思的理解，把工作看作人的日常生活与非日常生活的界碑，其个体再生产的一面在日常生活中，其直接的社会或类的再生产的一面在非日常生活中。异化劳动的扬弃意味着个体再生产与社会或类再生产的直接同一。同时也意味着工作的日常性和非日常性实现了自觉的统一。就时间上的具体表现而言，由于"社会的个人的需要将成为必要劳动时间的尺度"④，所以对自由的个人来说，必要劳动与剩余劳动的对立将被消除，"必要劳动时间"等于"劳动时间"等于"可以自由支配的时间"，即对人来说，"时间"等于"自由时间"，这意味着片面

①　阿格妮丝·赫勒：《日常生活》，衣俊卿译，重庆：重庆出版社1990年版，第71页。
②　马克思、恩格斯：《马克思恩格斯全集》第46卷下册，北京：人民出版社1980年版，第112页。
③　马克思：《1844年经济学哲学手稿》，北京：人民出版社1985年版，第77页。
④　马克思、恩格斯：《马克思恩格斯全集》第46卷下册，北京：人民出版社1980年版，第222页。

的日常生活与非日常生活作为"人的生活世界"这一整体实现了向其本质的复归，同时也意味着生活世界的教育的两个亚领域实现了自觉的整合。

第二，由于异化劳动的扬弃，作为人的类本质活动的"异化的、外化的设定"的分工①也随之消失，因而个人的专门化和总体化在自为的水平上形成统一。这里同样包含着两层意思：第一层意思，分工的消失打破了社会在不同部门强加给人的特定发展范围，个人的专门化因此同时是总体化，而不是意味着片面的固定化。这正像马克思和恩格斯所说的那样，"在共产主义社会里，任何人都没有特定的活动范围，每个人都可以在任何部门内发展"②，一个人上午打猎，傍晚放牧，他并不因此就成为一个猎人或牧民，然而，这并不是说一个人必须在不同部门不断轮流转换才能获得全面发展，而是说他可以这样做——这是作为一种历史条件而提出来的。在这样的条件下，于是有了第二层意思，即由于每一种专门化都是个人自由主动的发展，所以每一种专门化本身（而不是所有专门化的总和）内在地就同时是总体化。在这里，分工的消失等于分工在其发达极限上的完成，"单个人的劳动在它［劳动］的直接存在中已成为被扬弃的个别劳动，即成为社会劳动"③。所以，对每个人来说，任何一个部门的劳动都既是专门化的过程同时又是总体化的过程，并且这种同一不是自在的而是自为的同一。因而每一种专门化都可以同时在总体性的水平上发展人。正是在这种意义上，赫勒如此理解"工作成为基本需要"："如果才能和能力要如此（全面——引注）发展，则人的部分生活必须被一种精力集中，即体力和脑力资源的自觉

---

① 马克思：《1844年经济学哲学手稿》，北京：人民出版社1985年版，第101页。
② 马克思、恩格斯：《马克思恩格斯全集》第3卷，北京：人民出版社1960年版，第97页。
③ 马克思、恩格斯：《马克思恩格斯全集》第46卷下册，北京：人民出版社1980年版，第223页。

定向所占据，这就是工作（无论体力还是脑力工作）的特征。"① 由于
定向是个人自觉自由的自我定向，所以专门化就不再是那种带有强制性
的"嵌入"社会结构的过程，而是一种直接以个人全面发展为目的的
自觉"融入"的过程。"融入"社会总体的结果也不再是个人的片面
化，而是在个人和社会的再生产的连续统一体中不断自觉地提升为
"总体的人"。马克思说："人以一种全面的方式，也就是说，作为一个
完整的人，占有自己的全面的本质。"而共产主义正是这种"通过人并
且为了人而对人的本质的真正占有"。② 专门化与总体化的自觉统一，
也为人的生活世界的教育与科学世界的教育走向整合奠定了一个直接的
意义基础。

　　第三，在生活世界教育两个亚领域的整合以及个人的社会化与个人
化、专门化与总体化的自觉统一基础上，科学世界的教育与生活世界的
教育也必将实现整合。首先，日常生活中的教育与非日常生活中的教育
的整合增强了生活世界的教育内在的统一性、有序性和目的性，从而打
破了体系化在科学世界的教育与生活世界的教育之间形成的壁垒，科学
世界的教育在它的后学校教育发展阶段重新向生活世界的教育回归。在
前一章里我们说过，科学世界的教育是一种体系化的教育，它由于扬弃
了生活世界的教育的偶发性和离散性而表现出明显的目的性、结构性和
有序性的特征，这些体系化特征是科学世界的教育作为一个分化独立的
体系而存在的根据。然而，日常生活中的教育与非日常生活中的教育的
整合意味着生活世界的教育实现了在自为水平上的统一，它通过对自身
偶发性和离散性的扬弃而获得了新的有序性和目的性的特征。因此，科
学世界的教育也不必再作为一个独立的体系而存在，不管它具体采取什

---

① 阿格妮丝·赫勒：《日常生活》，衣俊卿译，重庆：重庆出版社 1990 年版，第
71 页。

② 马克思：《1844 年经济学哲学手稿》，北京：人民出版社 1985 年版，第 80、77 页。

么样的形式，都将只是作为一个领域而不是体系继续发展，并且这个领域是统合在完整的生活世界的教育——亦即"人的教育"之中的。"在一个有着空前教育需求的时代，人们所需要的看来不是一个体系，而是一种'无体系'。"①"无体系"并非意味着杂乱无章②，而是说教育不再限于某一特殊社会体系——无论是学校制度还是伊利奇（Ivan Illich）的"教育网络"（educational web）③，即使确实存在着某种形式的"网络"，教育也会溢出网络而与生活融为一体。其次，社会化与个人化、专门化与总体化的自觉统一，为科学世界的教育向它在生活世界中的意义基础的回溯创造了条件。科学世界的教育作为人在异乡寓所的理性进修，本身就是人的脑力资源的一种集中和定向，是个人的一种特殊的专门化。由于生活世界的教育中个人的专门化与总体化的矛盾在现阶段仍未得到解决，科学世界教育的学校教育发展阶段，正是专门化与总体化的矛盾不断得到展开的环节，因此，科学世界的教育即使实现了对自身意义基础的自觉，也难以全面地为人生服务。在未来的"人的教育"中，专门化与总体化实现了自觉的统一，历史发展的条件决定了专门化同时就是总体化，这理所当然地也意味着科学世界的教育将作为"人的教育"的"局部的整体"全面地为人生服务。同时，社会化与个人化的自觉统一也意味着科学世界的教育在价值定向上能够实现个人与社会的统一。卢梭在《爱弥儿》的上卷中就指出了教育价值定向的一个两难选择："由于不得不同自然或社会制度进行斗争，所以必须在教育

---

① Edgar Faure, et al., *Learning to be*, Unesco, Paris, 1972, p. 161.

② 范斯科特等人在评价伊里奇的非学校化社会理论时，将它与无政府主义和马克思主义相提并论，这是对马克思主义的肤浅之见。参阅范斯科特等：《社会与教育的未来》，瞿葆奎主编"教育学文集"第 25 卷《国际教育展望》，北京：人民教育出版社 1993 年版，第 96 页。

③ 伊万·伊利奇：《非学校化社会》第六章，吴康宁译，台湾桂冠图书股份有限公司 1992 年版。

成一个人还是教育成一个公民之间加以选择，因为我们不能同时教育成这两种人。"① 科学世界的教育作为社会体系的一部分，在社会化与个人化的矛盾没有解决以前，它的价值定向最终总是要偏向社会这一边的。未来的共产主义社会是一个"自由个人的联合体"，"在那里，每个人的自由发展是一切人的自由发展的条件"②。因此，社会化与个人化是自觉统一的，作为"人的教育"的一个有机组成部分，科学世界的教育在价值上也将服务于全面的人生。这是科学世界的教育在其最深刻的意义基础上向生活世界的教育——此处亦即"人的教育"——的必然的合乎历史逻辑的回溯。

第四，人的教育的领域性整合，必将造就一种新型的"学习化社会"（learning society），教育将真正成为幸福生活的一个现实的基本维度。人的教育在整个社会的领域性整合实际上是以我们在上一章提及的教育的生活化与生活的教育化为社会表征的，用教育国际的话语来表述就是"学习化社会"③ 的诞生。关于未来学习化社会的具体教育形态，教育未来学家们已经提出了多种设想。其实，教育以什么样的具体形态存在并不是根本性问题，重要的是这个学习化社会中的教育在基本精神上表现出的新特征：其一，在"人的革命"中寻求幸福。直到现代为止，人类一直是把追求幸福的目光投向对自然界的征服和社会制度的变革上的④，以至于为了达到这样的目的，不惜把人自身也变成手段和工具，于是缘木求鱼，南辕北辙，人类找到的却是"结束自己生涯的科

---

① 卢梭：《爱弥儿》上卷，李平沤译，北京：商务印书馆1978年版，第9页。
② 马克思、恩格斯：《马克思恩格斯选集》第一卷，北京：人民出版社1972年版，第273页。
③ See Edgar Faure, et al., *Learning to be*, Unesco, Paris, 1972, pp. 160—165.
④ 参阅池田大作、奥锐里欧·贝恰：《二十一世纪的警钟》，卞立强译，北京：中国国际广播出版社1988年版，第145—147页。

学方法"——原子武器。① 在学习化社会中，人类将通过池田大作和贝
恰所说的"人的革命"，即通过对人自身的完善，在人与外部世界以及
人与人之间的和谐关系中创造幸福生活。自然改造、社会变革，再加上
人自身的革命，三种力量合在一起共同打开幸福生活的大门。"人的革
命"正是"学习化社会"的根本要义所在。其二，在人的生活中培养
"完人"。在学习化社会中，人的教育将在更高水平上复演原始社会中
教育与生活融合一体的状态，社会生活时时处处教育着人，并且由于生
活的丰富完满，这种教育培养出的人也必定是全面的"完人"。其三，
人将彻底摆脱在教育中作为"客体"的消极受动状态，真正成为教育
的"主体"。Π. 费多谢耶夫在《通往理想之路》中写道："向共产主义
迈进，就意味着人们将发展成为有独创精神的人。自行学习、自我教
育、自己管理自己——这乃是共产主义新人的同一种趋向、同一类品质
的不同表现而已。"② 即便是对儿童，这种教育也不会有强迫性，因为
儿童也是自己生活的主人，所以他自然也是教育活动中的主体，其他主
体与他的互动对他来说构成了发展的条件而不是强迫和压制。人真正完
全地成了教育活动的主体，这种教育因而一定是完善的和富于创造
性的。

　　或许，的确是"任何旨在改变人类命运的基本条件的事业在某种
程度上都必然地包含着乌托邦的因素"③，然而，无论是从教育的内部
还是外部来看，各种趋势和征兆都使我们有理由相信：在未来的某个历
史时期，一种教育化的幸福生活必将降临人间。在这个历史进程中，教

---

① 参阅奥雷利奥·佩西：《未来的一百页——罗马俱乐部总裁的报告》，北京：中
国展望出版社 1984 年版，第 163 页。
② 转引自沈恒炎：《未来学与西方未来主义》，沈阳：辽宁人民出版社 1989 年版，
第 127 页。
③ Edgar Faure, et al., *Learning to be*, Unesco, Paris, 1972, p. 163.

育自身也不是一个被动的等待者，而是社会进步和社会变革的基本力量
之一①，尤其是在以生活世界批判为前提的深层文化启蒙运动中，教育
更是表现出应当引起关注的独特的价值和魅力。

---

① 参阅约翰·杜威：《学校与社会·明日之学校》，赵祥麟等译，北京：人民教育
出版社 1994 年版，第 15 页。

第五章

教育的场所

本章逻辑线索：教育现象的两个基本特性：交互作用和连续性——对教育现象的时空特性宜运用社会学和拓扑学进行交叉分析——"场所""区域"等社会学和拓扑学基本概念的引入——个人社会生活的四个时空分区——生活时空中的教育场所——学习时空中的教育场所——工作时空中的教育场所——公众时空中的教育场所——人类的教育场所在宇（空间）宙（时间）中是无限开放的

　　我们仍然回到前两章开头的奥列弗（Donald W. Oliver）关于"鱼"和"水"的比喻。的确，"鱼大概是最后一种理解水之本质的生物"。正如黑格尔所言："熟知的东西所以不是真正知道了的东西，正因为它是熟知的。"① 人生长在这宇宙之中，对每个具体的个人的现实生存而言，个人总是生长在"宇"（空间）与"宙"（时间）构成的许多相互

---

① 黑格尔：《精神现象学》上卷，贺麟、王玖兴译，北京：商务印书馆 1979 年版，第 20 页。

联系的"场所"之中，"人的教育"当然也总是发生在一定的场所中，并且与场所之间存在着重要的关联。然而，对教育的场所，我们不仅至今依然知之甚少，而且也没有给这方面的研究以足够的关注。

　　这里，我将尝试对教育的场所做一点初步的解析。

一　教育的场所：社会学与拓扑学的交叉分析

　　杜威在《经验与教育》中这样写道："具体地说，所谓个人生活在世界之中，就是指生活在一系列的情境之中。"并且这里的"在……之中"与"钱在衣袋之中"不同，"它的含义是指个人和各种事物以及个人和其他人们之间进行着的交互作用。情境和交互作用这两个概念是互不可分的。"接着他又说："连续性和交互作用这两个原则彼此不是分开的……它们是经验的经和纬的两个方面。各种不同的情境一个跟着一个相继地发生。但是，因为有了连续性原则，可以使先前情境中的某些东西传递到以后的情境中去。"[1] 这段话说明了教育现象在具体时空上表现出两个重要的基本特性：交互作用和连续性。人与人之间的交互作用，这是社会学的研究对象；而研究空间的连续性变化，则是拓扑学（Topology，旧译"形势几何学""连续几何学"）的专长。因此，我们尝试同时运用这两种科学的方法对教育的场所作初步的解析。[2]

　　首先引入两个相互区别的概念："区域"（region）和"场所"（lo-

---

[1]　约翰·杜威：《我们怎样思维·经验与教育》，姜文闵译，北京：人民教育出版社1991年版，第267—268页。

[2]　拓扑学自19世纪形成以来，尤其是黎曼几何的创立与集合论的引进之后，已有很大的发展和分化。就像勒温（Kurt Lewin）在其"拓扑心理学"（topological psychology）中所做的那样，我们这里也只是借用了拓扑学中的一部分基本概念和基本方法。

cale）。我们把"区域"看作一个划分个人生活空间（life space of the individual)的一般单位，根据不同的标准，我们可以把个人生活空间划分成不同的区域。勒温（Kurt Lewin)说："生活空间常划分为若干'区域'，而区域则在性质上彼此有别，并由或易通过或不易通过的疆界（boundaries)所分开。"① 这些区域的疆界，我们在此后的图示中用约旦曲线（Jordan curve)来表示。② 所谓约旦曲线，就是平面上的单纯封闭曲线，其曲线为封闭的、连通的，且不和自己相交的。③ 图 1 所示

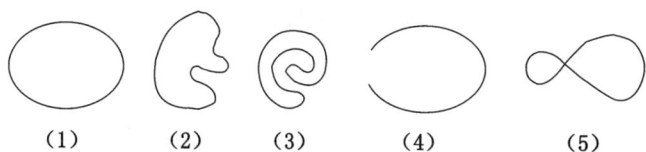

(1)　　(2)　　(3)　　　(4)　　　　(5)

图1　(1)、(2)、(3) 为约旦曲线，(4)、(5) 不是约旦曲线

(1)、(2)、(3) 均为约旦曲线，(4)、(5) 则不是约旦曲线。根据"约旦曲线定理"，平面上任一单纯封闭曲线有一个内部和一个外部。④ 一条约旦曲线所围成的内部，我们视为一个区域。发生在这区域内的事情，我们称之为"域内事件"，反之则称为"域外事件"。这里所说的事件不仅包括一切伴有主体行动的现实的社会事件，而且包括未见诸行动的心理学事件。在拓扑学看来，"给定任意一个集，在它的每一点赋予一种确定的邻近结构便成为一个拓扑空间"⑤。这里的个人生活空间的区域可以看作在个人全部生活空间这一给定的集合中，赋予个人身体

---

① 勒温：《形势心理学原理》，高觉敷译，南京：正中书局 1944 年版，第 39 页。
② 为排版方便与美观，多采用圆形或椭圆形曲线。实际"区域"疆界的形状是无穷多样的。
③ 参考幼狮数学大辞典编写小组：《幼狮数学大辞典》下卷，台湾幼狮文化事业公司 1983 年版，第 2029 页。
④ 参考 B. H. Arnold：《初等拓扑的直观概念》第五章"约当曲线定理"，王阿雄译，北京：人民教育出版社 1980 年版。
⑤ 《中国大百科全书·数学》，北京：中国大百科全书出版社 1988 年版，第 686 页。

所在位置这一点的一组邻域构成的拓扑空间。此后的图示中，我们用 P 来标识个人身体所在位置这一点。需要特别注意的是，与欧氏几何不同，拓扑学在空间的构造上"避免对距离概念的任何依赖"[①]，它只关注空间中的相对位置及其变形中的连续性，却不讲具体的大小长短。所以，我们在此后的分析中如果有必要涉及个人生活空间中的某种尺度，那也只是社会学意义上的尺度。"区域"概念不涉及具体空间度量，也不涉及这一空间的具体固定形状——事实上，约旦曲线只表示某个抽象的疆界，现实中不一定要有某个物理性的标识，因而"区域"只有抽象形状且可处于连续性的变形中。至于那些域外事件所产生的可影响个人生长的教育信息容易穿透区域疆界而对个人发生教育作用的程度，我们叫作一个区域的"可渗透性"。我们需要注意的个人生活空间区域的另一重要拓扑性质是"连通性"。直观地说，连通就是联成整个一块。"若 X 是连通空间，并且若我们把 X 写成两个非空子集的并集 A∪B，则我们期望 A 与 B 或者相交，或者至少在 X 内是紧挨着的。"[②] 也就是说 A 和 B 合并在一起等于 X，而且 A 和 B 有公共点，或者 A 的某点为 B 的极限点或 B 的某点为 A 的极限点，则 X 是连通的，否则 X 是分离的。我们用"连通性"的概念可以抽象地描述个人生活空间中不同区域之间的关系。譬如：如果我们把居室内的空间 A 与门外草地的空间 B 合起来看作一个拓扑空间 XP，那么对可以自由进出玩耍的孩子来说，X 是一个连通的空间；而对被关在屋里做习题的孩子来说，则 X 是一个不连通的空间。"连通性"还可以用来抽象地描述个人在不同区域中经验的可迁移性。如果一位公共汽车司机改行去开出租车，对他来说这两

---

① M. A. Armstrong：《基础拓扑学》，孙以丰译，北京：北京大学出版社 1983 年版，第 14 页。

② M. A. Armstrong：《基础拓扑学》，孙以丰译，北京：北京大学出版社 1983 年版，第 63 页。

个生活空间很大程度上是连通的，要是他改行去经营一家餐馆，则前后

图2　若视 X 为一个拓扑空间，则（1）中 X 为连通的，（2）中 X 是分离的

两个生活空间就很难说是连通的了。在现实社会生活中，"区域"处处存在。如你在大街上同相遇的熟人交谈，在你和熟人的周围则可设想有一条约旦曲线把你们同在街上的其他人隔开，你问熟人的问题一般情况下不会有街上一个陌生人来回答，即你和熟人处在同一个互动区域中，对此区域而言，在它的疆界之外的街道中发生的事情则可视为域外事件。在现实社会生活中，生活空间"区域"的成因主要有二：一是物质环境的原因。一间教室作为一个区域就是由四周的墙壁这一物质性的疆界而围成的。二是文化—心理的原因。一对恋人在公园的长椅上交谈，外人一般不会随便挤坐到他们中间去，这对恋人的周围就有一道"文化—心理"的屏障构筑成的区域疆界。根据区域中存有的教育信息对个人的教育作用的不同特点，我们区分出几类特殊的区域："环境"和"境遇"、"背景"和"现场"、"集体空间"和"个体空间"。在这里，我们用"环境"指称影响着个人生长和发展的所有当前的客观因素的集合，即一切现有的客观教育因素构成的区域；用"境遇"指称影响着个人生长和发展的并被个人意识到的所有当前教育因素构成的区域。二者的主要区别在于"环境"指的是一种客观环境（objective environment），而"境遇"指的是一种心理环境（psychological environment），这种区分可以避免勒温一般地使用"环境"概念造成的歧义。①

---

① See Robert W. Leeper, *Lewin's Topological and Vector Psychology: a Digest and a Critique*, University of Oregon, 1943, p. 62.

"现场"是指当前影响着个人生长和发展的所有教育因素构成的区域；"背景"是指个人曾经经验过的影响了和影响着个人生长与发展的所有教育因素构成的区域。对坐在课堂里的某个学生而言，课堂即是现场，而家庭则是一个背景。"集体空间"是围绕在某一群体周围由群体成员共享的教育因素构成的区域；"个体空间"则是围绕在个人周围的教育因素构成的区域。从班级的角度看，教室是一集体空间；就某一学生个人而言，则教室以及教室里的他人都可视为个体空间。①

"场所"是由多重时—空结构组合成的社会生活的一种结构性片段。这一概念我们在第三章已经提及。在现代西方哲学和社会学中，"场所"已成为讨论时间—空间这一古老问题的一个基本概念。"场所"与"处所"或"场景"不同，场所不是一个简单的时—空四维结构，而是多重时—空结构的组合——尽管简单的一个时—空四维结构也包含在这个概念之中。海德格尔说："用具整体之所以能够依靠定位而具有互相联属的性质，其条件与根据在于一般的'何所往'……我们把这个使用具得以相互联属的'何所往'称为场所。"② 海德格尔所谓的"用具"（Zeug）即是对人而言的"存在"，用马克思的哲学语言来说就是自为世界或属人世界，对人来说，客体总是为主体而存在的，是人的"为我"的存在。③ 太阳对人来说就是可以利用其光和热的存在，因此它也是人的一种"用具"。海德格尔举例说，太阳正因为人们对其光和热的使用不断变化而有其位置：日出、日落等等。"这种变化着但又不

---

① 注意：这里的"个体空间"不等于被喻为蜗牛壳、气泡等的"个人空间"。关于"个人空间"（personal space）可参阅 E. P. 霍兰德：《社会心理学原理和方法》，冯文侣等译，广州：广东高等教育出版社 1988 年版，第 327—330 页。

② 海德格尔：《存在与时间》，陈嘉映、王庆节译，北京：生活·读书·新知三联书店 1987 年版，第 128 页。

③ 参阅高清海：《马克思主义哲学基础》下册，北京：人民出版社 1987 年版，第 51—71 页。

断上到手头的东西的位置变成了强调的'指定',指定着处在这些位置中的场所。"① 所谓"上到手头的东西"也就是"用具",是人同它打着交道的用具。海德格尔用"烦"(Sorge)来标识此在(Dasein)"在世界之中存在"的本质,把人生在世同外物打交道称作"烦忙"(Besorgen),同他人打交道称为"烦神"(Fürsorge)。在海德格尔看来,"此在烦忙于世内存在者。世内存在者作为用具上到手头。'上到手头'已提示出一种近便。近便还不就指空间距离之小,而是指与烦忙活动之切近。有的东西远在天边却又近在眼前。"② "上到手头"这个概念表明了"场所"对简单空间的超越性,场所不是一般的"处所"或"场景",而是一种多重时—空组合结构,所以"场所并非先要靠共同摆在手头的物才得以形成,场所在各个位置中向来已经上到手头"③。身在南京的你如果借助现代通信参加华盛顿的一个讨论会,你就是那个会议的在场者,尽管你不在会场的那个"处所"里,却是在那个"场所"里,对其他与会者来说,你远在天边又近在眼前。

在海德格尔的"存在的拓扑学"(Topologie des Seins)中,"场所"主要还是作为空间的奠基性概念被当作时间的次一级课题来处理的,在他看来,此在的空间性是奠基于时间的。在英国现代社会学家安东尼·吉登斯(Anthony Giddens)的结构化理论(the theory of structuration)中,时间与空间是交织在一起的,因为"在社会理论中,在场(presence)与缺场(absence)的相互关联必须从空间也从时间的角度才能得到说

---

① 海德格尔:《存在与时间》,陈嘉映、王庆节译,北京:生活·读书·新知三联书店1987年版,第129页。

② 陈嘉映:《海德格尔哲学概论》,北京:生活·读书·新知三联书店1995年版,第151页。

③ 海德格尔:《存在与时间》,陈嘉映、王庆节译,北京:生活·读书·新知三联书店1987年版,第128页。

明"①。吉登斯在海格诗特朗德（T. Hägerstrand）的"时间地理学"
（time-geography）和海德格尔的时间哲学的基础上提出了结构化理论的
时间—空间论。关于"场所"概念的提出，吉登斯解说道："动用术语
'场所'而非'处所'（place）的原因之一是：在跨时空的'遭遇'
（encounters）的构造中，行动主体（agents）是以一种时间延续性的方式
（chronic way）使用对场景（settings）的占有权的。"② 这种时间上的延续
性方式决定了"场所"不仅仅是一个空间概念，而且还包括了时间的
维度。作为一个社会学概念，吉登斯的"场所"是行动主体的行动在
其中进行的场所，这些行动包含于海德格尔的"烦"，而"烦的结构的
原始统一在于时间性"③。时间性（Zeitlichkeit）表现为存在的时间，于是
有存在时间状态上的规定性：将来、曾在、当前。这三者是既分离又统
一的，当前包括在将来与曾在之中，将来与曾在又"一齐伸达并供呈当
前"，因此"在场非必都是当前"，"在场伸展到曾在和将来之中"。④ 这
里存在着列维-斯特劳斯（Claude Lévi-Strauss）所说的三重对立：历时性
与共时性的对立、周期性与非周期性的对立、可逆时间与不可逆时间的
对立。⑤ 一方面，时间对每个人来说都是暂存的、一维的、不可逆的，人
皆向死而生；另一方面，跨越时空而伸展的制度暗含着一种"再生产的
循环"（circuits of reproduction），在这种再生产的循环中，将来与曾在都统

① 黄平：《安东尼·吉登斯：结构化与现代性》，《国外社会学》1995 年第 1—2 期。

② Anthony Giddens, *The Constitution of Society*, University of California Press, 1984, pp. 118—119.

③ 海德格尔：《存在与时间》，陈嘉映、王庆节译，北京：生活·读书·新知三联书店 1987 年版，第 388 页。"原始"译文作"源始"，据陈嘉映《海德格尔哲学概论》（1995）第 129 页引文校订。

④ 陈嘉映：《海德格尔哲学概论》，北京：生活·读书·新知三联书店 1995 年版，第 125 页。

⑤ 参阅列维-斯特劳斯：《野性的思维》，李幼蒸译，北京：商务印书馆 1987 年版，第 270 页。

一于当前。"场所"的这种时间性特征在教育场所中的表现是明显的，任何一个教育场所都包含着过去的经验和未来的期望，同时也包含着个人不断向上的生长。

吉登斯用"时—空伸延"（the time-space distanciation）来指陈基于社会互动与系统互动机制之上的社会系统在时空上的扩展。由于这种扩展，从传统社会到现代社会，首先是时间从空间中剥离出来，接着是场所同空间的分离。吉登斯用"脱出"（disembedding）来描述现代性条件下社会关系脱离出具体的互动环境并在更为广阔的时—空范围内重新建构的特征。我们把"时—空伸延"视为"场所"的内在特征，正是想赋予"场所"这个概念在广阔的社会视野中表述时间与空间不断变化的多重的组合的意义，从而为分析广布于人类社会的复杂的教育现象提供一把利器。把"区域"与"场所"叠加起来，我们就可以从整体上把握具体的教育环境和教育活动中多重时空组合的关系。"场所是内在地、典型地区域化（regionalized）了的，场所中的区域在互动情境的建构中是极其重要的。"①我们用"区域"来描述教育活动的主体在其生活空间中的定位，通过"区域"的拓扑学分析来说明以此定位为前提的教育活动要素的空间分布关系对个人生长的影响。从另一个角度，即在系统整合的联系中，我们试图借助"场所"来整体地把握具体教育活动的系统结构。事实上，任何一个教育场所都可以看作一个局部性的完整的教育系统，因为"任何系统都可被定义为既是部分又是整体"，恰似社会系统论所说的"豪笼"（Holon）。②作为一个系统，教育场所包含着主体生活空间中某一现实的四维时空，同时又以多重时空组合的方式超越了这一四维时空，它可以

---

① Anthony Giddens, *The Constitution of Society*, University of California Press, 1984, p. 118.

② R. E. 安德森、I. 卡特：《社会环境中的人类行为》，王吉胜等译，北京：国际文化出版公司 1988 年版，第 6—7 页。"Holon"这个词表达了部分的整体性和整体的部分性。

简单到只有一个区域，也可以分化为许多区域。在这些区域之中和区域之间，分布着教育活动的基本要素：作为主体的人、作为客体的人的发展资源和联系教育主体与教育客体的教育行动。"行动"的概念在这里区别"行为"（时时让人联想起行为主义的S—R)而突出标举人在教育活动中的主体地位。① "行动"暗示着作为行动主体的个人改变既存事实或状态的能力，所以"行动逻辑地包含有'改变的能力'意义上的权力"，而"资源是权力借以实施的媒介"②,权力的实施又要求规则作为系统结构的组成部分来保障教育场所的一定的有序性。这些规则主要分为两类：合法性规则和合意性规则，前者是指教育场所所在社会的法律和道德规范，后者主要指的是社会意识形态和文化系统中的一整套解释范式。

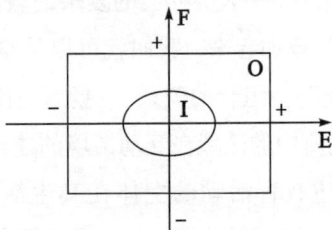

图3   三个维度的交叉组合产生不同的能量—场强结构

(E: 能量；F: 场强；I: 内向；O: 外向；+: 强；-: 弱)

吉登斯在社会结构的一般意义上把资源分为两类："（1）权威性资源，即是用来控制和左右某种背景关系中互动型式的组织性能力；（2）配给性资源，即是用来控制和左右某种背景关系中互动型式的物质性东

---

① 富永健一：《社会学原理》第71页："所谓行动，是具有下述取向的目的实现过程，即作为行动主体的人因需求而产生动机，从他所处的情景中吸取物质的、社会的和文化的各种因素，并通过目的、手段、条件、障碍等形式与这些因素连结起来，从而实现需求的满足。"严立贤等译，北京：社会科学文献出版社1992年版。

② Anthony Giddens, *The Constitution of Society*, University of California Press, 1984, pp. 15—16.

西、人工制品和物品。"① 配给性资源在人对自然的支配中不断被再生产出来，权威性资源则在一些人对另一些人的支配中不断被再生产出来。参照这种二元分类方法，我们把分布在教育场所中的教育资源分为两类：分配性教育资源和权威性教育资源。其中分配性教育资源是指人在教育活动中可以直接加以利用的影响人的发展的物质的和社会文化的资源，亦即"人的发展资源"；权威性教育资源主要指的是由外部规则限定和自身发展现有水平所决定的教育主体利用人的发展资源的能力或可能性。在一个教育场所中，我们把其中存有的可供开发的人的发展资源的多少叫作"能量"，而把已经被教育主体开发出来的人的发展资源的多少叫作"场强"，能量和场强在场所内不同区域的分布往往是不均衡的。一定区域中的教育主体在开发人的发展资源的目标定向上又有内向和外向之分，若以一个独生子女家庭为一区域，未成年的子女由于占有权威性教育资源较少，因而其目标定向主要是内向的，在父母的目标定向都表现出强烈的外向特征时，则家庭教育场强减弱，这不仅对子女的发展产生负面影响，而且对所有家庭成员在亲情关系方面的发展都会有所削弱，甚至最终可能导致家庭关系的畸变乃至解体。能量、场强和目标定向三个维度的不同交叉组合，产生不同的教育场所的能量—场强结构类型。例如：一间正在上课的教室一般情况下理想的能量—场强结构是内向在第一象限而外向在第三象限或第四象限。

"区域"和"场所"及其相关概念的引入，为我们探索运用拓扑学与社会学交叉研究的方法对广泛分布在社会生活中的教育现象进行时间—空间分析初步奠定了基础。

---

① 乔纳森·H.特纳：《现代西方社会学理论》，范伟达译，天津：天津人民出版社1988年版，第644页。

二　生活时空中的教育场所

吉登斯认为，人的社会生活在时空上是区域化了的，"'区域化'应当这样理解：它不仅仅是空间的场所化（localization），而且是指与常规化（routinized）社会行动相关联的时空分区"①。在总体上，我们根据人的主要几种社会行动的不同特性从时空分区的角度将人的社会生活分成四个主要的时空组成部分：生活时空、学习时空、工作时空和公众时空。然后再运用前文引入的概念和方法对不同时空中的教育现象作进一步的场所和区域的分析，并通过这种一般性的、初步的分析努力提示一种探索的方法与方向。在这里，"生活时空"中的"生活"是狭义的生活概念，它指的是个人基本的日常生活。这里的"时空"总是依个人在其中的社会行动特性而定性的，譬如：对一个正在家中做作业的孩子来说，他是处在学习时空而非生活时空中。对不同的个人来说，这四大时空分区在总体中分别占有的比例构成也是不同的。在校学生的学习时空在总体中所占比例一般要大一些；"工作狂"（work addiction）的工作时空可能会在总体中占相当大的比例；而幼儿则主要处在生活时空和学习时空中，其公众时空所占比例较小，工作时空还处在前发生状态——如幼儿游戏中的"工作"、生活中少量的辅助性"劳动"等。

---

① Anthony Giddens, *The Constitution of Society*, University of California Press, 1984, p. 119.

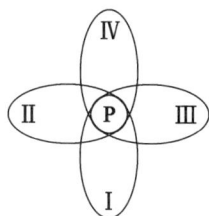

图 4 依个人（P）的社会行动特性将其社会生活从总体上分为四个时空分区
（Ⅰ：生活时空；Ⅱ：学习时空；Ⅲ：工作时空；Ⅳ：公众时空）

"生活时空"是指个人基本日常生活的时空，即个人在其中从事日常消费活动、日常交往活动和日常观念活动等日常生活活动的时空。生活时空是个人最基本的生存时空，其他几种时空分区都是作为生活时空分化的结果而建立在生活时空的基础之上的。就其一般特性而言，"日常空间具有固定、狭窄和封闭的特点"，"日常时间具有凝固、恒常和均匀流逝的特征"①。日常时空的这种一般特性，与个人主体在日常生活中的行动的典型的常规化特性是密切联系的。在生活时空中，不同的行动主体的日常生活活动往往按照某种惯常的模式形成各自不同的个体活动路径（paths），从个体身体定位及其位移的角度来说，就是个人的生活轨迹（trajectory）。"正如海格诗特朗德所认为的那样，行动主体的生活轨迹'必须适应那些他们在世俗的时间与空间中共同生存所必然带来的压力和机遇'。"② 从个人生长的角度，或者说从泛教育理论的角度来说，个人日常的生活轨迹可以看作行动主体对自身生长所需要的人的发展资源的"搜寻"和客观的社会与自然条件限定的共同结果。在人类社会中，个人不可能独立生产出自身作为"人"的再生产所需要的全部发展资源，他

---

① 衣俊卿：《现代化与日常生活批判——人自身现代化的文化透视》，哈尔滨：黑龙江教育出版社 1994 年版，第 20—21 页。

② Anthony Giddens, *The Constitution of Society*, University of California Press, 1984, p. 112.

必须向外"搜寻",在连续的搜寻行为中不断建构着最小成本、最短时空距离、最大利益、最满意方式下的响应模式,"一旦有最合宜响应的本质决定被作出以后,搜寻活动随即降低,并由某种有规律的或成为习惯的响应模式所代替"①,这也就是在给定时空段内相对稳定的生活轨迹的形成。搜寻行为实质上是个人在日常位移(movement)中对自身时空定位策略的选择,海格诗特朗德用日常时空的"光谱"来分析个人的这种时空定位策略选择,"对某一个体而言,每一天的时空有效容量就是一组限定目标寻求之边界的光谱"②。譬如:某人要在两所住房之间作出选择,其中一所住房居住条件较差,但自己上班并送孩子上学需要跨越的时空距离短(路途近或消耗时间少),另一所住房居住条件好,但自己和孩子日常位移需要跨越的时空距离长,这两种时空定位策略的选择用海格诗特朗德的"光谱"分析可以用图5来表示。个人要综合考虑多种因素以在这两种策略中作出选择。

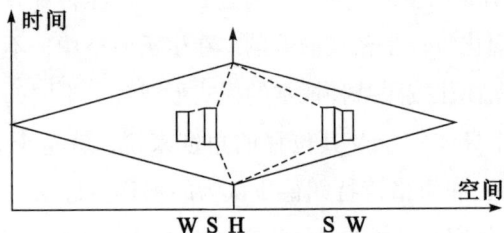

图5　两种日常位移策略选择的时空"光谱"

(H: 住所; S: 学校; W: 工作单位)

在日常社会生活中,大多数人的生活时空在总体上都是"家庭—路途—工作单位(或学校等)"构成的哑铃形结构。在工作单位或学校中,行动主体除了工作和学习外,也有部分日常的生活活动,如同事或同学

———————

① 牛文元:《理论地理学》,北京:商务印书馆1992年版,第769页。

② Anthony Giddens, *The Constitution of Society*, University of California Press, 1984, p. 114.

之间的日常交往等，因此其中也存有生活时空。拓扑学认为，一个区域的任何一点都可由一条全在该区域内的路径与任意另一点相接，则该区域是连通的。① 所以，因个人生活轨迹而形成的这个哑铃形结构，也可视为一个连通的区域，个人的日常生活活动，包括生活时空中的所有教育活动，都是在这个连通的区域中进行的。家庭、路途、工作单位（学校），可以看作这个连通的区域内部区域化形成的三个小区域。

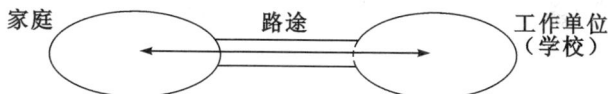

图6 个人生活时空的哑铃形结构分化成三个小区域

下面分别对这三个小区域中的教育场所进行分析：

家庭中的生活时空是个人生活时空发生和发展的基础，这一时空中发生的教育对个人的生长发展有着极其深刻的影响，尤其对未成年的家庭成员而言，这种影响为个体以后在其他时空中的发展奠定了深层次的背景基础。家庭生活时空中的教育场所一般具有如下特征：第一，教育行动典型的常规化。家庭，无论是前工业化时期的那种大家庭，还是工业化时期的现代家庭，都是人们日常生活活动最主要、最基本的时空，因此，人们在这一时空中的各种日常活动都是典型的常规化了的。在这里，理性对行动的反省性监控（reflexive monitoring）处于相对松懈的状态，支配行动的主要是行动主体的不知不觉的"无意识动机"（unconscious motives）和不言而喻的"实践意识"（practical consciousness），而清晰明白的"推理意识"（discursive consciousness）则较少介入行动的监控。② 长期的共同生活形成了为家庭成员所认同的一个习惯性的、不加

① 参阅勒温：《形势心理学原理》，高觉敷译，南京：正中书局1944年版，第80页。
② See Anthony Giddens, *The Constitution of Society*, University of California Press, 1984, p. 5—8 & 41—51.

思索的行动模式库，家庭对个人本体安全（ontological security）的支持正是来自这种社会性的行动常规化，而非直接源于先天的血缘关系。作为对个人本体安全的最基本的支持框架，家庭生活所提供的教育不仅对个体在未成年期的生长发展，而且对个体在生命全程的生长发展都始终保持着深刻的影响。第二，人的发展资源在家庭时空的教育场所里的分布往往表现出内部区域的非均衡性。一般来说，家庭时空中的教育场所内在地区域化为"公共生活区"（如客厅、餐厅）、"个人生活区"（如卧室、书房）和"辅助生活区"（如厨房等），显然，生活时空中的人的发展资源多集中分布在公共生活区中。家庭成员间的互动，尤其是各种信息交换，主要是在公共生活区中进行的。在注重"家教"的中国古代家庭中，厅堂往往是家庭中十分重要的生活区。然而，随着社会生活方式的不断现代化，特别是大众传媒渗入人们的家庭日常生活，家庭成员面对面的互动机会正在减少，人的发展资源正从公共生活区向个人生活区转移，伴随这种转移的是学习时空和公众时空对生活时空的侵占。第三，在家庭时空的教育场所中，行动主体开发人的发展资源的目标定向也比较散漫，并且有日益外向的趋势，因而其能量—场强结构也日益表现出非集中化特征，即外向在第一象限而内向在第三象限的组合类型正在增加（参见图 3，下同）。在现代社会中，家庭成员们似乎越来越多地依赖于所谓的"有意扩大了的家庭"①，每个少年或成年成员都有各自不同的社会支持网络和家庭以外的信息来源。越来越多的域外事件不断作为人的发展资源加入家庭时空的教育场所中来，由于这些域外事件常常是以不同家庭成员的行动背景的形式加入教育场所的，所以不同家庭成员开发发展资源的目标定向不仅越来越表现出外向特征，而且越来越指向不同的方向。这使得家庭时空中的教育场所的构成日益复

---

① 罗杰·A.斯特劳斯：《应用社会学》，李凡等译，哈尔滨：黑龙江人民出版社1992 年版，第 85 页。

杂，并且日益表现出非生活化的趋向。

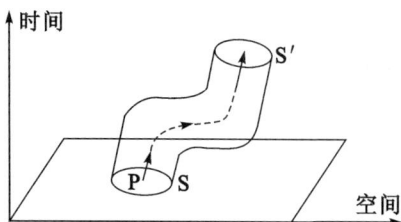

图7　行动主体在给定时空中的日常位移形成一个轨迹空间

　　路途上的生活时空可以看作行动主体沿着其生活轨迹做日常位移而形成的一个轨迹空间。设因行动主体（P）的视野、听觉范围等而有一包含 P 的空间区域（S），当 P 在给定时空中从 S 位移到另一空间区域（S′），则形成一个"轨迹空间"。在这一轨迹空间中，人的发展资源的分布带有明显的随机性。在每天的日常位移中，行动主体在何时何地遭遇到何人何事，并没有多少必然的可推理性。尽管其中某些事件是行动主体可以在很大程度上预料到的，但预料的依据也只是日常生活总体上的常规化所形成的结果——如两个行动主体每天在同一车站候乘同一班车，而不是依据某种先验的内在逻辑。然而，人的发展资源在时空分布上的随机性并不影响它在人的生长发展过程中的重要作用，实际上，除了家庭和工作单位（或学校）以外，个人所受到的其他教育大部分是在这个轨迹空间中进行的。这里有两种特殊现象尤其值得注意，那就是由于行动主体日常位移的常规化而形成的"驿站"和"同路"。所谓"驿站"，就是行动主体在日常位移过程中经常逗留的地方，如某个车站、某个餐馆等。驿站往往是较多个体生活轨迹相交的地方，他们的轨迹空间在这里基本重合，因而在其中发生重要人际互动的机会较多，如两个好朋友经常相约在两人都方便的餐馆共同进餐。实际上，在个体相当长的一段生活周期中，家庭、工作单位、学校等也都可以看作个体生

活轨迹上的驿站。① "同路"是指两个相识的行动主体的日常位移轨迹
空间基本重合或部分重合的现象。譬如：两个孩子经常一道去上学，放
学又一道回家，这种由同路现象形成的伙伴关系往往对两个孩子的成长
都有值得注意的影响。两人同路，他们通过互动即形成了一种多元主
体，而在有些社会学家看来，"任何一种多元主体都是一个社会群
体"②，因此，这看似简单的常见生活现象中却存在着复杂的人际互动
关系。假设前例中的两个孩子是同班同学，取他们放学回家的共同轨迹
空间的某个截面，可以得出图8所示的一个教育场所。除了当前轨迹空
间 S 和互动区域 I 中发生的事件会对他们产生影响外，在 S 以外的诸多
域外事件也作为 S 这一现场的背景加入了这个教育场所。这个例子同时
也说明对实际生活时空中任何一个教育场所的分析都是一项极为复杂的
任务。

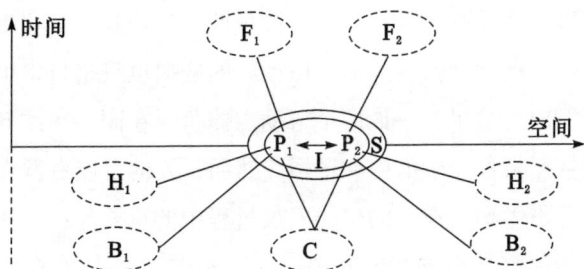

图8   一个同路现象的轨迹空间中教育场所的例子

(P₁、P₂:两个同路人；S:轨迹空间截面；I:互动区域；C:班级中过去发生的事；
H₁、H₂:两人各自曾受过的家庭教育；B₁、B₂:两人各自的知识背景；F₁、F₂:两人对未来
事件的预料)

---

① See Anthony Giddens, *The Constitution of Society*, University of California Press, 1984, p. 113.
② 玛格丽特·吉尔伯特:《一道散步：一种典型的社会现象》，杨音莱译，《国外社会学》1992 年第 5—6 期。

　　在行动主体日常位移形成的轨迹空间中，人的发展资源的分布还表现出流变性和多样性的特征，并且由于行动主体的日常位移通常都是在室外较大范围的地域空间中进行的，所以轨迹空间中人的发展资源的分布状况还直接与周围地域社会的自然环境和人文环境密切相关。流变性和多样性的特征包含着这样两层意义：一是行动主体在轨迹空间中是不断地运动着的，因此处于"现场"的人的发展资源也总在不断变化；二是在行动主体日复一日的日常位移过程中，他所处的地域社会的社会生活也在不断的变迁之中，因此行动主体的日常位移所经历的轨迹空间的构成也不断地发生着变化，这种变化不仅发生于周围的物质环境，而且也发生在每一个行动主体身上。"社会是由许多在空间上彼此分隔、在分布上却有统一的地区联系，而且能够独立移动的个人所组成。"①行动主体日常位移所经历的轨迹空间本身就是地域社会的一部分，所以轨迹空间中分布的人的发展资源的具体状况是与地域社会的自然环境和人文环境密切相关的。譬如：生活在农村的人与生活在城市的人，他们的日常位移轨迹空间中存有的人的发展资源的具体状况就有很大差异。青少年学生的日常位移所经过的街区社会文明状况对他们的人格发展有着不可忽视的影响。行动主体日常位移的轨迹空间是其生活时空的一部分，理性对行动的监控比在家庭生活时空中虽然稍严密一些，但总的看来仍然处于松懈状态，行动的目标定向也主要指向日常位移的目的地，而开发轨迹空间中的人的发展资源的目标定向一般却是散漫的，加上轨迹空间中人的发展资源分布的流变性和多样性，其中的教育场所的能量—场强结构也会随着行动主体的位移而不断发生变化。如图 8 中，在 I 以外若无特殊事件吸引 P_1 和 P_2，则此教育场所能量—场强结构内向在第一、二象限而外向在第三、四象限；一旦 I 以外发生了特殊的域外

　　①　R.E. 帕克、E.N. 伯吉斯、R.D. 麦肯齐：《城市社会学》，宋俊岭等译，北京：华夏出版社 1987 年版，第 64 页。

事件足以吸引 P_1、P_2，则此教育场所能量—场强结构内向移入第三、四象限而外向移到第一、二象限。这些特征都与理性对行动监控的松懈联系在一起，也正因为理性监控的松懈，生活时空中的教育才经常能够直接影响行动主体人格的深层，这种影响发挥作用的过程一般是比较缓慢的、渐进的，然而其结果却往往是持久的。

我们把工作单位、学校等社会组织机构中存有的生活时空叫作"集体生活时空"。集体生活时空的一个显著特点就是其次生性，它通常是有组织的学习时空或工作时空派生出来的，并且经常是作为有组织的学习时空或工作时空的不同时空单元之间的联结物和衍生物而和此类有组织的时空交织在一起的，因此，集体生活时空往往表现出这样的矛盾特性：一方面作为派生物它在总体上是处于组织权威的监督之下的，另一方面它又总是作为对秩序化时空的反抗而被派生出来。所谓"有组织的"也就是"有纪律的"，而"纪律只有通过对时间和空间的操纵才能得以推行"[1]，福柯（Michel Foucault）曾不惜笔墨地论述"禁闭"（confinement)的概念。[2] 现代社会组织总是借助于各种对时空的精细分割来实现对个人的监督[3]，这种监督已渗透于社会生活的方方面面。集体生活时空首先被置于组织权威的监督之下，因而表现出较强的话语增殖（discourse multiplication)能力[4]，这种话语增殖能力转化为集体生活时空中普遍存在于行动主体日常语言交往过程的"舆论"和"流言"，

---

[1]   Anthony Giddens, *The Constitution of Society*, University of California Press, 1984, p. 145.

[2]   参阅米歇尔·福柯：《癫狂与文明——理性时代的精神病史》，孙淑强等译，杭州：浙江人民出版社 1991 年版。

[3]   参阅安东尼·吉登斯：《一种社会组织理论》，洪大用译，《国外社会学》1991年第 6 期。

[4]   参阅米歇尔·福柯：《性史》，黄勇民等译，上海：上海文化出版社 1988年版。

从而形成对行动主体新的监控，并影响着行为主体的生长。所以，在集体生活的时空中，舆论、流言等话语的特殊社会形态是教育场所的不可忽视的重要构成因素。在这里，舆论、流言等从外貌、衣着到品行、能力等诸多方面对行动主体进行正确或歪曲的评价，这类评价对行动主体的发展往往具有重要的暗示、引导和制约作用。同时，集体生活时空还是现代社会中的个人在家庭以外扩展社会关系的主要领域，因此在个人的社会化进程中具有特殊的意义。

由于现代社会组织对时间与空间的精细分割，集体生活时空中的教育场所往往表现出明显的区域化特征，并且主体开发人的发展资源的目标定向也是以内向为主的。如果将教室、办公室、车间等视为不同的区域，那么，由于集体共同的工作或学习任务的聚合作用，区域内人际互动一般比跨区域人际互动的机会要多得多，域外事件对区域内行动主体的教育作用常常会遇到较强的屏障，或者说此类区域的可渗透性一般较弱，因为这类区域的形成往往正是出于抵御干扰以保障工作或学习任务的完成为直接目的的。与这种内向的目标定向特征相联系，集体生活时空中教育场所的能量—场强结构也表现出以内向在第一象限而外向在第三、四象限的组合类型为主的特征。同时，在这类教育场所中，每个行动主体除了有各自的家庭和生活经历等个人背景外，还有工作或学习时空作为共同的行动背景。由于秩序化的工作时空或学习时空作为背景对主体行动的制约作用，人的发展资源的分布也带有秩序化的特征——在一定意义上，这种分布本身就是秩序化时空中权威性资源分布的派生性结果，并且是同现代社会组织精细的时空分割又是紧密联系在一起的。在这里，共同行动背景中的权力结构对个体开发人的发展资源的活动具有一种内在的制约作用，社会组织中居于较高职位者的集体生活时空与低职位者之间的差异是明显的。不过，社会组织的权力结构在这里的制约作用还只是一种派生性的"效应"。因为集体生活时空毕竟仍是个人

"生活时空"的一部分，其中的教育活动仍然是常规化的、依赖于习惯响应模式而进行的，并且前文提及的"话语"对行动主体生长的影响，也是以行动主体之间日常语言交往的形式而不是组织机构所用的"档案"的形式发挥作用的。

个人生活时空的哑铃形结构除了上述三个区域以外，还有很多其他形式的分化和延伸，如"驿站"中的朋友聚会、游戏、旅行等，因此其中的教育场所也有着极其丰富的结构与表现形式。在社会生活中，每一个具体的教育场所都有自己的不断变化着的动态结构特征，因此，只有通过大量的针对个案的社会学与拓扑学的交叉分析研究，我们才有可能进一步揭示其中存在着的教育规律。

三　学习时空中的教育场所

"心理学研究中的发现表明：人是一种未完成的生命存在，它只有通过不断的学习才能完善自身。"[1] 因此，社会生活中的个人是时时处处都在学习着，然而，这并非意味着行动主体在一切时空中的行动都是直接以学习为目的的。"学习时空"在这里指的是行动主体在其中将自身精力集中于完成一定的学习任务的时空。在学习时空中，主体行动的直接目的就在于学习。根据学习时空中的人的发展资源分布和行动主体人际互动是否直接附着于某个学习组织的权力结构，我们把学习时空分为秩序化学习时空（disciplinary learning-time-space）和非秩序化学习时空。社会组织是"人们为实现特定目标而建立的共同活动的群体"[2]，

① Edgar Faure, et al., *Learning to be*, Unesco, Paris, 1972, p. 143.
② 《中国大百科全书·社会学》，北京：中国大百科全书出版社 1991 年版，第 356 页。

作为一种特殊的社会组织，"学习组织"指的就是人们为实现学习目标而建立的共同活动的次级社会群体。

社会组织的主要特征之一是具有制度化的组织结构。① 在帕森斯（Talcott Parsons）的系统功能主义观点看来，"当各种不同取向的行动者（根据他们的动机和价值观取向来定位）在相互交往时，他们就会形成同意和忍受某种互动的模式，这便成了'制度化'"②。这种为不同行动主体所认同的相对稳定的互动模式，也就是社会组织内部的秩序。有的社会学理论把非制度化的群体也看作一种组织，称为"非正式组织"，严格说来，这类社会群体还不是真正的组织，其中也存在权力，但没有制度化的权力结构。"组织""权力"和"秩序"是相互紧密联系在一起的概念，"权力维持着社会及其内部社会组织的基本秩序。权力是一切联合的后盾，并支撑着它的结构。没有权力，就没有组织；没有权力，也就没有秩序"③。因此我们可以说，权力是学习组织一个基本的构成要素，是秩序化学习时空的重要支持框架。"权力"的概念是现代西方社会学和哲学诸家理论流派关注的焦点之一。对于这一概念，许多社会学家和哲学家都从不同角度提出了自己的独特理解。韦伯把权力理解为行动者个人实现自己意志（有时甚至以摧毁他人的意志为代价）的能力，而在福柯看来，权力则是一种以多元对抗为表现特征的属于集体或社会的生产性力量。吉登斯在《社会的建构》一书中赞同把这两种观点结合起来的主张，认为权力有这样两个方面："一方面它是行动者将他们所偏爱的决定立为规范的能力；另一方面它是交织建构

---

① 参考《中国大百科全书·社会学》第 356 页"社会组织"条，北京：中国大百科全书出版社 1991 年版。

② 乔纳森·H. 特纳：《现代西方社会学理论》，范伟达译，天津：天津人民出版社 1988 年版，第 84 页。

③ Robert Bierstedt, *The Social Order*, 4th edition, McGraw-Hill, Inc. 1974, pp. 361—362.

于制度之中的'倾向的运作'。"① 按照这种理论，权力作为秩序化学习时空的支持框架，它是行动主体在行动中的建构与学习组织为实现学习目标而对人的发展资源进行分配的结果。帕森斯认为，"我们可以把权力说成是一种一般化的社会资源，这种社会资源被部署以实现范围广泛的子目标，并被分配给实现此类子目标的机构——组织"②。吉登斯不同意这种看法，他把"权威性资源"从"权力"概念中区分出来，认为权力本身不是资源，它只是通过资源这个中介得以实现。他说："资源，作为进行社会再生产的一个常规化要素的例证，是权力借以实施的中介。"而"权力，在拥有一定跨越时空的连续性的社会系统中，意味着行动者或群体之间的社会互动文本中的自主的或依附的规则化联系"③。这种规则化的联系尽管本身不是资源，但它却作为资源分配与调节的一般能力通过资源分配体现出来。所以，在秩序化学习时空中，权力作为教育场所的基本构成要素之一，对人的发展资源在教育场所中的配置具有重要影响。

前文我们曾经提到过，吉登斯把资源分为权威性资源和分配性资源，认为任何组织都涉及这两种资源的调配，并且认为其中权威性资源是一直被忽视的更为重要的资源。"权威性资源可被设定为监督。监督有两个方面……一种是作为搜集、译制和再现信息的监督；一种是由其他人直接针对某些个人或群体之活动进行的监督。"④ 很显然，秩序化学习时空中的教育场所在很大程度上正是以无处不在的监督为特征的。

---

① Anthony Giddens, *The Constitution of Society,* University of California Press, 1984, p. 15.

② 帕森斯：《现代社会的结构与过程》，梁向阳译，北京：光明日报出版社 1988 年版，第 35 页。

③ Anthony Giddens, *The Constitution of Society,* University of California Press, 1984, p. 16.

④ 安东尼·吉登斯：《一种社会组织理论》，洪大用译，载《国外社会学》1991 年第 6 期。

从夸美纽斯关于学校纪律与青年行为规则的有关著述中即可看出秩序化学习时空中组织权力对学习主体从一般品行到谈话、坐姿、笑甚至打哈欠等无微不至的严密监督。① 福柯在他的《监视与惩罚》一书中就曾以学校为例来分析现代组织中权力通过监督与惩罚得以实施的本质特征。② 在学校等学习组织中，直接的监督首先表现为学习组织中的某些领导者（如教师等）及其代理人对学习活动的主体（如学生）在一定时空内的行动的监督。教师作为监督者的角色是其职业角色的重要组成部分，甚至可以说是核心部分，因为从一定意义上讲，教师的教学活动本身就是一种监督，它为学生设定了学习任务并且要求学生在一定的时间和空间内完成这些任务。教师作为监督者的作用是学校、班级这样的学习组织的秩序性的保障之一。秩序化学习时空中教育场所的秩序性同时意味着活动于其中的学习组织的纪律性，纪律是秩序的保证，而监督与惩罚就是对纪律的维护。"所有形式的监督以某种强制性的惩罚措施作后盾。"③ 显然学习组织中的监督也不例外。关于信息整理和再现的监督，在学校等学习组织中往往以话语（discourse）的形式发挥作用，"论说性实践（discursive practices）从属于话语借以形成的规则，规则主管着能说什么和不能说什么，谁代表权威说话而谁必须倾听。学校、刑罚机构等社会、政治机构都运用论说性实践来管理"④。在学习时空的教育场所中，论说性实践表现为两种形式，一种是规范性话语的形式，

---

① 参阅任钟印：《夸美纽斯教育论著选》，任宝祥等译，北京：人民教育出版社1990年版，第312—359页。

② See Michel Foucault, *Discipline and Punish: The Birth of the Prison*, New York, Pantheon, 1977.

③ 安东尼·吉登斯：《一种社会组织理论》，洪大用译，载《国外社会学》1991年第6期。

④ Peter McLaren, *Life in Schools: An Introduction to Critical Pedagogy in the Foundations of Education*, Longman Publishing Group, 1994, p. 188.

如校训、学生守则、教师口头的要求等；另一种是传记性话语的形式，如档案、教师对学生一定时期内的学业与操行评语等。规范性话语的监督作用主要是现场性的，它的作用在时空上有一定的限制，如学生转学离校，则原校的规范性话语的监督作用一般也会消失；传记性话语的监督作用则是跨时空的，它使个人处于福柯所说的"永久性的认识主体的监督之下"，因为它是直接与个人的"历史积累"过程整合在一起的。权力不仅在表述形式上与话语直接联系在一起，而且它增殖话语。在严密的监督和禁忌的外在表现形式之下，"一种绝对命令已被建立：你不仅要忏悔违反法规的行为，而且也要设法将你的欲望，你的每一种欲望，转变为话语"①。在秩序化学习时空的教育场所中，权力的话语增殖能力表现在两个方面，在微观领域里，它转化成学生为自己的过失行为检讨和教师借题发挥对有关规范的重申；在宏观领域里，它又不断地生产出关于"儿童中心"之类的话语。因此，福柯不把权力简单地归结为压制，相反，他认为权力是生产性的，"它产生实在；它产生对象的领域和真理的仪式"②。中国俗语云："严师出高徒。"在实现学习组织的目标过程中，权力的生产性是相当重要的。同时，制度化教育体系中的各种仪式，如颁发证书的仪式等，其符号的或象征的意义，也是同权力的生产性联系在一起的，并且通过权力在其他社会体系中获得相应的意义和效力。与此同时，"教育体系中的知识范畴权威地进入日常生活。神秘的事物被理性化，处于符号的控制之下，并且被容纳于社会体系之中"③。

---

① 米歇尔·福柯：《性史》，黄勇民等译，上海：上海文化出版社1988年版，第14页。
② Michel Foucault, *Discipline and Punish: The Birth of the Prison*, New York, Pantheon, 1977, p. 194.
③ 约翰·W.迈耶：《教育作为一种制度的效果》，史静寰译。见厉以贤：《西方教育社会学文选》，台湾五南图书出版公司1992年版，第32页。

　　权力作为秩序化学习时空的支撑框架，它的运作本身就是同对时间
与空间的配置及其控制直接联系在一起的。这是福柯所说的那种"纪
律性权力"（disciplinary power），"它通常要求封闭，即要求一个相互隔
离并且自我封闭的运作范围"①。吉登斯把现代组织所在的建筑物形象
地称作"权力的容器"，他说："一些像学校之类的组织，或许只包括
成员生活中特殊的一段。但是，的确很清楚，所有这些组织类型的建筑
都与维持不同形式的监督相关。"② 学校的校园就是把学校这一学习组
织与外界隔离开来的纪律性权力运作范围，而班级作为相对独立的学习
组织又被封闭在相应的教室里，甚至在上课时，每个学生在某一时间所
应当处于的空间位置也被限定在一定的区域内。在教室里，教师不仅是
这种空间区域的指派者，而且，正如杰克逊（Philip W. Jackson）所言，
他还是"一个公共计时员"，他把握着教室里有组织学习活动的时间节
奏，决定学生什么时间该干什么事。杰克逊说："教师看钟表而决定学
校生活之行为的意义确实是深远的。最重要的，这一行为提醒我们，学
校是这样的一个场所：事情的时常发生并非因为学生希望它们发生，而
是它们应该发生的。"③ 学生在这里实际的地位是被监督者，而不是这
个场所的"主人"。学生在特定时空内的行动和身体位移，都处在组织
的精密控制之下。这种精密的控制，"只有通过内在的区域分配或'隔
离'（partitioning）才能实现。在一天中的每个特定时刻，每个个体都有

① Anthony Giddens, *The Constitution of Society*, University of California Press, 1984,
p. 145.
② 安东尼·吉登斯：《一种社会组织理论》，洪大用译，载《国外社会学》1991
年第 6 期。
③ 菲利浦·杰克逊：《教室里的组织压力》，张臻译。见厉以贤：《西方教育社会
学文选》，台湾五南图书出版公司 1992 年版，第 560 页。

其'适当的位置'（proper place）"①。一间正在上课的教室就是秩序化学习时空中内部高度区域化的教育场所，教师是其时空区域分配的主要负责者，他负责安排某学生在某时某刻的"适当的位置"，制止学生移向"不适当的位置"，以保持学习时空的内在秩序符合完成组织（班级）学习目标的要求。当然，教师自己也总是有其"适当的位置"，不过对他来说，这是工作时空的区域化问题。在上课的教室这样一个教育场所中，时空的秩序化和区域化是同对学生的监督联系在一起的，"纪律"要求学生在这里的时空位置和位移轨迹处于相对稳定状态。一个学生在上课时可能被要求走到教室前面做习题演算或被允许离开座位一两次，其他时间里他的空间位置是相对稳定的（如图9所示），即便是那些有限的位移，也无不处于组织的监督之下。这一切，最终都是为了组织学习任务的完成。不仅如此，为了组织学习任务的顺利完成，教室里的各种设施和设备的摆放位置和使用时间也服从于一定的时空秩序，同样，这里的时空秩序也交织着组织的权力及其对个人的监督。课桌按什么"格式"摆放、投影仪放在什么位置以及何时使用等，首先考虑的就是保证每个学生都能卷入学习任务并且教师能够直接监督这种卷入过程。吉登斯说："车间地板上的机器，或者教室里的课桌，其在空间上的安排与所执行任务的时间上的协调紧密结合在一起。"② 这一点在两个年级学生同在一个教室上课的复式班教学过程中表现得尤为明显。这类教室往往前后各有一块黑板，两个年级学生的课桌分别朝相反方向排列，教师在教学过程中必须通过时间与空间的调配以协调两个年级学生的学习活动。

---

① Anthony Giddens, *The Constitution of Society*, University of California Press, 1984, p. 145.

② 安东尼·吉登斯《一种社会组织理论》，洪大用译，载《国外社会学》1991年第6期。

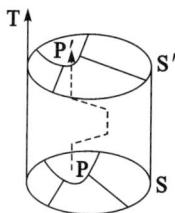

图9　在秩序化学习时空中，行动主体的时空位置相对稳定

（S, S′: 区域化的空间；P, P′: 行动主体位置；T: 时间维）

在秩序化学习时空中，教师不仅要负责教育场所中的时间和空间的分配，而且还要对学生的行动发表评价性的话语以保证其时空分配的执行。"这里包含着福柯所说的那种'分析性空间'，在这里，个人受到监视与评价，他们的素质也要接受测量。"① 这使得秩序化学习时空中的教育场所表现出明显的非人格化倾向。个体在这里被置于权力的客体化机制中，以评语、档案等形式被客体化，并作为"纪律"这种专门的权力技术所制造的一个客体被生产出来。② 由于这种非人格化的倾向，行动主体往往不是从自身的内在需要出发，而是按照学习组织的要求去开发人的发展资源。同时，在这类教育场所中，人的发展资源的分布也多是秩序化的，并且是同学习组织的权力结构联系在一起的，因为其时空分布主要是学习组织按照自己的行动逻辑来设计和安排的，选择开发哪些发展资源也主要体现着学习组织的权力意志，而不是体现着行动主体的兴趣。"学校里的事情一般都是按时进行的，这一事实却产生了另一种中断。按时间表要求必须在引起兴趣前开始活动而在兴趣消失

---

① Anthony Giddens, *The Constitution of Society*, University of California Press, 1984, p. 146.

② 参阅莫伟民：《主体的命运——福柯哲学思想研究》，上海：生活·读书·新知上海三联书店 1996 年版，第 222 页。

前终止活动。"① 在这里，合法性规则和合意性规则支配着行动主体开发人的发展资源的活动，权力的话语增殖能力也同这两类规则联系在一起，例如：关于"纪律"的道德话语就是合法性规则的一种表达形式。在这类教育场所中，纪律是作为一种道德标准而取得合法地位的，并且学习组织的权力还生产出一整套关于纪律的道德话语，像"下位""迟到""认真听讲""作弊""小动作"等语汇，在这类教育场所中都作为关于纪律的道德话语被赋予了特殊的意义。同样，像"举手""鞠躬""罚站""起立"等体态语和"报告""值日""下课"等特殊词语，也都由于合意性规则而在这类教育场所中获得了特定的意义。因此我们说，权力、话语、合法性和合意性相互紧密联系，构成秩序化学习时空中教育场所的基本抽象结构。这种抽象结构在其深层次上是同教育场所外部的社会权力结构联系在一起的，但是，如教室等秩序化学习时空中教育场所的现实结构，其作为一个区域的疆界可渗透性却是相对较弱的，因为其中的学习组织的权力意志是追求区域的封闭与隔离的。同时，学习组织的权力结构还决定着这类教育场所中行动主体开发人的发展资源的目标定向是以内向为主的，同时，这类教育场所的能量—场强结构也是以内向在第一象限而外向在第三象限为主要组合类型。并且，就学习组织本身的权力意志而言，它强调现场，而努力追求背景的弱化。域外事件作为干扰而被排斥，每个学习者的家庭生活等也只能作为一个远远的背景而影响学习者的行动，对学习组织来说，它并不十分关心这个远远的背景。秩序化学习时空中教育场所的这些特征，体现着这类教育场所特有的有序性。在这里，学校教师的权威是尤其值得关注的，正如苏霍姆林斯基所言，"在教师所拥有的教育手段中，对孩子们

---

① 菲利浦·杰克逊：《教室里的组织压力》，张臻译。见厉以贤：《西方教育社会学文选》，台湾五南图书出版公司 1992 年版，第 563 页。

的权威是最要紧的、最普通、包罗一切，同时又是最锐利和不安全的手段……这是一把不安全的，但同时又是不可缺少的刀子"①。尽管生活时空和工作时空中的教育场所结构中也隐含着权力，但它们都或者是非组织化的，或者主要不是针对行动主体的学习活动的，只有秩序化学习时空中的教育场所才包含着这种直接针对行动主体的学习活动的组织化的权力结构。

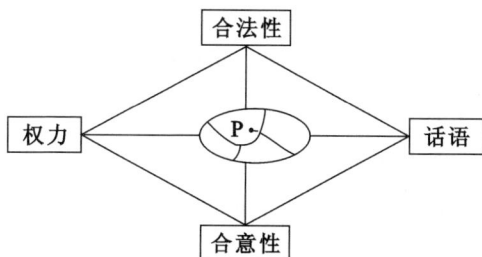

图 10　秩序化学习时空中教育场所的基本抽象结构

　　非秩序化学习时空是行动主体在远离组织压力的情况下自由进行学习活动的时间与空间组合。与秩序化学习时空相比，它最为突出的特点就是主体行动动力的内源性。在这里，行动主体学习行动的动机主要来源于主体自身的兴趣及其内在的发展需要，而不是来自组织的外部压力。在秩序化学习时空中，行动主体处于学习组织的监督之下，其学习活动在很大程度上是为了通过完成学习任务来释放学习组织压力在其心理上形成的张力；而在非秩序化学习时空中，组织或重要他人的权力只是作为主体行动的一个远远的背景而建构于教育场所之中，因此，在这类教育场所中，推进主体学习行动的主要是内驱力而不是约束力，这种内驱力产生于行动主体的学习兴趣及其内在的发展需要，并且因学习任

---

① B. A. 苏霍姆林斯基：《给教师的一百条建议》，周蕖等译，天津：天津人民出版社 1981 年版。

务的吸引力大小而加强或减弱。与此相联系的另一特点是，在非秩序化学习时空中，教育场所内区域的疆界一般并不构成主体行动的障碍。在这类教育场所中，尽管行动主体开发人的发展资源的目标定向是内向的，但个人在这里的体力和脑力资源的集中是出于自身的意愿而非外部的压力，因此，虽然主体的行动也稳定于一定的区域之内，但这种区域不是约束性的，或者用勒温的概念来表达即不是"阻隔性区域"（barrier-region)①，其疆界是易于逾越的。一旦主体的学习兴趣发生转向，他很容易从一个区域转移到下一个区域。这与秩序化学习时空中的情形明显不同，也正是由于教育场所内在时空结构的这种差异，才造成了上文所述的主体行动动力的内源性与外源性的不同。一般来说，区域的约束性越小，它对人的吸引力就越大，因此，在可能的情况下，行动主体总是趋向于逃离秩序化学习时空而进入非秩序化学习时空。这也是秩序化学习时空中权力的一个存在依据。由于区域疆界的易于逾越，在非秩序化学习时空中，教育场所的内部区域往往处于不断的扩展之中，这是非秩序化学习时空的第三个特点。这里的"扩展"既是物理空间意义上的，更是心理空间意义上的。秩序化学习时空的一个重要特点是时间与空间上的"隔离"，譬如学校里不同教室之间的隔离，上一节课与下一节课之间的隔离，因此，秩序化学习时空中的教育场所的内部时空区域往往表现出不连通的特征。在这里，行动主体在不同的时空区域中的学习行动通常是相互独立的、不连续的，从这一节课到下一节课，按照学习组织安排的时间表，中间必定要经历杰克逊所说的"中断"。行动主体的学习行动由一个时空区域进入另一个时空区域，他需要跨越的往往不只

---

① See Robert W. Leeper, *Lewin's Topological and Vector Psychology*, University of Oregon, 1943, pp. 66—67.

是一道疆界，而是"界域"（boundary zone）[1]，所以我们很难把这种跨越看作连续性的"扩展"。在非秩序化学习时空中，没有外部的权力压力所经常造成的中断，兴趣支配着主体的学习行动。而在一定时间内，行动主体的兴趣无论具有多大的跳跃性，它都总归是一个连续的意识流，所以，主体的学习行动很容易从一个时空区域跨越疆界进入另一个时空区域，由于这是一个没有中断的连续过程，于是我们可以视之为教育场所内部区域的不断扩展。这也是主体学习行动在此类教育场所中的自由性的一个表征。

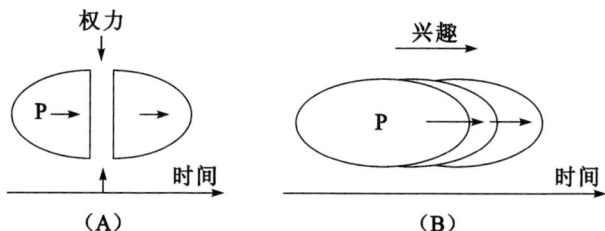

图 11　（A)在秩序化学习时空中，教育场所内的时空区域
之间的"界域"中断了不同区域中的学习行动

（B)在非秩序化学习时空中，教育场所内的时空区域是不断扩展着的

在非秩序化学习时空中，人的发展资源在教育场所中的分布一般是自然状态下的、非秩序化的，其中的有序性不以某个学习组织的权力结构为前提，个人开发人的发展资源的目标定向也不是由于学习组织的压力，而是由于个人选择的结果。行动主体在这类教育场所中的学习行动主要是个人的一种"搜寻"与开发人的发展资源的行动，尽管同一教育场所中可能存在多个个体，并且这些个体之间的互动关系也有可能呈现协同的"自组织"状态，但主体在其中的学习行动却主要是个人的。

---

① 　勒温术语。参阅高觉敷：《高觉敷心理学文选》，南京：江苏教育出版社 1986
年版，第 98 页。

当然，就社会总体而言，"社会世界是由大量行动者构成的，其中每一个行动者都以相互联系而又独具特色的方式界定这个世界"①。学习组织中的个人也不例外。我们说在非秩序化学习时空中主体的学习行动主要是"个人的"，这并非是从情境界定的角度说的，而是就支配其学习行动的权力意志而言的。在这里，学习行动体现的是个人为了满足自身发展的需要而开发、占有和"消化"人的发展资源的权力意志，而组织的权力意志暂时退离支配地位。因此，在非秩序化学习时空中，教育场所内区域的扩展隐含着多种可能的方向，因为学习行动在这里本身是行动主体"选择"的结果，其开发人的发展资源的目标定向因而也隐含着多种可能的方向，行动主体根据自己的需要来选择和拒绝。正因为如此，个人在非秩序化学习时空中的发展不一定总是充分的，却往往是均衡的。在这类教育场所中，不同行动主体之间的联系是生态性的，主体的各种自然倾向与能力在"无序—有序"的相变与远离平衡的涨落中最终实现均衡的生长。

杜威说："也许我们大家犯的最大和最常见的错误，就是忘记学习是对付种种现实情况的一种不可缺少的事。"② 事实上，在我们全部的生活世界中，学习时空无时无处不在，这其中教育场所的构成有着无数的可能情形，对此我们至今还是所知甚少。

---

① 莫里斯·纳坦森：《舒茨的现象学社会学导论》，艾彦译自《舒茨文选》第 1 卷，载《国外社会学》1990 年第 5 期。

② 约翰·杜威：《学校与社会·明日之学校》，赵祥麟等译，北京：人民教育出版社 1994 年版，第 222 页。

四　工作时空中的教育场所

时间与空间的交织是人的栖居之所，人的栖居及生长，合而谓之"生存"。生存，对人来说意味着劳作，意味着创造。"'人诗意地居住'是说：诗意创造首先使居住成为居住。诗意创造真正使我们居住。但是通过什么，我们达到一居住之地呢？通过建筑。诗意的创造，它让我们居住，它是一种建筑。""建筑作为居住发展成了耕种养殖的建筑和建造建筑物的建筑。"① 通过工作，人使大地与天空、时间与空间，真正成为自己的栖居之所、生长之所、教育之所。因此，工作时空中的教育场所是教育学理论最不应该忽视的。

在上一章的论述中，我们揭示了工作过程中的教育所包含的两个主要方面：一是个体人格的次级社会化；二是个人在次级社会化过程中"嵌入"社会结构，在制度化社会体系的结构中获得自己确定的位置。"社会结构""个体人格"，这就是工作时空中教育场所的基本抽象结构的两极。"社会结构"的经常被使用，几乎已使它成为大众社会生活中通行的"社会话语"，但它作为"学术话语"所表达的意义并未得到十分清晰的解释，所以特纳说："有关结构的各种概念都像是些隐喻，用来描述超时域的社会互动和社会关系。但是，超出了时点之外，结构又是不能被准确地认识的。"② 一般认为，社会结构是"社会体系各组成部分或诸要素之间比较持久、稳定的相互联系模式"③。在吉登斯的结

---

① M. 海德格尔：《诗·语言·思》，彭富春译，北京：文化艺术出版社 1991 年版，第 187、134 页。

② 乔纳森·H. 特纳：《现代西方社会学理论》，范伟达译，天津：天津人民出版社 1988 年版，第 565 页。

③ 《中国大百科全书·社会学》，北京：中国大百科全书出版社 1991 年版，第 308 页。

构化理论看来，"'结构'不仅指社会体系的生产和再生产中暗含的规则，而且也指其中的资源"①。所谓"结构化"，指的也就是社会体系"在主体创造出规则与资源的互动中的生产与再生产过程"②。工作，是主体在社会互动中生产和再生产社会体系的最重要的行动。因此，在工作时空中，社会结构作为制度化社会体系"跨越时间和空间的'连续性'"③ 理所当然地存在于其中，也就是说，个人参与工作的过程，同时也是他"嵌入"社会结构的过程。工作时空中的社会结构的重要特征是制度化的功能分化和权力分化。而这里的功能群体的产生和权力结构的形成，又是行动主体间的互动以及在社会互动过程中共同改造客观世界的结果，"人永远是这一切社会组织的本质，但是这些组织也表现为人的现实的普遍性，因而也就是一切人所共有的"④。它们直接地成为人的本质力量的社会表现形式，因此，工作时空中的社会结构对现实个人的人的本质力量的发展与张扬，乃至对个人全面的生长，都产生着深刻的影响。在这多方面的影响中，最突出、最集中的表现即是个人在社会体系最基本的再生产过程中的"角色"的获得。所谓"角色"，按照文化人类学家林顿（Ralph Linton)的理解，它与"地位"是一对紧密联系的范畴，它们共同表达行动主体在社会体系中的行动过程以及行动主体在社会结构中所处的位置。⑤ 因此，从个人的社会化的角度来看，社会结构也是工作时空中教育场所基本抽象结构的重要一极。

在工作时空中，个人又始终是作为行动主体而在教育场所内不断生

---

① Anthony Giddens, *The Constitution of Society*, University of California Press, 1984, p. 23.

② 黄平:《安东尼·吉登斯：结构化与现代性》,《国外社会学》1995 年第 1 期。

③ Anthony Giddens, *The Constitution of Society*, University of California Press, 1984, p. 24.

④ 马克思、恩格斯:《马克思恩格斯全集》第 1 卷，北京：人民出版社 1956 年版，第 293 页。

⑤ See Ralph Linton, *The Study of Man*, Appleton-Century-Crofts, New York, 1937, pp. 113—131.

长发展的，在非异化的、符合这一过程本质的情况下，个人不是作为湮没于制度化权力体系的客体化机制的那种社会结构的无机部分，而是作为主体来参与和卷入教育过程的，也就是说，就其本质而言，个体人格构成了工作时空中教育场所基本抽象结构的另一极。在这里，个体人格既是教育过程的结果，又是教育过程能动的构成要素。一方面，工作环境和工作生活影响着个体人格的生成；另一方面，个体人格的生成过程同时又是行动主体干预工作环境和工作生活的过程。工作时空中的教育场所，是在其社会结构中占据一定位置的行动着的个人和他在其中所从属的功能性社会群体共同建构与发展的，个人在这类教育场所中开发、占有和"消化"人的发展资源的能力和可能性，一方面与他个人的发展水平相关联，另一方面又与他在功能性社会群体的社会结构中所占的位置及其变动密切联系在一起。那些占据着拥有重要权力的较高地位的个人，往往由于其对权威性资源的优先占有权而获得更多的个人发展机会。一个并不十分杰出的研究人员可能会因为担任了某研究机构的领导职务而名声大振，并可能就此成长为一名有重要影响的学者，由于对权威性资源的优先占有，他可以在信息搜集、社会影响和调用其他研究力量等方面获取各种有形无形的发展资源赞助。对具体个人来说，他在工作时空中接触的每一个体的人格发展水平也都构成了教育场所的重要组成部分，并且这些个体的家庭和社会背景也随之作为工作时空中教育场所的背景而对个人的生长发展产生影响。

从动态的角度来看，工作时空中的教育场所包含着两个基本的教育过程，一是工作过程中的人际信息交流对个体的教育作用，二是工作过程本身对个体的教育作用。这两方面教育过程的交叉建构生成工作时空中教育场所基本抽象结构的另外两极：文化价值和生存能力。凯兴斯泰纳（Georg Kerschensteiner）在其《工作学校要义》第三章中讨论了"工作在教育学上的定义"，他吸取德国文化派的观点，把工作对人的教育作用看作一种"陶冶",认为"陶冶是由文化价值唤起来的、个性的有组织的价值观念",并且"只有那些工作,能够在我们的心灵中,唤起绝对的有力量的价值的,我们才可以称它为'含有教育意义的工作'"①。凯兴斯泰纳只承认那些在社会主流价值观念看来具有正面文化价值的工作的教育意义,如果从更加广泛的意义上来说,则人的所有工作都反映并创造着一定的文化价值,所以我们可以说所有的工作都具有教育意义,其中既包含着正向的教育作用,也存在着负向的教育作用。在工作时空的教育场所中,这种教育作用一方面表现在人与物的关系中,另一方面也表现在人与人的交往关系中。这两方面关系又是密切联系在一起的,它们都历史地寓于社会生产力系统中。"生产力系统的现实化或客观化,呈现为一种'物'的力量,它所确证的却是现实的个人的一种'人'的价值。"② 工作对个人的文化价值的陶冶作用,正是一方面通过个人对物的改造,一方面通过人际信息交流而逐步实现的。凯兴斯泰纳认为,要实现工作对个体人格的陶冶,"在事物文化价值上,必须着实地'做进去'(erarbeiten),在人物的文化价值上,则必须和人物直接往来,'领会'他的品格和学行"③。凯兴斯泰纳在这里指出的也是工作时空中教育场所包含的两个基本教育过程。这两个基本教育过程的结果表现为个人"生存能力"的发展和增强。"生存能力"是一个指称个人在社会生活中作为人而存在、生长和发展的综合能力的概念,日本中央教育审议会 1996 年 7 月提交文部大臣的咨询报告《关于面向 21 世纪我国教育的发展方向——让孩子拥有"生存能力"和

---

① 乔治·凯兴斯泰纳:《工作学校要义》,刘钧译,北京:商务印书馆 1935 年版,第 46—47 页。

② 黄克剑:《人韵——一种对马克思的读解》,北京:东方出版社 1996 年版,第 384 页。

③ 乔治·凯兴斯泰纳:《工作学校要义》,刘钧译,北京:商务印书馆 1935 年版,第 78 页。

"轻松宽裕"》对"生存能力"作出了广泛的释义，认为"生存能力"是一种在急剧变迁的社会里"与他人相协调并能自律地进行社会生活的人际实践能力"、实际运用书本知识分析解决问题的能力、批判地选择信息的能力、"进行自主思考的能力"，以及向善的品德、奉献精神、"健康和体力"等素质和能力的综合。这个报告把"生存能力"的培养当作日本教育今后发展的基本方向。① 从根本上讲，个人的"生存能力"的形成和发展只有在工作时空的教育场所中才能最终得以实现，个人在参与工作过程以前所受的关于"生存能力"的教育都应看作是准备性的，因为只有在工作这种体现人的类特性的活动中，人才能"在积极实现自己本质的过程中创造、生产人的社会联系、社会本质，而社会本质不是一种同单个人相对立的抽象的一般的力量，而是每一个单个人的本质，是他自己的活动，他自己的生活"，只有在他自己的这类活动中，个人才能积极地实现其存在。"劳动是劳动者的直接的生活来源，但同时也是他的个人存在的积极实现。"② 在实际工作过程中，个人运用知识分析解决实际问题的能力、与他人合作的能力、实践自身社会责任的能力等"生存能力"才能得到现实的发展，人和物的"文化价值"才能在他现实的创造活动中真正被"领会"，真正被"做进去"。因此，社会结构和个体人格、文化价值和生存能力，这四个其本要素相互联系构成了工作时空中教育场所的基本抽象结构。应当看到，这个基本抽象结构在其本质属性上是历史性的，因为现实个人的"工作"始终是社会历史中的活动，同样个人"生存能力"的发展也从来离不开人类发展的历史。在现代资本主义社会中，劳动的异化、文化话

① 日本第15届中央教育审议会：《关于面向21世纪我国教育的发展方向——让孩子拥有"生存能力"和"轻松宽裕"》（1996年7月19日），中国驻日本国大使馆教育处，在日学人教育研究会翻译（打印稿）。
② 马克思：《詹姆斯·穆勒〈政治经济学原理〉一书摘要》，见马克思：《1844年经济学哲学手稿》附录，第159、163页，北京：人民出版社1985年版。

语的断裂、现代性（modernity）的文化涣散力，导致了工作时空中教育场所包含的文化价值的零散化，席勒称颂的古希腊"群生动物竞相完善个体发育的环境"已不复存在。① 在这样的历史条件下，完满的个人"生存能力"的培养也只能作为一种教育理想而影响人的发展，并由此汇入"历史进步的合力"。杜威认为："工业生活在教育上的正确运用将影响人的智力和兴趣，再加上立法和行政方面的设施，就足以改变现在工商业制度有害于社会的弊端。"② 实际是岂止工业生活，整个社会生产方式的变革都会引起人及其生活方式的变化。

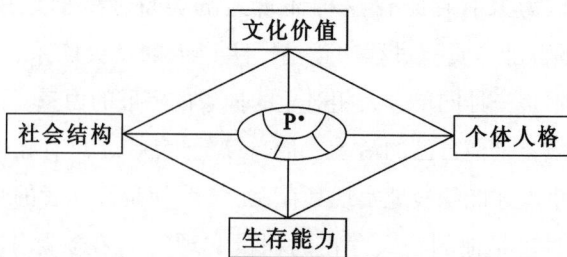

图 12   工作时空中教育场所的基本抽象结构

工作时空中教育场所的具体的时间—空间结构对个人生长的影响也是明显的。且不说农民自由自然的工作环境在他们的个体人格中形成的与工人之间的显著差异，即使在同一个工厂中工作的人，办公室中的管理人员与车间里的工人在个体人格的总体特征上也存在着明显的差异。譬如：总体上说，在车间工作的工人一般比较直爽、开朗、易于团结，其人格系统相对倾向于开放一些；在办公室工作的管理人员，一般比较有更深的城府，处事理智、独立，其人格系统相对倾向于封闭一些。人

---

① 参阅丹尼尔·贝尔：《资本主义文化矛盾》第二章，赵一凡等译，北京：生活·读书·新知三联书店 1989 年版。
② 约翰·杜威：《民主主义与教育》，王承绪译，北京：人民教育出版社 1990 年版，第 336 页。

们一般把这种人格倾向的总体差异归诸管理人员与车间工人所受学校教育程度不同，事实上，如果我们多观察一些从办公室流入车间工作或从车间流动到办公室工作的人在人格倾向上的变化，我们就会明白学校教育程度在这种人格差异的成因中作用甚微，其主要原因还是工作时空中教育场所的差异。从时空结构上看，车间是一种开放的、持续暴露于组织权威监督之下的工作环境，在这里，个人的行动一般是公开可见的。对在这种"公开的"约束性环境中工作的人来说，时空结构的"'格式'的相似也有助于强化这些个人发现自己身处其中的共同情境"①。这种共同情境的体验形成了一种主观视域上的接近，从而在主体际性上为不同行动主体之间的相互理解奠定了基础。正如舒茨和卢克曼所说的那样，"只有在共享生活世界空间（life-world's space）和世界时间（world time）的同一片段时，我才直接理解他人"②。这种教育场所在时空结构上的公开性以及在此条件下形成的主体间理解的直接性，使得在其中生长着的个人的人格系统相对开放性一定会作为教育结果或多或少地表现出来。比较而言，管理人员的办公室则是一种相对封闭、独立的工作环境，个人在其中的行动一般不直接暴露于组织权威的持续监督之下，并且在权力等级体系中层次越高的办公室，其时空结构就越是趋向于独立、封闭，而最低层次的办公室在时空结构上或许与车间相似。"设计相互独立的办公室，意味着运用时空维度，在总的权力等级体系中划分自主活动的范围。"③ 实际上，即使在同一办公室工作的人，往

① 安东尼·吉登斯：《一种社会组织理论》，洪大用译，载《国外社会学》1991年第6期。
② Alfred Schutz & Thomas Luckmann, *The Structures of the Life-World*, Northwestern University Press, 1973, p. 62. "世界时间"是与"主观时间"（subjective time）相对的概念。
③ 安东尼·吉登斯：《一种社会组织理论》，洪大用译，载《国外社会学》1991年第6期。

往也由于职权范围的界定而有不同的自主活动范围。进而言之，共享同一个自主活动范围的行动主体之间也存在着区域疆界的阻隔，管理工作的特性决定了不同行动主体之间缺少行动的互见公开性，这往往使自我的"此在"和"彼在"的转换变得更加困难，主体间可理解性因此也有所降低。① 这种教育场所内在时空结构的区域化，以及区域间疆界可渗透性的弱化，实际上为不同区域中的行动主体提供了相对独立的生长环境。作为一种教育结果，长期生长于这类环境中的人在总体上自然会表现出人格系统相对比较封闭的特点。

　　工作时空中教育场所的现场构成主要有三个层面：其一是由设施、设备、工具等构成的物质层面；其二是由工作本身所构成的活动层面；其三是由同一工作时空区域中的他人及其人际互动构成的社会层面。其中物质层面不仅直接对个体身心生长发展产生积极或消极的影响，而且它还是另外两个层面的形成基础。个人的类本质力量的获得及其增强主要发生在活动层面，"实践活动是一种能动地改造外部对象的活动，也是主体能动地自我创造活动；既是主体力量的发挥，也是主体力量产生的源泉"②。只有实践活动才能现实地体现、产生和增强个人的类本质力量，离开了实践活动，其他一切教育活动只能赋予个人以潜在的类本质力量。个人类本质力量的获得与增强，也离不开工作时空中教育场所的社会层面，正是工作活动中的人际互动现实地构成了个人次级社会化过程，也正是通过这一层面的教育作用，个人才真正"嵌入"了制度化的社会结构，从而在社会再生产过程中确定了自己的位置和角色。这三个现场构成层面，以活动层面为核心相互交织在一起。工作时空中教育场所的背景分为个人背景和生态背景。个人背景是指教育场所中每个

---

① 参阅莫里斯·纳坦森：《舒茨的现象学社会学导论》，艾彦译自《舒茨文选》第 1 卷，载《国外社会学》1990 年第 5 期。

② 高清海：《马克思主义哲学基础》下册，北京：人民出版社 1987 年版，第 314 页。

人的家庭和社会生活构成的背景，它通过每个人的工作活动与现场发生联系，影响在场者的身心生长发展；生态背景是由工作时空中教育场所的社会生态环境构成的背景，如周围社区环境、与现场发生能量和物质交换的其他社会系统等，这类背景主要通过物质和能量交换关系与现场发生联系。通过这两类背景与现场的联系，工作时空中的教育场所与人的其他社会生活领域整合在一起。事实上，正如前文说过的那样，每一教育场所都是更大场所的部分和更小场所的整体。在各种层次的不同的教育场所中，工作时空中的教育场所是各种影响个人身心生长发展的教育力量集聚和释放的中心场所，这就赋予了其现场与背景之间的关系以特殊的意义。

工作时空中教育场所的能量—场强结构也是聚集型的，行动主体在其中开发人的发展资源的目标定向是以内向为主的，表现为工作过程中体力和脑力相对集中的特征。在这里，就行动的表现层面来看，个人从事某种工作的动机似乎与自己的身心生长发展没有什么明显的联系，每个人参加工作都有自己多种多样的日常意识中的目的，但如果仔细分析这些目的，我们通常就会发现这些目的之间存在着复杂的层次关系，其中有的目的只是达到其他目的的手段而非目的本身，"这种更深入的分析有个特点，它总是最终导往一些我们不能再追究的目标或者需要，即导往一些需要的满足。这些需要的满足似乎本身就是目的，不必再进一步证明或者辩护"①。这些不同层次上的一般人类需求在根本上可以归结为人的生存、生长和发展的需要，所以，尽管工作时空中行动主体的行动目的主要直接指向工作任务的完成，但在这种直接目的的背后潜藏着深层次的动机却是教育性的，只是人们的日常意识对此没有实现自觉。因此，在这类教育场所中，行动主体的行动目标定向表现出多重性

---

① 　马斯洛：《动机与人格》，许金声等译，北京：华夏出版社1987年版，第26页。

的特点，其中工作任务的完成是行动主体的体力与脑力集中的直接目标，而生长发展需要的满足则代表一个行动最终目标的实现。所有这些目标，都是通过主体在一定时空区域内的工作活动得以实现的，体力与脑力的相对集中意味着多重目标定向都是以内向为主的。与此相联系，这类教育场所的能量—场强结构也表现出向内部聚集的特征，即内向主要在第一象限而外向在第三、四象限。在现代社会里，工作时空中教育场所的聚集型能量—场强结构，一方面表现了行动主体在其中自觉的体力和脑力的集中定向，另一方面也表现了韦伯（Max Weber）所说的新教禁欲主义伦理观念在工作时空的权力结构中的作用，这种伦理观念使劳动者"对待自己的工作如同对待上帝赐予的毕生目标一般"[1]。因此，这种教育场所能量—场强结构的聚集在工作时空中形成了一种无形的压力，影响着个人在此类教育场所中的生长发展。

通过工作，人诗意地生长在自己构筑的由时间与空间交织而成并跨越时空的教育场所之中。工作在个人生长发展过程中的重要作用已经为心理学研究所证明[2]，而教育学给予这类教育场所的关注还太少，更加深入的分析，已成为一种理论的渴望。

五　公众时空中的教育场所

哈贝马斯（Jürgen Habermas）1962年在他的教授论文《公共空间结

---

① 马克斯·韦伯：《新教伦理与资本主义精神》，于晓等译，北京：生活·读书·新知三联书店1987年版，第139页。

② 参阅 Sueann R. Ambron & David M. Brodzinsky：《实用人类发展学》（*Lifespan Human Development*）第10、12、14章，胡月娟等译，台湾华杏出版股份有限公司1994年版。

构的改变》中曾提及一个重要概念：公共空间（Öffentlichkeit）。① 哈贝马斯用这个概念来指称社会生活中的一个领域，在这一领域里，人人都可以就共同关心的话题进行畅所欲言的对话。在他此后理论探索的心路历程中，"公共空间"成为其交往行动理论的一个值得特别关注的概念。借助于语言的或非语言的交往媒体，人们通过以达成相互理解和认同的主体际依存性为目的的交往行动，在共享的时空交错的社会联系网络中，建构成公共空间这一特殊领域。我们从个人的社会生活时空分区的角度，把这种由行动主体的交往行动共同建构的、为公众所共享的时间与空间组合叫作"公众时空"。譬如日常聊天、自由论坛、报纸杂志、著作、广播影视、公用电脑互联网络等，在个人社会生活中都属于"公众时空"的组成部分。

作为个人社会生活中的一个特殊时空区域，公众时空表现出一系列特别的属性，首先是公众性。在个人社会生活各领域中，公众时空是一个相对比较公开的、与众多他人共享的生活领域。同样，这一特殊生活领域本身也是众多行动主体在共同的交往行动中能动建构的结果。在这里，行动主体的交往行动并不一定要求有确定的、具体的个人对象，他的交往行动的对象既可以是具体的个人，也可以是他意识中所预期的某一群人，甚至可以是一般化、普遍化和概念化的"公众"。即使在交往对象是具体个人的情况下，行动主体的交往行动在内容和方式上也往往表现出与生活时空中私人交谈不同的公众性特征。其次是虚拟性。就存在形态而论，公众时空往往表现出对现实物理时空较少的依附性，它通常借助于符号系统等抽象体系而存在，从而呈现一种虚拟性的特性，并

---

① Jürgen Habermas: *Strukturwandel der Öffentlichkeit*, Suhrkamp Verlag Frankfurt am Main, 1990. 德文 Öffentlichkeit 一词是形容词 Öffentlich（公开的、公众的）加词尾-keit（……性）构成的阴性名词。有译"公众社会""公共领域"，此据萧瑟先生译。

且，在公众时空发生、发展的历史进程中，其虚拟性也表现出一种与日俱增的趋向。在《公共空间结构的改变》中，哈贝马斯通过对建筑史的考察，认定十七、十八世纪资产阶级的"沙龙"（salons）是现代意义上的公共空间的雏形，我们把那些沙龙与今天的"电脑空间"（cyberspace）相比较，不难看出其中虚拟性日益增强的内在趋势。现代的电脑空间不仅在很大程度上摆脱了那些沙龙对一定建筑空间的依附，而且行动主体间的交往关系也呈现虚拟化特征，在这里，"虚拟的关系可以通过公开的社会交往得到实现"，并且组成"虚拟社会"，"在 Internet 中，已有成千上万个这种组织"。① 再次是在时空关系上表现出典型的"脱出"（disembedding）现象，这是现代人所面对的公众时空的一个显著特征。哈贝马斯在论述公共空间时曾经指出："著作、印刷品和电器媒体标志着在这个领域的演变上很有意义的新生现象，借助技术的帮助，语言行动脱离空间时间上约束的关系，并且为多样的关系所支配。"② 这种"很有意义的新生现象"，用吉登斯的术语来表达，就是"脱出"，这种"公共空间"实际上就是一个脱出的社会体系（disembeded social system）。在吉登斯的理论中，"脱出"一词"意味着社会关系从互动的地域关联中被'提取出来'，以及对这些关系的跨越无限时空广度的重构"。③一个行动主体处在公众时空中，这在一定意义上就意味着他从现实的物理时空的位置关系中被暂时"提取出来"，同时意味着他参与到在无限时空广度上重构社会关系的公众交往活动中。

公众时空的一系列特殊属性，决定了其中的教育场所基本结构的特殊性。作为个人生长的一种特殊环境，公众时空中的教育场所主要不是

---

① 迈克尔·沙利文-特雷纳：《信息高速公路透视》，程时端等译，北京：科学技术文献出版社 1995 年版，第 190 页。

② 哈贝马斯：《交往行动理论·第二卷——论功能主义理性批判》，洪佩郁等译，重庆：重庆出版社 1994 年版，第 243 页。

③ Anthony Giddens, *The Consequences of Modernity*, Stanford University Press, 1990, p. 21.

一种物理环境，而是心理环境。我们说某一行动主体处在公众时空的教育场所中，主要是就其心理活动而言，他的躯体并不一定处在这种教育场所的时空区域内。事实上，行动主体在公众时空的教育场所中的"位置"很多情况下只是一种"映射"的结果。设现实物理时空中有 n 个行动主体组成一个集合 R，相应地某一公众时空中的教育场所为包含 m(m≥n)个行动主体（位置）的集合 L，则在 R 中任意取一个元素（行动主体）P，在 L 中至少存在一个与 P 对应的元素 P′，这就构成了

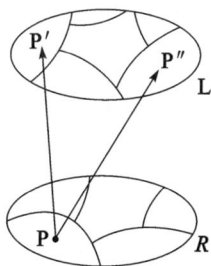

图 13　行动主体在公众时空中的"位置"多数情况下只是一种映射的结果

（R：现实物理时空中行动主体组成的集合；

L：公众时空的教育场所中相应行动主体位置的集合）

一个映射（又称"变换"）：f: R→L。[①] 在这种映射关系中，公众时空中的教育场所与行动主体的躯体所在的现实物理时空中的教育场所被相互联系在一起，这里的现实物理时空，对行动主体来说可能是生活时空，也可能是工作时空或学习时空，因此，处于公众时空的教育场所中的教育主体往往同时又处在另一时空的教育场所中。在公众时空的教育场所中，行动主体所占据的"位置"（position taken）通常情况下都只是概念性的，这在现象上看来似乎是一个只有时间而没有空间的一维的教育场所，然而，正如海德格尔所言："空间是从所在之中，而非是从

---

① 参阅野口宏：《拓扑学的基础和方法》第三章，郭卫中等译，北京：科学出版社 1986 年版。

'空间'之中获得其存在的。"① 行动主体在公众时空的教育场所中拥有其所占据的位置，意味着人在这里指定了"所在"，并且在"在……之中"的关系中为场所产生了空间。在这类教育场所中，行动主体主要不是借助于其躯体，而是通过思考和言说表现他对场所中一定的时空的占有，因此，思考和言说在这里成为行动主体主要的教育活动。通过这些教育活动，行动主体在参与建构作为一种主体际存在的为公众所共享的超时空的意义网络的同时，也从社会文化的意义系统中不断开发、占有并"消化"自身生长所需的人的发展资源。"每个社会都设法建立一个意义系统，人们通过它们来显示自己与世界的联系。"② 事实上，人与世界的这种联系所交织成的网络本身就成为人的一个重要生长家园。正是这一生长家园的"建筑"，使人拥有一个如卡西尔（Ernst Cassirer）所说的"符号化"了的时间和空间。③ 不过，这一时间与空间组合构成的教育场所并非是纯粹数学化的抽象物，它既是"符号的"又是"行动的"，是人的一个特殊行动场所，这是其中的教育现象赖以发生的前提。在公众时空的教育场所中所发生的一切影响个人生长发展的"事件"都是实实在在的，这些事件都作为主体实实在在的行动的结果与条件而实际存在于教育场所之中。同时，就其发生的依据而言，这些事件本身就不是虚无缥缈的无中生有，而是现实物理时空中一定事件在公众时空中"映射"的结果。这类映射又构成了公众时空中教育场所的另一结构性特征。通过这类映射，过去的和未来的、现实的和想象的，所有与行动主体发生关联的"事件"及其折光都"聚集"于公众时空

---

① M. 海德格尔：《诗·语言·思》，彭富春译，北京：文化艺术出版社 1991 年版，第 139 页。

② 丹尼尔·贝尔：《资本主义文化矛盾》，赵一凡等译，北京：生活·读书·新知三联书店 1989 年版，第 197 页。

③ 参阅恩斯特·卡西尔：《人论》第四章"人类的空间与时间世界"，甘阳译，上海：上海译文出版社 1985 年版。

的教育场所中。这些事件所发生的时空区域，在空间上既可以是此在的也可以是彼在的，在时间上也既可以是现在的又可以是曾在或将来的，甚至可以仅仅发生在人的意识中，但对教育场所中的行动主体而言，这些"事件"及其影响都是实在的。譬如电脑空间中的"虚拟现实"（virtual reality），"它不是真实的，是摸不着的，但又确确实实是存在的"①。它在学校教育、飞行员训练、文化娱乐等方面的实际运用本身就证明了它作为人的一个特殊生长家园的实在性。

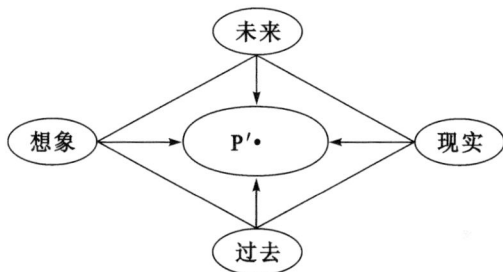

图14　通过映射，所有的事件跨越时空聚集于公众时空的教育场所中

公众时空的教育场所中所发生的"事件"是符号化的实在，其对人的教育作用主要是通过替代性和间接性的经验得以实现的。杜威十分强调经验在教育过程中的重要价值，他甚至说："教育是在经验中、由于经验和为着经验的一种发展过程。"② 对作为主体的人来说，并非只有在同物理环境直接的交互作用中产生的刺激—反应联结才叫经验，人的经验可以是物理的，也可以是心理的，可以是直接的，也可以是间接的，可以是具体—感性的，也可以是抽象—符号的。人生的经验并不仅仅是物理秩序中的一个"过程"，而是发生于主体行动的一系列"事

① 迈克尔·沙利文-特雷纳：《信息高速公路透视》，程时端等译，北京：科学技术术文献出版社1995年版，第212页。
② 约翰·杜威：《我们怎样思维·经验与教育》，姜文闵译，北京：人民教育出版社1991年版，第255页。

件", 所以赫舍尔 (Abraham J. Heschel)说: "人生活在一系列的事件中, 而不仅生活在一系列过程中。"① 公众时空的教育场所中所发生的事件也构成行动主体的人生经验, 并对行动主体的生长发展产生影响。在美国教育技术学家戴尔 (Edgar Dale)提出的 "经验之塔" (Cone of Experience)中②, 这类经验处于抽象程度较高的层次上, 属于抽象的经验和替代性的观察的经验。在人的生长发展中, 这类经验对人的教育作用有着特殊意义, 因为它是人所独享的, 只有人才发展了这种 "符号化的想象力和智慧"。在个人的心智成长中, 存在着明显的 "从单纯实践态度到符号化态度的转化"③; 并且在人类的发展进程中, 也表现出从在 "做的经验" 中学习向在 "抽象的经验" 中学习转化的趋势, 这种转化的趋势与公众时空的扩展紧密联系在一起。从书籍的出现及其平民化, 到现代大众传媒的形成, 标志着人类历史上两次大规模的公众时空拓展。这两次公众时空的拓展对人的教育活动产生了直接的和深刻的影响。在印刷书籍进入社会公众时空以前, "学习的唯一方式要么是不胜劳累地抄写手稿, 要么是聆听讲课和背诵。忽然间, 人们可以通过阅读来学习了"④。这一转变以 17 世纪初耶稣会和夸美纽斯创办的学校对印刷书籍的应用为标志。现代大众传媒的形成和发展, 则从根本上促成人类教育的知识基础的转变, 一种适应于 "知识价值社会"⑤ 的新教育方式正在形成。这种教育方式的总体性转变, 同时也是现代人的公众时

---

① A. J. 赫舍尔: 《人是谁》, 隗仁莲译, 贵阳: 贵州人民出版社 1994 年版, 第 39 页。
② See Edgar Dale, *Audio-visual methods in teaching*, New York: Holt, Rinehart & Winston, 1946.
③ 恩斯特·卡西尔: 《人论》, 甘阳译, 上海: 上海译文出版社 1985 年版, 第 42 页。
④ 彼得·德鲁克: 《新现实》, 张星岩等译, 上海: 上海三联书店 1991 年版, 第 195 页。
⑤ 参阅堺屋太一: 《知识价值革命》, 金泰相译, 北京: 东方出版社 1986 年版。该书认为后工业时代将产生一个以知识为价值源泉的 "知识价值社会"。

空中教育场所的总体结构变化。伴随着这种总体结构变化，事件的聚集日益密集，公众时空中的教育场所也在迅速拓展。美国教育部 1994 年 5 月发表题为《学习方式的转变：为了教育和终身学习而使用国家信息基础结构》的白皮书，对扩展中的公众时空中的教育场所及其所带来的教育方式的根本变革充满信心。

公众时空中教育场所的拓展主要表现在两个方面：一是其内部人的发展资源分布的密集化；二是这类教育场所在时间和空间上不断向外部延伸。公众时空中教育场所的内向开拓，即其中人的发展资源分布的密集化，主要来自两个方面变迁的力量，一方面是公众时空中由行动主体共同建构的符号—意义体系对其他时空中事件涵盖能力的不断增强，使得分布于现实物理时空中的人的发展资源在向抽象体系映射的过程中不断转化为替代性的发展资源分布于公众时空的教育场所中；另一方面是媒体的改进为行动主体有效地共同建构一个自由的想象空间提供了条件，这为个人的发展带来了更多经过意识复杂的变形处理的替代性发展资源。在这两方面相互联系的变迁力量的作用下，公众时空中教育场所的单位时空区域内人的发展资源的分布日益密集化，教育场所内部的能量和场强也不断增大。与此同时，伴随着大众媒体向学习时空、生活时空和工作时空的大举渗透，公众时空中的教育场所还不断向外拓展，不管一个人的物理位置在什么地方，都有各种各样的公众交往媒体越来越紧密地把他同现实世界以及关于这个世界的知识与冥想联系起来。这些联系的不断增进在现代人的周围形成了一个迅速扩展着的比传统社会体系更加自由、平等的生长时空，其中存有的教育场所也因而表现出显著的开放性，多元的教育内容和教育形式层出不穷，并存其中，从而为行动主体在公众时空的教育场所中自由选择、开发和分享人的发展资源提供众多的机会。这正导致人类教育方式的一场深刻变化：从教授到学习。① 在这场转变过程中，行动主体在公众时空中开发、占有和"消化"人的发展资源的方式也由过去偏重事实知识的存贮转向"研究和使用知识的熟练技巧"的生成②，因而传统教学中科目间的界限在公众时空的教育场所中逐渐模糊。在这种行动主体根据自身发展需要自主选择开发发展资源的教育场所中，一切知识领域都在主体能动的教育行动中连通起来。

第一，公众时空中教育场所的自由性和公开性本身也潜伏着一系列危机。由于适应公众时空的迅速拓展的新型公众交往伦理体系的建构相对滞后，公众时空的教育场所中人的发展资源分布的有序性缺乏充分的规范体系基础，所以，这些教育场所中存在的教育作用力在所指方向上还缺少规范约束，教育价值观念在多元化方向上的极端发展最终可能会在公众时空的教育场所中形成一股最强的危及人类社会伦理体系的"文化涣散力"。大众传媒中含有暴力、凶杀、色情等内容的信息在年轻一代中暗暗培养着反文化（counter-cultural）的性格和非核心化意识，于是，"在意识的前沿，有一种扩散到整个文化中的普遍的迷向感（此乃现代主义危机的一种源泉）"③。第二，公众时空中教育场所的技术化形成了一种支配其中人的发展资源分配的更为隐蔽的权力，就像弗洛姆（Erich Fromm）说的那样，"它不再是公开的权威，而是无名的、不可见

---

① 参阅彼得·德鲁克：《新现实》，张星岩等译，上海：上海三联书店1991年版，第194—195页。

② 西蒙·诺拉、阿兰·孟克：《社会的信息化》，施以方等译，北京：商务印书馆1985年版，第113页。

③ 丹尼尔·贝尔：《资本主义文化矛盾》，赵一凡等译，北京：生活·读书·新知三联书店1989年版，第134页。

的、异化了的权威"①。这种隐蔽的权力直接来自公众时空中教育场所的内在时空结构所依赖的技术基础，它不断调动着行动主体开发人的发展资源的内部动机，并且暗示和引导行动主体按照它所提出的要求发展自身。由于这种权力在时空意义上的"缺场"，技术专家制定的"那种不再对一般的、实践道德的细审详察而敞开的规则"在人们不知不觉的情况下取代了传统公众交往中的话语规则②，从而形成了对人的教育活动的新控制，这种新的控制使我们有必要重新反省教育的公平体系。

第三，公众时空中教育场所的扩张在提供更多教育机会的同时也对人的发展形成一种非"亲近"化的影响。尽管公众时空中教育场所由于其超时空性而在一定意义上"消蚀"了人与其发展资源之间的"距离"，从而使人跨越时间和空间上很大的距离将各类发展资源置于他所在的公众时空的教育场所中，但是"这种所有距离的仓促取消没有带来任何亲近；因为亲近并不在于距离的微小度"③。公众时空中教育场所的最显著特性即在于其虚拟性、概念性和替代性，它提供给人的只能是关于现实世界的间接经验，然而，这类教育场所的扩张形成了对其他时空中教育场所的侵蚀，这在一定意义上就是把人从其现实的生长环境中剥离出来，其结果就是现代人的人格生成中的非亲近化倾向。非亲近化表现在两个方面，一是人际关系的非亲近化，二是人与自然、人与现实社会生活之间关系的非亲近化。在公众时空的教育场所中，个人与其现实生长环境"亲近"的内部需要获得了各种替代性的满足，他在实际的"亲近"中身临其境地体验他人、体验自然、体验生活的内在动力因此

---

① E. 弗洛姆：《健全的社会》，孙恺祥译，贵阳：贵州人民出版社 1994 年版，第121 页。

② 弗莱德·R. 多尔迈：《主体性的黄昏》，万俊人等译，上海：上海人民出版社1992 年版，第 265 页。

③ M. 海德格尔：《诗·语言·思》，彭富春译，北京：文化艺术出版社 1991 年版，第 146 页。

受到削弱，所以，他在亲近中实际体验现实世界的机会减少，甚至由于非亲近化的积累最终在意识中模糊了间接体验、模拟体验与现实体验之间的界限，导致人际关系的淡漠和生活体验、自然体验的不足，影响个人的健康生长。我们在利用公众时空的拓展推动人类教育方式的新变革的同时，对这一系列潜伏着的危机必须予以足够的重视，并且设法消除这些危机，以保证人类教育场所的总体时空结构的完整和均衡。

在泛教育理论看来，人的存在之所，即人的生长之所，亦即人的教育之所。人诗意地生长在宇（空间）宙（时间）之间，它的教育场所在宇宙中也是无限开放的，因此，"对整个人类来说，整个世界就是学校，从宇宙的开始到终结都是学校；同样，对每个人来说，他的生活，从摇篮到坟墓就是学校"①。这里关于教育场所的一般性的、初步的分析，只是无限的探索进程的一个尝试性的起点。

---

① 夸美纽斯：《人类改进通论》。见任钟印：《世界教育名著通览》，武汉：湖北教育出版社 1994 年版，第 332 页。

第六章

教育活动模式

本章逻辑线索： 人的教育活动是教育学的真正对象——教育活动的历史发展与普遍的生命活动的进化是统一的——人的活动内在包含着交往（社会）的内容——根据主体际关系结构的五种教育活动模式分析——根据主体际相互作用状态的三种教育活动模式分析— 讨论人的教育活动模式进化的四条原则——根据这四条原则对人的教育活动模式进化的概括性探讨

人在现实的社会生活中生长成为人。就像鱼离不开水一样，人之生成也离不开现实的社会生活。"人的活动构成着人、社会和历史的现实，因此，它是社会学和人学的真正对象。"① 教育学作为一种"人学"，具体地说是作为一门讨论人之如何成为人的学问，人的教育活动也是其"真正对象"。

---

① Л. 尼科洛夫：《人的活动结构》，张凡琪译，北京：国际文化出版公司 1988 年版，第 1 页。

人在现实的社会生活中生长成为人，成为社会生活中"现实的个人"①，成为具有独特个性的现实的人类个体。正如著名心理学家列昂捷夫所说的那样，"人的个性的现实基础是他对世界的本质上是社会的关系的总和，但是这些关系是被实现着的；这些关系是由他的活动所实现的。更确切地说，是由他的多种活动的总和所实现的"②。教育学要研究人之生成，就不能不深入研究人的"多种活动"。

人的"多种活动"具体表现为丰富多彩的行为过程，每一种行为都遵循着一定的活动模式。这些活动模式是人在与生存环境的互动过程中逐步形成的，其中存在着效能上优胜劣汰的进化过程。以进化的观点看，人的活动模式的发生发展与动物乃至一般生命存在的活动之进化是联系在一起的。强调人类实践与动物行为之间区别的同时，我们也不可否认二者之间的联系，否则人类实践就在逻辑上丧失了生物学前提，我们也就无法对人类实践作出正确完整的解释。对人类教育活动的模式分析，同样也要遵循这种联系的和发展的辩证原则，从问题的最基本处入手。

一   生命活动的模式化

在这广袤的宇宙中，生命存在区别于其他物质存在的一个最显著的特征就是其"活动"。生命活动表现了物质存在的一场"内在的革命"，

---

① "现实的个人"是马克思主义历史哲学和关于人的全面发展的学说的一个重要的概念。参阅黄克剑：《人韵——一种对马克思的读解》，北京：东方出版社1996年版；王友洛：《不能以"人的全面发展"替代"个人全面而自由的发展"》，《哲学研究》1993年第8期。

② 阿·尼·列昂捷夫：《活动·意识·个性》，李沂等译，上海：上海译文出版社1980年版，第134页。

进化论者德日进（P. Teilhard de Chardin）用一种普遍化的"意识"来解释这种"内在的革命"①，这确实带有物活论和泛心论的色彩，但这里的确发生了一场革命性的大转变，即物质运动的动力上升为一种包含主动性的力量，一种发自存在物内部的有一定方向性的动力在整个动力系统中越来越占据主导地位。这一转变使得存在物与其环境的关系发生了变化，存在物在环境中由一般的"存在"转入了主动的"生存"。这种主动的生存过程现实地表现为生命活动。在这里，"活动"一词的意义不局限于某种空间位移或某一可见的操作过程，它一般地指称生命存在物的生存过程或存在方式。这与马克思主义关于实践"是人在世界上的存在方式"的观点②在逻辑上有着一以贯之的联系。

最能表现生命存在物之特质的、最基本的生命活动形式就是生命的延展。这是生命存在物在时间和空间上主动的延伸和拓展，它包括两个方面：一是生命个体自身在一定的环境中不断主动地更新和生长；一是这个生命个体对其他生命个体的生产。这种生命活动直接基于最基本的动力系统，所有其他生命活动形式都由此最基本的形式分化发展而来。为了能实现生命的延展，生命存在物必须通过自身主动的活动从生存环境中获取物质、能量和信息。生命存在物与生存环境的关系是密切而丰富的，二者之间发生互动的形式因而也有着多种多样的可能，所以，尽管生存环境中存在种种限制，生命存在物的生命活动形式仍然可以是多姿多彩的。在各种不同的生命活动形式之间，存在着效能上的竞争。那些效能较高的生命活动形式将更有可能取代那些效能较低的活动形式，并且可以通过遗传或经验的方式将这种竞争结果保存下来，进而影响此

---

① 参阅德日进：《人的现象》，范一译，沈阳：辽宁教育出版社1997年版，第48—50页。
② 张海源：《实践起源论——从动物行为到人类实践》，北京：社会科学文献出版社1996年版，第16页。这是作者对马克思主义实践本质论的概括之一。

后的生命活动形式。如此日积月累和代代相继，就形成了多种生命活动模式。生命的进化越是达到更高阶段，更高级的生命存在物的生命活动就越加复杂，效能的竞争和模式化也更加重要，并且模式化过程中经验的作用也更大。对生命延展的两个方面来说，生命活动的模式化都很重要，因此，模式化的过程往往并不局限于个体生命在生存环境中的"试探性摸索"①，而是通过遗传和经验与其他生命个体建立了跨时空的联系。一个行为系统的形成和发展不是局限于某一个体的孤立过程，而是在整个种群中进行的。

从个体的角度来看，"行为的个体发育是由两个过程组成的，即通过基因组传递的信息的转化；以及通过感觉器官实现的新信息的获得。第一个过程称为成熟（maturation），第二个过程称为学习"②。在个体发育过程中，这两个过程是交织在一起的。在第一个过程中，信息主要来源于上一代亲体。通过遗传基因传递的行为模式，是新生的生命个体未曾经验就"获得"的，但遗传基因显然不能简单地直接把行为模式传递给新生个体，这里有一个复杂的遗传信息转化过程——成熟。"成熟在行为学上指的是一个没有实践过的行为模式的圆满完成或充分发育。"③"没有实践过"并不意味着这种行为模式的发育或完成过程本身丝毫不受后天因素的影响。认为遗传结构可以单独直接地规定某种行为，和认为某行为完全不受遗传限制，同样都是错误的。行为学研究中的隔离实验所揭示的不可能是完整的成熟过程，因为极端的实验条件会妨碍由遗传确定的行为模式的成熟。实际上，"在遗传决定与个体的

---

① 在这种摸索中，大量盲目臆想与明确的方向性结合在一起。参阅德日进：《人的现象》，范一译，沈阳：辽宁教育出版社 1997 年版，第 69 页。

② 克劳斯·伊梅尔曼：《行为学导论》，马祖礼等译，天津：南开大学出版社 1990 年版，第 108 页。

③ 克劳斯·伊梅尔曼：《行为学导论》，马祖礼等译，天津：南开大学出版社 1990 年版，第 108 页。

适应——学习能力之间，通常有一种复杂的配合（本能—训练交叉）"①。在这里，生命个体从生存环境中获取的新信息以及物质、能量，势必会对遗传信息的转化过程产生影响。这里的"学习"概念含义是十分广泛的，它在行为学中指的是"引起个体对特殊环境条件产生适应性行为的全部过程"②。这里的"学习"包括生命个体在生存环境中通过"试探性摸索"逐步建立新的活动模式或改变旧的活动模式，也包括不同个体之间活动模式的传递。在行为学中，"传递的意思是指获得的信息的传递"，它从两个方面被分成四种类型：直接的和间接的，或依赖于物体的（object-dependent）与不依赖于物体的。③ 越是高等的生命物种，其生命活动模式的传递也越多，传递的形式和过程也越复杂。行为学中关于行为模式传递的一般分类主要适用于对动物行为传递的分析；对草履虫（paramecium）等较低等的生命存在物而言，传递就更为简单甚至很难说得上有后天的行为传递发生；而对人来说，行为传递就远不止于这四种类型。行为传递可以在纵横两个方向上进行，信息可以在群体中和群体际传递，也可以在代际传递。旧有的行为模式一般多由上一代传给下一代，而新的行为模式往往由新一代"发明"并传给包括上一代在内的其他个体，这种有趣的现象在动物的行为学研究中也得到了证明。④ 这也从一个方面说明人类教育和文化传递活动是有一定的生物学前提的，米德（Margaret Mead）在人类社会中发现的"前喻

---

① 福尔迈：《进化认识论》，舒远招译，武汉：武汉大学出版社1994年版，第101—102页。
② 克劳斯·伊梅尔曼：《行为学导论》，马祖礼等译，天津：南开大学出版社1990年版，第111页。
③ 克劳斯·伊梅尔曼：《行为学导论》，马祖礼等译，天津：南开大学出版社1990年版，第134页。
④ 克劳斯·伊梅尔曼：《行为学导论》，马祖礼等译，天津：南开大学出版社1990年版，第134—135页。

文化、同喻文化和后喻文化"现象并非是毫无生物学根据的超生命现象。人的活动模式化与基本的生命活动模式化过程是联系在一起的，进化等级的差别并不构成对其间联系的否定。

关于人类的行为学研究认为："人类行为的四个主要来源是生物学、心理学、社会结构以及文化。"① 其中，唯文化为人类所特有的行为模式来源，其他则在动物界皆有类似的结构。可见，人类生命活动的模式化是一般生命活动模式进化过程的高级阶段，是同一过程的延续和发展。人的生命活动模式化也是人为了实现生命的延展（这种延展有着更加丰富的内涵）而同生存环境发生互动的结果，是多种多样的生命活动之效能进化的产物，它同样也遵循着一般的生命活动模式化的基本逻辑。"文化"的产生本身也是同生命延展和效能进化联系在一起的，是系统进化中出现的一种新系统属性。这种突然出现的质变性创造可以用经院哲学中的概念"闪电"（fulguration）来表达。由于这种质变性创造的产生，"人们有理由在人的生物学、社会与文化的进化之间，并相应地在生物人类学、社会人类学和文化人类学之间，作出区分。在作这种区分时，生物学规律绝不是失效了，而只是由其他要素所补充"②。人的生命活动与其他生命存在物的生命活动之间尽管存在着本质的区别，但它仍然不能脱离一般生命活动这一深层基础。虽然在人的生命活动模式的形成和发展过程中自然选择的压力迅速减弱，选择的过程转化为一种主体自我发展的过程，甚至人类对自然系统的能动干预已反过来形成一种对自然物进行"人工选择"的积极力量，但对人来说，来自生存环境的根本的生存压力却不会因此而消失，所以人类永远也不能摆脱那最基本的支配着所有生命存在的力量。实际上，"人工选择"

① 罗伯特·伯格和罗纳德·费德瑞柯：《人类行为》，梅毅译，北京：中国社会科学出版社1993年版，第26页。
② 福尔迈：《进化认识论》，舒远招译，武汉：武汉大学出版社1994年版，第120页。

本身也反映着生存环境对人的根本制约，这是一般生命存在对生存环境的主动性不断进化发展到一定阶段的产物，是另一种形式的自然选择。

人的行为从根本上仍应视为一种生命活动，但它毕竟不同于其他生命存在物的生命活动，它因人的主体性而更为丰富、更为复杂、更具能动性和变异性，因此，从行为学的角度具体研究人的生命活动是一个涉及多门学科的十分困难的科学难题。与此同时，有关教育活动模式的问题又是一个复杂的生命活动模式化问题，因为教育活动本身在生命活动模式化过程中就发挥着重要作用，这就在逻辑上为我们嵌套了一个解释学的循环（hermeneutic circle），整体与部分的互为相关使问题的讨论难以具体，只能主要在抽象的哲学层面进行。当然，这些哲学讨论并不因其抽象而脱离一般的生命活动模式化这一基本背景。正如尼科洛夫所言，我们"应该在单个活动对其他生命过程的关系中寻找把活动划分为各种类型的最初根据"①。从这"最初根据"出发，人的生命活动模式的分析又可以在不同的等级层次上进行。从简单的、整合程度较低的肌肉组织协调动作到复杂的、整合程度较高的主体社会活动，都可划分成多种活动模式。我们所关心的主要是人作为主体的生成和发展，因而这里的生命活动模式分析主要也只是在主体的社会活动的层次上进行。这一层次与哲学研究的抽象性相适应，同时也与心理学、行为学和社会理论等的研究领域相关联。更重要的是，"主体—社会"层次上的活动模式分析更能突出展示人的生命活动不同于其他生命存在物之生命活动的特质。

"实践"概念总是内在地包含着其"社会方面"②，因此，对作为

① Л. 尼科洛夫：《人的活动结构》，张凡琪译，北京：国际文化出版公司 1988 年版，第 55 页。

② 关于这一点，本文在导论和其他一些章节中已有论述。读者可以参阅马克思和恩格斯的《德意志意识形态》等经典著作中的有关文字。

主体的人的活动模式进行分析，无论这些活动是在什么条件下以什么样的方式进行的，也无论它具有什么样的结构，都必不能脱离人的社会生活。人的社会生活本身又是"彼此交织着的活动的总和"，"人在社会中所遇到的不单是他自己的活动必须加以适应的外部条件，而且这些社会条件中还含有人的活动的动机与目的、活动的方法与方式"①，也就是说，人的各种既存的和不断出现着的活动模式本身又构成了人的生命活动模式化过程所必须的条件。人的活动模式正是在人的生命活动中不断形成和发展的。其他生命存在物的活动模式虽然也存在着群体生活或其他个体的影响，但自然环境的影响占据着主导地位；对人的生命活动模式而言，主导的影响力却来自社会生活。所以，在人的活动模式分析过程中，"单个活动对其他生命过程的关系"并不是仅意味着单个人与自然环境之间的生存关系，而是"现实的个人"与他的社会生活之间的关系，是众多"现实的个人"的生命活动交织在一起所构成的社会关系。对一个个体的人来说，一种活动模式的获得、形成、发展和表达，并不仅仅取决于他个人与自然环境之间的关系，而更多地取决于他与其他个体在共同面对自然的生命活动中结成的社会关系。用尼科洛夫的话来说，作为人所特有的存在方式的"活动"是"实践"，"它的出现并不是单个人同自然环境间的关系自我发展的产物，而是许多个人在共同和自然环境相互作用时，个人之间的关系发展的结果"②。因此，对人包括教育活动在内的所有活动的模式分析，都要首先关注这样的"个人之间的关系"，即主体与主体之间的相互作用和相互联系。对人的活动，马克思主义经典作家曾给予高度重视，指出"历史不过是追

---

① 阿·尼·列昂捷夫：《活动·意识·个性》，李沂等译，上海：上海译文出版社1980年版，第52页。

② Л.尼科洛夫：《人的活动结构》，张凡琪译，北京：国际文化出版公司1988年版，第3页。

求着自己目的的人的活动而已"①。然而，迄今为止，关于人类活动模式的专门的科学研究还很不够。在这方面，苏联和东欧的一些哲学家、社会学家和心理学家在马克思主义理论传统下做出了不少各具特色的探索，其成果引人注目。20 世纪 40 年代，鲁宾斯坦和维果斯基、列昂捷夫、鲁利亚等努力突破"S—R"公式对心理学的长期统治，提出心理不仅通过人的活动表现出来，而且是在活动中形成的学说。在遭受 20 多年漠视之后，到 20 世纪 70 年代，"人的活动"成为理论界的研究热点。其中，M. C. 卡冈把人的活动分为改造活动、认识活动、价值取向活动和交往活动；M. B. 杰明则认为活动只有劳动和游戏两种；Л. П. 布耶娃把活动分作实践活动和精神活动；保加利亚索菲亚大学的 Л. 尼科洛夫博士 20 世纪 80 年代发表《人的活动结构》，区分个人活动和社会总体的活动，指出了人的活动的多层次性和相互联系的性质。尤其值得注意的是，尼科洛夫不仅特别提出并专章讨论了关于"主体间活动交换"的问题，并且由此进一步揭示了以往有关"个人再生产"和"教育"等领域划分的混乱。尽管他未就"教育"概念深入探讨，但已明确提出："个人的再生产，在个人掌握社会物质财富和精神经验的意义上，是社会活动每个领域的一个方面。"② 他还批评了卡冈把"交往活动"当作人的活动的一个"变种的变种"的观点，指出在社会活动的意义上，任何个人或集团的活动都加入了社会系统内的活动交换。这些理论对我们以马克思主义交往实践理论为基础提出的泛教育理论无疑在逻辑上是一个有力的支持。此外，我国学者近年来在"人的活动"研究方面也作出了不少有益的探索，郭湛的博士论文《人活动的效率》就是

---

① 马克思、恩格斯：《马克思恩格斯全集》第 2 卷，北京：人民出版社 1957 年版，第 118—119 页。

② Л. 尼科洛夫：《人的活动结构》，张凡琪译，北京：国际文化出版公司 1988 年版，第 100 页。

其中之一。该文明确提出："人类活动的自觉能动性不仅在于人始终是有意识、有目的的活动主体，而且在于人总是力求最大限度地节省自己为达到某一特定目的所进行的活动。"① 这与我们从效能进化的角度看待人的生命活动模式化过程的观点也是一致的。

活动的效能进化和活动主体之间的关系，是本章分析教育活动模式的两个基本的维度。我们以效能进化为基本点来考察教育活动模式的进化，因为对更高效率的追求是人生命活动模式进化的基本动力。罗素说："一切社会进步的基础，是增长了的技术的效率，从一定量的劳动得到更大的效果。"② 当然，这里的"效率"概念，从"应该"的角度来说，应该理解为郭湛所说的"全面的活动效率观念"，而不是那种片面的、表面上的、短期的高效率③，但是，即便是从包含了"应该"和"不应该"在内的"是"与"不是"的事实判断出发，"对效率的追求是人生命活动模式进化的原动力"的逻辑值也还是真。实际上，即使是在"公平与效率"这对永恒的矛盾中，人们也已经为获得更高效率而"合理地"改变了不少公平的观念。我以为，"全面的活动效率观念"本身就内在地包含了公平与效率的合理平衡。另一方面，我们以活动主体之间的关系为基准来考察教育活动模式的类型，是因为正如尼科洛夫所指出的那样，任何个人或集团的活动都加入了社会系统内的主体际活动交换，因而所有的社会活动中都交织着交往活动，交往活动成了各社会领域中人的活动的一个基本构成部分。实际上，在尼科洛夫看来，各种模式的活动本身就是人们在共同面对自然时个人之间相互关系

---

① 郭湛：《人活动的效率》，北京：人民出版社 1990 年版，第 17—18 页。

② 柏特兰·罗素：《社会改造原理》，张师竹译，上海：上海人民出版社 1959 年版，第 78 页。

③ 郭湛：《人活动的效率》，北京：人民出版社 1990 年版，第 213—220 页。

的发展结果。① 在 M. C. 卡冈所提出的改造活动、认识活动、价值取向活动和交往活动这四种基本活动中，交往活动是人的其他社会活动相互统一成为一个整体的行为系统所必不可少的中介。我国学者近年来对"以社会交往活动为中介的实践活动、认识活动、价值活动的统一"已经作出了论证。②

当然，对人的教育活动，我们可以从多种角度出发进行模式分析，但是，由于"交往"是贯通所有社会活动领域的基本社会活动，也是泛教育理论打通各种形式上的壁垒，来对教育现象进行全面的考察的基本出发点，并且各种教育模式的形成在根本上也应当如尼科洛夫所说的那样是"个人之间的关系发展的结果"，所以，本文主要以活动主体之间的关系来作为分析教育活动模式的基准。

二 根据主体际关系结构的模式分析

"人的一切形式的活动都是处理人的各种关系的，因而是人的各种关系能动地、开放性地展开的根本机制和表现形式。""人的发展总是通过人的关系的展开，而人的关系的展开又总是通过人类自己的活动来开辟道路的。"③ 从人的活动的角度讨论人的生存与发展问题，必离不开人的关系，包括人对自然界的关系和人与人之间的社会关系这两个紧密联系在一起的方面，其中人与人之间的社会关系又是人的本质关系。

---

① 参阅 Л. 尼科洛夫：《人的活动结构》，张凡琪译，北京：国际文化出版公司 1988 年版，第 3 页。
② 修毅：《人的活动的哲学》，北京：中国大百科全书出版社 1994 年版，第 67—70 页。
③ 夏甄陶：《人：关系·活动·发展》，《哲学研究》1997 年第 10 期。

人通过自己的活动而不断获得的发展，总是处于这种本质关系的规定之下。

教育活动先天地就是一种人对人的活动，是主体与主体的关系在主体的活动中的不断展开，是人作为主体的不断生成和发展，而主体与客体的关系内在地包含在这种展开和发展的过程之中。人对人的对象性关系是一种主体与主体以一定的客体为中介而建立的对象性关系，其基本的动力来自活动者与活动对象共同需要的满足；人对自然界的对象性关系则直接是一种主体与客体的对象性关系，其基本的动力是活动主体需要的满足，这里的活动对象确是为满足主体的需要而存在的。"在人的对象性关系中，人与自然界的关系对人说来是一种基础性的关系。"但是，"人对自然界的关系只有同人与人之间的社会关系联系起来才能成为'人的关系'"①。从这种意义上说，人对人的主体际交往关系是人的关系在人与自然界的关系基础之上的扩展和升华，而人与自然界这种基础性关系的不断能动地、开放地展开，又总是要以人与人的关系为中介，并且在这种主体际交往关系的不断展开过程中才能得以实现的。所以，在讨论人的生成和发展问题时，虽然我们所面对的最基本的问题是人对自然界而言的本质力量的张扬，但我们必须直接面对的还是人对人的主体际交往关系的展开。人们具体采用什么样的教育活动模式来发展自身，在根本上当然受到人与自然界之间关系的制约，但其直接的决定因素还是来自教育活动中人与人之间的主体际交往关系。以教育活动中主体际关系结构为根据，我们可以在一般意义上划分出基本的教育活动模式。当然，"人们区分活动的根据是极为多样的，而且这种多样性不是偶然的，它是由分析的对象本身所决定的"②，从不同的角度出发，

---

① 夏甄陶：《人：关系·活动·发展》，《哲学研究》1997 年第 10 期。
② Л. 尼科洛夫：《人的活动结构》，张凡琪译，北京：国际文化出版公司 1988 年版，第 18 页。

我们可以对人的丰富多样的教育活动作出不同的模式分析，譬如：我们常说的学校教育、家庭教育和社会教育，就是以教育活动在何时空中进行为根据所分析出的教育活动模式。但是，这类模式分析往往都不具备一般层次上的普遍意义，如前例的教育活动模式分析就不适用于学校产生以前。以教育活动中的主体际关系结构为根据的教育活动模式分析与其他角度的模式分析不同，其根据具有一般层次上的普遍有效性，因而它是一种基本的教育活动模式分析。

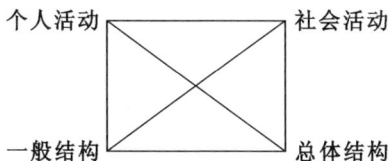

图1 Л. 尼科洛夫用以分析人的活动结构的逻辑框架①

在《人的活动结构》一书中，尼科洛夫把人的活动区分为个人活动和社会活动（这里指社会共同体和整个社会的活动），其中每一种活动又都有一般结构和总体结构。这两个分析维度结合起来，就构成了图1所示的用以分析人的活动的一个逻辑框架。在尼科洛夫对人的活动所进行的哲学分析中，这个逻辑框架自始至终得到了贯彻。从这个完整的逻辑框架可以明显地看出，虽然尼科洛夫在两个维度上把他一再强调的人的活动系统的多结构、多层次性分别抽象成两极，但这两个维度结合起来，构成一个完整的逻辑框架，人的活动系统的多层次性就包含在其中了。正如尼科洛夫事先说明的那样，这种单纯的个人和单纯的社会的两极划分是有条件的，它只是为了哲学研究的需要而在理论上加以抽象的结果。在这种抽象中，人的现实活动中一些实际上不可分割的特性，在观念上被暂时分析开来，以便于在不同层次上对人的活动进行剖析，但这些剖析的结果最终必须相互联系起来，才能完整地描述人的活动。

----

① 此图是我根据尼科洛夫在《人的活动结构》一书中明确表达的思想总结绘制成的。

在这种抽象的逻辑分析中，"每一种结构的内部构造都决定于其他的结构，所以，任何结构都不可能脱离与其他结构的关系而得到完整的充分的揭示"①。在尼科洛夫的这个逻辑框架中，个人活动及其一般结构与总体结构和社会活动及其一般结构与总体结构都是联系在一起的。人的社会活动（社会共同体和整个社会的活动）与个人活动联系在一起，其间有众多层次上的人的活动有序地排列在一起，形成一个丰富多彩的"活动光谱"。在尼科洛夫的哲学分光镜下，这连续的光谱聚成"个人活动"和"社会活动"这抽象的两极，但这两极的联系性却辩证地表达了人的活动的多层次性。

人的活动的多层次性与我们在导论中曾经简要讨论过的教育主体的多层次性在逻辑上是一致的。② 可以这样说：正是由于除了现实的个人形态的活动主体以外，客观上还存在着小型集团形态、大型集团形态乃至人类总体形态的活动主体，多层次的人的活动才有其存在的根据。如果人类不同规模的社会集群只是其个体成员的简单总和，那么"主体"就只意味着任何作为单个人的独立主体，"人的能动性"就只能是单个人的能动性，"人的活动"也就同"单个人的活动"成了同义语，或者说人的活动就只能在单一的个人层次上展开了。人的能动性不仅在现实的个人主体的活动中表达出来，而且还要通过各种形态的社会主体的活动在多层次、多结构中表达出来，"社会活动有其不依赖于个人能动性的独特存在"③，不同层次的社会活动与现实个人的活动相互联系，相互作用，才构成了全面表达人的能动性的完整的人的活动系统。正像尼

---

① Л. 尼科洛夫：《人的活动结构》，张凡琪译，北京：国际文化出版公司 1988 年版，第 26 页。

② 参阅"导论"中有关教育主体的四重形态的论述。

③ Ст. 多切夫：《社会系统与工业状况》（索菲亚，1979）第 31 页。转引自 Л. 尼科洛夫：《人的活动结构》，张凡琪译，北京：国际文化出版公司 1988 年版，第 25 页。

科洛夫所说的那样，"活动的社会存在，或社会活动，不能归结为单个人活动的总和，也不能被单个人的活动所穷尽"①。一方面，单个人的能动性是社会活动的现实基础，同时又以活动的社会存在为前提条件，不同层次上的人的活动联系一体；另一方面，每一层次的人的活动又都有其独特存在，不能相互归结或替代。正是在这多层次、多结构的活动系统逐步展开的过程中，人不断地生成、发展为兼具个性与社会性的"现实的个人"，这也是"人在世界上的存在方式"，是"人的生命活动"。这也内在包含和证明了教育活动的多层次性。教育活动总是面对具体个人的，并且也总是具体个人的活动，但这些个人都是"现实的个人"，他们作为单个人的存在却是以多层次的人的社会存在为前提和背景的，同时也是这多层次的人的社会存在的现实表征。就其根本的社会依据而言，不同的教育活动模式直接的就是这表现为主体多重形态的人与多层次社会存在之间关系发展的结果，也就是尼科洛夫所说的"许多个人在共同和自然环境相互作用时，个人之间的关系发展的结果"②。所有这些，都为我们以教育活动中主体际交往关系为根据来分析教育活动的基本模式提供了逻辑的依据。

在导论中我们已经简要论及，根据教育活动中主体际交往关系结构的不同，我们可以把教育活动划分为五种基本模式：个人学习模式、反身学习模式、对话模式、教学模式和群体学习模式。下面我们就具体讨论这五种基本教育活动模式，讨论他们之间的相互联系以及其中的多层次主体际交往关系。

---

① Л. 尼科洛夫：《人的活动结构》，张凡琪译，北京：国际文化出版公司 1988 年版，第 25 页。

② Л. 尼科洛夫：《人的活动结构》，张凡琪译，北京：国际文化出版公司 1988 年版，第 3 页。

（一）个人学习模式

就生命存在物的生长发展而言，个体在其生存环境中的适应和学习是一个必不可少的条件。德日进把适应和学习这类主动的生命活动称作"最重要的试探性摸索技术"①，这类"有明确方向的"主动的生命活动是推动生命个体及其物种成功地保持与生存环境之间平衡的共生关系从而不断发展和进化的基本动力之一。一个生命个体要不断地生长发展，它就必须与生存环境保持平衡的共生关系，而生存环境又总是处于不断的运动变化之中，生命个体因而也要经常面对新的生存条件，这是其生长发展过程中的一个基本矛盾。个体必须不断地进行有方向性或目的性的探索、适应和学习，才能成功地解决这个基本矛盾。生命存在物的进化程度越高，这种"最重要的试探性摸索技术"也越发达、越复杂、越有效。人类个体的生长发展过程自然也受这条基本规律的支配。个人也要不断学习才能与不断变化着的生存环境（尤其是社会环境）保持平衡的共生关系，从而也才可能不断生长发展。

个人与其他生命个体不同，个人所面对的生存环境不仅包括自然环境和简单的生命群体关系，而且还包括更加复杂、更加千变万化的社会环境。在个人的"试探性摸索技术"中，不仅包含了个人与自然环境的共生关系，而且还包含了个人与社会环境之间的共生关系。由于社会环境更加复杂易变，在保持后一种共生关系的平衡过程中，这种"试探性摸索技术"更为重要，也更为复杂。即使是在个人与自然环境的共生关系中，也总是包含了社会的因素，因为个人所面对的自然已不是纯粹天然的自然，就像他个人无法作为一个孤立的生物性的存在物来面对自然环境一样。对人来说，自然总是人化了的和不断人化着的自然，这里总是包含着个人与他人，以及个人与社会和类总体之间的关系。动物中虽然也存在着简单的学习和行为传递现象，但由于动物自觉能动地

---

① 德日进：《人的现象》，范一译，沈阳：辽宁教育出版社 1997 年版，第 69 页。

改造自然，所以动物的学习和行为传递过程最高也只能在简单的群体水平上进行，只有人才把这类生命活动发展到了总体的水平。从全体到总体，这是一次质的飞跃，从此，学习这种作为"试探性摸索技术"的生命活动就不再可能单纯属于个体了。也就是说，在人的学习活动中，总是存在着主体际交往关系，自然只是一个中介性的环节，实际的学习过程总是发生在人类多重形态的主体际交往关系中。

在个人学习这种教育活动模式中，主体际交往关系的一极是个人主体，另一极则是人类主体、大型集团主体或当前没有直接参与交往活动（不在场）的个人主体。这一点我们在导论中已简单说明。在个人学习活动中，这三重交往关系常常是交织在一起的，它们是这种教育活动中主体际交往关系结构的三个层次。当个人面对自然环境时，有两种不同的情况：一是个人所面对的是人化自然，实际生活中发生的绝大多数是这种情况。在这种情况下，个人学习活动中的交往关系同时发生在两个方面。一方面，由于人化自然本身就是人的本质力量对象化的结果，因而，以人化自然为中介，个人在看似独立的学习活动中必然地与人类主体建立了交往关系；另一方面，个人此时的"试探性摸索技术"中又总是不同程度地包含了来自前人的经验，这些经验大多数是在人类总体或较大规模的社会群体中被认为卓有成效而保存下来的。二是个人的学习活动是发生在拓展人化自然的前沿领域，这种情况多发生在科学探索中。在这种情况下，一方面，这里的个人学习活动同样总是包含着前人的经验；另一方面，这时的个人主体是作为人类的一分子而不是孤立的单个人在从事拓展人化自然的活动，他要通过自身类本质的对象化才能使人化自然得到拓展。当个人面对的是社会环境时，也有两种不同的情况：一是这个社会环境主要是由"他人"构成的，这时多重的主体际交往关系理所当然地包含在个人的学习活动中；二是这个社会环境主要是指符号—意义世界时，个人在学习活动中就会同这符号—意义存在物的创造者建立交往关系，好比我们读《精神现象学》就如同在聆听黑格尔的演说。在这里，以符号—意义世界为中介的主体际交往关系也是多重的，但不管怎么样，在个人学习模式中，主体际交往关系的核心是实施学习活动的个人主体，多重形态的教育主体只出现在他所建构的交往关系的另一极。

（二）反身学习模式

生命存在物的"试探性摸索技术"内在地包含着一个在活动和反馈的循环往复中不断前进的过程，这个过程中存在着外部的生命活动和内部的生命活动两个紧密联系的环节。在内部生命活动这一环节中，主要包括对来自现实外部环境的新信息的整理和过去信息的痕迹对这种整理的影响这样两个方面。生命存在物在进化阶段上越是处于较高的水平，这种循环往复的过程及其一系列环节也就越是复杂。到了高层动物阶段，简单的对过去经验的反省，以及根据过去经验和当前信息来对环境作出某种预测和期望等带有一定创造性的内部生命活动就已经出现在这种过程中。当然，这种创造性仍然十分有限，其内部信息重组过程还无法摆脱当前特殊生存环境的限制。只有进化发展到有自觉意识的人，这种有限的创造性才达到了对环境模型以及自身与环境的关系进行主动设计和改造的水平。这种达到了主体自觉水平的能动性和创造性的获得，大大提高了内部生命活动的生产性，人通过根据过去经验和当前信息的内部信息重组来获得关于环境模型以及自身与环境之间关系的新信息的能力得到很大的增强。这种能力就是人的反身学习能力，它以动物简单的反身学习能力为进化基础，包含着动物学习活动的随意性和反射性，又具有不同于动物的并且占主导地位的有意性、自觉性和认知性。反身学习作为一种基本的教育活动模式，它在人的生存发展过程中起着十分重要的作用。《论语》中有："吾日三省吾身"，这已是广为人知的名言。孟子说得更详细："君子深造之以道，欲其自得之也。自得之，则居之安；居之安，则资之深；资之深，则取之左右逢其原，故君子欲其自得之也。"① 只有"自得之"，到运用时才能左右逢源，可见反身学习实在是人不可缺少的基本教育活动模式之一。

在反身学习模式中，交往关系的两极是同一个个人主体，教育主体的交往关系以内部语言和外部对象为客体中介而指向自身。在这种特殊的交往活动中，个人主体可以凭借自我意识、自我概念和自我评价等来组织、促进、调节和监控自身的发展。虽然这是一种个人主体以自身为对象的特殊交往活动，但他仍然不仅包含有内部环节，而且同样有外部环节。其内部环节主要包括这样两个方面：一是关于外部对象的一些新旧信息的重组；二是关于自我的一些新旧信息（可以来自内外两个方面）的组织、重构，包括不断形成对自我的期望、设想和预测等。这两方面对一个人的生长发展来说无疑都有着重要的意义。就第一个方面而言，这是外部物质对象通过主体的外在活动转化成主体内部智慧结构所不可或缺的过渡环节。这种过渡环节在心理学上就叫作"内化"（internalization）。列昂捷夫说："所谓内化指的是一种过渡，由于这种过渡的结果，对付外部物质性对象的外部形式的过程转变为在智慧方面、意识方面进行的过程；在这种情况下，他们经受了特殊的转化——概括化、言语化、简缩化，而最主要的，是能够超出外部活动可能性的界限而进一步发展。"② 在第二个方面，个人主体最重要的组成部分——自我，在"主我"（I）和"客我"（me）的内在交往活动中不断形成和更新。心理学中关于"自我"的学说很多，其概念的表达形式就有"ego"和"self"等的区别，但其基本的问题都离不开一个独立的个人主

① 《孟子·离娄下》。杨伯峻译注：《孟子译注》上册，北京：中华书局1960年版，第189页。

② 阿·尼·列昂捷夫：《活动·意识·个性》，李沂等译，上海：上海译文出版社1980年版，第62页。

体在自身活动中是如何不断把自己组织成一个协调的整体，并作为一个协调整体而不断地生长发展的。很显然，离开这样一种自我组织和自我监控过程，任何现实的个人主体的生长发展都是难以想象的。这也是个人在人的教育活动中的主体性的一种表现。

在这种主体指向自我的特殊交往活动中，不仅内部语言的中介作用十分重要，而且外部对象的中介作用也必不可少，这里还存在着一个不可或缺的外部环节。这个外部环节同样也包括两个方面：一是物质世界中的外部对象的中介作用；二是社会—历史中的外部对象的中介作用。按照维果茨基（Л. С. Выготский）关于"心理发展的文化历史理论"，"人的心理过程的变化，与他的实践活动过程的变化是同样的，换言之，它们都是被中介的"，中介着人的心理过程的是特殊的"精神生产的工具"，这些精神生产的工具主要表现为在物质生产基础上产生的人与人相互关系的方式和社会文化发展的产物——各种符号系统。[①] 由此可见，即使是这种反身学习模式的教育活动，也绝对不能脱离社会生活，不能没有不同层次和不同形式的主体际交往活动。反身学习的内部环节和外部环节是紧密联系、缺一不可的。如果没有其外部环节，内部的一系列过程就失去了根据，变成无源之水、无本之木，难以产生和延续；如果失去其内部环节，外部的所有中介过程也会丧失意义，难以真正转化成个人主体内在的生长发展。

反身学习模式的教育活动，以一般生命存在物普遍具备的生长发展的主动性为基础，是人在教育活动中的主体性的重要表现之一。

（三）对话模式

一个生命存在物的生命活动与另一个生命存在物的生命活动相互产生影响，它们之间就建立了一种结构最简单（一对一）然而却最基本

---

① 见杜殿坤、高文为《思维与言语》中译本写的序。余震球选译：《维果茨基教育论著选》，北京：人民教育出版社1994年版，第2—3页。

的"关系"。这种简单的关系进而可以扩展成为群体关联，并且在一定的进化发展水平上赋予生命存在以社会性。用德斯伯里（Donald A. Dewsbury）等人的话来说就是："只要若干个体处在一起并且相互反应，那么它们的行为就不再是独立的，而是变成有组织的了。关系（relationship）的概念对于社会性组织来说是一个基本的概念，而社会性关系可以定义为两个或更多个体彼此按照有规则的和可以预测的方式进行反应的行为。"① 如果按照德斯伯里等人在比较心理学中对"交往"（注意区别于"主体际交往"，"交往"的外延更广）概念的宽泛理解，这种简单的"关系"也就是一种最基本的交往，其他交往皆由此基本交往发展而来。德斯伯里引用塔沃尔加（W. N. Tavolga）的观点，将"交往"分为六级水平：第一是植物水平，即一个有机体的"存在"对另一个有机体产生影响；第二是振奋水平，即一个有机体的生命活动及其副产品对另一个有机体的影响；第三是时相水平，包括工蜂返回蜂巢后发出的气味、舞蹈和声音等一些不连续的反应形式；第四是信号水平，这是一种单路的输出，如昆虫的外激素、鸟身上的颜色模式等；第五是符号水平，指的是非人灵长类以姿势、面部表情和声音等形式产生的反应类型；第六是语言水平，塔沃尔加把它局限在人类的范围内。② 实际上，对人类来说，人与人之间的"交往"在最高水平上包含了这六级水平中所有的交往模式，只是其中语言水平上的交往最为自觉，并占据了最主要的地位。因此，我们这里所说的"对话模式"中的"对话"也应作宽泛的理解。在对话模式的教育活动中，人与人之间的相互影响虽然主要是通过语言交流来实现的，但并不排除其他水平上的"交往"

① D. A. 德斯伯里和 D. A. 雷斯林沙弗：《比较心理学——现代概观》，邵郊等译，北京：科学出版社 1984 年版，第 149 页。

② 参考 D. A. 德斯伯里和 D. A. 雷斯林沙弗：《比较心理学——现代概观》，邵郊等译，北京：科学出版社 1984 年版，第 178—179 页。

（一般交往）在这种教育活动中的作用，其中有不少作用是处于我们意识水平以下的，在我们不知不觉中产生影响的。

"对话"在这里的另一层含义就是交往双方没有明显的、稳定的主导与接受引导的地位差别，这是此类交往区别于其他交往的特质之一。在对话模式的教育活动中，交往关系的两极可以是个人主体，也可以是群体主体，但他们一定是不同的主体，而不是同一个主体，交往活动发生在异质的并且发展水平相当的主体之间。如果用社会交换理论来看，那么前两种模式的教育活动可以被看作是发生在个人与其周围环境之间的发展资源的交换，而这种模式的教育活动则可以被视为两个相关主体之间发展资源的交换。"这一类交换不是涉及一个有主动行为的人以及处于相对被动地位的环境，而是涉及两个均有主动行为的人，他们分别构成对方的主要环境刺激。"① 实际上，在我们每个人一生的生长发展中，有相当大的一部分是来自于这种对话模式的教育活动的。不仅对孩子来说伙伴关系具有重要的教育和发展意义，而且对成人来说也是如此。即使是在那些发展水平存在一定差异的主体之间，对话模式的教育活动也有着十分重要的作用，譬如：在母亲和孩子的接触过程中，母亲不可能每时每刻都以一种自觉的教学态度来对待孩子，往往是一些无意之中的母子互动却对孩子的生长发展产生着深刻的影响，如孩子的某种表现常常博得母亲赞许的神情会更多地激励孩子，这种交往双方都居于主动地位的互动对孩子的生长发展的影响并不亚于有意的教学。

当然，对话模式的教育活动更多地发生在发展水平相当的主体之间。在这类教育活动中，往往交往双方都能得到一定的发展，这不仅在个人主体之间如此，而且在个人之间的关系扩展为个人与其群体（即若干相互关联的个人主体）之间的关系时也是如此。如果一个人在某

---

① 迈克尔·E. 罗洛夫：《人际传播——社会交换论》，王江龙译，上海：上海译文出版社 1991 年版，第 7 页。

个群体中长期得不到相应的发展资源，那么他与这个群体的关系就难以维持，或者处于敌对状态。这里还涉及社会地位和权力结构等复杂的社会学问题，但基本的互惠原则似乎总是存在的。布劳（Peter M. Blau）从交换论的角度对此的解释是："支配着人与人之间交往的基本社会过程，其根源在于原始的心理过程，如作为个体间吸引的感情及获得各种报酬的欲望之基础的过程。"① 以此为唯一解释当然是偏狭的，但这种解释也并非毫无道理。在广义上的"给予"和"索取"之间保持一定的平衡关系，往往是一个生命存在物的生长发展或某一物种的生存进化所必不可少的条件。从这个角度来说，对话模式的教育活动实在是人的一种基本的教育活动，或者说是人的生长发展的一种基本的方式。

（四）教学模式

教学模式下的教育活动是生命存在物主动的生长发展在更高一级进化水平上的能动表现。正如皮亚杰（Jean Piaget）所说的那样，"超越先天认识的学习领域，在原生动物水平即已开始"②。不同个体之间的行为传递，在动物界也是相当普遍的。教学活动是这些生命活动能力进一步进化发展的结果，它更为复杂、更加高级，也具有更高的效能。在教学活动中，不仅包含了一个或一些个体主动的学习活动，而且同时还包含着另外一个或一些个体主动的传授活动，是这两方面活动统一在一起形成的一个整体，这是包含了"传授"这种新因素的更加复杂的一种教育活动。在动物界，已经可以看到一些初级的教学活动，我们在导论中曾经提及的法国社会学家勒图尔诺（C. Letourneau）的著作《人类不同人种中教育的进化》，就列举了很多动物出于本能的教学活动的例

---

① 彼德·布劳：《社会生活中的交换与权力》，孙非等译，北京：华夏出版社1988年版，第22页。

② 皮亚杰：《生物学与认识》，尚新建等译，北京：生活·读书·新知三联书店1989年版，第354页。

证，这些例证都来自动物学家和博物学家们的研究和观察。例如：马尔（D. Malle）观察到隼这种猛禽会让死小鼠和死燕子从很高的地方落下，培养幼隼迅速扑向猎物的习惯，并使其学会正确判断距离。当幼隼初步学会之后，负责训练的母隼又会把自己捕获的活鸟在幼隼面前从天空中放掉，进一步教会幼隼自己捕食。福杰（C. Vogt）也记述过母熊教会幼熊行走、攀登和吃东西的行为，母熊为了教会幼熊，甚至不惜采取脚踢、打耳光和轻咬等处罚行动。① 不过，在动物的教学活动中，"传授"的因素还十分有限，而且都还处于简单的、初级的发展形态，本能在其中仍然占据着主要的支配地位。只有到拥有语言符号通信系统的人类，"教学"这种生存能力才得到了突破性的发展。与动物相比，人的教学活动更加复杂，也更加完善，其中"传授"的因素更多，其作用也更重要。在人的教学活动中，主体性（能动性）、有意识性（自觉性）和目的性表现得更为突出，并且产生了动物所没有的计划性、组织性和历史文化性。

在人的教学活动中，交往关系的一极是个人主体，另一极则是另外一个或一些个人主体，并且一般来说这"另外一个或一些个人主体"在发展水平上往往明显低于交往关系另一极的个人主体，那个发展水平较高的个人主体因而也就常常处于主导地位，"传授"的因素在他的活动中所占比例也较大。但无论这种发展水平的差异大到什么程度，教学活动作为一个整体也仍然总是交往双方共同的活动，"传授"只是这共同活动的一个内在的构成因素，而不是外在的附加。鲁宾施泰因说得好："孩子是在发展、受教育并学习，而不是又在发展、又在受教育、又在接受教学。这就是说，教育和教学包含在孩子发展过程本身之中，

---

① 参阅瞿葆奎：《教育学文集·教育与教育学》，张人杰译，北京：人民教育出版社 1993 年版，第 158—165 页。

而并非只是附加于其上的。"① 教学活动与孩子们能动的发展过程是统一的，"传授"作为一种引导，是包含在教学活动整体之中的，为孩子们的能动发展创造条件。因此，把某种知识或技能等"传授"给了另一个或一些个人主体，这只是教学活动的开始，只有这些个人主体在共同活动中获得了相应的发展，教学活动才是真正完整的。

教学模式的教育活动的一大特点就是交往双方存在明显的发展水平差异。在这类教育活动中，信息主要是从发展水平较高的一方流向较低的一方，发展水平较低的主体通过这种教育活动所获得的发展一般都要多于发展水平较高的主要从事"传授"的主体，但在共同的活动中，所有参与主体都应有所发展。教学模式的教育活动又有许多具体的表现形态，它不仅表现在学校教学中，而且也表现在社会生活的其他领域中，我们的很多日常知识和生活技能就都是由父母或别人教会的。在学校教学中，人类教学的目的性、计划性和组织性表现得更为突出；而日常生活中的教学活动似乎与我们的本能联系得相对更紧密一些。这也说明，人类的教学活动在更高水平上包含了动物的本能教学活动。

（五）群体学习模式

在进化发展水平上，群体学习模式并不高于教学模式；但就教育活动中主体际关系的进一步拓展而言，这种教育活动对人的社会性发展无疑具有更加重要的意义。

群集关系（aggregative relationship）在动物界即已产生。"在任何有运动能力的动物群中，从原生动物到脊椎动物都会出现群集行为，这种行为一般都有提供互相保护和掩护的功能。"② 对很多动物来说，这种

---

① 见达维多夫：《发展性教学问题》，王义高等译，南昌：江西教育出版社 1996 年版，第 42 页。

② D. A. 德斯伯里和 D. A. 雷斯林沙弗：《比较心理学——现代概观》，邵郊等译，北京：科学出版社 1984 年版，第 149 页。

群集关系不仅对每一个体具有保护和掩护功能，而且还能通过群体中不同个体之间的行为传递来保持和更新种群生存与繁衍所必需的行为系统。这个行为系统既包括外显的行为，又包括内隐的行为，这两者在实际的行为系统中是联系在一起的，其进化发展过程也是统一的。内部与外部的统一，这可以说是生命活动区别于一般物理运动的重要特质之一。人的心智与外部行为，包括其社会文化的特性，也是以这种内外统一的行为系统进化发展为前提和基础的。人的社会关系，与动物普遍的群集关系，包括有些较高等一些的动物中存在的初步的"社会性关系"①，在发展进化上都是联系在一起的，人的社会关系在更高发展水平上实现了动物群集关系的一些基本功能，教育也是这种基本功能之一。人不仅以个体的方式从事教育活动，而且更以群体的方式从事教育活动，这一点从动物界就已经开始有了萌芽。

在群体学习模式的教育活动中，人以群体的方式共同面对生存环境。在这里，交往关系的一极是群体，另一极可以是四重主体形态中的任何一种，特殊情况下也可以是这一群体本身。在交往关系的两极是异质主体的情况下，经验的传递发生在这一群体与他人、其他群体或人类主体之间；当交往关系的两极是同质主体时，则是这一群体的自我反身学习过程，但实际的交往关系同样并不局限于这一群体自身。

群体学习模式的教育活动分为内外两个方面，一方面是群体内部的个体作为群体的成员（而不仅仅作为一个独立的个体）相互之间的交往活动；另一方面是群体与环境，包括与其他主体之间的相互作用。这两方面统一起来的结果，是群体作为一个统一的主体的发展，这种群体的发展最终当然要通过其个体成员的发展而得到现实的表达，但这种表

---

① 按照德斯伯里等人的定义，所谓"社会性关系"就是"两个或更多个体彼此按照有规则的和可以预测的方式进行反应的行为"。参阅《比较心理学——现代概观》，邵郊等译，北京：科学出版社1984年版，第49页。

达中已经包含了一种超越了个体本身的成分，也就是说，其中包含了一种个人作为独立个体难以实现的发展。这是一种在独立的个体之间交往关系的基础上进一步拓展了的社会性发展，正是在这种社会性发展的不断拓展过程中，人才被赋予了各种不同的社会角色，才作为一个家庭、集团、国家、民族，乃至作为人类的成员而不断获得超越个人的发展。通过这种超越个人的发展，教育活动才可能最终与人的"类本质力量"的发展联系在一起。在这里，个人的生长发展与群体的生长发展，以及与整个人类的生长发展，都是密切联系在一起的。

三　根据主体际相互作用状态的模式分析

与主体际关系结构直接联系在一起的另一分析维度就是主体际相互作用的状态。在这一维度上，我们把教育活动分为三种基本模式：冲突模式、合作模式和间接作用模式。

（一）冲突模式

在生命世界中，冲突是普遍存在的。整个物质世界都充满矛盾，冲突则是这普遍的矛盾在生命存在之中的一种表现，生命存在物与生存环境的矛盾是不可避免的，而这对不可避免的矛盾又必然内在地决定和包含了生命存在物之间的矛盾。可以说，冲突是生命存在物之间一种基本的互动形式。无论是在种群的进化发展进程中，还是在个体的生长发展过程中，冲突都有着十分重要的影响。当然，这些影响也有积极和消极两个方面，因为适当的冲突具有生产性，而过度的冲突却在表现出生产性的同时往往还带有破坏性。我们这里所讨论的"冲突"，主要是就其生产性方面而言的，即主要讨论其对生命存在物的生长发展具有积极作用的一面。譬如在动物界，不同种群之间的适当冲突可以维持和巩固群集关系，激发和提高种群的生存能力，进而影响种群的发展和进化；不同个体之间的适当冲突也可以增强个体适应生存环境的能力，促进个体的生长发展；即使是那些过度的破坏性的冲突，对受到损害或被消灭的群体和个体而言，这种冲突对其生长发展的影响是消极的，但就其所属的更大种群而言，这种冲突的影响却往往是积极的。在人类社会也是如此，"冲突是几种有限的人类互动的基本形式之一"①。尽管对人类来说"冲突"主要是社会学意义上的，但人际的"社会冲突"同样也是不能摆脱其生物学基础的，"冲突"在生命世界普遍具有的生长发展的意义，在人类社会同样有着广泛多样的表现。

实际上，冲突也是人们分享发展资源的一种基本行为方式，竞争和分享在这里是辩证统一的。第一，冲突直接影响着个人作为主体的不断生成和发展过程。人作为主体的基本规定性是自主性、主观性和自为性，其中自我意识、自我创造性和自觉能动性等是构成这三条基本规定性的重要内容。② 对个人作为一个主体的生长发展来说，独立"自我"的形成既是其中一项核心内容，又是个人主体在其他方面自主、能动地生长发展的重要基础。"遗传心理学和精神分析已获得的大量证据表明，对于充分的自我身份和自主的形成，即对于个性完全从外部世界分化出来来说，冲突是一个重要条件。"③ 因此我们可以说，冲突是个人主体生长发展的一个重要条件。第二，冲突进而也是个人主体能力发展的一种强劲的动力。冲突意味着个人与生存环境之间出现了较为剧烈的矛盾运动，解决这些矛盾往往是个人进一步生长发展的必然要求。在不

---

① L. 科塞：《社会冲突的功能》，孙立平等译，北京：华夏出版社1989年版，第5页。

② 参阅高清海：《马克思主义哲学基础》下册，第六章，北京：人民出版社1987年版。

③ L. 科塞：《社会冲突的功能》，孙立平等译，北京：华夏出版社1989年版，第17页。

断解决这些矛盾的同时，个人的主体能力也会不断得到增强。第三，通过冲突，很多来自外部的影响可以深刻地内化到个人主体的人格结构中，形成其生长发展过程中较为稳定持久的因素。如社会生活中的道德冲突就常常会对个体道德发展产生深刻的影响，起到提高个体的道德认知水平和处理道德问题能力的作用，有时还会改变或坚定个人的道德信念，甚至对个人的道德品质产生终生的影响。在认知发展方面也是如此，"吃一堑，长一智"说的就是个人的错误认识与环境中事实之间的矛盾冲突对个人认知发展的重要影响。"真理越辩越明"说的是个人与他人在认识上的冲突有利于正确认识的形成。

对个人主体来说，冲突主要表现在这样三个方面：个人与生存环境的冲突、个人与他人的冲突，以及个人自身的内部冲突。其中，个人与生存环境的冲突内在地包含了个人与他人的冲突，因为他所面对的生存环境包含着他人本质力量对象化的结果，并且他本身总是作为社会的一员来面对生存环境的。同样，个人自身内部冲突也不是完全封闭的，其中也包含着个人与他人的冲突。所以，在"人学"的论域中，"冲突"的核心意义是指主体际冲突，是主体与主体之间相互作用中矛盾运动表面化的一种状态。这也就是说，就人的教育而言，所有形式下的教育活动归根到底都是人对人的教育活动，是人在主体际交往中发展自身的活动。这也是由人的本质的社会规定性所决定的。

（二）合作模式

社会冲突理论对冲突在社会变迁和个人生活中的重要作用的强调有很多可取之处，但这并不意味着对主体际合作的任何否定或贬抑，合作同样是"几种有限的人类互动的基本形式之一"，合作在人的生长发展过程中同样具有重要意义，并且这种生长发展的意义也同样具有在一般生命存在物中的普遍有效性。

单纯用"物竞天择，适者生存"来解释生命存在的发展进化是十分不足的，生物学中的很多研究都证明了"互惠共生"在生物进化发展过程中的重要作用。如果只有竞争而没有合作，那么生命体的存在与发展将是难以想象的。"冲突"和"合作"是生命活动辩证统一的两个基本方面。从生存功能的角度来看，生命存在物的互惠共生主要表现在这样三个生存功能系统中：相互报警和共同防御的功能系统、护幼的功能系统和食物交换功能系统。在这些方面，互惠共生的例子不胜枚举，它们既可以发生在同种生物中，也可以发生在不同的物种之间。① "合作"同样也有其消极作用的一面，如一个共同生活的同种生物群体如果规模过大，就有可能带来食物资源和整个生存环境方面压力的增大。但不管从何种意义上讲，"合作"对生命存在物的生存发展来说都绝不是一种可有可无的东西，我们可以把它看作生命存在物生存发展的基本条件之一。在生命进化的漫长过程中，这种合作关系也不断进化，其结构逐渐变得越来越复杂，其生长发展的效能也日益提高。这种普遍存在于生命世界的合作关系不断上升的进化过程，构成了人类社会关系的生物学基础。尽管社会文化构成了人类社会关系的本质内容和特性，但要是没有这种生物学的前提和基础，其社会关系本身甚至都成了难以存在的无源之水。这种内在的发展进程上的联系，决定了人与人之间合作活动同样具有普遍表现于生命世界的生长发展的意义。

　　人的生长发展离不开人与人之间的合作，这不仅就人作为生命有机体的在一般生命存在意义上的生长发展来说是如此，而且这更是人作为主体的社会规定性所决定的。② 第一，社会是主体的存在形式，人只有在一定社会关系的背景下才能作为主体来生长发展，而人类社会的形成又是直接以人们在同生存环境的互动过程中相互合作为前提和目的的。

---

① 在生物学中，"共生"特指不同种生物共同生活，同种生物的互惠生存活动称为"利他主义"行为。这里对"共生"的含义有所扩展。

② 高清海：《马克思主义哲学基础》下册，第八章，北京：人民出版社1987年版。

如果只有冲突，社会就只能分崩离析，人与人之间的社会关系也就难以形成并发展成今天这样丰富、复杂的形态。第二，主体能力是自然界发展到人类社会才形成的，它是自然性与社会性统一的结果。没有劳动中的分工合作，人类的社会关系无法形成，人的能力发展在逻辑上就不可能超越一般动物的水平。更重要的是，人的能力发展在动物能力发展的基础上已经发生了质的飞跃，"人主要地不是依靠改变身体形态或生理特性来发展自己的能力，而是在已有身体形态或生理特性的基础上，按社会的方式进行机能系统的再组织"[①]。也就是说，人是在社会分工合作中不断发展自身的主体能力的，并且通过这种主体之间的合作，人的主体能力才得以超越单独的个体形态而在群体乃至总体形态上得到发展。第三，人是在实践中发展自身的，而实践内在地包含了人的社会关系，并且劳动过程中的分工合作构成了这种社会关系的最基本的内容。在社会的分工合作关系中，个人不断发展着自身的主体能力，进而又在更高水平上实现这种合作关系。人无法作为一个抽象的人来发展自身的主体能力，他必须作为一个工人、法官、士兵或父母的儿子、教师的学生等才能获得现实的主体能力的发展。在这里，与他人合作是他不可能回避的。在一定意义上讲，冲突也只是这种合作关系的一种特殊表现形式。人在多数情况下还是在合作状态中不断得到发展的，冲突只是这种合作关系发展过程中的一种临界状态，人的发展进程的转折点往往出现在长期合作状态下逐步酝酿的冲突的关节点上。如果没有平常的合作状态，冲突状态的社会意义就会丧失，冲突也难以在社会意义上对人作为主体的能力发展真正产生影响。

（三）间接作用模式

人类个体的生命活动在时间和空间上都是有限的，而跨越时空的界

---

① 高清海：《马克思主义哲学基础》下册，北京：人民出版社1987年版，第108页。

限又是人类教育活动的一个重要特性，所以，参与教育活动的个人主体并非总是在同一时空范围内进行面对面的交往活动，在很多情况下，交往活动是以客体或他人为中介而间接地进行的。这就是教育活动的间接作用模式。

动物以及其他生命体之间也会存在一些间接作用的行为，但这类行为是有限的，并且在多数情况下只是这一个体的行为结果无意中由于遗存于环境中而影响了在另一时间进入这个环境的其他个体。在人类产生以前，确切地说，在人类语言产生以前，生命存在的交往能力最高只达到了塔沃尔加所划分的第五级进化水平——符号水平。塔沃尔加所说的"符号水平"的交往主要是指非人类灵长类以姿势、面部表情和声音等形式产生的反应类型。达到第六级进化水平，即语言水平的，只有人类的交往活动。[①] 灵长类动物的姿势、面部表情和声音等形式的交往活动是直接依附于个体生命存在的未充分分化的交往活动，如果能用"意义"来表述其所包含、表现和表达的内容的话，那么这种交往活动的意义的有效性往往是以当前活动的时间和空间为限度的。语言，尤其是文字，则与人类以前任何一种生命存在的交往形式都不同，它在人类广阔的社会文化背景下获得了超越个体存在的普遍有效性。即使是不同民族语言，相互的可移译性也说明了其意义内容的普遍有效。这种具有普遍有效性的交往活动大大拓展了人类主体际互动的范围，使人与人之间的交往可以在超越个体生存的更大的时空结构内有效地进行，这也就大大增加了主体之间发生间接作用的可能性——进而这种可能性又在人的社会生活中转化为必要性。于是，在动物有限的间接作用交往行为模式的基础上，人类发展出了极其发达的间接作用交往行为模式，并且随着社会发展，人与人之间的间接互动正日益迅速地在更大时空范围内以更

---

① D. A. 德斯伯里和D. A. 雷斯林沙弗：《比较心理学——现代概观》，邵郊等译，北京：科学出版社1984年版，第178—179页。

为便捷有效的形式扩展开来。间接作用也越来越成为一种不可忽视的重要教育活动模式。

人与人之间的间接作用主要通过两条途径来实现：一是主体通过自身的本质力量对象化活动使自身的发展转化为共同生存环境的一部分，从而间接地影响了当前不在场的主体的生长发展；二是主体借助语言文字在不同程度上使自己的经验和思想转化为共同的社会文化的一部分，从而间接影响当前不在场主体的思想意识及其生长发展。第一条途径与动物或一般生命存在物的相互间接作用模式相对要更接近一些，所不同的是人在这类间接的交往活动中表现出其他生命存在物所没有的能动性、目的性、计划性、预期性和有意性，因为动物只是利用环境，而人却在利用的同时设计和改造着环境。第二条途径是人类主体之间间接作用的最主要途径或方式，人类大部分跨时空的相互间接作用都是以这种方式实现的。全世界数量极其庞大的典藏图书和公共传媒、如今正迅猛发展起来的遍布全球的电脑互联网等，都是这种间接交往模式的代表和象征。在人类社会文化的进化发展过程中，这种间接交往活动模式已分化发展为一个十分丰富、复杂的行为系统，其中包含着多种多样的具体活动模式。譬如：按照交往活动中主体自我表达方式的不同，我们可以将其分为陈述方式、表现方式和混合方式三种基本类型。人们可以借助语言文字等来陈述自己的经验和意识内容，也可以运用绘画、舞蹈和音乐等艺术手段来表现这些内容，同时还可以用戏剧、电影和计算机多媒体信息等陈述与表现综合在一起的方式来达到间接交往的目的。所有这些，如今已经构成了直接影响着人的生长发展的人类第二家园。

作为一种教育活动模式，间接交往活动对人的生长发展的影响是十分强大的。实际上，我们很多的生长发展都与这种间接作用的教育活动模式直接联系在一起，以至于"读书"几乎成为"教育"的代名词。通过这种间接作用模式的教育活动，我们不仅与身边这些活生生的人生活在一起，共同生长发展，而且我们还同我们的祖先、我们的后人，以及在遥远的另一时空下的未曾谋面者，与我们所有的同类都生活在一起，互相介入了共同的生长发展过程。我们是孔子和亚里士多德的学生，我们是这个世界的所有创造者的学生，我们即便是远隔重洋却仍然可以成为同学。生命存在越是向前发展，生命个体的活动范围以及个体之间的相互关联也就延伸得越远。生长发展着的人是向宇宙无限开放的。

这里从主体际相互作用状态的维度划分出的三种基本的教育活动模式，与前文在主体际关系结构的维度上所作的五种基本教育活动模式的划分是联系在一起的。在每一种主体际关系结构中都可能存在三种相互作用状态，而每一种主体际相互作用的状态又都可以分别表现在五种主体际关系结构中。这两个分析维度交织在一起，我们就可以得出十五种基本教育活动模式。这仍然只是一种理论上的划分，实际的教育活动多姿多彩，并且日新月异，难以穷尽。这里只是一种基本层面上的理论的分析，它所能告诉我们的只是教育活动在某些方面的一些基本构造，而不是全部现实的教育活动本身。在实际社会生活中，很少有某个教育活动只单纯由某一种基本教育活动模式所构成，几乎每一具体现实的教育活动都包含着多种基本教育活动模式在多种层次上的结合。所以，这里的基本教育活动模式应当被视为对现实教育活动进行分析的结果，而不是直接的对现实教育活动本身的分类。这两者之间的关系近似于尼科洛夫所说的"活动类型和活动种类的关系"。在尼科洛夫看来，"所有类型系列都代表一个等级"，若干等级同时相加"造成了一个多特征的等级，它与从单一主体活动的全面本质特征出发对这种活动的最终规定是相符合的。但这已经不仅是逻辑等级，而且是个人活动系统的整体的独立客体成分了。我们正是把它叫作活动的'种类'"。① 我们在这里所进行的是教育活动的基本模式分析，而不是对各种独立的整体的教育活动进行种类的判别，因为我们不只是要从表面上描述这一教育活动与另一教育活动有什么不同，而是要深入了解其基本构成，并在这多层次的复杂构成中发现人的教育活动系统的进化发展进程，分析人的教育活动系统的一般特征，进而在更加广阔的背景下揭示教育活动的意义。正像尼科洛夫所说的那样，"类型分类本身对于说明主体活动系统的特征也有重要意义"，"我们作出的各种类型学解释的总和，即所有解释的'相加'，已经可以说明这种活动是一定的活动种类了"②。这也是泛教育理论在与传统教育学不同的维度上对人的教育活动进行基本模式分析的基本出发点之一。

四　教育活动模式的进化

我们的教育史一贯关注的都是那些形式性的或制度性的教育形态和教育模式的更迭，而对人类教育活动本身的进化发展似乎从来没有真正触及。了解人类教育活动本身的进化发展，对我们正确理解和解释教育现象无疑有着重要的认识论意义，教育学家们不应回避这类问题。

生命存在物行为模式的形成和变化是一个不断进化发展的过程，人类的教育活动模式也莫不如此，对此前文已有所论述。要讨论人类教育活动模式的进化，必须注意这样几个重要的相关关系：其一是行为模式

---

① Л. 尼科洛夫：《人的活动结构》，张凡琪译，北京：国际文化出版公司 1988 年版，第 78 页。

② Л. 尼科洛夫：《人的活动结构》，张凡琪译，北京：国际文化出版公司 1988 年版，第 76、78 页。

的进化与这种行为模式在生存活动中效能的不断提高之间的相关关系。我们可以把这称作"适应性原则"。作为行为自然单位的行为模式本身就是以其特殊适应功能来界定的，一个新的行为模式之所以能够取代旧行为模式，一般都是由于它具有更高的效能，从而能够使生命体更好地在自身与生存环境之间建立新的平衡共生关系。正像德斯伯里等人所说的那样，"行为的自然单位是行为模式，其定义是有特殊适应功能的行为片段。在以下的意义上它是一个自然的单位，即自然选择之所以能对行为起作用，仅仅正是因为它是适应性的，或是非适应性的"[1]。当然在"人学"的论域中，这里的"适应"和"效能"都应当作超生物学的理解，因为对人来说，除了自然选择之外，还有社会历史选择和主体自我选择等因素，甚至历史的和主体的因素还发挥着更大的作用，并且在更大程度上影响着人类行为模式的进化。其二是人的行为模式进化与社会历史发展之间的相关关系。我们可以把这称作"历史性原则"。任何一个物种的行为模式进化都不会是一个单纯的由低到高的逻辑递进过程，行为模式的进化总是与具体生存环境的变迁紧密联系在一起。"不存在单一的最为适应的模式，而是有着在特定环境中可能是最为有效的特定模式。"[2] 我们说某一种行为模式具有更高的效能，实际上总是指它在特定的生存环境中表现出更好的适应性，特定的生存环境是我们在讨论这类问题时不能摆脱的背景和前提。对人来说，它的生存环境不仅包括自然环境，而且还包括社会环境，这两方面在人的现实生命活动中是辩证统一的。一方面，"历史本身是自然史的即自然界成为人这一过程的一个现实的部分"；另一方面，"整个所谓世界历史不外是人通过

---

[1]　D. A. 德斯伯里和 D. A. 雷斯林沙弗：《比较心理学——现代概观》，邵郊等译，北京：科学出版社 1984 年版，第 135 页。

[2]　D. A. 德斯伯里和 D. A. 雷斯林沙弗：《比较心理学——现代概观》，邵郊等译，北京：科学出版社 1984 年版，第 610 页。

人的劳动而诞生的过程，是自然界对人说来的生成过程"。① 我们讨论
人的行为模式进化，不能不在这样一种辩证意义上密切联系"历史"
的发展变化。其三是人的行为模式的进化与人自身主体能力的发展之间
的相关关系。我们可以称此为"主体性原则"。人的进化发展是整个生
命世界进化发展过程的一部分，人的产生本来就是这普遍进化过程在一
定阶段的结果，人的行为模式的发展进化与这普遍的进化过程理所当然
是紧密联系在一起的。但是，人一旦产生出来，其作为主体的自主性、
能动性和自为性就在它自身进化发展的各个方面表现出来，人的主体能
力的发展与人的行为模式的进化也直接联系在一起。人的主体能力的不
断增强，势必要求并促进行为模式的不断改进，而某一种行为模式的产
生或淘汰，往往也标志着人在一定历史阶段主体能力的发展达到了一个
新水平。这正如马克思所说的那样，"人的存在是有机生命所经历的前
一个过程的结果。只是在这个过程的一定阶段上，人才成为人。但是一
旦人已经存在，人，作为人类历史的经常前提，也是人类历史的经常的
产物和结果，而人只有作为自己本身的产物和结果才成为前提"②。人
与动物或其他生命存在不同，人的行为模式及其发展进化，并不仅仅是
人简单适应环境、适应"历史"的结果，它同时更是人作为主体改造
环境、改造"历史"的结果。因此，讨论人的行为模式的发展进化，
我们也必须注意这条"主体性原则"。其四是必须密切联系社会生活来
考察人的行为模式的发展进化，我们称之为"社会性原则"。如果从社
会生物学的角度对"社会"概念作广义的界定，那么实际上"社会生
活"在所有物种行为模式的发展进化过程中都发挥着十分重要的作用，
其突出的表现就是所谓的"多倍效应"及其与个体社会化之间的密切

---

① 马克思：《1844年经济学哲学手稿》，北京：人民出版社1985年版，第85、88页。
② 马克思、恩格斯：《马克思恩格斯全集》第26卷，北京：人民出版社1974年版，第545—546页。

联系。"个体行为模式的一个进化小变化，可以通过社会生活中的多倍效应放大而产生重要的社会影响。这种现象就是多倍效应。当个体行为受到社会经验特殊性的强烈影响时，多倍效应将更能加速社会进化。这个过程称之为社会化。社会化成为系统发育中趋向智力较高物种的一种动力，并在高等灵长类中发挥了最大的影响。"① 对"人"来说，社会生活在个体行为模式的形成与发展进化过程中的作用尤为重要。我们在讨论人的行为模式的进化时，不能忽视不同历史时期、不同地区、不同文化背景下的具体社会生活对人的行为模式的影响。

上述四条原则，是我们讨论包括教育活动模式进化在内的人的一切行为模式的发展进化都应遵循的基本准则。这在逻辑上也就对我们分析讨论教育活动模式的进化作出了总体上的维度的限定。

具体描述人的教育活动模式的进化发展进程，厘清不同教育活动模式之间的谱系关系，这是一项十分困难而艰巨的任务。人类制度化的历史叙事方式无法告诉我们以往历史中人们具体的教育活动方式，或许在地方志或民俗学的研究中还能瞥见那时光隧道透射出来的一抹微光，但在这条时光隧道前，我们还有很多踏勘和整理工作有待完成。这里我们只能从上述四个基本维度出发，大体上梳理出一些依稀的脉络。这些依稀的脉络，或许可以成为此后进一步细致勘察的基本线索。

第一，就效能的维度而言，人类教育活动模式的进化是一个从较低效能不断向更高效能发展的过程。行为模式的效能进化可以说是生物进化的一条普遍法则，一种新的行为模式之所以产生并能取代旧的行为模式，一般都是因为这种新的行为模式在变化着的生存环境中具有更高的生存效能。不同的行为模式同样遵循着优胜劣汰的法则更迭变化，不断发展。人的教育活动也是如此。在原始社会，教育活动与社会生产生活

---

① 李昆峰：《新的综合》，成都：四川人民出版社 1985 年版，第 15 页。

直接统一在一起，教育在人们的一般生产生活活动中不经意地发生着，人们很少专门刻意进行单纯的"教育活动"。这种教育活动模式有着原始的全面性、丰富性和素朴性，但由于在这种教育活动模式中，经验的传递还没有从根本上突破动物行为传递的直接性、偶然性和自发性，其效能显然是相当低下的。当社会分工发生以后，尤其是手工业在第二次社会大分工中产生以后，自觉的、有目的的、有组织的经验传递活动应运而生，所传递的经验也进一步条理化、规范化，于是，一种半独立的具有更高效能的教育活动新模式逐步形成，这就是师徒教育模式。经验的专门化、条理化和规范化，既为这种具有更高效能的教育活动模式的产生创造了条件，同时也向人们提出了这种教育活动模式进化的必然要求。随着现代科学的迅速兴起和大工业生产的出现，人类的经验在专门化、条理化和规范化方面又发展到了一个新水平，真正形成了"科学知识体系"，进而这些体系化的经验（知识）在扩展和更新两个方面都表现出空前的发展速度。为了适应这种新的生存状态，一种新的教育活动模式——学校教育模式被"创造"了出来。这种新的教育活动模式，由于其更高的功能专门化和更高的目的性、计划性和组织性，因而在"知识"的教学方面表现出很高的效能，从而很好地适应了时代的要求。值得注意的是，教育活动模式的进化并不能完全用这种专门化过程来描述。在教育活动模式进化过程中，专门化并不同时意味着其他教育活动模式的消亡。在学校教育之外，师徒教育和原始自发教育活动模式依然存在和发展着。随着人类社会整体发展水平的提高，一种新型的具有更高效能的一体化综合教育活动模式正在孕育和萌动。

在上述进化过程中我们可以看到，教育活动模式效能的不断提高并不是一个简单的直线式的进程，这里也存在着部分效能进化与总体效能进化的矛盾。每一种专门化的教育活动模式的产生都在一定方面进一步提高了人类教育活动的效能，但这种局部的效能提高又往往是同时以人的发展在一定程度上的相对片面化为代价的。在这里，专门化的进化路线只是一个中介环节。正是通过这个中介环节，人类教育活动模式的进化才不断从部分效能进化向总体效能进化过渡。这种过渡表现在两个方面，一是部分效能进化的积累不断提高总体效能进化的水平，从而促成总体的效能在新的功能组合中得到提高；二是部分效能进化逐步在一定方向上形成进化优势，使得部分效能进化达到一定水平之后开始向总体效能进化弥漫，并最终在新的方向上形成综合的进化路线。这也是泛教育理论认为在新型的社会一体化教育活动模式中学校教育仍是重要支柱的根据之一。

　　第二，从社会历史的维度来看，人类教育活动模式的进化发展与社会历史的发展进程是紧密联系在一起的。这一点与前面所说的效能进化密切相连。所谓"效能"，实际上指的就是人在其生存环境中的生命活动的效能，而对人来说，生存环境不仅包括自然环境，而且还包括人文环境，人的真正的生存环境就是自然环境与人文环境统一为一体所构成的社会历史。人的教育活动模式的进化，正是人的生长发展必须适应其生长环境——社会历史的不断发展变化的需要。对原始人来说，他们生活在一个物质和精神尚未完全分化开来的世界之中，万物有灵。为了适应这样一种生存环境，原始人的教育活动同时由两个方面组成，一方面是直接在劳动过程中接受按照一定的方式取得生活必需品的训练，另一方面是"在精心安排的方法或崇拜的方式方面给予训练，必须通过这种方式，全体的每个成员才能努力安抚灵魂世界，或谋求它的良好意愿"[1]。这两个方面是直接结合在一起的，劳动不仅被看作人处理自身与物质世界的关系的活动，而且同时也被理解为人处理自身与这个世界的灵魂之间关系的活动，狩猎、捕鱼、制作工具，都要按照一定的方式

---

[1]　孟禄：《原始教育：一种非进取性的适应的教育》。见瞿葆奎：《教育学文集·教育与教育学》，北京：人民教育出版社1993年版，第181—182页。

和仪规进行。原始人把这两个方面结合在一个统一的直接而自然的教育活动模式中，并以这种方式在一个忽闪着幽灵般精神之眼的物质世界中小心翼翼地生长发展着。随着奴隶社会的逐步产生，自然宗教为精神宗教即一神教所代替，万物之灵从自然中分化出来"凝聚"成基督、佛陀或真主。文字作为思想载体的产生，更为人类精神的独立提供了条件。面对这种物质和精神分化了的生存环境，一种职业化的精神教育活动模式从劳动生产中分化出来。孔子就是这样一个从事精神教育活动的职业化教育家。《论语》记载："樊迟请学稼。子曰：'吾不如老农。'请学为圃。曰：'吾不如老圃。'樊迟出。子曰：'小人哉，樊须也！'"[1] 可见最初的职业教育家主要是从事精神教育而不屑于劳动经验和技能的。随着资本主义社会的萌芽和产生，以及科学的独立，"知识"作为一个特殊的精神现象从精神世界中分化出来，进而获得了迅猛的发展。为了适应生存环境的这种分化变迁，专长于知识教学的学校教育作为一种专门的教育活动模式从职业化的教育模式中进一步分化出来，并且得到了空前的发展。由于科学知识在当代社会生产生活中的广泛应用，"知识"的发展出现了重新向整个精神世界整合的趋势，学校教育与社会生产生活之间的相互联系日益紧密，这预示着一种适应人类精神生活并普遍达到较高水平的新生存环境的教育活动新模式必将产生。

第三，从主体的维度去看，人类教育活动模式的进化与人的主体能力的不断增强是密切相关的。人类教育活动模式的进化与人的主体能力发展之间的关系分为两个方面：一是人的主体能力的发展直接影响着教育活动模式的进化；二是教育活动模式的进化对人的主体能力的发展也有着重要影响。这就像人的生物学进化到一定阶段就会产生直立行走的

---

[1] 《论语·子路》。杨伯峻译注：《论语译注》，北京：中华书局1980年版，第135页。

行为模式，而直立行走行为模式的产生也影响人的生物学进化进程一样。就整个人类的主体能力发展而言，我们以生产方式的分化发展为依据，可以把人类主体能力的发展进程划分成这样几个阶段，而人类的教育活动模式也表现出相应的发展变化：（1）在渔猎社会里，人类的主体能力发展主要还处在依赖自然的阶段，社会生产活动以狩猎、捕鱼和采集等方式为主。人对自然的关系，除工具制造等突出表现人的主体性特质的历史事实而外，总体上还是一种依赖、适应和利用的关系。适应这样的主体能力发展水平，人类的教育活动采取了与社会生产生活结合在一起的未分化的模式，人在社会生活中自然地生长着。（2）在农业社会中，人类的主体能力发展到了干预自然的阶段，畜牧和耕种等成为社会主要生产方式。在这种生产方式下，人类开始能动地干预自然系统的运行过程，努力使自然系统某些部分的运行过程按照人的需要和计划来进行，以达到人所期望的运行结果。在这里，人的主体能力的发展已经使人能够在总体上初步建立对自然界的改造关系，但改造的结果仍然是自然界原有的，人的主体能力主要表现在对过程的能动调控之中。与这种主体能力发展水平相适应，物质生产领域里与生产劳动直接结合在一起的师徒式教育模式和精神教育活动中职业化、专门化的师徒式教育模式并存，成为社会中主要的教育活动模式。人已经开始主动调整自身的生长发展过程，一种模仿自然的"改造的"教育活动方式逐步形成。（3）进入工业社会，人类的主体能力的发展才真正达到了创造性地改造自然的水平，生产方式从手工业发展到机器化大生产，而且农业生产也逐步转向产业化的现代生产方式。在工业社会，无论是在工业生产中还是在农业生产中，人类对自然系统的干预都已进入了创造性的阶段，人不仅对自然系统运行过程的控制能力大大增强，而且还能创造性地改变自然系统的运行过程，使其产生在自然状态下不可能产生的结果。机床、汽车、电视机、移动电话、电子计算机，以及一些自然界原本没有现成存在的新材料、新化学物质和转基因的新农副产品，等等，皆属此类结果。在这种主体能力发展水平上，人类把对自然界的改造关系推广到了自己的身上，建立了学校这样的专门改造人、生产"人才"的"工厂"，"改造"成为教育方式的主流。正如大工业生产以现代科学为基础一样，现代学校教育也是一种以心理学或行为科学以及狭义的"教育科学"为依托的教育活动模式。这种教育活动模式已不满足于对自然的模仿（尽管在其诞生之初也曾带有成熟的农业社会教育模式的印记），人不仅期望调控自身的生长发展过程，而且奢望控制这种过程的结果。（4）到了后工业社会，人类的主体能力的发展终将达到一个全面自觉的水平，人自身内在的主体性和主体际性的自我确认，以及人与自然的和谐共生关系的建立，将成为人类主体能力发展的主要任务。与此相适应，一种社会一体化的教育活动模式也将逐步形成，人的生长发展将达到一个新的自主水平。就个人主体能力的发展而言，相似的过程也实际存在。随着个人主体能力的不断增强，自我教育的教育活动模式也逐步占据主导地位。

第四，从社会生活的维度看，教育活动模式的进化与具体社会生活及其发展变化是紧密联系在一起的。每一具体教育活动的发出者和接受者都是现实的个人，并且这些现实个人采取的教育活动模式也总是社会的，其中既表现着个人的风格，又代表着个人所在社会的丰富的文化特质。在现实的社会生活中，具体教育活动的模式不仅存在着不同时代的差别，而且还存在着不同地域、不同民族乃至不同群体、不同个人之间的差异。和人类文化的演进一样，这里有着极其多元的进化路线。在社会历史的维度上谈论教育活动模式的进化，我们还可以看到这里的"进化"所明显表达的总体上的"进步"，然而，到了具体社会生活的维度，"进化"就不一定总是一种"进步"了，这里的"进化"有时也包含有效能上的改进，有时却只不过是某种风格上的变异或创新而已。

在具体社会生活的维度上，不同个人、不同民族所采用的教育活动模式，也必须和他们的具体社会生活状况密切联系起来看，而不应脱离现实社会生活来比较孰优孰劣。就某一民族教育活动模式的进化而言，每个民族教育活动模式的进化都有着自身独特的逻辑，这种进化逻辑往往表现出本民族历史文化的特质。在不同民族多元的教育活动模式进化路线中，我们可以很容易地看到它们在教育思想层面上活跃的对话和相互影响，但在直接负载着文化特质的具体行为模式层面上，我们看到的却是各自更多稳定的性格。这不仅在诸如父母对子女的教育活动中如此，而且即便是教师的教学活动，实际的师生互动的细节也无不带有牢固的民族文化印记，正像坎德尔（Isaac L. Kandel）说的那样，"与其说它们受到教育哲学家们思索的支配，倒不如说它们更多地受微妙的民族成见的支配"①。所以，任何实际教育活动模式的进化发展，都离不开本民族的历史文化的土壤。外来的教育思想，不经过本土化的文化中介，是很难真正转化为实际教育活动模式的发展变化的。就现实个人的教育活动模式而论，个人教育活动模式及其变化发展一方面与他所在社会的历史文化联系在一起，另一方面也与他自己的性格、气质、生活经历、受教育程度和社会地位等个人特性联系在一起。在前一方面，个人在教育活动中具体采取什么样的活动模式，往往在总体上是受社会历史文化的制约的。个人教育活动模式的变化发展，也常常在一定程度上表现着社会历史文化的发展变化。实际上，一个民族、一个社会所共有的教育活动模式，最终总是要通过个人具体的教育活动模式才能得到现实的体现，所以，人类教育活动模式总体的进化过程必须在现实个人的教育活动模式发展变化中得以现实地表达。在另一方面，每个人的教育活动模式都带有自己的个性，而并不完全取决于社会。在一定意义上讲，现实

---

① 赵中建、顾建民：《比较教育的理论与方法——国外比较教育文选》，北京：人民教育出版社 1994 年版，第 128 页。

个人教育活动模式的个性正是人类教育活动模式进化所必需的一种最基本的活力。不同个人教育活动模式的相互影响及其发展变化，直接带来人类教育活动模式的不断创新，最终形成推动人类教育活动模式总体进化进程的一股现实动力。

从上述初步的、概括性的探讨中我们可以看出，人的教育活动模式的进化，一方面与生命界普遍的生命活动模式的进化在基本层面上是一个统一的过程，它只是这个普遍的进化过程中的一个环节和一条分支；另一方面它也表现出人的活动所特有的社会文化特性，是人的主体性和主体际性的历史表达之一。把"效能—社会历史—主体能力—社会生活"这四个维度联系起来看，越是靠近"效能"一端，我们对教育活动模式进化过程的讨论就越是接近生命活动模式进化的那个普遍进程，而越是靠近"社会生活"一端，人在生命世界中所具有的独特性也就越加彰显。在教育活动模式的进化过程中，这种普遍性与特殊性在多种层次上辩证地统一在一起。

这里的讨论和分析都是初步的、概括性的，但它表达的思想却十分明确：构成现实的教育现象的是现实的人的教育活动，而不只是各种关于教育的概念、制度或宣言，真正的教育史应当是现实的人的教育活动不断发展变化的历史。这个教育发展的现实历史进程是一个长期为我们的教育史学所忽视的现实的、具体的、活生生的，因而也是极其丰富的生命活动进化历程，那里有无限瑰丽奇谲的风光在等待着科学道路上不畏艰难困苦的探险者。

第七章

人文系统中的教育

本章逻辑线索：用系统哲学的观点来审视教育现象——人与广义自然系统的关系——人是联结自然系统（狭义）与人文系统的配位分界面——人化自然是人生存发展的最直接的自然环境 ——人文系统是人最直接的生存发展环境 ——用系统哲学的观点从整体上讨论教育系统——教育作为人文系统进化机制的作用——宏观进化与微观进化联系在一起——在更广阔的生存系统框架下从整体上讨论教育现象

我们之于世界，确如鱼之于水。我们对这"水"之本质的理解，也在不断发生着变化。在现时代，一种关于组织化的复杂事物的观点，即系统论观点，正在逐步取代以往的那种原子论观点。人们日益清楚地认识到："自然界中围绕我们的是有联系的复杂事物，而且我们自己是其中的一部分，因此，关于有联系的复杂事物的某些知识甚至比关于精

细划分的（原子化的）简单事物的较为详尽的知识更可取。"① 拉兹洛
(Ervin Laszlo)评价这种系统论观点，认为它比关于组织化的简单事物的
牛顿观点高出了一个等级，而比关于神安排的或凭想象设想出来的复杂
事物的古典世界观高出了两个等级。它是一种达到否定之否定高度的新
世界观。

　　正像保罗·瓦莱里 (Paul Valery)所说的那样，"我在世界中，世界
在我中"。我们与这个世界根本无法分开，我们是这个世界的整体的部
分和部分的整体，我们作为系统而在系统之中生长，我们是海德格尔所
说的"在世之在"。我们的教育活动是发生在这系统之中的，并且是这
系统运动的一部分。这世界上找不到绝对孤立的纯粹的教育现象，教育
现象浸透于生命的在世之在，其间的血肉联系无法剥离。

一　自然系统与人文系统

　　在一切关于人类历史以及人类自身生存发展的反思中，"第一个需
要确认的事实就是这些个人的肉体组织以及由此产生的个人对其他自然
的关系"②。我们研究教育现象，不能离开自然这一人类赖以生存发展
的前提、基础和背景，因而也无法回避人与自然的关系这个基本的问
题。回溯到自然界这样的人类存在的最大背景，我们或许可以对"教
育"的意义作出更加全面完整的理解。

　　"个人对其他自然的关系"，马克思和恩格斯的这种表述方式本身

---

① E. 拉兹洛：《用系统论的观点看世界》，闵家胤译，北京：中国社会科学出版
　社 1985 年版，第 12 页。
② 马克思、恩格斯：《马克思恩格斯选集》第一卷，北京：人民出版社 1995 年
　版，第 67 页。

就表达了人与自然不可分割的联系。霍利切尔（Walter Hollitscher）在《科学世界图景中的自然界》这部志在继续恩格斯未竟之业的著作的开篇就写道："人，像动物和植物、星球和原子那样，是自然的一部分。但是在跟自然的关系上，他高于处在较低发展阶段的其他一切生物。"①这两句话高度概括了现实的人与其他自然之间的关系。人首先是作为自然的一部分而同其他自然发生关系的，在作为自然的一部分这个前提下，人与自然才建立了较之其他生物更为高级的关系，并且，人与自然的这种更为高级的关系也不是先验的，人并非造物主命定的自然界的中心，人与自然的这种更为高级的关系只是在进化发展的阶段上高于其他生物与自然的关系，这也就是说，人与自然的关系同样也是在"全球系统"（生态的以及地球上社会文化的整体系统）② 中，进而是在广义的自然系统（宇宙，全部存在的总体系统）中演化和发展而来的。人类的意识、人类区别于动物的思维，乃至作为人类本质特性的主体性，以及体现这种主体性的实践活动，包括体现主体自我实现、自我发展和自我创造能力的教育实践，都莫不是人作为广义自然系统的 个了系统而发展进化的手段、条件和结果，而且也都是同人一起包含于这个广义的自然系统之中的。

"自然界，就这个词的广义来讲，就是宇宙、物质，它既包括人，也包括社会。从狭义上来理解，自然界就是与人和社会相对立的物质环境。"③实际上，如果用系统论的观点来看，这两个"自然界"概念则应是统一的，因为作为人的对象的自然界本身就包含了人，"人是自然

---

① 瓦尔特尔·霍利切尔：《科学世界图景中的自然界》，孙小礼等译，上海：上海人民出版社1965年版，第2页。

② E. 拉兹洛：《用系统论的观点看世界》，闵家胤译，北京：中国社会科学出版社1985年版，第75页。

③ 鲍·季·格里戈里扬：《关于人的本质的哲学》，汤侠声等译，北京：生活·读书·新知三联书店1984年版，第161页。

这个多层次等级结构中的配位分界面系统"（coordinating interfaces）①，排除了人这个重要的配位分界面系统，"自然界"这个概念就是不完整的。人作为自然存在物构成了自身物质环境的一部分，人作为社会存在物也是这物质环境的一部分，因而，人自身也是对象性的存在物，这也是符合唯物辩证法的。马克思说："人直接地是自然存在物。""一个存在物如果在自身之外没有自己的自然界，就不是自然存在物，就不能参加自然界的生活。一个存在物如果在自身之外没有对象，就不是对象性的存在物。一个存在物如果本身不是第三者的对象，就没有任何存在物作为自己的对象，也就是说，它没有对象性的关系，它的存在就不是对象性的存在。非对象性的存在物是非存在物。"②这一严密的逻辑演绎已经充分证明了惯常所谓狭义的"自然界"实际是同一于广义的"自然界"概念的。人是自然存在物和人在自身之外有自己的自然界是两个并行不悖的事实。

所谓"配位分界面"，是在功能意义上对复杂系统中各子系统的一种表述。"一个复杂系统中的各个子系统起着配位分界面的作用。它们联络它们所控制的系统的那些（较低层次的）组成部分和对它们施加控制的那些（较高层次的）系统。它们起的作用是把它们自己各部分的行为结合成齐心协力的一种行为，然后又把这种共同的努力同更高一个层次系统内其他组成部分的行为结合在一起。一切自然的系统，如果它们自己要维持自己的存在，就必须起到这样的作用。"③人是自然系统中的一个配位分界面系统，它首先要作为自然系统的一部分而存在，

①　E. 拉兹洛:《用系统论的观点看世界》，闵家胤译，北京：中国社会科学出版社 1985 年版，第 71 页。
②　马克思:《1844 年经济学哲学手稿》，北京：人民出版社 1985 年版，第 124、125 页。
③　E. 拉兹洛:《用系统论的观点看世界》，闵家胤译，北京：中国社会科学出版社 1985 年版，第 71 页。

它的实践活动是一种体现主体自由的活动，但这种自由必须以与自然系统的动态运作相协同为限度。人是自然系统中一个十分重要的配位分界面系统。从生物学意义上讲，人是生命界整合程度最高、结构最复杂精致的一种超有机组织系统；从社会意义上讲，人是自然系统中唯一联结着自然系统和人文系统的配位分界面系统，它是集生物性和社会性于一身的一个具有两面性的环节。以这个具有两面性的环节为中介，人所创造的社会文化等超级系统与自然系统联系在一起，并整合到总体的自然系统之中，与这个总体自然系统的其他部分协同运作。在系统论的观点看来，不仅人本身是总体的自然系统的子系统，而且人所创造的一切也莫不分属于总体自然系统的子系统，所以，"人文"和"自然"并不是两个截然分开的东西。在惯常的观念中，出于对人的主体性及其尊严的误解，我们往往不把人看作是自然系统的子系统，往往把人和它的创造放在自然的对立面上，亦即放在自然之外和自然之上。由于受某种简单的非此即彼的逻辑支配，我们的思维往往是要么把人推上造物主的圣坛，要么把人贬黜为动物甚至机器。"动物仅仅利用外部自然界，单纯地以自己的存在来使自然界改变；而人则通过他所作出的改变来使自然界为自己的目的服务，来支配自然界。"恩格斯的这句话常被引用来证明人对自然界来说的造物主地位的合理性，现代人对自然界的有限的"胜利"使他们常常忽视了恩格斯紧接此言之后的忠告："我们统治自然界，决不像站在自然界以外的人一样——相反地，我们连同我们的肉、血和头脑都是属于自然界，存在于自然界的。"我们统治自然界，是在于我们能够认识和运用自然规律，进而认识我们的行动对自然界的比较长远的影响，而这种认识愈是深入，人们也就愈是会"认识到自身和自然界的一致，而那种把精神和物质、人类和自然、灵魂和肉体对

立起来的荒谬的、反自然的观点，也就愈不可能存在了"①。系统论的
观点在这方面与唯物辩证法也是一致的，它把人看作自然系统的子系
统，把包括社会文化在内的人的伟大创造也看成是人的超级系统，是自
然系统中特殊的子系统。所有这些观点并不是否认人的主体性，不是把
人看作与动物甚至机器相同的东西，它只是认为，人的主体性并非来自
某种先验的规定或盲目的自尊，而是由于人经过长期的进化和发展，在
自然系统的多层次等级结构中达到了较高的层次，因而起着更高、更强
的配位分界面的作用。同样，它认为"自然"与"人文"不是截然分
开的，人文系统包含于自然系统之中，这也并非抹杀二者之间的区别，
而是强调人文系统与自然系统的联系，反对用人文系统的特殊性来把人
文系统从自然系统中孤立出来。

　　实际上，要区别"自然"与"人文"并不是一件容易的事情。"自
然"这个词，原来主要是指天然、本然，强调非人为性。老子曰："道
法自然"，就是说道以其自己本来的样子为法则，因此，他极端地反对
人为。②"人文"主要是指人事、人的文化和教化，《易》曰："观乎天
文，以察时变；观乎人文，以化成天下。"这里的"人文"就是人事、
人理、人类的文化。③ 所以，"人文"是一种人为之物，它与"自然"
是相对的。但是，对我们来说，自然之物与人文之物的区分却是相当困
难的，因而"我们今天生活着的世界与其说是自然的世界，还不如说
是人造的或人为的世界。在我们周围，几乎每样东西都有人工技能的痕

---

①　马克思、恩格斯：《马克思恩格斯选集》第三卷，北京：人民出版社 1972 年
　　版，第 517—518 页。
②　参阅任继愈译著：《老子新译》，上海：上海古籍出版社 1985 年版，第 114 页。
③　《易·贲》，唐代李鼎祚：《周易集解》："四时之变，悬乎日月；圣人之化，成
　　乎文章。观日月而要其会通，观文明而化成天下。"巴蜀书社 1991 年版。

迹"①。用哲学语言来说，这是马克思在《1844 年经济学哲学手稿》中
所说的"人化的自然界"。在这人化的自然界中，"自然"是渗透着
"人为"的，因而我们往往很难说某一事物纯粹是属于自然的而另一事
物纯粹是属于人文的。在这样的前提下，我们说"自然系统"和"人
文系统"，这种语境中的"自然"与"人文"与其说是名词，倒不如说
是形容词，它们更多地是指称事物的某种性质，既是天然的、本然的、
非人为的，还是人为的、文化的。"自然"和"人文"这对概念在更高
一层次上完成了向其原始意义的复归。同一事物往往可以兼具不同的性
质，因此，我们可以从不同角度同时用"自然"和"人文"来描述它。
这样，我们就在语义学的层面上对"自然"和"人文"作出了一定的
区分。在下文中，我们将以此区分为前提来使用"自然系统"和"人
文系统"这一对概念，而用"总体的自然系统"来指称包含了人文的
那个自然界整体。

　　自然系统包括两大部分：天然自然和人化自然。这是上述分析中已
包含了的意义。天然自然是总体的自然系统中人的本质力量所未及的部
分，霍克海默（Max Horkheimer）称之为"自然"或"纯粹自然"。对人
来说，保持着原始直接性的自然并非不存在的，"永远会有外在于人的
智力活动和物质活动的东西存在，就是说，永远会有社会必须对付的、
包含着尚未受到控制的成分的自然总体存在"②。实际上，不仅宇宙中
总是存在着人力未及之部分，而且就是地球上也有很多未为人所发现、
认识和人尚无法控制、改造的事物存在。对人来说，天然自然也并非是
无意义的、排斥于人类历史之外的东西。天然自然和人化自然的统一，

① 赫伯特·A. 西蒙：《关于人为事物的科学》，杨砾译，北京：解放军出版社
1985 年版，第 3 页。
② 马克斯·霍克海默：《批判理论》，李小兵等译，重庆：重庆出版社 1989 年版，
第 200—201 页。

才构成了人存在、生长和发展所依赖的环境和基础。尽管天然自然是人的本质力量所未及，但它对人的生存和发展的影响并不会因此而消失，相反，作为先于人化自然的"第一自然"，天然自然永远是人最基本的生存环境和基础。人化自然以天然自然的存在为前提，它是经过人类实践活动加工改造过的那部分自然，用哲学的方式来表达，人化自然就是指"由人的本质力量所创造并为社会的人所占有的对象世界"①。如果说天然自然是人最基本的生存环境，那么人化自然则是人在其中生存和发展的直接的物质环境。首先，人总是在自己的实践活动中发展着自身的，人的本质力量的对象化和人自身的发展过程在根本上是一致的，因此，外部自然的人化与人自身的自然（作为自然存在物的人）的人化是直接同一的，进而现实的人的发展过程与自然界的人化过程也是直接同一的。马克思说："环境的改变和人的活动或自我改变的一致，只能被看作是并合理地理解为革命的实践。"② 正是由于实践，人才在自身本质力量对象化的过程中使自然界人化，并且在改变这外部环境的同时使自我发生改变。人在什么程度上使自然界人化，人也就在什么程度上使自身成为人。其次，对现实的人来说，它直接面对的对象世界是人化的自然界。即使是人的本质力量所未及的天然自然，它们也总是要以人的方式而被纳入人的视界的。天然自然无法作为"无人的"纯粹自然而成为人的对象，因为，"人的感觉、感觉的人性，都只是由于它的对象的存在，由于人化的自然界，才产生出来的"③。在人的视域中，即使是天然自然的那种原始性、直接性和纯粹性，也是相对于人化自然而言的，是人以人化自然为基准而赋予天然自然，"无人"的自然无所谓

---

① 《中国大百科全书·哲学》第 2 卷，北京：中国大百科全书出版社 1987 年版，第 702 页。

② 马克思、恩格斯：《马克思恩格斯全集》第 3 卷，北京：人民出版社 1958 年版，第 7 页。

③ 马克思：《1844 年经济学哲学手稿》，北京：人民出版社 1985 年版，第 83 页。

"天然"的意义。在这一点上，施密特（Alfred Schmidt）说的不无道理。他说："自然不仅像列斐伏尔所正确论述的那样，总是已被人加工过的，而且尚未纳入人类生产的自然领域——列斐伏尔所说的原始森林或太平洋的珊瑚礁——也只是用关于已被加工的自然之范畴来加以直观、理解的"①。天然自然是人生存发展最基本的自然环境，而人化自然是人生存发展最直接的自然环境，于是，我们可以用图 1 来描述人类生存发展的自然环境。

图 1　人在其中生存发展的自然环境系统（自然系统）

人不仅生活在物质的环境中，而且生活在它自身创造出来的社会环境中，生活在活动的和精神的环境中。对人的生长发展来说，人文系统是一种更为直接的环境。

人文系统主要包括符号—意义系统、行为—规则系统、经验—观念系统和情意—价值系统等子系统。这些子系统的一个共同特性就是它们都是"人为的"（artificial）或"属人的"（human）。赫伯特·A. 西蒙认为"符号系统几乎是最完美的人为事物，因为适应环境也就是其存在的根本"②。在适应环境的过程中，很多动物也在进化中产生了自己的

---

① A.施密特：《马克思的自然概念》，欧力同等译，北京：商务印书馆 1988 年版，第 15 页注释 2。

② 赫伯特·A.西蒙：《关于人为事物的科学》，杨砾译，北京：解放军出版社 1985 年版，第 24 页。

信号系统，如蜜蜂的舞姿、动物的鸣叫等。这类相应于人类三位一体脑①的两个较老部分的非口头语言，对于建立基本的社会生物学联系是足够的。② 这类信号系统在一定程度上也能模仿外部环境或表达内部意象，从生物进化的意义上讲，它是人类符号—意义系统的进化基础，但它本身与人类的符号—意义系统有着根本的不同。正像卡西尔（Ernst Cassirer）所说的那样，"信号是物理的存在世界之一部分；符号则是人类的意义世界之一部分。信号是'操作者'（operator）；而符号则是'指称者'（designator）"③。所以，作为人文系统之子系统的符号系统不仅包括实体的作为符号结构（表征）的组元出现的具体图案或音节，而且还包含了它们所负载的有意义的信息，我们亦因此称之为"符号—意义系统"。当然，承认这种根本性的差别并不意味着割裂动物信号系统和人类符号—意义系统之间的联系——尤其是进化论意义上的联系。就适应环境的普遍功能而言，它们都"必须用符号来指定对象、关系和在系统外界的行动"④。实际上，人类的符号—意义系统与行动—规则系统一开始就是联系在一起的。语言本身就产生于劳动和社会交往活动，语言本身表现为行动时的言说又是行动—规则系统的一部分。人不仅生长于"符号—意义"的环境中，而且生长在现实的行动中，人在行动中发展自己，而人的社会行动又总是在一定的规则中进行的。不管是否符合某种规则，人的行动是不会完全独立于规则的，因为人的行动

---

① 美国生理学家保罗·D. 麦克林（Paul D. Maclean）把人和高度进化的哺乳动物的前脑称作"三位一体脑"，即爬行动物脑、古生哺育动物脑和哺乳动物脑在一个大脑中起作用，它表明了脑从爬行动物到人的进化。

② 参阅埃里克·詹奇：《自组织的宇宙观》，曾国屏等译，北京：中国社会科学出版社1992年版，第185、193页。

③ 恩斯特·卡西尔：《人论》，甘阳译，上海：上海译文出版社1985年版，第41页。

④ 赫伯特·A. 西蒙：《关于人为事物的科学》，杨砾译，北京：解放军出版社1985年版，第25页。

具有社会意义，它总是与规则联系在一起构成一个完整的行动—规则系统。人的行动又总是有其内部动因的，不管人是否自觉到这种内部动因。人的行动的这种内部动因就是人自身的需要，这种需要通过理性的方式表现为价值评价，通过非理性的方式主要表现为情感和意志。情意—价值系统与人的行动密切相连，构成了人文系统的又一个重要子系统。人在行动中不断获取关于外部世界的各种经验，这些经验积累到一定的程度，经过人的思维加工形成具有社会可通约性的观念，并且在人的社会生活中又与符号—意义系统联系起来。人们在行动中建构了自己的经验—观念体系，这种经验—观念体系作为人文系统的一部分反过来又成为人生长发展的部分环境。另一方面，符号—意义系统作为具有表达功能的结构又是与情意—价值系统联系在一起的。这样，四个主要子系统紧密联系在一起构成了人在其中生存发展的社会环境——人文系统。

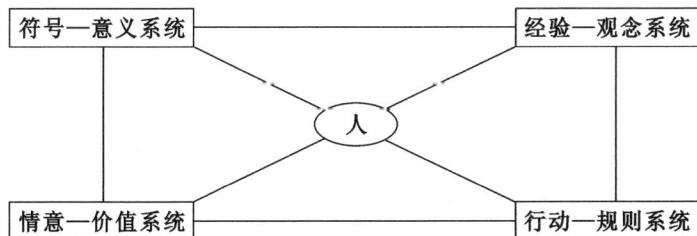

图2　人在其中生存发展的社会环境系统（人文系统）

在系统论的观点看来，所有活系统的一个重要特征就在于它们都表现为开放系统，这是一般系统论的创始人贝塔朗菲早在1937年就已阐明了的。[①] 系统论不仅把人以及其他生命有机体看作开放系统，而且把人生长于其中的自然环境和社会环境也都看成开放的系统。作为开放系

①　贝塔朗菲：《关于一般系统论》。见庞元正等：《系统论　控制论　信息论经典文献选编》，北京：求实出版社1989年版，第15—17页。

统，在自然系统和人文系统之间，以及它们各自内部的子系统之间，到处存在着大量的信息流、能量流和实物流。通过这些信息流、能量流和实物流，它们被联系在一起，构成人类完整的生长环境。在信息、能量和实物的交换过程中，它们既保持自身的发展和进化，又同时影响着对方的发展进化。同样，在人与人文系统、自然系统之间，或者说在人与其生长环境之间，也存在着大量的信息流、能量流和实物流。人在自己的活动过程中通过这些信息、能量和实物的交换来维持着自我更新和自我创造。如果我们把人的主体能力看作是人这个开放系统的功能之一，那么这种功能显然是与系统的自我更新和自我建造紧密联系在一起的。在系统理论中，"当一个系统的功能与自我更新紧密联系在一起时，这一系统就是自维生的（autopoiesis）"①。事实上，所有开放系统的一个基本特征就是它们都是自我维持的结构，所以，人绝不是唯一的自维生系统，全部生命系统都是自维生的。由于系统等级结构中高层次系统总是包含着低层次系统的，所以，我们甚至可以说，从细胞这样简单的生命系统开始向上去，直至复杂的自然系统和人文系统，它们都是自维生的。② 从这种意义上讲，人自我创造的主体性在根本上与其他生命存在，乃至与它们的生长环境，都是有着基本的共同性的。这一点我们在下文将作进一步的论述。

---

① 埃里克·詹奇：《自组织的宇宙观》，曾国屏等译，北京：中国社会科学出版社1992年版，第40页。
② 著名的博尔丁分类将系统分成9个层次，从低到高依次为：静态结构系统、简单动态系统、控制论系统、开放系统（生命从这个层次开始）、遗传—社会层次、动物系统、人、人类组织系统（近似本文"人文系统"）、超验系统，其中高层次系统包含着低层次系统。参阅E. 拉兹洛：《系统哲学讲演集》，闵家胤等译，北京：中国社会科学出版社1991年版，第12页。

图3 人、自然系统和人文系统联系在一起构成总体的自然系统

大量的信息流、能量流和实物流把人、自然系统和人文系统这三大自维生系统联系在一起，形成了一个稳固而常新的动态结构，这个结构实际上就是总体意义上的自然系统。这个总体的自然系统的构成及其协同运作的过程并不是由于上帝或其他外在的超验力量，而是来自普遍的、多种多样的自组织过程。在自组织过程中，各子系统的运行方式不断优化，并且在总体上趋向协同，进而在信息、能量和实物的交换过程中维持和巩固这个协同的有序结构。①在这个稳固、常新和有序的动态三元结构中，人之所以不同于其他生命存在而独占其一元，很大程度上是由于它创造了这三元结构中的另一元：人文系统。这不仅在于人文系统的产生和进化把人的进化从体内进化（生物进化）转向了体外进化（文化进化），而且更在于这一转向进一步把一般的生物—环境共同进化过程中宏观系统和微观系统的主导关系颠倒了过来。只有在这里，个体才真正在适应那个外部宏观世界的同时也开始了对宏观世界的再创造。②人，正是作为宏观世界的再造者而成为总体自然系统三元结构之

---

① 参阅赫尔曼·哈肯：《协同学——大自然构成的奥秘》，凌复华译，上海：上海译文出版社 1995 年版。

② 参阅埃里克·詹奇：《自组织的宇宙观》第二部分，曾国屏等译，上海：中国社会科学出版社 1992 年版。

独立一元的。这一结果本身也是系统进化造成的。在协同运作过程中，各子系统不同运作方式的竞争和选择最终会产生某种更利于协同的功能或机制。

从人这个开放系统来看，教育是其无数个自维生功能中的一种；从人文系统这个开放系统来看，教育是它重要的进化机制之一。

二　完整意义上的教育系统

我们经常使用"教育系统"这个词，但对这个词的确切所指，却往往并不明确。它有时是某种制度性的东西，有时是某种社会实体性的东西，有时又只是一种内容抽象而边界模糊的存在。在上文从系统论的观点出发所描述的广阔背景下，我们来尝试对这个概念的意义作一点整体性的探寻。整体性是一般系统论的一个基本出发点，也是它借以洞见事物本质的一条有效方法。"教育系统"这一概念本身就包含了从系统论的观点出发对教育现象的一种描述，所以对这一概念的理解也不应脱离整体性这个基本出发点。

在现行教育文献中，人们对"教育系统"这个概念的有代表性的阐释、理解和运用主要有这样几种：

一是把"教育系统"理解为由行政管理体制所限定的一种社会领域或社会结构，即教育行政机关及其下辖的教育实体、教育科研机构的联合。这是"教育系统"目前最常见的一种用法，很多教育文献和报刊文章中，以及在流行的口语中，"教育系统"往往就是指这种以行政管理体系为基础的社会领域。我们可以把这看作是从行政管理学的角度对"教育系统"的一种理解，是行政管理学从系统论的观点出发得出的教育系统概念。如果在教育学这样一门以普通的教育现象为研究对象的科学中，这种理解下的"教育系统"就很难作为一个完整的、严格的科学概念来用以对普通的教育现象进行描述了。在一个社会中，作为人类学事实而存在的教育现象与社会行政管理体系之间没有必然的逻辑联系，尽管两者相互存在着某些直接或间接的影响，但教育现象作为一种基本的人类学事实是先于社会行政管理体系而存在的，社会行政管理体制无法限定其在社会生活中的存在范围、形式、结构和分布。由于制度化的诸般局限性，行政管理不可能把人的全部社会生活都收摄于自己的权力结构之中，因而也不可能把所有的教育现象都置于其意义构成之内。不仅如此，由于体制的机械性和不连续性，甚至连制度化了的教育现象，也不是作为行政管理体系的"教育系统"所能统摄的，譬如：在我国，劳动部门的技工学校、企业内部职工培训学校，以及分属教育以外各部门的学校等，都不包含于行政管理意义上的"教育系统"之中。至于那些在制度层面以下的文化层面和生活层面上的教育现象，更是这种意义上的"教育系统"概念所无法包含的。

二是把"教育系统"埋解为制度化教育实体的某种联合，理解为一个与"学校系统"可置换使用的概念。陈桂生先生就认为，"教育实体是教育过程的扩大和延伸，而教育系统又是教育实体的扩大和延伸"①。在《教育原理》中，他根据学校教育体系的发生和发展来考察教育系统的发生和发展，并且把教育系统的形成与教育的制度化紧密联系在一起。或许也正是由于这种考察的出发点之故，在这部著作中，"学校系统"的概念在多数情况下取代了"教育系统"。从以学校教育为研究对象的传统的教育学来看，这种对"教育系统"的阐释当然是合理的，但是，对一种以全部教育现象为对象、研究人如何成为人的教育学来说，"教育系统"这一概念的容量还远不止于此。同时，从系统

---

① 陈桂生：《教育原理》，上海：华东师范大学出版社 1993 年版，第 76 页。

论的角度而言，作为"学校系统"的"教育系统"，尚不构成系统论意义上的系统，在很大程度上，这里的"系统"只不过是"体系"的同义词，它反映的只是某种教育实体的联合及其结构，而对这种联合在社会整体结构中的功能、地位，以及它作为部分整体与总体整体之间的有机联系，包括在这种有机联系中的协同运作等整体的、联系的和动态的意义，这种作为"体系"的"系统"概念都没有逻辑地包容于其中。

还有一种代表性的解释是把"教育系统"看作各类教育活动的联合。叶澜教授在她的《教育概论》中就这样写道："教育三个基本要素在活动中的不同具体构成和不同关系，形成了各种不同性质和不同层次的具体教育活动。不同层次的具体教育活动之间的内在联系又构成了教育系统。"①在这本书中，她把教育活动划分为学校教育活动和非学校教育活动两大类，进而从这两类教育活动中分析出教育管理活动和教育实施活动这样两种职能的活动，她认为正是这两种职能的活动通过反馈相互作用，才构成了"教育系统"这样一种可控制的系统。在这里，叶澜教授主要是从内部结构和功能这两个方面来考察她自己所理解的"教育系统"概念的，并且这些考察也是以现代学校教育系统为主要例证而进行的。从叶澜教授的论述来看，她所理解的"教育系统"应当是包含了全部教育现象于其中的。她认为教育系统的构成包含着学校教育和非学校教育两大类教育活动，而"非学校教育是指学校之外的其他一切形式的教育"②，所以，这里的"教育系统"应是包含全部教育现象的，但是，她又把这教育系统中的所有教育活动分为教育管理和教育实施两种职能活动，用这两种职能活动之间的相互作用来解释"教育系统"的构成，进而用"可控制的系统"来界定教育系统，这就又把"教育系统"这个概念限定于制度化的层面上了，而那些处于生活

①　叶澜：《教育概论》，北京：人民教育出版社 1991 年版，第 22 页。
②　叶澜：《教育概论》，北京：人民教育出版社 1991 年版，第 23 页。

和文化层面上的教育现象则被排除于"教育系统"之外，因为这些教育现象往往谈不上管理和实施，它们所构成的也多是自组织的或不可控的系统。另一方面，用"教育活动"来描述教育系统的基本构成因素，尽管突出了教育系统的动态性，但在一定程度上又存在着使教育系统构成虚化的倾向。教育活动是教育系统运作过程的具体表现，它体现着教育系统的功能。系统功能与系统结构是密切联系在一起的，但功能毕竟还不是结构本身，所以，教育活动也不应是教育系统本身，它不能被当作教育系统全部的基本构成，而只是教育系统的具体运作过程及其功能的实际表现形式。出于上述两方面理由，我们已足以作出这样的判断：这种仅用"教育活动"来加以界定的"教育系统"概念仍然是一个不够完整的概念。

近年来，教育理论界还有不少专门从系统论的观点出发对教育现象进行的探讨，但多数属于此类探讨的成果都往往表现出这样两点不足：其一，此类探讨多缺乏对作为一种人类学事实而存在的全部教育现象进行全面的理论反思这样的理论基础，它们虽然也常承认"教育"不限于学校，但它们对完整"教育"概念的理解却经常是模糊的，因而其理论基础和逻辑前提是不足的；其二，由于前述理论基础的某种欠缺，这类探讨对教育系统的描述也往往是不够深入、不够清晰或不够完整的，常常是只限于"教育是具有某某功能的某某系统"而已，真正全面、深入和细致的剖析和阐释并不多见。但是，我认为这些探讨多数都是十分有益的，诸般不足只说明它们在很多方面都有待完善，而不应构成对它们在理论和现实方面各种重要贡献的全盘否定。下面也选其有代表性者来简要说明它们的贡献：查有梁先生是较早运用系统论的观点来研究教育现象的学者之一，我以为他最重要的贡献是提出了"教育是个大系统"的观点，他以此观点为基础的"大教育观"，与国际上终身教育思想相呼应，在我国教育理论界产生了广泛的影响。他用罗列多种教育形态的方式说明"教育应是一个多样的、开放的、综合的大系统"①，但对这个大系统的进一步全面深入的探讨却显不足，而且他用罗列的方式表达的"教育"概念也是零散的、不完整的，因而他描述的"教育系统"仍不够全面、清晰。安文铸先生从教育科学与系统科学相结合的角度对"教育系统"作了从微观到宏观的探讨。我认为他在这方面最重要的探索就是从教育理论的角度，而不是仅仅从教育观的角度，探讨了系统科学的理论方法在教育研究中的运用，并在此基础上明确地为传统教育学的改革和新发展提供了一条新思路。他的《教育科学与系统科学》一书的主要篇幅都是在讨论这种理论上的变革，而对"教育系统"本身的论述并不多，除了宏观和微观的划分外，概括起来也就是"教育系统是社会大系统中一个子系统"② 这一基本命题了。在这方面，另一个值得注意的成果是颜泽贤和张铁明两位先生合作主编的《教育系统论》一书。与同类成果相比，这本书对"教育系统"本身的讨论相对而言要更加深入细致一些，但是，同样是在对"教育"概念的理解上受传统教育学的局限，这本书中的"教育系统"也是不够完整的。他们对"教育系统"的界定是："它是一种主要为了实现受教育者社会化，而由具有专门的知识、技能的教育者同不够成熟的作为潜在的社会成员的受教育者，以一定的教育设施和文化信息为中介，按一定的方式组成的具有特定社会功能的耗散结构系统。"③ 很显然，在这个"教育系统"的定义中，生活层面上的教育现象是被排除在外的。与上述专门的研究专著相比，本文以一章的篇幅自然很难对教育系统做更加详细的讨论，然而，我们在这里对教育系统进行的讨论与其他有关

---

① 查有梁：《系统科学与教育》，北京：人民教育出版社1993年版，第85页。他在这方面还有很多更早发表的成果。

② 安文铸：《教育科学与系统科学》，长春：吉林教育出版社1990年版，第17页。

③ 颜泽贤、张铁明：《教育系统论》，郑州：河南教育出版社1991年版，第13页。

成果相比有两个重要特点：第一，这里的讨论是在泛教育论的理论基础上进行的，因而对教育现象的观照更加全面；第二，由于有泛教育论所提供的理论基础，我们讨论教育系统时所依据的逻辑框架和总体背景都更加开阔，更加突出体现了"整体性"这条一般系统论的基本原则。这两点，有可能会使我们的描述更加接近作为一种人类学事实而存在的教育本身。

对教育系统，我们当然可以从许多方面来加以描述，也可以从不同角度出发对它作出不同的解释。我们在这里以泛教育理论的全面的"教育"概念为基础，在"自然—人文"这样一个广阔背景下，尝试从整体上对教育系统做简约但比较完整的讨论。

完整意义上的"教育系统"是贯穿了人的整个生存世界的，它包容着一切教育现象。这是我们所讨论的"教育系统"的第一个特征。首先，在泛教育论看来，教育现象绝不只限于制度化领域，而是广布于人的整个生存世界的。现实构成元素所表现出的这种分布的广泛性，决定了我们不能用"制度"抑或"理性"来为教育系统简单地圈定一个疆界。哪里有人，哪里就会存在教育现象，而这教育现象也必包含于教育系统。其次，从系统论的观点来看，教育系统和其他各种自然的、生物的和社会的系统一样，它本身就发生于人在其中生活的那个大系统之中，它的运行、发展和演化都无法脱离这个大系统。同时，在总体的自然系统这个复杂的多层次结构中，人是处于较高层次上的配位分界面系统，人的生长发展贯穿了在它的配位分界面作用统摄之下的各种层次上的子系统，因此，教育系统也是贯穿于生物的/社会的、理性的/非理性的、制度化的/非制度化的，以及生活的/科学的等各个层面的一个复杂的、多层次的系统。再次，教育系统本身作为一个子系统是承担着一定的功能的，它要完整有效地发挥这些功能，就不能不把全部的实际发挥着教育功能的那些社会现象都作为自己的元素而整合于自身。在人的生存世界中，这样的元素几乎无处不在。

完整意义上的"教育系统"是一个多层次的复杂系统，它在总体上不承认某个简单控制模型的普遍有效性。这是我们所讨论的"教育系统"的第二个特征。这种教育系统贯穿了人的生存世界的各个层面，它不可能是一个简单的、机械的系统，而是一个多层次的复杂系统。在这个复杂系统中，多数运行过程都表现出复杂系统所具有的自组织、不可逆、不可复演和无法从外部实现完全控制等特征。对教育系统这样一个复杂系统，我们无法只用"管理—设施—反馈"[①] 这样的简单、机械的模型来描述其总体运作过程，它的运行过程是多个梯级、多种方式的，其中有些部分不仅简单模型无法描述，而且连模型化甚至都难以做到。在教育系统多层次的复杂结构中，我们越是从高层次着眼，这种模型化就越是困难，复杂系统的特性就越是明显。在一定程度上，我们甚至可以这样说：除了那些简单的"刺激—反应"机制外，教育系统中的其他部分都是难以用某一简单模型来描述的，我们很难在普遍意义上说一个教育活动 A 必定获得一个结果 A′，也很难在普遍意义上说增加教育投入 B 就一定会得到 B′量的教育回报。在生活世界的教育中，教育系统的复杂性表现得尤为明显，几乎一切有序都是自组织的结果，是自然而然。但是，即使是制度化程度最高的课堂教学中，依靠某种简单控制模型支持的教学机器也无法取代教师，因为这种教学中也同样存在很多不可控因素，同样的教学内容和教学方法、不同的教师和学生、不同的时间和地点，都会得出很多无法预知的不同结果。教育系统的复杂性，归根到底是由人的发展的自主性决定的。

完整意义上的"教育系统"是一个有机联系的整体，并且它明显

---

① 叶澜：《教育概论》，北京：人民教育出版社 1991 年版，第 24 页。

地表现出一般系统所共有的局部之整体与整体之局部相统一的特性。①
这是我们所讨论的"教育系统"的第三个特性。首先,教育系统内部
的各个组成部分是有机联系在一起的。这里的"有机联系"包含着这
样两层含义:一是指教育系统各部分在运行过程中的结构—功能意义上
的紧密联系;二是指各部分之间界限划分的相对性。前一方面的含义很
容易为人们所接受,但后一方面却常常由于思维的惰性而在不同程度上
遭到漠视。一提起"界限"这个词,人们总是会联想到或多或少带有
空间意味的某种确定的把事物分成非此即彼的那种东西,譬如:学校的
围墙似乎就经常意味着学校教育与生活教育的"界限"。然而,在系统
论的观点看来,"一切界线与其说是有一定空间的,毋宁说它是不断变
动的"②。这在讨论人类社会中的系统时尤为如此。事实上,学校中从
来都包含生活教育,生活中也常发生在性质上与学校教育相同的教育现
象。各种教育形态的划分都带有某种人为性、模糊性和不确定性,这些
划分往往是为了说明某个问题而在观念上对教育现象的"分割",每一
种教育分类的意义都有一个相对的而非绝对的论域。其次,教育系统与
它在其中运行的那个"环境"是有机联系在一起的。这不仅是指它与
环境之间存在着物质、能量和信息的交换,而且也是指它与环境在根本
上是难以截然区分开来的。这一点与博古斯劳(Robert Boguslaw)对社
会系统与非社会系统的"界定"一样,"当我们讨论社会系统和非社会
系统的关系时,我们发现讨论的并不是从概念上能截然分开的两种现
象,只不过是讨论在指定的点上最终是否用到人这个成分"③。当我们

① 即所谓"Holon"。参阅 R. E. 安德森、I. 卡特:《社会环境中的人类行为》,
王吉胜等译,北京:国际文化出版公司 1988 年版。
② 贝塔朗菲:《普通系统论的历史和现状》。见庞元正等:《系统论 控制论 信
息论经典文献选编》,北京:求实出版社 1989 年版,第 149 页。
③ 罗伯特·博古斯劳:《社会系统中的系统概念》。见小拉尔夫·弗·迈尔斯:
《系统思想》,杨志信等译,成都:四川人民出版社 1986 年版,第 303 页。

讨论教育系统与"非教育系统"时，我们发现情况也是如此，某一社会现象是否归属于教育系统，往往只是取决于我们是否从人的生长和发展的角度来看待这种社会现象，这里很难找到一条实在的、清晰的和确定的"界限"。在完整意义的"教育系统"中，整体和局部是辩证统一于一体的。

我们在这里所讨论的"教育系统"的特征，归根结底，还是在于我们是从人的全面生成的角度出发的，因此，这种完整意义上的"教育系统"的最重要特征还在其非机械性。这一点，与一般系统论的观点是一致的。一般系统论的创始人贝塔朗菲曾指出：一般系统论采取人本主义观点，这在"本质上区别于有机械主义倾向的系统理论家的观点，他们谈论系统时只谈数学、控制论和技术，这样就有理由使人担心，系统论是人走向机械化、贬低人的价值和通向技术统治的道路上的最后一步"①。我们以往在教育科学研究中运用系统论的观点，往往是从某种管理或控制的角度出发，以寻求某种最优化模型为最终目的的。在这样的思想指导下，我们经常习惯于把"教育系统"理解为某种机械性的东西，把教育系统的运行过程理解为由某种机械性机制支配的可以被完全控制的过程，"教学机器"就是这种思想在微观上的一种象征。② 这种机械的教育系统论思想，实际上是把人看作处于某种机械性的控制之下的东西，最终往往是把人本身——包括人的生长发展过程也看作某种机械的东西。这种把人机械化的思想，在逻辑上内在地包含了对人的主体性的根本否定以及对人的价值的贬损。在这种机械系统论的思想支配之下，人们往往自觉或不自觉地把教育系统想象为这样一架机

---

① 贝塔朗菲：《普通系统论的历史和现状》。见庞元正等：《系统论 控制论 信息论经典文献选编》，北京：求实出版社 1989 年版，第 151 页。

② 这里并不是否定"教学机器"本身，而是批判那种认为教育过程可以全部机器化的思想。人对人的教育，是机器所无法完全替代的。

器，这架机器为社会这架更大的机器"制造"肉体齿轮（即所谓"人才"）。在这里，人作为主体的自由和价值被碾碎在技术的轮牙间。

　　一般系统论克服了机械系统论只讲技术而无法包含价值的缺陷，它既包括系统科学和技术，又包括系统哲学①，这是系统论思想在社会科学论域中推广的一个必要前提。在一般系统论观点看来，"人的群体和社会都是动态系统，而不是机械系统：它们的确定性不是由它们各部分之间的个人相互作用的决定性造成的，而是由它们各部分之间的个人统计性的相互关系造成的"②。在这种"宏观决定性"观念的基础上，一般系统论又进一步提出了"功能自主性"的概念，认为一个系统的宏观决定性是这个系统所有部件（the parts)的功能自主性累积的结果。这就意味着自然系统的各个部件不是依据某种唯一的强制性法则来行动，它们都有一定的选择自由。对人这样一种具有高度自主性的存在而言，情况更是如此。事实上，"即使一个增强了决定性的社会系统等级结构，也不排斥个人的价值实现"③。所以，尽管在现实世界中各种社会文化系统都还不同程度地带有这样或那样的专制的机械性，但就其本质而言，人之成为人是它自己选择的结果，即人的生长发展的最根本的机制是人在社会系统中的"功能自主性"。当然，我们这里所说的"选择"是一种自然存在的人类学事实，这与萨特的"选择"有着不同的视角，但在人本主义立场上，这二者是一致的。我们是站在人本主义的立场上，从人的全面生成的角度出发来考察"教育系统"的，这与那

---

①　E. 拉兹洛：《系统哲学讲演集》，闵家胤等译，北京：中国社会科学出版社1991年版，第125页。

②　E. 拉兹洛：《用系统论的观点看世界》，闵家胤译，北京：中国社会科学出版社1985年版，第103页。联系泛教育理论的交往理论基础，注意"相互作用"与"相互关系"的内在区别。着重号为引者所加。

③　E. 拉兹洛：《用系统论的观点看世界》，闵家胤译，北京：中国社会科学出版社1985年版，第105页。

种机械的教育系统论有着根本的区别，同时也与生物主义的还原论有着根本的区别。根据一般系统论的观点，我们肯定了复杂的自然系统和人类社会系统都具有自组织的基本运行机制，但我们并未停留于这种还原论的思维水平，正如在本文导论中说过的那样，我们认为，在人的生长发展过程中，自然界运动变化的"自发的活性"已经上升为一种"自觉的活性"，这就是人作为主体通过实践创造自身的自主性和能动性。由于人的这种本质特性，教育系统和其他社会系统的"自组织"，与一般自然系统的"自组织"也有着根本的不同。和自然系统在自组织过程中自己"创造"自己不同，人的教育系统的"自组织"是自主的、自知的和自为的。就此而言，泛教育理论中的教育系统论比还原论的教育系统论高出了一个等级，而比那种机械的教育系统论则高出了两个等级。

我们的教育系统论采取了人本主义立场，但这并不意味着它必然是人类中心主义的。①"关于自然和人的系统论观点，显然不是人类中心主义的，尽管如此，但它也不是非人道主义的。"②拉兹洛的这句话道明了非人类中心主义与人道主义在一般系统论中的辩证统一。我们在导论中已经说明，传统教育理论的学校中心主义和知识中心主义，实际上是和"征服自然"的现代精神联系在一起的。实际上，关于教育系统的那种机械主义观点也是这种"征服自然"的精神按照自身的逻辑发展到极致的必然结果。正如威廉·莱斯（William Leiss）所批判的那样，"由'征服'自然的观念培养起来的虚妄的希望中隐藏着现时代最致命

---

① 注意"人类中心"和"人类中心主义"之间的区别。人不可能站在人之外，所以人类中心是必然的，但人类中心一旦成为带有绝对意义的"主义"，那就是另一回事了。

② E. 拉兹洛：《用系统论的观点看世界》，闵家胤译，北京：中国社会科学出版社 1985 年版，第 109 页。

的历史动力之一：控制自然和控制人之间的不可分割的联系"①。莱斯通过他的论证证明：对自然控制的必然结果是一部分人对另一部分人的控制，控制的真正对象是人。在教育问题上也是如此，现代教育在"知识就是力量"的信念鼓动下不断为培养能控制自然的巨人而奋斗，但其结果却演变成一股对人实施控制的力量。莱斯认为，"控制自然"应重新解释为对人与自然之间关系的调整和控制，这与一般系统论的观点也有着内在的联系。以一般系统论的观点为基础，我们把人在自然中生长发展解释为一种人与自然的"共生"状态，同样，把人在社会中的生长发展解释为人与人的"共生"。如果说"控制"代表的是一种主人的权威，那么"共生"所表达的则是普遍联系和谐共存的一种自然态度，用弗罗姆（Erich Fromm）的概念来说，"控制"代表一种"占有生存方式"，"共生"代表一种"存在生存方式"，而后者是一种更加人本主义的生存方式。② 所以，我们的教育系统论的非人类中心主义，其灵魂却是真正的人本主义。联系我们在导论中奠定的"交往"理论基础，实际上"共生"也可以看作"交往"的一种推广，即从人与人的关系向人与自然的关系的推广。③ 在这里，泛教育理论的思想基础与它所运用的一般系统论方法达成了根本的一致。

完整意义上的"教育系统"是一个具有多层次结构的复杂系统，在不同层次上，其构成要素、结构关系、运行方式和运行机制等都不尽相同，对此我们还远远没有完全掌握。要讨论教育系统的具体结构，还有很多必要的准备性工作要做。在准备不足的情况下，就深入到具体层

---

① 威廉·莱斯：《自然的控制》，岳长龄等译，重庆：重庆出版社1993年版，第6页。
② 参阅埃·弗罗姆：《占有或存在——一个新型社会的心灵基础》，杨慧译，北京：国际文化出版公司1989年版。
③ 参阅尾关周二：《共生的理想——现代交往与共生、共同的理想》第五章，卞崇道等译，北京：中央编译出版社1996年版。尾关周二把"共生"视作人对自然的交往态度。

次来讨论教育系统的结构，难免会把教育系统简单化和机械化，因此，我们这里只想从总体上做一些初步的探讨。从主位角度看，教育系统是人为自身的生成发展而创造出来的，它在总体上与人的生存系统联系在一起；从客位角度看，教育系统作为一种人为的人类学事实，它在总体上又是人文系统的一部分。我们的探讨就从这两方面展开。

三　作为人文系统进化机制的教育

1989 年初，德国的《法兰克福汇报》上曾刊出一幅题为《人类的进化》的漫画，画的是猿直立行走进化成人，而现代人坐在办公桌后面逐渐又变成了猿。这幅幽默的漫画中包含了这样一个有趣的问题：现代人还在进化吗？人类学研究表明：现代人在体质形态上已基本定型，其变化十分微小和缓慢，但人类在身体以外的文化进化却是惊人的。[①]说到"文化"，这一直是一个叫人难以捉摸的概念，它既可以是物质的东西，又可以是精神的东西，但有一点可以肯定，那就是：文化是人创造的，它在本质上反映着人性（humanity），它属于并充满了人文（the humanities）的论域。《易》之所谓"文明以止，人文也"，"观乎人文，以化成天下"[②]。从一般系统论的观点出发，我们称之为"人文系统"。作为一种人类学事实而广泛存在于人类社会生活中的教育，就是这人文系统的一种进化机制。

在拉兹洛看来，"人类文化的发展是由于手段逐步转化成目的而造

---

①　参阅吴汝康：《今人类学》第十三章，合肥：安徽科学技术出版社 1991 年版。
②　《易·贲卦》。黄寿祺等：《周易译注》，上海：上海古籍出版社 1989 年版，第188 页。

成的"①。从纯粹发生的角度来看，文化最初应当是作为一种生存手段而产生于人类的生存斗争中——这里说"手段"，不仅是功效意义上的工具，而且也可以是并没有多少实际功效意义的"方式"。在多种生存手段的竞争和选择中，某些手段被选中并不完全取决于其作为生存工具的实际效用，有时只是人们相信它具有某种功效，有时只是人们主观上的需要。尽管在最初级的发生论意义上，文化只是一种生存对策活动的结果，但是，文化"一旦产生出来了，它就开始了自己的生命历程"，成为比生存工具具有更高质态的东西②，成为一种超越个人生物性生存活动的社会性的东西，成为一个相对独立的系统——人文系统。这个相对独立的人文系统一经产生，社会生物进化过程的宏观系统和微观系统的共同进化中的主导关系就颠倒了过来。在生物进化过程中，个体的进化服从于物种的进化规则，而物种的进化规则又依附于个体的进化过程；在社会文化进化过程中，社会文化的宏观进化不再依附于个体，同时个体的自反映意识也开始了对宏观世界的再创造。③ 这个转变过程包含这样四个层次：在无意识现象的低级生物那里，物种的进化规则完全控制着主导权，而物种的进化规则又完全附着于个体的遗传物质；在机体意识的层次上，产生了以个体间直接通信为基础的信息转移的新层次，某个生物个体的自我表达（如小鸟双亲的飞翔），会使另一生物个体的认知域直接指向它未曾经验的关系（如小鸟学会飞翔）；在反映意识的层次上，个体的进步不再限于模仿，而是产生了通过活动中的尝试

---

① E. 拉兹洛：《用系统论的观点看世界》，闵家胤译，北京：中国社会科学出版社 1985 年版，第 89 页。

② E. 拉兹洛：《用系统论的观点看世界》，闵家胤译，北京：中国社会科学出版社 1985 年版，第 88 页。但拉兹洛仅用"价值标准"来解释文化的超生物性，这里又陷入了"解释学的循环"，因为"价值"本身也是文化的结果。

③ 参阅埃里克·詹奇：《自组织的宇宙观》，曾国屏等译，北京：中国社会科学出版社 1992 年版，第 196—197 页。

和探索来获取经验的机制；到了自反映意识的水平，新的可跨越时空的经验存贮和交换机制的产生使经验具有了独立性，不仅过去的、别处的经验可以摆脱直接体验和模仿的束缚而影响现在，而且新的预知能力使未来也影响着现在，于是，这种创造性的转变使进化从社会生物进化转到社会文化进化，成为个人通过自己创造性的活动对相对独立于个人的社会文化进行再创造的过程，人类从"原来那个自我供养的生物物种，转化成了特别注重知识、美、信仰和伦理的文化物种"①。在这里，文化从手段转变成了目的，因为人的活动指向社会文化的进化也就指向了"人的进化"。人的进化在很大程度上脱离了生物性的个体存在而以相对独立的人文系统的进化形式体现出来。

从上述分析中可以看出，在社会生物进化过程中，个体的发展和物种的发展是直接同一的；而在社会文化进化过程中，个体的发展和物种的发展之间却存在一个中介，这个中介就是文化，个人的发展与人类的发展在人文系统的进化过程中达成了辩证的统一。一方面，人类的发展要借助文化对个人的影响来转化成现实的个人的发展；另一方面，个人的发展也要凭借个人对文化的创造和丰富而转化为总体的人类的发展。"人的发展"的这种现实性和总体性的分离，使得教育的产生成为必要和可能。这是因为，"中介"和"分离"都意味着某种直接同一的关系的失效，意味着对立的产生以及在对立双方之间建立有效联系和相互转化机制的必要和可能。很显然，联系"人的发展"的现实性和总体性并促成其相互转化的正是教育。作为一种进化机制，教育在人文系统形成之时即已包含其中了。首先，人文系统有效生成和发展进化的一个先决条件就是不同个体之间的人际通信机制的形成。不同个体之间能够实现经验共享，这是人文系统得以形成的一个最基本的条件，因为人们从

① E. 拉兹洛：《用系统论的观点看世界》，闵家胤译，北京：中国社会科学出版社 1985 年版，第 90 页。

事"文化活动"的一个基本目的（无论活动主体对此目的是否有直接的自觉）正在于经验的理解和共享。然而，根据爱因斯坦的相对论，"处在四维时空连续统中的每一观察者具有唯一的位置，他依靠自己特有的位置将这一连续统分为三维空间和一维时间，结果得到一个特有的环境"①。不同的个人无法共有一个完全同一的环境，不同个体的视界只能相交，而不会完全重合，所以，即使对外部世界有完全相同的内部感受机制（假定如此），不同个体之间也难以直接达成经验的理解和共享。不同个体之间的相互理解和经验共享，只有在交往过程中通过信息交流才可能实现。在这种交往过程中，他人的经验被同化进入行动者的经验结构，从普遍的意义上讲，这就是最基本的教育过程。人文系统的形成，在其最基本的发生机理上，也正是不同的个人在交往活动中不断地共同建构的结果，同时，这种交往活动过程也正是人文系统最基本的、现实的进化发展过程。其次，人文系统对社会中不同个人而言的普遍有效性，也需要它通过自身分化产生这样一种机制，这种机制可以把社会宏观的人文系统的意义传播到不同时空下的不同个人的经验结构中去，这种机制也正是普遍意义上的教育。不同个体在交往活动中共同建构人文系统，实际上是为人自己建构了另一个共同的生长发展环境。"为使行为者和他人的经验相互联系起来，需要一个共同的 E（环境）"②。交往活动在视界相交之处把不同个体所面对的特殊环境联系在一起，最终形成一个社会中所有成员共同面对的一般环境。于是，另一个问题又由此产生了，即这个一般环境与各个个体之间必须建立一种有效的、一致的联系，只有这样，共同环境的有效性才能超越简单两人关

---

① 欧文·拉兹洛：《系统、结构和经验》，李创同译，上海：上海译文出版社1987 年版，第 129 页。

② 欧文·拉兹洛：《系统、结构和经验》，李创同译，上海：上海译文出版社1987 年版，第 128 页。

系而在社会层面上获得普遍承认。这一般环境与各个个体之间的有效联系仍然要借助个体之间的交往行动来实现，但这种联系的建立要求行动者中必须有人成为一般环境的表达者，即成为一般意义上的社会代言人，而不是局限于简单的、特殊的两人关系。这样，在前文所述基本教育过程的基础之上就形成了更高层次的教育过程。所以，在人文系统形成之初，教育就作为这一系统的维持和进化发展所不可或缺的内在机制而产生了出来。

我们在前文把人文系统分成符号—意义系统、经验—观念系统、情意—价值系统和行动—规则系统这样四个主要的子系统，这四个子系统之间的相互联系、相互作用，及其在时空上的绵延和发展，都必须以人为中介才能得以实现。表面上看来人文系统是独立于具体个人的超有机系统，实际上它的存在、运行和进化发展的具体过程却总是附着于"现实的个人"的生长发展过程而进行的。脱离了人的发展，人文系统的进化是不可能的。教育系统作为人文系统进化机制的最基本的作用和机理，恰恰表现在这两个发展进程的相互转化之中，教育系统的这种中介作用不是单向的，而是双向的。不仅总体的发展向个体的发展的转化，而且个体的发展向总体的发展的转化，都是通过教育过程实现的，或者说都是具体表现为教育过程的。在这里，通常所说的"传承"和"创造"不是两个完全分开的过程，而是这样一个紧密联系在一起的循环过程：在以达成经验共享为目的的主体际交往这种最基本的教育过程中，基本的符号—意义系统、经验—观念系统、情意—价值系统或行为—规则系统被交往主体共同建构出来；同时，在这种不断跨越个人主体视界的教育过程中，人文系统的这些组成部分不断在更大的社会范围内获得普遍的有效性，并且在总体上整合起来。这种普遍有效性的扩展，使得人文系统的总体和部分都不断被合法化（legitimation），成为人们可以当作理所当然而接受下来的东西。进而，人文系统这种合法地位的获得，赋予前文所说的那种"更高层次的教育过程"以合法性，一部分人可以合法地作为社会代言人来运用人文系统的某些部分影响另一部分人的行为、观念及其身心发展。通过这种教育过程，总体的发展合法地转化为个体的发展，而这些发展了的个体又在主体际交往活动中把这一过程带入了新的循环。

这样看来，教育似乎确实如很多文化学者通常所认为的那样是一种保守的力量，它只在不断的循环中维持原有人文系统的延续。然而，实际上教育过程并不是一个单一的线性过程，其中存在着多重选择，这些多重选择为人文系统进化过程的创造性提供了基础。这里并不是要泛泛地讨论通常为人们乐道的所谓"教育的文化选择功能"，而是要深究这种"选择功能"的内在机理，并探讨"选择"与"创新"之间的内在联系。拉兹洛认为，一般的系统进化论的一个重要概念就是"分叉"（bifurcation）。这是一个含义很广的概念，它可以用来解释一般系统论意义上的许多系统进化过程中的相变。"当系统从一个方向突然拐向另一个方向，从一种稳定状态到另一种稳定状态，这时我们就说它产生了分叉。"[①] 分叉点为系统进化提供了许多（但不是无限多）个可能的进化方向，这就是系统进化过程的多元性和创造性的基础。虽然就进化过程的总体而言，系统通过分叉一般会向效能更高、结构更复杂和更分化（divergence）的组织形式转化，但是就个别的分叉来说，这却是一个非线性的、不连续的和不可预见的过程，其中的"规律"只有概率论的而不是决定论的意义。然而，人文系统又与一般的自然系统有着重要的不同，在人文系统中，人的主体性可以作为一种系统内部力量来影响分叉的博弈过程，这就在一般自然系统的随机选择（当然不排除环境因素）基础上又加入了一定的能动选择，这种能动选择在效用因素之外

---

① E. 拉兹洛：《系统哲学讲演集》，闵家胤等译，北京：中国社会科学出版社1991年版，第214页。

又为系统定向加入了价值因素。所以，人文系统进化过程中的"分叉"和"选择"是一个更为复杂的过程，在这种复杂过程中，教育发挥着不可忽视的重要作用。以往我们多仅用人的"劳动"或"实际"的创造性来解释人文进化过程中的创新，但这种解释无法充分回答这样一个问题：生活在既成文化中的人为什么不是只在既成文化的影响下通过劳动或实践生产与既成文化相同的文化，而是不断创造出以前不曾存在的新文化？如果在这种解释的基础上再深入到下一个层次，具体分析一下教育在这种创新过程中的作用，我们对这种创新过程就会多一些更加清晰一点的理解。第一，人文系统对实践主体的影响是以教育为中介的，而教育的中介作用本身就总是包含了主体对人文系统的能动的选择和解释。不同个人主体在交往行动中所分享的是对方关于外部世界（包括总体意义上的人文系统）的经验，而不是越过对方的主观视界直接分享他的外部世界。即使是在那些以知识"传授"为自觉目的的教育过程中，"接受"知识的一方也不是直接接受客观地包含于人文系统之中的知识，而是"传授"者所选择并加以解释过的知识。实际上，这里并不存在绝对的纯粹传授和接受，而是把这两方面辩证统一于一体的"商谈"，是不同个人主体在对人文系统的能动选择和解释方面达成"共识"的过程。由此，在人文系统影响实践主体的教育过程初期，进化过程的创造性就已经产生了。第二，教育活动的因素、过程与其结果之间的相关关系也是概率论的，而不是决定论的，所以，同样的文化在不同个人身上产生的结果却存在很大的差异性和多样性。教育过程绝不是一种输入 A 就必然产生 A′的机械过程，即使是在前提条件全部完全相同的情况下（假设可能出现这样的情况），我们也无法保证最终的结果不会是大相径庭的。虽然在总体上不会有无限的可能性，并且系统总体的复杂结构中各吸引子之间相互作用的结果总是使演化的方向出现某种一致性，但是，就某一具体的教育过程而言，这仍然是一个博弈过程。我们常说的"教育规律"也只是概率论意义上的，而不是决定论的，它只能保证我们在博弈过程中"获胜"的可能性更大，因为它只有或然而没有必然的客观联系作为基础。教育过程的这种博弈性决定了人文系统的进化过程在具体地依附于个人发展过程时也是处处充满了创造机遇的，同一种文化在不同个体那里产生了丰富多彩的个性。第三，个人的个性以教育过程为中介，在共同建构人文系统的过程中又转化为文化的多元性。在交往行动中，个人主体所表达出来的是自己对总体的人文系统的选择和解释，这种表达的过程和结果都是包含了个人主体的个性的。带有主体个性的表达在交往行动中加入共同建构过程，最终转化为文化的多元性，从而在共同的文化基础上创造出纷繁复杂的文化"变异"，这种"变异"更是人文系统进化过程中的创造性的强大支持力量。第四，教育过程本身的多样性也是人文系统进化过程的创造性的基本原因之一。在交往行动中，主体之间的相互作用也常常处于不稳定状态，突变总是随时随地可能发生。就个人的发展而论，在同一人文系统中，每个人都会同时受到多种来自不同方向的影响力，如果排除突变论的观点，那么这些不同方向的影响力最终就应当相互抵消或者在某一方向上形成合力，这样所有个体的发展就应当是在相同方向上平稳地进行下去。即便合力会产生某种波动，这种波动也不太可能很大，而且对所有个体发展的方向性影响也应是一样的。但是，实际的情况却是，不仅个体的发展方向总是千差万别，而且同一个体的发展也往往会出现突然转向另一极端的变化。在每一个分叉点上，个体的发展总是不可逆转地进入许多条可能路径中的一条而不是同时对称地进入所有路径。这种突变现象的存在就使得在共同建构人文系统的交往过程中，主体之间的相互作用变得更加变动不居，人文系统的进化过程也因而处处都可能发生创造性的变化。① 所以，作为人文系统的进化机制，教育不只是一种保守力量，更是一种生机勃勃的创造力量。在这里，主体不是博弈过程的静观者，而是带着某种价值取向积极能动地参与和影响博弈过程，从而共同创造美好未来。在教育过程中，人文系统进化过程的守成与创新是辩证统一于一体的。

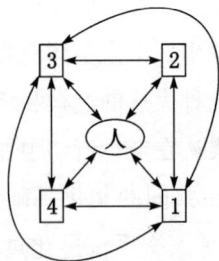

1. 行动—规则系统　2. 经验—观念系统
3. 情意—价值系统　4. 符号—意义系统

图 4　教育系统作为人文系统进化机制的运行过程体现出明显的 Holon 特性

教育系统，作为人文系统的进化机制，其运行过程表现为人文系统的四个基本的子系统以人为中介，以人的活动为主导，密切联系，相互作用，互相转化，从而实现人文系统的结构与元素的演化及其时空上的绵延的过程。教育，如果单纯理解为人的一种活动，显然应当归属于人文系统中的行动—规则系统；然而，作为一种能够实现人文系统进化机制的子系统，教育系统的组成显然又不能缺少人文系统的其他子系统。在这里，子系统的"Holon"特性表现得十分明显。② 第一，对任何一个具体的教育活动而言，与它联系在一起的经验—观念系统、情意—价值系统和符号—意义系统等，就既是具体的又是总体的。社会生活中的教

---

① 参考勒内·托姆：《突变论：思想和应用》，周仲良译，上海：上海译文出版社1989年版。
② Holon，指系统中部分的整体性与整体的部分性的统一。

育现象总是表现为现实的个人的具体活动，人文系统中各子系统及其构成元素整合和同化到个人的人格结构中，进而在个人现实的历史活动中获得新发展的过程。作为一种具体活动的构成要素，这里的行动—规则系统、经验—观念系统、情意—价值系统和符号—意义系统都表现为具体的、个别的人文内容，但是，这些人文内容又是与总体的人文系统直接同一的，无论是抽象的符号及其意义，还是感性的情感和意志，都不可能作为纯粹"私人的"东西出现在这里。同时，总体的人文系统也只有在这些具体的、历史的过程中才可能现实地呈现出来和发展下去。第二，教育活动本身也同时既是具体的又是总体的。一方面，教育活动是归属于人文系统中的行动—规则系统的，是现实的个人在一定的历史条件下遵循一定的社会规范和文化规则而实施的具体活动，是具体的人的个别的教育活动；另一方面，教育活动又是直接整合于人文系统结构中的，并且作为人文系统的重要组成部分推动其进化发展，人文系统超越个人主体视界的普遍性又赋予它总体的和一般的特性。实际上，总体的人的教育活动是抽象的，它只有通过具体的人的个别的教育活动才能在社会生活过程中得到现实的表达。同时，在泛教育理论的广义框架下，教育是人的一般实践活动的一个侧度，因此，教育活动与人文系统的行动—规则系统也是同一的，它是从"人的发展"的角度出发对行动—规则系统的一种特殊描述。这也是我们把教育看作人文系统中一种具有普遍意义的进化"机制"的内在根据之一。"机制"体现在各部分的相互作用中，而不是局限在某一特殊部分中。第三，在教育系统的运作过程中，个人的发展与总体的"人"的发展也是直接同一的，在上面所描述的教育系统中的"人"既表现为社会生活中现实的个人，同时又是抽象的总体的人的具体存在形式。在这里，"人的发展"在其现实性和总体性上是辩证统一并相互转化的。第四，在教育系统的运作过程中，人文系统在宏观和微观上的进化也是统一在一起的，因此，教育系统的运作过程本身也具体体现着普遍的人文系统的运作和演化过程。各方面分析都表明：作为人文系统中的一种进化机制，教育系统具有典型的"Holon"特性。

　　教育系统的这种"Holon"特性，使得对它各组成部分在运行过程中的相互联系、相互作用、互相转化，以及这其中具体的信息、能量交换过程的分析，成为一种十分困难的操作。就对教育系统的研究所达到的水平而言，我们距这种操作实际上还相当远。这里我们只能尝试作尺度上的划分，或许可以作为实现这种困难的操作的起点之一。教育系统的"Holon"特性并非意味着一片混沌，其中存在着不同尺度、不同层面上的分化。一般而言，教育系统在这样三种尺度上运行着：个人尺度、人际尺度和总体尺度。在个人尺度上，教育系统的运作表现为现实的个人在自己的生命活动中不断生长发展的过程。一般系统论的创始人 L. 贝塔兰菲曾向世人提出过一个"最终的警告"："人类社会不是由内在本能支配、由主导的整体规律控制的蚂蚁或白蚁的群体。它的基础是个人的成就，而且个人如果只是社会机器的齿轮，它注定要灭亡。"① 在教育问题上，一般系统论同样也持这种观点，它不是用社会总体的发展来取代和剥夺个人的生长发展，相反，它认为在个人尺度上的教育系统的运行是最现实、最具体的教育过程，其他更大尺度上教育系统的运行过程，都以此为基础并最终落实于此。然而，这绝不意味着把属于人文系统的人类教育现象还原成纯粹个人的生物性活动，因为，对社会中的现实个人来说，具体总是"具体的总体"，而不是还原论的"伪具体"。② 个人尺度上的教育系统与更大尺度上的教育系统是内在地联系在一起

---

① L. 贝塔兰菲：《一般系统论》，秋同等译，北京：社会科学文献出版社 1987 年版，第 43 页。

② 参阅卡莱尔·科西克：《具体的辩证法——关于人与世界问题的研究》，傅小平译，北京：社会科学文献出版社 1989 年版。

的。向人际尺度的扩展，这是迈向总体性的最基础的一步。在人际尺度上，教育系统的运行具体表现为主体际交往过程，主要是不同主体之间的信息交流和相互影响。如果说个人的生长发展过程表现的是最具体的教育过程，那么这种在人际尺度上的教育系统运作过程则是最基本的教育过程，因为只有跨越了简单的个人主体的视界，最基本的经验共享才成为可能，具体个人的生长发展过程只有通过这条途径才能进一步获得总体性的意义，同样，总体尺度上教育系统的运行也要经由这一基本的教育过程才能最终在具体的个人尺度上得到落实。总体尺度上的教育系统的运行是一个较为抽象的过程，它要通过一定的人际信息交流活动才能现实地表现出来。这里需要我们常说的"社会代言人"作为一个中介性环节，但值得注意的是，这个代言人所代表的"社会"也是在动态的人际交往中不断生成的，这是一个"总体创生"的过程。"总体不是一个现成的整体，不是后来才注入内容及其各部分的特性和关系；相反，总体在它的整体的形成过程中同时也是它的内容的形成过程中具体化自身。"① 所以，在现实的教育过程中，从来就没有什么绝对的社会代言人；在那些社会代言人背后，也从来没有绝对的道德律令。所有脱离了现实社会生活过程的东西，都是没有生命力的。无论是教育系统的运行，还是人文系统的进化，一切都是在现实的社会生活过程中进行的。

① 卡莱尔·科西克：《具体的辩证法——关于人与世界问题的研究》，傅小平译，北京：社会科学文献出版社1989年版，第35—36页。

四 教育与人的生存系统

"在每种现存的自然的系统内部，都编排有维持它生存的能力。"①
这是一个普遍的事实。系统越是复杂、越是在自然系统的等级结构中占
据较高地位，其承担生存功能的部分也越是分化和完善。在生命存在物
这样的高度复杂的系统中，承担生存功能的部分已分化独立成为一个子
系统，我们称之为"生存系统"。

在广义的自然系统中，所有的生命形式都在漫长的进化过程中形成
了自己的生存系统。借助于这些生存系统的功能实现，它们与自然界
（宇宙）这一最大的系统联系在一起，从而成功地作为这唯一实在的一
部分而现实地生长发展着。社会、文化，包括教育，都是人的生存系
统，是无数种生命形式的生存系统中的一个特殊。从这种最基本的层面
上来说，教育与动物某些类似教育的本能并不是没有丝毫相通之处，它
们都是生命存在物在处理自身与自然界的关系过程中发展成的一种生存
系统。教育虽然是一种更高级的生存系统，但它与动物那些较低级的类
似教育的本能却绝不是毫不相干的两种东西。"自然存在的每一种较高
级的结构层次，在起源上和实际上都是与低级的结构层次联系在一起
的，并且根源于后者，但它的特点则取决于自己的特殊的决定类型。"②
在这一意义上讲，人类来自动物界这一事实决定了人类的教育也永远无
法完全摆脱动物类似教育的本能的某些最基本的特性，无法完全摆脱作
为生命存在的一种生存系统所表现出来的那些基本特性。

---

① E. 拉兹洛：《用系统论的观点看世界》，闵家胤译，北京：中国社会科学出版
社 1985 年版，第 88 页。

② 鲍·季·格里戈里扬：《关于人的本质的哲学》，汤侠声等译，北京：生活·读
书·新知三联书店 1984 年版，第 161—162 页。

然而，人的生存状态的特殊性就在于人是无法与真正完全"裸露"的自然界发生直接的联系的，人文介入了一切过程。自然界的事物一旦进入人的视界，总是被赋予了人文的意义。它是什么？实际上是问它对人来说是什么和意味着什么。人总是在和作为人的对象的自然物打交道，而"人的对象不是直接呈现出来的自然对象"，作为人的对象的自然物包含了人的本质力量的对象化，用马克思的话来说就是："一切自然物必须产生。"① 这种自然物作为人的对象的"产生"过程，同时是人的本质力量的对象化过程，也是自然物的"人文化"过程。人与其自然的生存环境的联系总是以人文系统为中介的，人的所有生存活动，无不包含着人文的意义。因此，我们把社会、文化，包括教育，都看作人的生存系统，这并不是说它们都只是人的一种生物学意义上的生存工具，而是在全面的"人"的生存发展意义上对这些系统的一种功能定位。它们不仅仅只是在生物学意义上保障人类个体的存活和物种的延续，而且在更高的层次上保障人类个体及其物种得以作为根本区别于其他动物的"人"而不断生存发展下去。所以，当我们从广义的生存功能角度出发，把包含教育在内的人文系统看作人类的一种生存系统时，我们绝不能以自然科学的方式把这里的"生存"理解为一系列简单的生化过程甚至物理过程。"教育是人的生存系统中不可缺少的一个组成部分。"这是一个人文学的命题，不应对此作简单的还原论的理解。

即便如此，这样的观点仍然很有可能会遭到普遍的反对，因为正如拉兹洛所说的那样：基于一种价值判断，我们大多数人都相信文化"不只能确保一个人的生存，确保人这个物种得以延续，而且是更好或更高级的东西"②。也诚如拉兹洛所言，我们没有条理清楚而又能单独

---

① 马克思：《1844年经济学哲学手稿》，北京：人民出版社1985年版，第126页。
② E. 拉兹洛：《用系统论的观点看世界》，闵家胤译，北京：中国社会科学出版社1985年版，第88页。

成立的论据来断言：一种发达的文化具有使生物得以生存的价值；我们也没有那样的证据以证明一旦生物的生存有了保证，下一步必然就是出现文化；但是，在相反的方面我们却有充足的理由来支持这样一条显而易见的道理：如果抽去文化，那么人就无法继续作为"人"而生存发展下去，人的"生存"就会丧失人文的意义而只留下生物学的硬壳。甚至我们还可以进一步令人信服地作出这样的推论：如果失去了人文系统，人即使是在生物学意义上的生存也将是极其困难乃至是不可能的。论纯粹的生物学意义上的生存能力，人类甚至连一只永远被追逐的野兔都比不上。这种反向的推论已足以说明：人文系统即便不只是人类的生存工具，它对人类来说也一定具有重要的不可或缺的生存功能。因此，从广义的"生存功能"的角度出发，我们把包含教育在内的人文系统视为人类生存系统之一，这种功能定位是合理的。

实际上，"生存"的基本意义就是通过改变或改造环境，或者通过改变或改造自身，从而不断积极地适应变化中的环境。无论是物种的生存还是个体的存在，"生存"在其最基本的层次上所表达的意义都莫过如此。人文系统，包括教育，从最初的发生开始，就正是为了达成人类的这种生存目的。达尔文（Charles Darwin）早在 1871 年就在其《人类的由来》一书中指出：那些低于人的动物，"为了能在大大改变了的条件下生存下来，它们必须在身体结构方面起些变化"；而人则不然，人在部分取得那些把它和低于它的动物区别开来的理智的和道德的能力之后，在体格方面通过自然选择或任何其他方法而发生变化的倾向就几乎停止了。从此，通过这些"心理能力"，人能够"用他的不再变化的身体来和不断变化中的宇宙取得和谐，而可以相安"①。人之所以能够用他"不再变化的身体"以应万变的宇宙，却正在于他所创造的人文系

---

① 达尔文：《人类的由来》，潘光旦等译，北京：商务印书馆 1983 年版，第197—198 页。

统，他是以人文系统的变化万千来应对不断变化中的宇宙的。这种生存系统的出现，使得人类的生存状态和生存过程发生了一系列深刻的变化：其一，人类与其生存环境的关系发生了深刻变化。如果我们仍然在"生存环境"的意义上来理解"自然"的话，那么在人类的进化发展过程中，曾经起着决定性作用的"自然选择"机制，现在却在很大程度上转变成为一种"选择自然"的发展机制了。从一定角度看，人文系统就是人类通过自己的改造和创造活动而为自身建筑起来的"第二自然"。人类首先生存在这"第二自然"之中，并通过"第二自然"来同"第一自然"发生联系。这"第二自然"是人的创造物，在这个中介环节上，"自然"真正转化成为人的对象性存在，人在与生存环境的关系中获得了主体地位，因而可以通过主动自觉的"选择自然"来不断调整自己与整个生存环境的关系。其二，由于人文系统的产生，个人的微观生存系统与群体的，乃至人类的宏观生存系统紧密地联系在一起。"作为一个人，我们生活在与我们自身的共同进化之中，即与我们自己的精神产物的共同进化之中。"① 在这种"共同进化"过程中，个人总是凭借着属于群体和人类的生存系统而获得作为一个"人"生活在这个世界之中的能力，同时群体和人类的生存系统又总是在一个个生活在社会中的"现实的个人"的生存活动中不断得到延续和发展。实际上，在现实的社会生活中，这宏观的和微观的生存系统本身就是统一在一起的。其三，人文系统这一中介层次的出现，使人类的生存系统在层次结构上由一般生物的简单"内部—外部"结构转变为"内部—中介—外部"结构，更多复杂的生存活动过程转入了人文系统这个中介层次中。对一般生物而言，生存过程主要就是满足生理需要的一系列物理过程和生化过程；对人而言，生存过程更主要的却是一种人文的过程。"动物

---

① 埃里克·詹奇：《自组织的宇宙观》，曾国屏等译，北京：中国社会科学出版社1992年版，第198页。

直接利用外界现成的自然物满足自己的需要；人则通过实践活动改造客体，重新生产自己的需要对象，以自己的实践成果来满足自己的需要……由于实践是社会性的，因此人的需要必须在一定的社会关系中才能实现。"① 所以，一般生物生存系统的运行过程主要就是有机体与外部自然界这两个系统之间物质和能量的交换过程，而且每一个体的生存过程都是相对独立的；而人的生存系统的运行过程则主要表现为一系列复杂的人文过程，以人文系统为中介，他们联系在一起作为整体的社会系统与自然界进行物质和能量的交换。一般生物的生存过程直接表现为处理生命个体与自然环境的关系，尽管不同生命个体彼此也相互联系，但其生存活动主要表现在这种直接的物质和能量交换过程中；人的生存过程则更多地表现为处理人与人之间的关系，包括处理自身与人的活动结果之间的关系。这里存在着十分复杂的人文系统运行过程，教育在其中起着十分重要的作用。

第一，教育在人的生存系统中承担着生存能力转化机制的功能。在一般的生物那里，其作为自然界一个物种所具备的生存能力，是与个体的生命有机体直接联系在一起的。虎生而有尖牙利爪，鹰生而有锐利的目光和强健的翅膀，它们的生存能力都是与生俱来的，父辈哺育它们时表现出的类似教育的本能，只是帮助它们实现这些先天赋有的生存能力而已。人则不同，人作为一类物种所拥有的不断增强的生存能力，远非个人的生命有机体所能先天包容的。人类的生存能力更多储存在人文系统中，这是与遗传基因不同的外在于生命有机体的信息载体，因而它不能像遗传基因那样直接通过生命有机体表达物种具备的生存能力，而是需要经过一个从普遍的人文力（cultural power）向个别的生存能力转化的过程。教育就是这样一种生存能力的转化机制。在詹奇的系统进化理

---

① 高清海：《马克思主义哲学基础》下册，北京：人民出版社 1987 年版，第 201 页。

论看来，这种差别的形成可以被视为通信（信息转移）方式进化的结果，即从宇宙进化阶段的自然力相互作用和物质交换，经历生物进化阶段的代谢通信，发展到了社会文化进化阶段的神经通信和社会文化系统发育，从而使个体的发展建立在外在符号世界的分化和内在观念系统分化的连续体之上。① 这种连续体的形成，又要仰赖教育的作用，或者说这种连续体的形成过程本身就是与教育过程相同一的。纯粹对每一单个的人而言，其生之初，外在繁复的社会文化系统与它并无任何先天的联系，这种联系都需要在后天的教育过程中逐步建立。但是，现实社会生活中并不存在"纯粹单个的人"（"狼孩"已脱离现实社会生活），只有社会的"现实的个人"，所以，这种联系不是先天的，却是必然的、自然的，所谓"水到渠成"。对每一个"现实的个人"来说，只要他不与世隔绝，从人文系统到个体的生存能力转化就会必然地、自然地发生，这就是人的最基本的教育过程。在这种过程中，人类不同个体的精神结构相互作用，人文系统中储存的关于人的生存能力的信息通过个人系统之间的通信过程而得到解释（解码）和传递，进而整合于个人系统之中，转化为现实的个人生存能力。由此看来，联合国教科文组织的研究报告倡导"学会生存"②，某些国家的政府咨询报告也呼吁"把培养下一代的'生存能力'作为教育的基本出发点"③，这都是与教育作为生存能力转化机制这一本质特性密切相关的，是在最基本、最深层上对教育本质的一种再发现。

第二，教育是人的生存系统从微观的联合到宏观的共同进化所不可

① 参阅埃里克·詹奇：《自组织的宇宙观》，曾国屏等译，北京：中国社会科学出版社1992年版，第233—242页。
② Edgar Faure, et al., *Learning to be*, Unesco, Paris, 1972.
③ 日本国第15届中央教育审议会第一次咨询报告：《关于面向21世纪我国教育的发展方向》第2部第1章，中国驻日使馆教育处1996年7月译，上海：上海教育科学研究院油印本第20页。

或缺的一种重要的共生机制。在系统论的观点来看，"如果在两个自维生结构之间的交换本质包括了转化产物或服务的相互利用，那么我们可以在狭义上谈论共生……社会和生态系统都是特殊形式的共生系统"[①]。我们也可以把共生系统看作是不同个体的生存系统之间相互联合，从而在新的层次上获得和共享同一个生存系统。人文系统就是一个有着复杂的结构和不同的等级层次的共生系统，就其在最高层次上可以为全人类所共享而言，它几乎是世界上最大的一种共生系统。由于这一共生系统，个人与个人总是相互联系在一起，每一个人都最终是凭借着人类的生存系统而不是单纯个人的生存系统去面对自然的，同时，每一个人的生存发展也在这共生系统中汇聚成社会和人类的共同进化。一个共生系统得以形成的前提条件之一，就是这个共生系统中个体都能在不同程度上有效地利用和分享这个共生系统，并能通过利用这个共生系统在更高层次上与自身的生存环境建立协调的生态关系。对人文系统来说，个人只有能够利用和分享这个共生系统，他才能真正参与到共生过程中来。一个文盲，人文系统中文字系统就不能成为他的共生系统，他在这一方面也难以对共同进化的过程作出个人的贡献，这同他不能利用文字以应付其生存环境是联系在一起的。个人分享人文系统的能力，必仰赖不同层面上的教育过程方能获得。人文系统正是由于其中存在着教育这一共生机制，它才可能成为一代代人所共享的生存系统，并且才可能由这一共生过程导向人类的共同进化。通过教育，个人分享了人文系统这一共同的生存系统，参与到这个共生过程中去。在这个共生过程中，个人要"牺牲"一些纯属个体的特性和自由，但却在更高层次上获得了新的作为"人"所具有的特性和自由，这就是作为一个"主体"与生存环境建立协调关系的能力。教育的结果并不是个人个性消失，而是个人作为

---

① 埃里克·詹奇：《自组织的宇宙观》，曾国屏等译，北京：中国社会科学出版社1992年版，第231页。

主体所得到的自由和个性的提高。这种共生的观点，与我们从交往的主体观出发来解释"教育"的本质在逻辑上是一致的，同时，我们从中亦可以窥见杜威以教育为建立民主社会之理想途径的部分内在逻辑依据。

第三，对"人"来说，教育甚至是个人与其生存环境建立协调的生存关系所不可缺少的。这不仅就社会环境来说是如此，而且就自然环境而言也是这样的。作为人文系统的一部分，教育本身也属于人的生存系统。我们知道，人文系统最重要的内容和功能之一就是对自然界和人类社会的描述和模拟。个人并非总是作为自然界和人类社会的直接探究者而获得关于自然界和人类社会的知识的，不可能每个人都成为自然科学家或社会科学家，即便职业的自然科学家或社会科学家也绝不可能全面地探究其生存环境。个人处理自身与生存环境之间关系所依据的关于生存环境的知识，大部分来自共享的人文系统。这里的"知识"概念，既不能像柏拉图那样理解为一种绝对的永恒存在，也不能像弗兰西斯·培根那样简单机械地理解为经验的结果，这里需要做社会学的、广义的理解，就像伯·霍尔茨纳（B. Holzner）所界定的那样："任何肯定的结论，只要是某些现实的反映，人们可以据此采取行动的，即使是采取某种冒险性的行动，都可称为知识。"① 这样宽泛的"知识"概念，与我们对"教育"概念的理解才能保持逻辑上的同一性。在现实的社会生活中，个人所得的这些知识，无论是常识还是正规知识，是非科学的知识还是科学知识，它们中的绝大多数都来自个人在社会生活（包括学校）中所受到的教育。这是人类生存系统发挥功能的途径之一。为了生存，人需要理解和认识其生存环境。运用进化所赋予人的智慧，人一方面通过观察、介入和干涉自然系统（广义上包括人类社会）的运

① 伯·霍尔茨纳：《知识社会学》，傅正元等译，武汉：湖北人民出版社1984年版，第64页。

行过程来探索关于外部世界的知识，一方面运用自己创设的概念和符号系统在观念中模拟外部世界及其运动过程。对人自身及其内部心理世界，人基本上也是用这两种方式获取知识。由这两方面所获得的知识，都储存在人类的人文系统中，随人文系统的进化而不断发展。进入人文系统的知识不再单纯属于某一个人，而是为群体和人类所共享。这里就有一个知识的分配和应用的过程，这个过程也就是普遍意义上的教育过程。只有通过教育，这些知识储存才能转化为个人知识结构的一部分，并应用于个人的生存活动。另一方面，即便是纯属个人在自己的生存活动中直接获取的经验知识，也是普遍意义上教育的结果，其中总包含着人际交往和社会内容，并且这种个人的经验知识，也只有通过普遍的教育过程，才可能达成与他人的共享，最终转化储存到共同的人文系统中去。个人生存系统的相互联合，离不开普遍的教育过程。

第四，教育，不仅对个人生存能力的获得和发展而言是必要的，而且在改善整个人类生存系统的运行状况和协调人与自然的共生关系方面也同样发挥着不可忽视的作用。用系统论的观点来看，"毫无疑问，人类社会和一个人一样，是一个在变化着的动态环境中维持自身的复杂系统。人类社会和个人只有在其内部和外部的环境动态地协调并保持平衡时，才能生存下去。这就要求始终敏感地对待环境的变化"①。在一个迅速变化着的环境中，人类社会时刻面临着各种各样的危险和机遇。如果社会有机体不能及时地对这些危险和机遇作出适当的反应，那么它就难以保持与环境的动态协调关系，其结构和进程也就容易发生危机。同一般的生命有机体一样，对环境作出及时准确的反应，需要一个快速的信息传递和处理系统。有机体的规模越大、结构越复杂，它对信息传递与处理系统的要求就越高。在生存系统的联合过程中，人类社会从原始

---

① E. 拉兹洛：《决定命运的选择》，李吟波等译，北京：生活·读书·新知三联书店1997年版，第148页。

人群到部落、国家，现在已出现"地球村"规模上的联合。这样一个庞然大物，如果患上拉兹洛所说的"恐龙综合征"，信息不灵，尾大不掉，那必将难逃灭顶之灾。为了应付迅速变化着的环境，我们必须提高社会有机体对其环境变化的敏感性，缩短社会的反应时间，使公众的反应比较及时和适当。要达到这个目的，一方面需要建立一个快速、可靠的信息传递和处理系统，另一方面需要努力保障社会上所有的人都受到一定程度的教育。在前一方面，尽管还有很多不尽如人意和脆弱之处，但我们的步伐还是比较快的；然而在后一方面，滞后却是十分明显的，这种滞后状况如果长期得不到改善，很可能给人类社会带来致命的后果。要改善整个人类生存系统的运行状况，普及教育是必不可少的措施。这是因为，人类生存系统运行状况的改善，与现实的个人之生存能力的提高是同一过程的统一的两个方面。任何对人类生存系统运行状况的改善，总是要通过现实的个人生存能力的提高得到落实。只有在全社会普及教育，使人文系统更加有效地转化为每一个人的生存能力，从而使每个人都能有效地共享人类生存系统，包括有效地获取、理解、传递和利用信息，这个生存系统才有可能更好地发挥其效能，人类迅速应付环境变化的能力也才可能切实得到提高。与此同时，教育还可以加深每个社会成员对人类生存系统及其与自然系统之间关系的认识，提高个人对自身在宏观系统中所承担责任的自觉，这些责任包括个人对共享这一生存系统的他人的责任、对整个社会的责任、对自然的责任。这是建立良好的人与自然的共生关系所必需的。我们要优先采取行动，"通过教育、通信和信息提高社会的敏感性，使人们能够觉察他们生活在其中的世界的变化并作出反应"①，尤其是在面对 21 世纪的今天。

① E. 拉兹洛:《决定命运的选择》，李吟波等译，北京: 生活·读书·新知三联书店 1997 年版，第 152 页。

　　人的生存过程，同时也是人的生成过程。人生存于斯世，就是要不断地成为"人"，用儒家思想中一个传统的概念来表达即是"成人"。在"成人"的过程中，教育是自始至终贯穿于其中的。人的生存过程不是孤立的，而是一个多层次复杂结构中微观系统与宏观系统的共生过程。这个共生过程包括人与其生存环境之间的共生关系，更主要的是包括人与人之间的主体际交往关系。所以，用系统哲学的观点来看，人与其生存环境总是有机地联系在一起的，而教育在整个系统的每一部分中都在发挥着不可缺少的作用。我们之于世界，确如鱼之于水。我们需要一门全面研究"鱼"在"水"中之生成的学问，因为我们是能自觉生存于世的智慧的生命存在物。

走向"成人"之学

教育就是使人成为"人"。教育学乃"成人"之学。教育和教育学的旨趣即在"成人"。

一　教育：为何？何为？

我们把 A 事物命名为"X"，就赋予纯粹的符号 X 与 A 对应的指称关系这一逻辑事件而言，其内在的根据往往更多地取决于词语的历史继承性，而不是仅仅取决于事物 A 的本质的或偶然的特性。这种指称的历史继承性，克里普克（Saul Kripke）称之为"一根因果的（历史的）链条"①，事物的名称沿着这根链条一环一环地传递下去。实际上，这种传递的过程同时也是一个不断解释的过程，每一时代都有自己的对

---

① 索尔·克里普克：《命名与必然性》，梅文译，上海：上海译文出版社 1988 年版，第 139 页。

"X"的解释。这种不断传递着的解释必然地，有时甚至是有意地发生信息的损耗和变形，以致过去一个相当长的历史时期以后，X 所指称的不再是 A，而是 A+B 或 A−B 或者干脆就是指 B 了。"教育"也是一个"X"。

教育：为何？何为？我们一遍又一遍地询问和自问。在这样一个危机与希望并存的时代，我们必须重新对此作出我们的解释。

教育：为何？何为？教育是什么？教育为什么？教育在做什么？教育能做什么？教育应该做什么？教育如何做？

海德格尔说："关于某物是什么的问题总是多义的。"[1] 我们问：教育是什么？这个问题至少包括两层含义：一是问"教育"这个词在我们观念体系中的意义是什么；二是问与"教育"这个能指所对应的那个作为所指的事实是什么。在第二层含义上我们也可以问：什么是教育？这种直指教育事实的古希腊式的追问，村井实又将它分为三级水平，即教育观的水平、常识的水平和科学关注的水平，其中常识水平的理解又是直接与"如何教育"或"教育如何做"的问题联系在一起的。[2]"教育如何做"又必然引出"教育能做什么、在做什么和应该做什么"的问题，而应该做什么又直接以"教育为什么"为前提。这一系列问题相互联系在一起，我们总括起来用一个多义的疑问式来表达——教育：为何？何为？

教育：为何？何为？教育思想史上无数个解释构成了"历史的、因果的链条"。这根链条的每一个环节尽管都不尽相同，但贯穿所有环节的却是同样一个主题。不管这个主题在某个环节上的表达是直接的还

---

① 海德格尔：《哲学是什么？》，张慎译，见《德国哲学论丛》（1995），北京：中国人民大学出版社 1996 年版，第 58 页。

② 参阅大河内一男等：《教育学的理论问题》，曲程等译，北京：教育科学出版社 1984 年版，第 30 页。

是曲折的，是全面的还是片面的，其基本的思想却在每一个环节上都熠熠生辉。这个主题就是：使人成为"人"。我们借用我国儒家的语汇称之为"成人"。

教育：为何？何为？"教育是什么"作为一种古希腊式的诘问，这个问题最终寻求的是确定一种能指与所指确切的对应关系，它因而是直指教育事实的。但是，这种对事实的追问与"月亮是什么""狗是什么"等诸如此类的问题有着重要的区别：对后一类问题的回答绝不会对月亮和狗产生什么影响，而对"教育是什么"这样的问题所作出的解答却可以深刻地影响到人的教育活动。"教育是什么"这是一个要求人自己对自身行为作出根本性解释的问题，它是一个"爱智"的难题。

既然"教育是什么"这个问题所指向的教育事实是人的活动，那么我们就可以通过"教育做什么"这一问题的追问来探赜索隐。教育做什么？对这个问题的解答又有现实的、可能的和应该的三个向度。《列子》中那个"歧路亡羊"的寓言在我们的"心路"上应验了，如果我们分别从三个向度去探究——这往往是找到"羊"的必要办法，那么我们怎样才能最终得出一个统一的答案来回答"教育是什么"？我们毕竟不能以杨子式的郁郁寡欢来作为这条心路的终结。这是一条海德格尔的"林中路"，它的终点是一眼源泉。

教育做什么？这是问人做什么。教育是人的活动，人的活动体现着主客观的统一，表达这种主客观统一的就是"目的"。"一提到目的，我们必不可立即想到或仅仅想到那单纯存在于意识之内的、以（主观）观念形式出现的一种规定。康德提出了内在的目的性之说，他曾经唤醒了人们对于一般的理念，特别是生命的理念的新认识。亚里士多德对于生命的界说也已包含有内在目的的观念，他因此远远超出了近代人所持的只是有限的外在的目的性那种目的论了。人们的需要和意欲可说是目的的最切近例子。"① 人的活动作为生命理念的一种表达内在地包含着目的，这种目的本身就体现了主观见诸客观的辩证统一。人的活动在现实的、可能的和应该的三个向度上最终必然统一于"目的"，于是"教育为什么"的问题就呈现在我们的面前。无论是在哪一向度上，教育作为人的生命活动总是要为了什么而"做什么"的，弄清了教育为什么，也就同时明白了教育做什么。

教育为什么？总的说来，这个问题有两种答案：一是为了自然（客观世界），一是为了人。人是一种主体的存在，主体的存在是一种"为我"的存在，所以教育作为人的生命活动是为了人的，但是我们需要特别注意，这只是问题答案的第一个层次，因为我们还必须对这"为了人"作进一步的追问：人是什么？或者按照赫舍尔（Abraham J. Heschel)的更恰当的方式来追问：人是谁（Who is man)？这是一个更大的"爱智"难题。

"人是谁"和"人是什么"的不同之处即在于前者内在地把人和自然区分了开来。人是谁？在人类智慧的光谱上，这个问题的答案有两个端点：一个是理性，另一个是非理性。无数答案分布其间。我们过去的教育理论过于重视这理性的一端，而对那非理性的一端却有程度不同的忽视，因此，这种教育理论往往片面强调人在理性方面的发展，忽视情感、意志、信仰、直觉等非理性方面。完整的人的存在是理性与非理性的统一，教育要同时从这两个方面来"为了人"。但是，这仍然不能保证教育所面对的是完整的人，因为人的存在无论是在理性方面还是非理性方面都有言说的存在与缄默的存在两个层面。既往的教育理论往往在关注人的言说的存在的同时遗忘了其缄默的存在，正是由于这种遗忘，它把教育限定在人的存在的言说的层面上，即限定在"教授"范畴内，

---

① 黑格尔：《小逻辑》，贺麟译，北京：商务印书馆 1980 年版，第 389 页。

而把不可教授的缄默的层面排斥在教育之外，因此，这种教育理论不仅片面强调"知"的精神，片面强调人在理性方面的发展，而且还片面地以某种外在的自觉性和目的性来限定教育，并片面强调教育所引起的人的外部的可观察的变化。正如赫舍尔所言："把人的本质与人的外部表现等量齐观，是错误的。人的存在的力量和奥秘既存在于人为自己创造的各种表达形式中，也存在于未说出和未宣布的事物中，存在于沉默不语和不可言喻之中，存在于无法表达的意识活动之中。"① 缄默的存在与言说的存在的统一才是完整的人的存在方式，所以，简单地加上情感、意志、直觉、信仰或"非智力因素"之类，并不一定就能造就全面的教育。只要还限于言说的层面，或者说限定在"教授"的范畴内，这种教育就还没有真正面对完整的人，因而它就不是完整意义上的"教育"。这是一种更加深刻层次上的残缺。

　　包含了缄默的，尤其是不可言说的层面的人的存在，只能是马克思所说的"现实的人"，即在现实的历史过程中活动着的、活生生的、有血有肉的、思维着的人。只有"现实的人"才同时包含人的存在的言说的和缄默的层面，其中缄默层面下的不可言说的层面更是只能以现实存在的方式呈现出来。"马克思不再仅仅把人的本质理解为抽象的自由、理性，而是进一步理解为人的客观的自由自觉的活动。"② 在马克思看来，人的现实的、完整的存在方式表现为人的生命活动，他说："一个种的全部特性、种的类特性就在于生命活动的性质，而人的类特性恰恰就是自由的有意识的活动。"③ 这就是马克思对"人是谁"的回答。在古希腊，"实践"最初就是指所有生命存在物的生命活动，而到

---

① 赫舍尔：《人是谁》，隗仁莲译，贵阳：贵州人民出版社 1994 年版，第 10 页。
② 杨金海：《人的存在论》，南宁：广西人民出版社 1995 年版，第 80 页。
③ 马克思：《1844 年经济学哲学手稿》，北京：人民出版社 1985 年版，第 53 页。

亚里士多德那里，"实践"就专指人的生命活动了。① 马克思正是用"实践"来回答了"人是谁"。

人的完整的存在方式表现为人的现实的生命活动，它不能被归结为某种抽象人性，而是具体的人的活动。"它既包括过程，也包括由其存在的事实组成的结构，以及发生在他的实存中的奇迹和事件。"② 教育要面对完整的人，全面地"为了人"，它就必须面对这个包含了理性、热情和事实的、奇迹的、现实的、具体的、活生生的过程，即表现为现实的人的具体生命活动的社会生活过程。一切教育都只有在这个现实社会生活的过程中通过人的现实的生命活动才能得以实现，而教育本身就是现实的人的活动，所以这是教育的自身同一。黑格尔说："本质只是自身联系，不过不是直接的，而是反思的自身联系，亦即自身同一。"③我们在教育的自身同一中把握了教育的本质，也就是对"教育是什么"的问题作出了回答，同时也在总体上对"教育为何？何为？"作出了回答。在这条探究的心路上，我们似乎又回到了起点，这是一个辩证法的循环。

二　教育学：为何？何为？

教育学：为何？何为？这个问题是对"教育：为何？何为？"进一步的反思性的逻辑延伸。村井实认为："只有在把事实作为一个问题提

---

① 参阅张汝伦：《历史与实践》第二、三章，上海：上海人民出版社1995年版。
② 赫舍尔：《人是谁》，隗仁莲译，贵阳：贵州人民出版社1994年版，第10页。
③ 黑格尔：《小逻辑》，贺麟译，北京：商务印书馆1980年版，第247页。

出来的时候，科学才能开始。"① 这后面还可以追加一句：一门学科只有在把自身也作为一个问题提出来的时候，它才开始走向成熟。

教育学：为何？何为？在回答这个问题之前，我们必须解决另一个根本性的问题：教育学作为一门科学是否可能？

"当人们看到一门科学经过长期努力之后得到长足发展而惊叹不已时，有人竟想到要提出像这样的一门科学究竟是不是可能的以及是怎样可能的这样问题，这本来是不足为奇的，因为人类理性非常爱好建设，不止一次地把一座塔建成了以后又拆掉，以便察看一下地基情况如何。"② 在教育学的地基下面，有这样两块奠基石：哲学和科学。③ 教育学作为一门科学是否可能的问题，最终归结为这两块基石之间的关系问题。

教育学作为一门科学是否可能？这里我们首先必须弄清"科学"一词在这里指的是什么意思。在古希腊，"科学"和"哲学"可以说是同义的，都是指人类知识的总汇，指人类用以概括反映客观世界和人自身的概念体系。拉丁文中的 scientia（scire，学或知）就是学问或知识的意思。只是近代以后，随着实证科学的分化独立，"科学"一词才被特别赋予了"实证性"的意义。在培根（Francis Bacon）的母语英语中，science 在严格意义上主要是指近代的实证科学。牛津版《现代高级英汉双解辞典》对 science 的释义是："knowledge arranged in an orderly manner, esp. knowledge obtained by observation and testing of facts."（依有序

① 大河内一男等：《教育学的理论问题》，曲程等译，北京：教育科学出版社1984 年版，第 32 页。
② 康德：《任何一种能够作为科学出现的未来形而上学导论》，庞景仁译，北京：商务印书馆 1978 年版，第 4 页。
③ 参阅项贤明：《试论教育学的哲学—科学基础》，《上海教育科研》1997 年第 2 期。

方式编排的知识，尤指通过对事实的观察与试验而获得的知识。）① 这就是我国在五四运动时期请进来的那位"赛先生"。然而，在德文中，Wissenschaft 仍然有泛指一般知识的意思。② 所以，在"教育学作为一门科学是否可能"这一问题中，"科学"一词可能有两种意思：一是知识或学问；二是实证科学。

　　教育学作为一门科学是否可能？如果我们把这里的"科学"理解为实证科学，那么我们就很难对这一问题作出肯定的回答。教育学要成为一门实证科学，它必然会遭遇很多实证科学本身所无法克服的障碍，其中有些障碍甚至是致命的。这是因为教育学不仅要面对一些关于人的"自然事实"，如人的生理生长、简单的刺激—反应机制等，而且更多地要面对大量的"人文事实"。与自然事实不同，人文事实是和人的主体活动直接同一的，因而它内在地包含了人的主体性，并且直接反映着人作为主体的基本特性：自主性、主观性和自为性。③ 人文事实的这种特性决定了教育学难以成为一门真正的实证科学。第一，当教育学面对人文事实时，由于人作为主体的自主选择性这一"能动变量"的加入，我们就无法在经验事实与人的生长发展之间全面确立某种客观的、必然的因果联系，无法得出一个可以描述人的全部生长发展的必然的因果关系模型。在教育活动中，往往是同样的条件却可能得出很多种不同的，甚至是截然相反的结果，我们根本无法用"如果 A 则必然 B"来全面描述人的教育过程。第二，教育是人作为主体的自我创造，这种能动的人文事实是不可重复的，因此即使我们在一时、一地、一人的教育活动中

---

① A. S. Hornby et al. , *The Advanced Learner's Dictionary of Current English with Chinese Translation*, Oxford University Press, Hong Kong, 1970.

② 参阅萧焜焘：《科学认识史论》，南京：江苏人民出版社 1995 年版，第 3、15 页。

③ 参阅高清海：《马克思主义哲学基础》下册，第六章，北京：人民出版社 1987 年版。

发现了某种偶然的因果关联，我们也难以真正在"实证"的意义上对这种因果关联进行验证，因而这种因果关联也就难以获得实证意义上的普遍有效性，难以在"定律"的意义上推广到其他教育活动中去。它只能作为一种所谓"前科学"的经验概括而对人们的教育信念产生影响。[①] 第三，由于上述必然因果模型的无法建立和偶然因果关联的不可推广，教育学就不可能在实证的基础上对人的生长发展作出预测，而只能提供某种经验性的、或然的估计。我们无法从教育活动中获得进行实证性预测所必需的那种不变的因果关联。第四，人文事实中所包含的"价值"，更是宣称"价值中立"的实证科学所无法包容的，而教育活动作为人文事实所内在包含的价值意义又是不可排除的，所以教育学也就无法回避"应该/不应该"的问题，它不得不包含一些具有主观性的立法性规则，这使得它不可能像实证科学那样通过建立自足的客观定律体系来完善自身的逻辑体系。这些问题都决定了教育学无法真正成为一门实证科学，并且不同"事实"之间的本质区别决定了这些问题无法通过实证方法的改进而得到解决。

教育学作为一门科学是否可能？如果我们把这里的"科学"理解为一种"学问"，一种包括实证科学在内的"知识体系"，或者像瓦托夫斯基（Marx W. Wartofsky)所说的那样，"把科学定义为理性活动"[②]，那么，这一问题的答案理所当然是肯定的。这是不证自明的。

在后一种意义上，我们说：教育学是一门科学。那么，教育学是一门什么样的科学？它是关于什么，为了什么的科学？人们运用这门科学做什么？这就是我们的进一步追问——教育学：为何？何为？

① 参阅 M. W. 瓦托夫斯基：《科学思想的概念基础——科学哲学导论》，范岱年等译，北京：求实出版社1989年版，第72—77页。
② M. W. 瓦托夫斯基：《科学思想的概念基础——科学哲学导论》，范岱年等译，北京：求实出版社1989年版，第549页。

教育学：为何？何为？从语义学的角度来看，"教育学"是指关于教育的科学，这是符合一般语义规则的一个合理的解释。如前文论述，教育就是使人成为人。由此我们可以合乎逻辑地演绎出这样的结论：教育学是关于使人成为人的科学。所以我们说：教育学乃"成人"之学。在这个简单的三段式推理过程中，大前提是按照一般语义规则进行直接的解释而得来的一个简单判断，这里不存在多少可以诘难的推理过程。影响结论真实性的主要因素来自小前提，也就是说，我们对教育学的理解主要取决于我们对教育的理解。

教育思想史上主要存在两种对教育的不同理解：一是把教育仅仅看作一种"教授"的过程，认为教育就是把某种知识、技能或别的什么东西传授给人；二是把教育看作一种包括教授在内的所有使人全面地生成为"人"的过程。由于这种在教育理解上的分歧，我们对教育学也主要有两种不同的理解，这就是亨德森（E. N. Henderson）所说的"新教育学"（education）和"旧教育学"（pedagogy）的区别。① 我们把"旧教育学"称作"教授学"，以示区别。这种名称上的区别反映了本文倾向于在第二种意义上理解教育学。最主要的理由，即把教育理解为"成人"，前文对此已有论述。另外的理由，即关涉教育学为什么和做什么的问题。

教育学：为何？何为？既然教育学是关于人的教育的科学，那么教育学当然是为了人而不是为了自然的，这是顺理成章的事。问题在于它到底该如何为了人，是全面关注人的生长发展，还是只关注其中因教授而引发的那部分？

如果教育学只关注教授行为在人身上引起的那部分生长发展，那么

① 参阅亨德森为孟禄所编的《教育百科全书》"教育学"词条所撰释文。见瞿葆奎：《教育学文集·教育与教育学》，北京：人民教育出版社1993年版，第297页。

我们会面临这样一些难题：首先，很多影响人的生长发展的东西是不可教授的，它需要人去亲身经历、体验、感悟和意会，所以，教育学如果把自己限定在教授的范围内，它就不可能"全面地"为了人。其次，教育学要是只关注教授所引起的人的生长发展的话，那么人的其他部分生长发展应当由哪一门科学来进行研究？教育学不能"全面"关注人的生长发展，它所遗弃的那部分又成了无人垦种的荒地，人的"片面"发展又怎么可能避免？再次，即便我们另外建立一门科学来研究教育学所遗留的空白区，我们权且称之为"育教学"，我们也仍然会面对这样的两难问题：如果这门"育教学"是和教育学根本不同的科学，那么如何保证它们关于人的生长发展研究的一致性，从而保障我们在同时运用这两门科学认识和指导人的生长发展时不会存在任何的缝隙、抵牾和困难？如果这门"育教学"和教育学没有什么根本不同，那么它与教育学独立并存的学理依据何在？

教育学不仅要"为了人"，而且必须全面地"为了人"，这就是"教育学乃成人之学"这一命题所表达的真实意义。教育学走向"成人"之学，用本尼（Kenneth D. Benne）的话来说，"这里包含着一个从集中关注对年轻人进行的学校教育的'教授学'（pedagogy）向一种关注对所有年龄的人进行的教育和再教育的'人类学'的转变"①。这是一个理论基础的深刻变革过程。

教育学：为何？何为？要全面地为了人的生长发展，教育学必须保持科学所必备的那种探索的意志。探索，这就是教育学所应做的。人的生长发展纷繁复杂，瞬息万变，这是最需要探索的一片领域。探索也是科学之区别于艺术的一个本质的特性。科学探索，而非艺术制作。教育学要真正成为一门科学，就不能停留于内容的复述和形式的翻新，而要

---

① Kenneth D. Benne, *The Task of Post-Contemporary Education*, Teachers College Press, Columbia University, 1990, p. 120.

磨砺探索的意志。

教育学探索的方式主要有两种：一种是"说明"（explanation），一种是"解释"（interpretation），前者对应于"自然事实"，而后者则对应于"人文事实"。这两类事实都存在于"成人"的过程中。

三 走向"成人"

子曰："若臧武仲之知，公绰之不欲，卞庄子之勇，冉求之艺，文之以礼乐，亦可以为成人矣。"① 只有这样的"全面发展"，人才可以说是成为"人"了。"成人"乃是人的全面生成。

教育和教育学的旨趣即在生成"完整的人"，这是"成人说"的第一层意义。为什么我们要特别强调"完整的人"？原因主要有两条：其一，从历史的角度来看，我们正处在一个"人的分裂"的时代，"教育发挥作用的方式及其分配给青少年的途径，对年轻人的训练，以及无人可以逃避的大众信息——这一切都有助于人格的分裂"②。所以，我们必须把"完整的人"作为变革现代教育的目标之一。其二，从逻辑的角度来看，只有教育才能使人成为"人"，教育必须全面地承担"成人"的责任，因为我们不可能指望有别的什么东西来承担其余的责任。人类的弥赛亚（Messiah，救世主）只能是人自己，"人必须自我拯救，使自己新生"③。我们说教育和教育学的旨趣即在生成"完整的人"，这里的"完整的人"主要包括这样三层意思：首先，它意味着教育要给

---

① 《论语·宪问》。杨伯峻：《论语译注》，北京：中华书局1980年版，第149页。

② Edgar Faure, et al., *Learning to be*, Unesco, Paris, 1972, p. 155.

③ E. 弗洛姆：《健全的社会》，孙恺祥译，贵阳：贵州人民出版社1994年版，第191页。

人以在各个方面都获得发展的自由。这并不是说教育要保障每个人都成为样样出色的全知全能者,教育不应成为"普罗克拉斯提斯的铁床"①。"全面发展"是指人在各方面都有获得发展的自由,在各个方面都可以自主的而不是被强迫的获得发展,从而在总体上能得到一种平衡的发展。其次,它意味着教育应关注人的整体,教育的结果应当是一个整体的而不是分裂的人,他在各个方面的发展应当是相互协调一致,统一一体的。在现代的教育中,"为了科学研究及其高度专门化的某种假想的需要,很多年轻人充分而全面的生成(formation)被弄得残缺不全"②。这是我们必须加以克服的。再次,它意味着教育应当关注"现实的人"而不是抽象的人,因为只有"现实的人"才是人的完整的存在方式。马克思和恩格斯在《神圣家族》中说:"现实的人即生活在现实的实物世界中并受这一世界制约的人。"③ 这种生活在现实社会中的人,是人的理性存在与非理性存在、言说的存在与缄默的存在的统一,是包含了人的肉体与灵魂、情感与理智、道德和欲望、思维和感知等各个方面的,因而是具体的、活生生的、完整的人。"把个体肉体的、理智的、情感的和道德的等各方面整合起来,使他成为一个完整的人,这是对教育基本目的的一种宽泛的定义。"④

教育和教育学的旨趣即在"人的解放",这是"成人说"的第二层意义。"完整的人"的生成道路,同时也就是一条走向"人的解放"的道路。这是因为,正如马克思和恩格斯在《德意志意识形态》中所指出的那样:"如果这个人的生活条件使他只能牺牲其他一切特性而单方

① 普罗克拉斯提斯,古希腊神话中的人物。他劫人之后,把人放在一张铁床上,高人将被砍去超过床长度的部分,矮人将被强行拉长,使其与床相齐。
② Edgar Faure, et al., *Learning to be*, Unesco, Paris, 1972, p. 155.
③ 马克思、恩格斯:《马克思恩格斯全集》第 2 卷,北京:人民出版社 1957 年版,第 245 页。
④ Edgar Faure, et al., *Learning to be*, Unesco, Paris, 1972, p. 156.

面地发展某一种特性，如果生活条件只提供给他发展这一种特性的材料和时间，那么这个人就不能超出单方面的、畸形的发展。""个人的全面发展只有到了外部世界对个人才能的实际发展所起的推动作用为个人本身所驾驭的时候，才不再是理想、职责等等。"① 所以，完整的人的生成过程与人的解放的历史运动过程是同一的，每一具体的"现实的人"的生成过程都是这个解放过程的一部分。教育，作为人的解放，这种对教育的理解主要有这样两个层面：第一个层面，人必须取代知识、技能等而真正成为教育的目的，而不是继续作为一种手段而遭受知识、技能的奴役。教育过程不应终止于某种知识、技能、价值观念等的获得，它要进一步在向完整的人的生成复归的过程中把这所有的方面平衡协调地整合起来。第二个层面，教育过程必须和历史的运动现实地统一起来。它不应脱离人的现实社会生活，而应作为人的现实社会生活的一个部分、一个环节、一个向度在人的生成发展过程中发挥作用。作为人的解放，教育必须是向着现实社会生活全方位开放的，任何的限制和禁闭都同时是对人的奴役。"在这方面，所有过去那些教师和教育家们创造性的直觉都和现实相吻合，他们单独地或共同地从这一理念中获得鼓舞：教育能够而且必须是一种解放。"②

　　教育和教育学的旨趣即在人作为主体的生成，这是"成人说"的第三层意义。教育要使人成为"完整的人"，它就要使人在各个方面都获得自主的发展，它本身就要作为一种人的解放在人的历史生成过程中发挥作用，这些观点已经内在地包含了"成人说"对人的教育主体地位的肯定。概括地说，"成人说"坚定地肯定人的教育主体地位主要出于两方面的动机：第一方面，在历史的层面上，由于以往的教育理论从

---

① 马克思、恩格斯：《马克思恩格斯全集》第 3 卷，北京：人民出版社 1960 年版，第 295—296、330 页。

② Edgar Faure, et al. , *Learning to be*, Unesco, Paris, 1972, p. 139.

笛卡尔“我思”的主体观出发，把人的教育活动解释为主体改造客体的活动，这就在现实的教育过程中造成了人的“凝固化和异化”，教育者和受教育者互相都作为客体被嵌入对方的主体性之中，人在教育活动中原本应有的主动性、能动性和积极性遭到压抑和扭曲，教育被降格为类似于动物训练的东西，它给人带来的不是自我创造的审美愉悦，而是痛苦、挫折和做人尊严的贬损。“成人说”认为，教育不应如此，相反它应当成为人积极地扬弃异化的中坚之一，所以，“成人说”要作为对“改造说”的反抗来取而代之。第二方面，在逻辑的层面上，以往那种把教育解释为主体改造客体的活动的教育理论本身存在着自身无法克服的矛盾，譬如：它无法把教育过程中作为教育客体的人和作为教育客体的物区分开来；它强调教育要发展人的主体性却又同时把人视作客体。“成人说”的提出，正是要在逻辑上克服这些矛盾，探索教育理论新的发展道路。教育和教育学的旨趣即在人作为主体的生成，这个命题主要包含了三层意思：其一，教育是人作为主体开发、占有和消化人的发展资源从而能动地生成“完整的人”的过程。其二，教育过程中的人与人之间的关系是一种主体际交往关系。其三，这种主体际交往关系构成了人的社会关系，所以教育活动是在人们共同的社会生活过程中进行的，是与社会生活过程直接同一的。

教育和教育学的旨趣即在于人在自然之中与自然协调地生成，这是“成人说”的第四层意义。人作为主体的生成过程不仅排斥对人的压制和奴役，而且也不以对自然的肆虐和否定为前提、背景或结果。人作为主体的生成过程是同自然对人来说的生成过程相同一的。马克思说：“整个所谓世界历史不外是人通过人的劳动而诞生的过程，是自然界对人说来的生成过程。”① 以往的教育理论恰恰忽视了这一点，它错误地

_____

① 马克思：《1844 年经济学哲学手稿》，北京：人民出版社 1985 年版，第 88 页。

把"真理"约简为"正确",因而热衷于对正确知识的掌握,热衷于这些知识以对人的训练为中介在征服自然、掠夺自然过程中的效用,却反而把人本身、把人的幸福忘却了。"人不是存在者的主宰,人是存在者的看护者。"① 人对自然的责任和人对他自身的责任是一致的。人是在自然中生成的,人是和自然一起生长着的,这两者原本就是统一的,所以亚里士多德说:"自然即由之而生,自然即是循之生长。凡生成的东西都具有自然。"② 人的生长与自然的生长所不同的即在于人的生长的文化性,而自然与文化的区别也只是:"自然产物是自然而然地由土地里生长出来的东西。文化产物是人们播种之后从土地里生长出来的。""撇开文化现象所固有的价值,每个文化现象都可以被看作是与自然有联系的,而且甚至必然被看作是自然。"③ 人与自然的统一表现为文化与自然的统一,表现为人的现实社会生活。马克思说:"社会是人同自然界的完成了的本质的统一,是自然界的真正复活,是人的实现了的自然主义和自然界的实现了的人道主义。"④ 所以,人在社会生活过程中的生成同时也就是在自然中的生成。

人,诗意地生长在大地上。

---

① 海德格尔:《论人类中心论的信》第89页。转引自宋祖良:《拯救地球和人类未来——海德格尔的后期思想》,北京:中国社会科学出版社1993年版,第244页。
② 亚里士多德:《形而上学》。见苗力田:《亚里士多德全集》第7卷,北京:中国人民大学出版社1993年版,第163页。
③ H.李凯尔特:《文化科学和自然科学》,涂纪亮译,北京:商务印书馆1986年版,第20、21页。
④ 马克思:《1844年经济学哲学手稿》,北京:人民出版社1985年版,第79页。

主要参考文献

［1］阿部正雄：《禅与西方思想》，王雷泉、张汝伦译，上海：上海译文出版社 1989 年版。

［2］爱尔乌德：《文化进化论》，钟兆麟译，上海：世界书局 1932 年版。

［3］R. E. 安德森、I. 卡特：《社会环境中的人类行为》，王吉胜等译，北京：国际文化出版公司 1988 年版。

［4］威廉·费尔丁·奥格本：《社会变迁——关于文化和先天的本质》，王晓毅等译，杭州：浙江人民出版社 1989 年版。

［5］L. 贝塔兰菲：《一般系统论》，秋同等译，北京：社会科学文献出版社 1987 年版。

［6］约翰·S. 布鲁柏克：《教育问题史》，吴元训译，合肥：安徽教育出版社 1991 年版。

［7］菲利普·巴格比：《文化：历史的投影——比较文明研究》，夏克等译，上海：上海人民出版社 1987 年版。

［8］柏拉图：《理想国》，郭斌和等译，北京：商务印书馆 1986 年版。

［9］博伊德、金合：《西方教育史》，任宝祥等译，北京：人民教育出版社 1985 年版。

［10］丹尼尔·贝尔：《资本主义文化矛盾》，赵一凡等译，北京：生活·读书·新知三联书店 1989 年版。

［11］露丝·本尼迪克特：《文化模式》，王炜等译，北京：生活·

读书·新知三联书店 1988 年版。

[12] 北京大学哲学系外国哲学史教研室：《古希腊罗马哲学》，北京：商务印书馆 1961 年版。

[13] 北京大学哲学系外国哲学史教研室：《西方哲学原著选读》，北京：商务印书馆 1981 年版。

[14] 陈桂生：《教育原理》，上海：华东师范大学出版社 1993 年版。

[15] 陈桂生：《广义教育学史》，上海：华东师范大学教育系（1990）年版（油印本）。

[16] 陈嘉映：《海德格尔哲学概论》，北京：生活·读书·新知三联书店 1995 年版。

[17] 汤因比、池田大作：《展望二十一世纪——汤因比与池田大作对话录》，荀春生等译，北京：国际文化出版公司 1985 年版。

[18] 池田大作、奥锐里欧·贝恰：《二十一世纪的警钟》，卞立强译，北京：中国国际广播出版社 1988 年版。

[19] 曹孚等：《外国古代教育史》，北京：人民教育出版社 1981 年版。

[20] 大河内一男等：《教育学的理论问题》，曲程等译，北京：教育科学出版社 1984 年版。

[21] 戴本博：《外国教育史》，北京：人民教育出版社 1989、1990 年版。

[22] 彼得·德鲁克：《新现实》，张星岩等译，上海：上海三联书店 1991 年版。

[23] 弗莱德·R.多尔迈：《主体性的黄昏》，万俊人等译，上海：上海人民出版社 1992 年版。

[24] 约翰·杜威：《民主主义与教育》，王承绪译，北京：人民教

育出版社 1990 年版。

［25］约翰·杜威：《学校与社会·明日之学校》，赵祥麟等译，北京：人民教育出版社 1994 年版。

［26］约翰·杜威：《我们怎样思维·经验与教育》，姜文闵译，北京：人民教育出版社 1991 年版。

［27］恩格斯：《自然辩证法》，于光远等译，北京：人民出版社 1984 年版。

［28］理查德·D. 范斯科德等：《美国教育基础——社会展望》，北京师范大学外国教育研究所译，北京：教育科学出版社 1984 年版。

［29］S. E. 佛罗斯特：《西方教育的历史和哲学基础》，吴元训等译，北京：华夏出版社 1987 年版。

［30］E. 弗洛姆：《健全的社会》，孙恺祥译，贵阳：贵州人民出版社 1994 年版。

［31］富永健一：《社会学原理》，严立贤等译，北京：社会科学文献出版社 1992 年版。

［32］米歇尔·福柯：《癫狂与文明——理性时代的精神病史》，孙淑强等译，杭州：浙江人民出版社 1991 年版。

［33］米歇尔·福柯：《性史》，黄勇民等译，上海：上海文化出版社 1988 年版。

［34］冯契：《中国古代哲学的逻辑发展》，上海：上海人民出版社 1983、1984、1985 年版。

［35］冯玉珍：《理性的悲哀与欢乐——理性非理性批判》，北京：人民出版社 1993 年版。

［36］高清海：《马克思主义哲学基础》，北京：人民出版社 1985、1987 年版。

［37］高觉敷：《高觉敷心理学文选》，南京：江苏教育出版社 1986

年版。

[38] 欧文·戈夫曼：《日常接触》，徐江敏等译，北京：华夏出版社 1990 年版。

[39] 欧文·戈夫曼：《日常生活中的自我呈现》，黄爱华等译，杭州：浙江人民出版社 1989 年版。

[40] 巩其庄、郭长征：《大教育引论》，沈阳：辽宁教育出版社 1990 年版。

[41] 顾树森：《中国古代教育家语录类编》，上海：上海教育出版社 1988 年版。

[42] 郭齐家：《中国教育思想史》，北京：教育科学出版社 1987 年版。

[43] 赫尔巴特：《普通教育学·教育学讲授纲要》，李其龙译，北京：人民教育出版社 1989 年版。

[44] A. J. 赫舍尔：《人是谁》，隗仁莲译，贵阳：贵州人民出版社 1994 年版。

[45] 阿格妮丝·赫勒：《日常生活》，衣俊卿译，重庆：重庆出版社 1990 年版。

[46] 哈贝马斯：《交往与社会进化》，张博树译，重庆：重庆出版社 1989 年版。

[47] 哈贝马斯：《交往行动理论·第二卷——论功能主义理性批判》，洪佩郁等译，重庆：重庆出版社 1994 年版。

[48] 托马斯·哈定等：《文化与进化》，韩建军等译，杭州：浙江人民出版社 1987 年版。

[49] 马文·哈里斯：《文化·人·自然——普通人类学导引》，顾建光等译，杭州：浙江人民出版社 1992 年版。

[50] 赫尔曼·哈肯：《协同学：大自然构成的奥秘》，凌复华译，

上海：上海译文出版社 1995 年版。

［51］海德格尔：《存在与时间》，陈嘉映、王庆节译，北京：生活·读书·新知三联书店 1987 年版。

［52］M.海德格尔：《诗·语言·思》，彭富春译，北京：文化艺术出版社 1991 年版。

［53］郝立新：《历史选择论》，北京：中国人民大学出版社 1992 年版。

［54］黑格尔：《小逻辑》，贺麟译，北京：商务印书馆 1980 年版。

［55］黑格尔：《精神现象学》，贺麟、王玖兴译，北京：商务印书馆 1979 年版。

［56］黑格尔：《美学》，朱光潜译，北京：商务印书馆 1979 年版。

［57］胡塞尔：《欧洲科学危机和超验现象学》，张庆熊译，上海：上海译文出版社 1988 年版。

［58］胡塞尔：《纯粹现象学通论》，李幼蒸译，北京：商务印书馆 1992 年版。

［59］胡塞尔：《现象学的观念》，倪梁康译，上海：上海译文出版社 1986 年版。

［60］华东师范大学教育系、杭州大学教育系：《西方古代教育论著选》，北京：人民教育出版社 1985 年版。

［61］华东师范大学教育系、杭州大学教育系：《现代西方资产阶级教育思想流派论著选》，北京：人民教育出版社 1980 年版。

［62］黄克剑：《人韵——一种对马克思的读解》，北京：东方出版社 1996 年版。

［63］E.P.霍兰德：《社会心理学原理和方法》，冯文侣等译，广州：广东高等教育出版社 1988 年版。

［64］R.M.基辛：《文化·社会·个人》，甘华鸣等译，沈阳：辽

宁人民出版社 1980 年版。

　　[65] 姜琦:《西洋教育史大纲》,北京:商务印书馆 1930 年版。

　　[66] 金观涛:《人的哲学:论"科学与理性"的基础》,成都:四川人民出版社 1989 年版。

　　[67] 汉斯-格奥尔格·加达默尔:《真理与方法——哲学诠释学的基本特征》,洪汉鼎译,上海:上海译文出版社 1992 年版。

　　[68] 堺屋太一:《知识价值革命》,金泰相译,北京:东方出版社 1986 年版。

　　[69] 夸美纽斯:《大教学论》,傅任敢译,北京:人民教育出版社 1984 年版。

　　[70] 劳伦斯·阿瑟·克雷明:《学校的变革》,单中惠等译,上海:上海教育出版社 1994 年版。

　　[71] W.F. 康内尔:《二十世纪世界教育史》,张法琨等译,北京:人民教育出版社 1990 年版。

　　[72] 康德:《任何一种能够作为科学出现的未来形而上学导论》,庞景仁译,北京:商务印书馆 1978 年版。

　　[73] 卡尔纳普等:《科学哲学和科学方法论》,江天骥主编,北京:华夏出版社 1990 年版。

　　[74] 恩斯特·卡西尔:《人论》,甘阳译,上海:上海译文出版社 1985 年版。

　　[75] 索尔·克里普克:《命名与必然性》,梅文译,上海:上海译文出版社 1988 年版。

　　[76] 乔治·凯兴斯泰纳:《工作学校要义》,刘钧译,北京:商务印书馆 1935 年版。

　　[77] W.考夫曼:《存在主义》,陈鼓应等译,北京:商务印书馆 1987 年版。

［78］J. R. 坎托：《文化心理学》，王亚南等译，昆明：云南人民出版社1991年版。

［79］T. S. 库恩：《科学革命的结构》，李宝恒等译，上海：上海科学技术出版社1980年版。

［80］罗比·凯斯：《智慧的发展——一种新皮亚杰主义理论》，吴庆麟等译，上海：上海教育出版社1994年版。

［81］H. 李凯尔特：《文化科学和自然科学》，涂纪亮译，北京：商务印书馆1986年版。

［82］李超杰：《理解生命：狄尔泰哲学引论》，北京：中央编译出版社1994年版。

［83］李鼎祚：《周易集解》，成都：巴蜀书社1991年版。

［84］保罗·朗格让：《终身教育导论》，滕星等译，北京：华夏出版社1988年版。

［85］厉以贤：《西方教育社会学文选》，台湾五南图书出版公司1992年版。

［86］伊姆雷·拉卡托斯等：《批判与知识的增长》，周寄中译，北京：华夏出版社1987年版。

［87］拉里·劳丹：《进步及其问题——科学增长理论刍议》，方在庆译，上海：上海译文出版社1991年版。

［88］卢梭：《爱弥儿》，李平沤译，北京：商务印书馆1978年版。

［89］卢梭：《论人类不平等的起源和基础》，李常山译，北京：商务印书馆1962年版。

［90］卢卡奇：《关于社会存在的本体论·下卷——若干最重要的综合问题》，白锡堃等译，重庆：重庆出版社1993年版。

［91］乔治·卢卡奇：《历史和阶级意识——马克思主义辩证法研究》，张西平译，重庆：重庆出版社1989年版。

［92］列宁：《哲学笔记》，北京：中共中央党校出版社 1990 年版。

［93］列维-布留尔：《原始思维》，丁由译，北京：商务印书馆 1981 年版。

［94］列维-斯特劳斯：《野性的思维》，李幼蒸译，北京：商务印书馆 1987 年版。

［95］克洛德·莱维-斯特劳斯：《结构人类学》，谢维扬等译，上海：上海译文出版社 1995 年版。

［96］S. 莱斯克、G. 威代诺：《2000 年人类发展与教育变革》，张春光等译，沈阳：辽宁大学出版社 1990 年版。

［97］勒温：《形势心理学原理》，高觉敷译，南京：正中书局 1944 年版。

［98］约翰·洛克：《人类理解论》，关文运译，北京：商务印书馆 1981 年版。

［99］吕斌：《文化进化导论》，上海：学林出版社 1994 年版。

［100］吕思勉：《先秦史》，上海：上海古籍出版社 1983 年版。

［101］罗伯特·路威：《文明与野蛮》，吕叔湘译，北京：生活·读书·新知三联书店 1984 年版。

［102］莫里斯·罗森堡、拉尔夫·H. 特纳：《社会学观点的社会心理学手册》，孙非等译，天津：南开大学出版社 1992 年版。

［103］刘放桐等：《现代西方哲学》，北京：人民出版社 1990 年版。

［104］保罗·利科尔：《解释学与人文科学》，陶远华等译，石家庄：河北人民出版社 1987 年版。

［105］雷通群：《西洋教育通史》，上海：商务印书馆 1935 年版。

［106］林惠祥：《文化人类学》，北京：商务印书馆 1991 年版。

［107］蓝德曼：《哲学人类学》，彭富春译，北京：工人出版社 1988 年版。

[108] 马克思、恩格斯：《马克思恩格斯选集》第 1—4 卷，北京：人民出版社 1972 年版。

[109] 马克思、恩格斯：《马克思恩格斯全集》第 1、3、19、20、26、27、39、42、46 卷，北京：人民出版社 1960—1982 年版。

[110] 马克思、恩格斯：《费尔巴哈》，北京：人民出版社 1988 年版。

[111] 马克思：《1844 年经济学哲学手稿》，刘丕坤译，北京：人民出版社 1979 年版。

[112] 马克思：《1844 年经济学哲学手稿》，北京：人民出版社 1985 年版。

[113] 马斯洛：《动机与人格》，许金声等译，北京：华夏出版社 1987 年版。

[114] 赫伯特·马尔库塞：《单向度的人》，张峰等译，重庆：重庆出版社 1988 年版。

[115] 毛礼锐、沈灌群：《中国教育通史》，济南：山东教育出版社 1985—1989 年版。

[116] 罗伯特·梅逊：《西方当代教育理论》，陆有铨译，北京：文化教育出版社 1984 年版。

[117] 凯瑟琳·坎普·梅休等：《杜威学校》，王承绪等译，上海：华东师范大学出版社 1991 年版。

[118] 乔治·H. 米德：《心灵、自我与社会》，赵月瑟译，上海：上海译文出版社 1992 年版。

[119] 加斯东·米亚拉雷、让·维亚尔：《世界教育史》，张人杰等译，上海：上海译文出版社 1991 年版。

[120] 路易斯·亨利·摩尔根：《古代社会》，杨东莼等译，北京：商务印书馆 1977 年版。

［121］雅克·莫诺：《偶然性和必然性——略论现代生物学的自然哲学》，上海外国自然科学哲学著作编译组译，上海：上海人民出版社1977年版。

［122］莫伟民：《主体的命运——福柯哲学思想研究》，上海：生活·读书·新知上海三联书店1996年版。

［123］罗伯特·F.墨菲：《文化与社会人类学引论》，王卓君等译，北京：商务印书馆1991年版。

［124］孟宪承：《中国古代教育文选》，北京：人民教育出版社1985年版。

［125］南京师范大学《教育学》编写组：《教育学》，北京：人民教育出版社1984年版。

［126］尼科里斯、普利高津：《探索复杂性》，罗久里等译，成都：四川教育出版社1986年版。

［127］倪梁康：《现象学及其效应——胡塞尔与当代德国哲学》，北京：生活·读书·新知三联书店1994年版。

［128］沛西·能：《教育原理》，王承绪等译，北京：人民教育出版社1992年版。

［129］牛文元：《理论地理学》，北京：商务印书馆1992年版。

［130］西蒙·诺拉、阿兰·孟克：《社会的信息化》，施以方等译，北京：商务印书馆1985年版。

［131］皮亚杰：《发生认识论原理》，王宪钿等译，北京：商务印书馆1981年版。

［132］皮亚杰：《教育科学与儿童心理学》，傅统先译，北京：文化教育出版社1981年版。

［133］帕森斯：《现代社会的结构与过程》，梁向阳译，北京：光明日报出版社1988年版。

［134］R. E. 帕克等：《城市社会学》，宋俊岭等译，北京：华夏出版社 1987 年版。

［135］奥雷利奥·佩西：《人的素质》，邵晓光等译，沈阳：辽宁大学出版社 1988 年版。

［136］F. 普洛格、D. G. 贝茨：《文化演进与人类行为》，吴爱民等译，沈阳：辽宁人民出版社 1988 年版。

［137］瞿葆奎：《教育学文集》"教育与教育学"卷、"教育与人的发展"卷、"教育与社会发展"卷、"教育制度"卷、"国际教育展望"卷，北京：人民教育出版社 1989—1993 年版。

［138］邱仁宗：《科学方法和科学动力学——现代科学哲学概述》，北京：知识出版社 1984 年版。

［139］任平：《广义认识论原理》，南京：江苏人民出版社 1992 年版。

［140］任继愈：《老子新译》，上海：上海古籍出版社 1985 年版。

［141］任钟印：《世界教育名著通览》，武汉：湖北教育出版社 1994 年版。

［142］任钟印：《夸美纽斯教育论著选》，北京：人民教育出版社 1990 年版。

［143］日本筑波大学教育学研究会：《现代教育学基础》，钟启泉译，上海：上海教育出版社 1986 年版。

［144］B. F. 斯金纳：《超越自由与尊严》，王映桥等译，贵阳：贵州人民出版社 1988 年版。

［145］B. F. 斯金纳：《科学与人类行为》，谭力海等译，北京：华夏出版社 1989 年版。

［146］罗杰·A. 斯特劳斯：《应用社会学》，李凡等译，哈尔滨：黑龙江人民出版社 1992 年版。

［147］宋祖良：《拯救地球和人类未来——海德格尔的后期思想》，北京：中国社会科学出版社 1993 年版。

［148］B.A.苏霍姆林斯基：《给教师的一百条建议》，周蕖等译，天津：天津人民出版社 1981 年版。

［149］迈克尔·沙利文-特雷纳：《信息高速公路透视》，程时端等译，北京：科学技术文献出版社 1995 年版。

［150］时蓉华：《现代社会心理学》，上海：华东师范大学出版社 1989 年版。

［151］司马云杰：《文化社会学》，济南：山东人民出版社 1990 年版。

［152］费尔迪南·德·索绪尔：《普通语言学教程》，高名凯译，北京：商务印书馆 1980 年版。

［153］尚志英：《寻找家园——多维视野中的维特根斯坦语言哲学》，北京：人民出版社 1992 年版。

［154］色诺芬：《回忆苏格拉底》，吴永泉译，北京：商务印书馆 1984 年版。

［155］孙希旦：《礼记集解》，北京：中华书局 1989 年版。

［156］阿诺德·汤因比：《人类与大地母亲》，徐波等译，上海：上海人民出版社 1992 年版。

［157］乔纳森·H.特纳：《现代西方社会学理论》，范伟达译，天津：天津人民出版社 1988 年版。

［158］滕大春：《外国教育通史》，济南：山东教育出版社 1989—1994 年版。

［159］滕大春：《美国教育通史》，北京：人民教育出版社 1994 年版。

［160］梯利：《西方哲学史》，葛力译，北京：商务印书馆 1995

年版。

［161］M. W. 瓦托夫斯基：《科学思想的概念基础——科学哲学导论》，范岱年等译，北京：求实出版社 1989 年版。

［162］王夫之：《尚书引义》，北京：中华书局 1976 年版。

［163］王夫之：《诗广传》，北京：中华书局 1964 年版。

［164］王先谦：《庄子集解》，上海：商务印书馆 1936 年版。

［165］王海龙、何勇：《文化人类学历史导引》，上海：学林出版社 1992 年版。

［166］王恩涌等：《文化地理学》，南京：江苏教育出版社 1995 年版。

［167］汪子嵩等：《希腊哲学史》，北京：人民出版社 1988—1993 年版。

［168］吴元训：《中世纪教育文选》，北京：人民教育出版社 1989 年版。

［169］马克斯·韦伯：《新教伦理与资本主义精神》，于晓等译，北京：生活·读书·新知三联书店 1987 年版。

［170］谢庆绵：《西方哲学范畴史》，南昌：江西人民出版社 1987 年版。

［171］修昔底德：《伯罗奔尼撒战争史》，谢德风译，北京：商务印书馆 1960 年版。

［172］E. 希尔斯：《论传统》，傅铿等译，上海：上海人民出版社 1991 年版。

［173］萧焜焘：《科学认识史论》，南京：江苏人民出版社 1995 年版。

［174］亚里士多德：《亚里士多德全集》第 7 卷，苗力田主编，北京：中国人民大学出版社 1993 年版。

［175］亚里士多德：《政治学》，吴寿彭译，北京：商务印书馆1965年版。

［176］亚里士多德：《尼各马科伦理学》，苗力田译，北京：中国社会科学出版社1990年版。

［177］雅斯贝尔斯：《什么是教育》，邹进译，北京：生活·读书·新知三联书店1991年版。

［178］杨柳桥：《荀子诂译》，济南：齐鲁书社1985年版。

［179］杨伯峻：《论语译注》，北京：中华书局1980年版。

［180］杨金海：《人的存在论》，南宁：广西人民出版社1995年版。

［181］野口宏：《拓扑学的基础和方法》，郭卫中等译，北京：科学出版社1986年版。

［182］叶澜：《教育概论》，北京：人民教育出版社1991年版。

［183］伊万·伊利奇：《非学校化社会》，吴康宁译，台湾桂冠图书股份有限公司1992年版。

［184］衣俊卿：《现代化与日常生活批判——人自身现代化的文化透视》，哈尔滨：黑龙江教育出版社1994年版。

［185］张汝伦：《历史与实践》，上海：上海人民出版社1995年版。

［186］张尚仁：《社会历史哲学引论》，北京：人民出版社1992年版。

［187］张世英等：《哲学与人》，北京：商务印书馆1993年版。

［188］张庆熊：《熊十力的新唯识论与胡塞尔的现象学》，上海：上海人民出版社1995年版。

［189］张法琨：《古希腊教育论著选》，北京：人民教育出版社1994年版。

［190］张焕庭：《西方资产阶级教育论著选》，北京：人民教育出版社 1979 年版。

［191］张诗亚：《祭坛与讲坛——西南民族宗教教育比较研究》，昆明：云南教育出版社 1992 年版。

［192］张诗亚、王伟廉：《教育科学学初探——教育科学的反思》，成都：四川教育出版社 1990 年版。

［193］查有梁：《大教育论》，成都：四川教育出版社 1990 年版。

［194］邹进：《现代德国文化教育学》，太原：山西教育出版社 1992 年版。

［195］周文彰：《狡黠的心灵——主体认识图式概论》，北京：中国人民大学出版社 1991 年版。

［196］周昌忠：《西方现代语言哲学》，上海：上海人民出版社 1992 年版。

［197］朱熹：《四书章句集注》，北京：中华书局 1983 年版。

［198］庄锡昌等：《多维视野中的文化理论》，杭州：浙江人民出版社 1987 年版。

［199］赵祥麟、王承绪：《杜威教育论著选》，上海：华东师范大学出版社 1981 年版。

［200］詹栋梁：《教育人类学理论》，台湾五南图书出版公司 1989 年版。

［201］埃里克·詹奇：《自组织的宇宙观》，曾国屏等译，北京：中国社会科学出版社 1992 年版。

［202］Sueann R. Ambron & David M. Brodzinsky，《实用人类发展学》，胡月娟等译，台湾华杏出版股份有限公司 1994 年版。

［203］M. A. Armstrong，《基础拓扑学》，孙以丰译，北京：北京大学出版社 1983 年版。

〔204〕 B. H. Arnold,《初等拓扑的直观概念》, 王阿雄译, 北京: 人民教育出版社 1980 年版。

〔205〕 R. H. Anderson, *Teaching in a World of Change*, Harcourt Brace & World, Inc., 1966.

〔206〕 Geoffrey Herman Bantock, *Studies in the History of Educational Theory*, George Allen & Unwin Ltd., 1980.

〔207〕 Peter L. Berger, and Thomas Luckmann, *The Social Construction of Reality*, Doubleday & Company, Inc., 1966.

〔208〕 Kenneth D. Benne, *The Task of Past-Contemporary Education*, Teachers College Press, Columbia University, 1990.

〔209〕 Robert Bierstedt, *The Social Order*, McGraw-Hill Book Company, 1974.

〔210〕 Rosamund Billington, et al., *Culture and Society*, The Macmillan Press Ltd., 1991.

〔211〕 Jerome S. Bruner, *The Process of Education*, Random House, Inc., 1960.

〔212〕 Lawrence Arthur Cremin, *Public Education*, Basic Books, Inc., Publishers, 1976.

〔213〕 R. H. Dave, *Foundations of Lifelong Education*, Published for the Unesco Institute for Education by Pergamon Press, 1976.

〔214〕 Erik Homburger Erikson, *Identity and the Life Cycle*, International Universities Press, 1959.

〔215〕 Edgar Faure, et al., *Learning to be*, Unesco, Paris, 1972.

〔216〕 Anthony Giddens, *The Constitution of Society*, University of California Press, 1984.

〔217〕 Anthony Giddens, *The Consequences of Modernity*, Cambridge:

Polity Press, 1990.

[218] Henri Lefebvre, *Critique of Everyday Life*, Vol. 1. Grasset, Paris, 1947. Verso, London, 1991.

[219] Robert W. Leeper, *Lewin's Topological and Vector Psychology: a Digest and a Critique*, University of Oregon, 1943.

[220] Ralph Linton, *The Study of Man*, Appleton-Century-Crofts, 1937.

[221] David W. Livingstone & Contributors, *Critical Pedagogy and Cultural Power*, Bergin & Garvey Publishers, Inc., 1987.

[222] Peter McLaren, *Life in Schools: An Introduction to Critical Pedagogy in the Foundations of Education*, Longman Publishing Group, 1994.

[223] Donald W. Oliver, *Education and Community*, McCutchan Publishing Corporation, 1976.

[224] Donald W. Oliver & Kathleen Waldron Gershman, *Education, Modernity, and Fractured Meaning*, State University of New York Press, 1989.

[225] R. S. Peters, *The Concept of Education*, Routledge & Kegan Paul Ltd., 1967.

[226] David Popenoe, *Sociology*, Prentice-Hall, Inc., 1991.

[227] Alfred Schutz & Thomas Luckmann, *The Structures of the Life-World*, Northwestern University Press, 1973.

[228] David R. Shaffer, *Social and Personality Development*, Brooks/Cole Publishing Company, 1988.

[229] Kenneth Wain, *Philosophy of Lifelong Education*, Croom Helm Ltd., 1987.

附录：

关于教育学之解释力和批判力的一个验证

教育学作为一门社会科学，其有效性和可靠性一直受到质疑。在世界各国教育改革和发展的实践中，我们的确也看到了教育学的苍白无力。如果说牛顿的绝对时空观无法解释宇宙中很多现象，这不能说明物理学这门经典科学本身不科学，因为随后的爱因斯坦相对时空观重新赋予了物理学以解释力，那么，教育学面对社会现实教育问题苍白无力的表现，到底是这门学科自身之科学性的问题，还是我们用来解释和解决社会现实教育问题的具体理论模型存在问题？或者说，教育学对现实教育问题到底有没有可能具有解释力和批判力？本文试图通过例证来从理论上给出一个肯定的答案。

一　社会科学的解释力和批判力

作为一个经常出现在教材中的科学哲学常识，我们知道，"科学活动的目标之一是，对于为什么事物会发生或者为什么事物是它们所展现的那个样子给出解释"①。所有科学都是我们用来解释这个世界的理论体系，它以经验为基础并高于经验，因而更加具有可靠性和普适性。技

---

① 罗伯特·毕夏普：《社会科学哲学：导论》，王亚男译，北京：科学出版社2018年版，第319页。

术可以建立在这种理论解释基础之上，也可以建立在经验基础之上，但建立在科学理论基础之上的科学技术较之经验技术具有更大的可靠性和可迁移性。一门科学的生命力，往往集中表现为其理论对研究对象的解释力；而社会科学的生命力，则主要体现在其理论对相关社会现象和观念的解释力和批判力上。

科学是人类解释世界的理论体系。"所谓理论就是一些系统地联系在一起的命题，包括在经验上可检验的某些规律似的概括（law like generalization）。"① 这些命题的真与假，除了需要基于经验事实的逻辑论证外，最终还要回到实践中去接受检验。我们今天来谈教育学的科学性问题，当然离不开社会科学哲学最新进展的大背景，这个背景就是"实证主义科学哲学的消亡，或者更确切地说是向约定主义（conventionalism)的转变"②。我们已经认识到，"不仅是社会科学，而且所有科学都存在着不稳定的传统连续性，在这种连续性中持续着各种解释的冲突"③。这种充满解释冲突的不稳定传统连续性表明，在科学王国里根本不存在永恒真理，科学的目的不是在变动不居的万事万物背后发现永恒不变的绝对真理，而是要面对事物的发展变化不断修正其解释模型。社会科学自然也不例外，正如哈佛大学的荷曼斯（George C. Homans）在其《社会科学的本质》一书中所言，"社会科学最大的困难不是发现而是解释"④。对各种社会现象是否能够提出具有解释力的理论模型，

① 鲁德纳：《社会科学哲学》，曲跃厚等译，北京：生活·读书·新知三联书店1988年版，第20页。
② 威廉姆·奥斯维特：《新社会科学哲学：实在论、解释学和批判理论》，殷杰等译，北京：科学出版社2018年版，第91页。
③ 威廉姆·奥斯维特：《新社会科学哲学：实在论、解释学和批判理论》，殷杰等译，北京：科学出版社2018年版，第91页。
④ 乔治·荷曼斯：《社会科学的本质》，杨念祖译，台湾：桂冠图书股份有限公司1991年版，第61页。

这是包括教育学在内的所有社会科学的命脉。

人类对万事万物的解释总体上有两种，一种是机械论（mechanism）的解释，另一种是目的论（teleology）的解释，"如果我们希望寻求更深入、更具备普遍性、更强有力的解释时，我们应该采用机械论的解释"①。尤其是在自然科学中，目的论的解释之局限性是显而易见的。在自然科学中，自然界本身没有目的，但在社会科学领域，人类是有目的的，然而客观社会历史过程本身是没有目的的，因此我们尤其应防止目的论解释在社会科学领域的滥用。"我们要用社会学、经济学、政治学等社会科学中所提出的假说和理论来解释复杂的人类社会现象，而不是将其拟人化然后再采用目的论的解释。"② 这些社会科学的假说和理论，一般都属于机械论而非目的论的解释，但目的论解释在社会科学中也大量存在，譬如我们以一个人的某种内在动机来解释我们观察到的他发出某种行为的原因，不过，科学的解释与一般目的论解释不同，它还必须接受验证，即以可靠的方式确证这种动机的实际存在。这既是科学和迷信的分水岭，也是我们严防社会科学滑向某种主观迷信的关键点。

不过，我们也不能因此就认为社会科学的解释模型是独立于我们主观世界的、某种坚不可摧的客观事实的自我显现。科学哲学的研究早已证明，科学的解释力并非来自发现客观事物不得不如此的某种规则，而是建构某种可以解释客观事物为什么如此的规则。这些规则或定律，亦即科学的解释模型。正如弗拉森（Bas C. van Fraassen）所言，"科学活动是建构，而不是发现：是建构符合现象的模型，而不是发现不可观察

---

① 李万中：《思维的利剑：批判性思维让我们看清自己看清世界》，北京：清华大学出版社 2017 年版，第 123 页。
② 李万中：《思维的利剑：批判性思维让我们看清自己看清世界》，北京：清华大学出版社 2017 年版，第 123 页。

物的真理"①。包括教育学在内的社会科学，其研究活动的实质不是在教育或其他社会现象背后发现某种先验的真理，而是以经验事实为基础，按照逻辑的和历史的相统一的原则，在理论上建构能够有效解释这些教育和其他社会现象的理论模型。一种理论模型能够解释我们面对的相关社会现象，它就是有效的理论；一旦它无法解释某种相关的社会现象，我们就必须通过进一步的研究来修正抑或否定这一理论。也就是说，所有社会科学的解释模型都是人建构的，因而是可错的，并且也因此是可批判的。当然，社会科学批判的对象并不限于各种解释模型。

社会科学的解释力与自然科学有着重要的差异。其中最重要的一点就是，"对社会科学的解释涉及人的自由的行为，人的自由既不能简单地归结为语义学，更不能归结为因果关系，由于涉及解释者的参与，就不能排斥语用学了"②。因此，罗森博格（Alex Rosenberg）提出："不要把科学看成真理之间的抽象关系，而要把它看成一种人类建构、一种信念、一些我们在世界之中可有效运用的方法。"③ 因此，理论体系内部的逻辑自洽只是其成立的必要条件之一，要证明一种理论解释模型的生命力，还要回到社会实践中，看其是否能够行之有效地解释或解决我们面对的实际社会现象和社会问题。在社会科学领域，我们不可能找到某种绝对客观的真理，同时我们也不能因为找不到这样的绝对客观真理而陷入相对主义。社会科学解释模型的可错性和可批判性本身就说明了其与相对主义的不兼容性。社会科学对其解释模型不断进行修正、否定和更新，恰恰是持续保证这些解释模型有效性的根本措施，这也是社会科

① B. C. 范·弗拉森：《科学的形象》，郑祥福译，上海：上海译文出版社 2002 年版，第6—7页。
② 闫坤如：《科学解释模型与解释者信念研究》，北京：中国社会科学出版社 2016 年版，第 66 页。
③ Alex Rosenberg, *Philosophy of Science: A Contemporary Introduction*, London: Routledge, 2000, p. 37.

学自身不断发展的实质所在。

　　与自然科学的生命力主要表现为其对自然现象的解释能力不同，社会科学由于涉及主体和权力等，其价值和生命力不仅限于它对社会现象的解释力，还表现在对社会现象和观念的批判力上。所谓"批判力"，指的是社会科学在认识社会现象和观念，包括认识社会理论过程中，表现出来的一种质疑、否定和推动进步的力量。面对纷繁复杂且变动不居的社会现象和观念，社会科学需要不断修正或改变其解释模型才能持续保持其科学的生命力，因此，就社会科学自身的发展而言，批判力对社会科学来说也是十分重要的。巴斯卡（Roy Bhaskar）的批判实在论认为，"在自然科学中，知识的对象独立于关于对象的知识生产过程外，而在社会科学中，关于对象的知识生产过程与所研究的对象的生产过程具有因果的、内在的相关性"①，由于解释者自身的社会语境和价值立场等的影响，这些意义的建构本身却可能在显现实在的过程中实现对实在的遮蔽，"意识既可以是真的，也可能是假的，因而任何企图理解它的努力都必定能划分出这一区别。社会分析不能只是描述，它还必须是（可能的）批判的"②。在教育学研究领域，唯有凭借教育学的批判力，我们才可能辨别那些关于教育现象的既存解释模型的真假，才可能辨别某些被我们当作教育改革前提和目的的问题之真假，才可能穿透蒙在某些理论脸上看上去很美的面纱而直视其本质。如果说解释力是社会科学有效性的基础，那么批判力则是社会科学进步的动力，它能够让我们发现别人未能发现的问题，看透别人未能看透的实质。

　　社会科学批判的观念对象，多数时候主要指的是那些"指导社会

---

①　殷杰：《当代社会科学哲学：理论建构与多元维度》，北京：北京师范大学出版社 2017 年版，第 200—201 页。

②　斯蒂芬·P. 特纳、保罗·A. 罗思：《社会科学哲学》，杨富斌译，北京：中国人民大学出版社 2009 年版，第 62 页。

团体成员行为的假设、价值观和目标"①，亦即一般意义上的"意识形态"。为了避免因对这个概念的不同理解而产生误解，本文将尽量避免直接使用"意识形态"这个词来表达这个概念。批判是我们防止社会科学理论教条化的重要手段。"一种一以贯之的批判主义不允许任何教条，在每个可能的权威方面却必然包含一种可误论。"② 不仅我们的社会科学理论是可误的，公共政策是可误的，看似眼见为实的调查结果是可误的，而且那些权威的经典理论和思想也同样是可误的。即便这些经典理论和思想已经得到广泛的公认，成为指导社会团体成员行为的基本准则；即便他们一直被所有人都认为是正确的，也不能否定其内在必然包含着可误性，以及由此而来的接受检验的必要性。

　　社会科学理论的解释力和批判力有赖于其解释模型的可检验性，因为"可检验性是合理性的必要条件"③。正如卡尔那普（Rudolf Carnap）所言，"一切由科学概念构成的命题原则上都可以确定其真假"④，因此，所有科学理论都是可检验的，或者用波普尔（Karl R. Popper）的话来说，就是可证伪的。在波普尔看来，"知识，特别是我们的科学知识，是通过未经证明的（和不可证明的）预言，通过猜测，通过对我们问题的尝试性解决，通过猜想而进步的。这些猜想受批判的控制，就是说，由包括严格批判检验在内的尝试的反驳来控制"⑤。从思维特征

① 理查德·奥尔森：《社会科学的兴起：1642—1792》，王凯宁译，北京：科学出版社2018年版，第5页。
② 汉斯·阿尔伯特：《批判理性论》（增订第五版），朱更生译，杭州：浙江大学出版社2016年版，第36页。
③ 鲁德纳：《社会科学哲学》，曲跃厚等译，北京：生活·读书·新知三联书店1988年版，第5页。
④ 鲁道夫·卡尔那普：《世界的逻辑构造》，陈启伟译，上海：上海译文出版社1999年版，第325页。
⑤ 卡尔·波普尔：《猜想与反驳——科学知识的增长》，傅季重等译，上海：上海译文出版社1986年版，第1页。

来说，科学多采用机械论的解释模型，而"与目的论的解释不同，机械论的解释是可以用实践检验的"①。可检验性是科学的一个普遍思维特征，是我们用来判别科学与迷信的试金石。社会科学之所以是一种科学，也是由于其可检验性。只有不断回到社会现实中去接受检验，社会科学才能证明其解释模型是否具有解释力和批判力。教育学若承认自己是社会科学的一分子，它也同样必须面对并且不断地、永远地面对这样的检验。

二　作为一个例证的理论模型

本文以我在《泛教育论——广义教育学的初步探索》一书中提出的一个关于教育活动中主客体关系的解释模型作为例证，来尝试检验其有效性，证明教育学具有解释力和批判力的可能性。关于这个解释模型的论证，限于篇幅，这里不再重复展开，我们这里先简要阐述这一理论模型，然后联系实际教育问题集中进行其有效性的验证。这个理论模型的形式化表述，就是这样一个命题："教育是作为主体的人在共同的社会生活过程中开发、占有和消化人的发展资源，从而生成特定的、完整的、社会的个人之过程。"② 我以图 1 所示的形式来呈现这一抽象的理论模型③。

---

① 李万中：《思维的利剑：批判性思维让我们看清自己看清世界》，北京：清华大学出版社 2017 年版，第 124 页。

② 项贤明：《泛教育论——广义教育学的初步探索》，太原：山西教育出版社 2000 年版，第 40 页。

③ 项贤明：《泛教育论——广义教育学的初步探索》，太原：山西教育出版社 2000 年版，第 37 页。

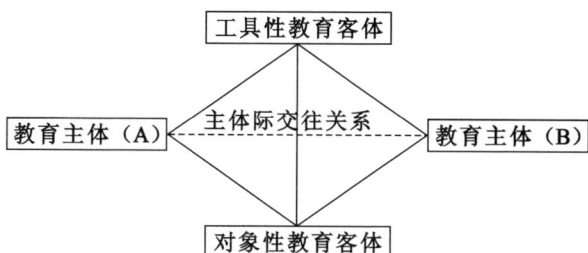

图 1　关于教育活动中主客体关系的解释模型

（这里对教育主体标注 A、B，仅仅是为了论述方便。实际上，当我们承认教育主体可以是个人、小型集团、大型集团和人类时，这种标注在逻辑上就已经失去理论意义，因为菱形图两端的教育主体，本来就在主体际交往关系中组成了集群主体，即在小型集团、大型集团和人类形态的教育主体中，二者是同一的。）

首先简要阐述这一理论模型中的几个基本概念。在这个菱形模型中，教育主体即参与到教育活动中的人，无论这个或这些人是教师、学生、家长、朋友还是其他什么人，只要他（她）或他（她）们参与到教育活动中了，便成为教育主体。需要特别说明的是，在这个解释模型中，教育主体有着四重表现形态，即：个人、小型集团、大型集团和人类。个人形态的教育主体即参与教育活动的现实的社会的个人；小型集团形态的教育主体指的是参与到教育活动中的小型社会群体，这些社会群体与个人的日常生活直接相关，其成员间活动较为直接，如家庭、班级等；大型集团形态的教育主体是指参与到教育活动中的大型社会群体，这类社会群体多以文化和意识形态的认同为基础，与整个社会总体结构直接相关，如民族、阶级、政党等。人类形态的教育主体是教育主体的最高层次，人类的发展是人的教育所追求的最高目标和终极结果。在这个菱形示意图中，无论是教育主体（A）还是（B），都可能是这四重形态中的某一种。工具性教育客体是指人在教育活动中使用的各种中介手段，譬如语言、教材、教具等；对象性教育客体是指我们在教育活动中要开发利用的人的发展资源，包括科学文化知识、道德、经验等。人通过教育这种实践活动实现主客体统一，从而将这些发展资源转化为自身的本质力量，实现人的发展。工具性教育客体和对象性教育客体还有更细致的分类，由于对本文的验证影响不大，这里不再赘述。要特别强调的是，模型中连接两个教育主体的是虚线而非实线，意在突出主体际交往关系永远要借助于客体中介，简单地说，也就是我们永远不可能直接面对和把握另一个主体的主观世界，因此，这个模型并不违背主客体相关律。

　　我在《泛教育论——广义教育学的初步探索》中试图用这个理论模型来揭示教育的本质，也就是要解释到底什么是教育。这个模型适用于包括学校教学在内的各种教育现象。为了方便理解，这里我们以学校教学为例来说明这个理论模型是如何解释教育活动的。我们假设教育主体（A）是一名（或多名）教师，教育主体（B）是一个或一班学生。作为教育现象之一的学校课堂讲授性的教学，不过就是这样一个过程：教师（教育主体A）用他说的话、他在黑板上写的字和画的图、他的体态语，等等（工具性教育客体），把他希望学生理解和掌握的科学文化知识（对象性教育客体），以他认为他的学生容易理解的方式表达出来；他的学生（教育主体B）通过对老师的话、字、图、体态语等（工具性教育客体）进行解释，认识和理解了某种科学文化知识（对象性教育客体），形成自身的能力、技能或素养。这就是一个典型的教育活动过程，教育的本质也就体现在这样一个过程之中。这个解释模型还反映了教育过程在很多时候是双向的，譬如在这个讲授的教学过程中，学生（教育主体B）也通过他们的各种反应向教师（教育主体A）传达着信息，这种信息对教师的专业发展和个人发展都是有价值的。因此，用A、B

来区分教育主体，仅仅是为了行文中指代方便，并非强调教育活动的某种方向性。教育现象无时无刻不发生在我们的社会生活中，教育活动中主体之间现实的、具体的关系也是多种多样的，但教育学把它抽象成这个菱形图所示的主客体关系，从而完成了从具体到一般的认识过程，建构了这样一个超越特殊性的具有普适性的理论模型。

我们这里只是以课堂讲授性教学为例，实际上，对社会生活中所有的教育现象，这个理论模型都是普适的。譬如我们常说的"听君一席话，胜读十年书"，我们仍然用这个菱形图示的理论模型来尝试进行解释：君（教育主体 A）用一席话（工具性教育客体）表达了某个道理（对象性教育客体）；我（教育主体 B）通过理解这一席话（工具性教育客体）明白了这个道理（对象性教育客体），丰富了我的主观世界，实现了我的发展。

再举一例来说明这个理论模型的普适性，如我们社会生活中经常看到的读书。对读书这样一种自学性质的教育现象，这个理论模型同样可以做出简洁的解释：该书的作者（教育主体 A）通过他著作中的文字（工具性教育客体）表达和阐释了某种知识、原理或其他观念（对象性教育客体），作为自学者的读者（教育主体 B）通过理解著作中的文字（工具性教育客体）掌握了那种知识、原理或其他观念（对象性教育客体），其结果是自学者自身获得了发展，一个教育活动过程得到阶段性的完成。

我们还可以将这个解释模型应用于其他教育现象，无论这种教育现象是发生在教室、校园、客厅、车厢、工作间或其他什么地方，我们都可以用这个解释模型来对这种教育现象进行描述和分析。理论模型的这种普适性源自其对解释对象本质的认识，并且反过来也说明了该理论模型对其对象本质的把握，因为只有认识和把握了对象的"质的规定性"，理论模型才可能获得对所有相关对象的普适性。一旦这种普适性失效，也就意味着该理论模型需要进行修正或被新的理论模型所取代。科学的理论模型总是处在这样一种等待被证伪的过程之中，从这个动态的过程来说，其真理性恰好来自这种未被证伪的状态。就此而言，詹姆士（William James）的这段话说得并非毫无道理："一个观念的'真实性'不是它所固有的、静止的性质……它的真实性实际上是个事件或过程，就是它证实它本身的过程，就是它的证实过程，它的有效性就是使之生效的过程。"① 波普尔揭示了这种动态"证实"的真理观之内在矛盾，并以"证伪"的动态过程取而代之。一个科学理论模型的"证伪"过程，也就是其普适性的不断验证过程。其普适性的失效，也就意味着这个科学理论模型被证伪。这是同一个过程的不同方面。

　　这个菱形的理论模型，是以来自我们社会生活中的经验事实为基础，运用关于主体际关系的交往行动理论等，对社会生活中相关的经验事实进行分析、抽象和概括，从而建构起来的。正如前文所述，无论是以实验的方法，还是以从公认为真的前提出发通过逻辑推导而得出结论的方法，其结论只要是一种理论，就一定是人用来解释某种社会现象的主观建构，而不是某种可以放之四海而皆准的纯粹客观真理。这个菱形图所示的理论模型本身当然也包含着我作为解释者的某种信念，但通过理论论证实现的超越个人视域的主体际视域融合，赋予了这个理论模型以真理性和普适性。从主体际性的角度看，我们的认识并非来自独立于我们的客观世界，也不是来自孤独个体的内省，而是来自我们的交往行动，来自文化历史。在科学中，"我们称之为'说明'或'理解'的东西最终取决于我们与世界之间正在进行的相互作用以及我们彼此之间的

---

① 威廉·詹姆士：《实用主义》，陈羽伦等译，北京：商务印书馆 1979 年版，第 103 页。

相互作用"①。撰写本文进行有效性验证的过程，其实也是这种"我们彼此之间的相互作用"的一部分。

作为教育科学理论，这个理论模型同样要面对证伪。譬如：有人质疑这个理论模型模糊了教育现象与其他社会现象之间的"边界"。我的回答是：实际上，在一级学科层次上，所有的社会科学都在研究同一个对象，即人的社会活动。当我们从社会活动对人的生长发展的作用的角度来研究它时，我们就在进行教育学研究，这个对象也就成了教育现象。因此，不仅教育学无法在教育现象和其他社会现象之间划定一个实实在在的边界，经济学、政治学等同样无法为经济现象、政治现象等划出实实在在的边界，这里的"边界"只能是由于研究视角的不同而产生的抽象的边界。再如：还有人从教育者和受教育者的关系出发，质疑这个理论模型无法清晰区分教育者和受教育者。我的回答是：教育思想史上长期存在的所谓"教育者"和"受教育者"这对关系，其实是个不尽合理的虚构的关系。在菱形图所示的理论模型中，所有参与教育活动的现实的教育主体，都既是教育者又是受教育者。如果作为个体的某个教育主体不在现场，那他也一定曾经既是教育者又是受教育者。用马克思的话来说，就是"教育者也一定是受教育的"②。至于交往的主客体关系，这个理论模型要面对的证伪问题，与交往行动理论所面对的证伪问题是一样的，包括哈贝马斯在内的很多哲学家已经回答了这些证伪问题。关于菱形模型的理论建构和应对证伪过程，限于篇幅，这里仅举例说明，不再展开。

① 斯蒂芬·P. 特纳、保罗·A. 罗思：《社会科学哲学》，杨富斌译，北京：中国人民大学出版社 2009 年版，第 362 页。
② 马克思：《马克思论费尔巴哈》。见马克思、恩格斯：《马克思恩格斯选集》第 1 卷，北京：人民出版社 2012 年版，第 138 页。

三　解释力和批判力的理论验证

科学解释的过程，也就是将某种抽象的一般理论模型用来描述、分析和阐释相关具体对象的过程。在亨普尔（Carl Gustav Hempel）看来，"科学解释的'标准观点'是解释的'覆盖律模型'（the covering-law model）……覆盖律模型认为解释就是把特殊事件置于普遍规律之下"[①]。尽管这一观点如今已有许多质疑，并为因果-机械模型、功能模型等所修正，但它仍然揭示了科学解释最根本的特点：以普遍规律解释特殊事件。上文关于教育活动中主客体关系的解释模型，是在最一般的抽象层面对人类教育作出普遍的本质意义上的解释，这一普遍的解释模型能否有效地运用于特殊的教育现象？我们将以几个例证来做验证。

自古希腊开始，教育思想史上就有一个非常有趣且十分深刻的问题：美德（arete）[②]是否可教？在智者派之前的古希腊人看来，美德是不可教授的，"人的才能和品德是自然的，它是人在生长过程中由父母长辈的影响、范例的感染自然而然地成就的，是潜移默化的结果，而不是由别人有意识有目的地教育的结果"[③]。苏格拉底等人也持这样的观点。"作为智者运动的开创者普罗泰戈拉无疑是主张 arete 是可以传授

---

① 闫坤如：《科学解释模型与解释者信念研究》，北京：中国社会科学出版社2016年版，第1页。

② 古希腊语哲学中的"arete"一词，汉译多为"美德"，实际上，据汪子嵩先生等考证，"对于古代希腊的 arete，中文找不到一个对应的确切的译词，即使是拉丁文及近代各种西方文字以及日文，所有学者都公认找不到本国的一个与之确切对应的译词……arete 在品德和才能两个方面具有丰富的含义"，所以，我们切不可在现代语言狭隘的意义上来理解这里的"美德"一词。见汪子嵩等：《希腊哲学史》第2卷，北京：人民出版社1993年版，第170—171页。

③ 汪子嵩等：《希腊哲学史》第2卷，北京：人民出版社1993年版，第171页。

的，而且必须从小教育和训练。"① 我们今天可以尝试用前文中菱形图所示的理论模型来辩证地解答这个古老的教育理论问题。在这里，"对象性教育客体"就是包含了知识、美德、才能等内容及其丰富的 arete。所谓关于 arete（对象性教育客体）的教育，实际上就是教育主体 A 通过语言、文字等（工具性教育客体）以教育主体 B 容易理解的方式阐述了 arete（对象性教育客体），教育主体 B 通过教育主体 A 的阐述（工具性教育客体）理解和掌握了 arete（对象性教育客体）。问题在于，教育主体 B 理解和掌握的这个 arete（对象性教育客体），是他对教育主体 A 的表述（工具性教育客体）进行解释的直接结果，而不是教育主体 A 的表述之直接结果。也就是说，教育主体 B 所理解和掌握的 arete 与教育主体 A 所表述的那个 arete 并不一定是同一个东西。譬如教师 A 同时给两个学生讲授"$a^2-b^2=(a+b)(a-b)$"，学生 B 将其正确地理解为平方差公式，而学生 B′却将其错误地理解成"$2a-2b=(a+b)(a-b)$"，这种差异表明学生的认识不是教师讲授的直接结果，但若以菱形图所示的理论模型来分析，教师的讲授对学生形成认识的过程显然有重要作用。从学生的认识并非教师教学的直接结果角度看，学生的 arete 的确不是教师教授给他的，而是他通过理解教师的讲授而自己形成的；从学生的认识的确是在与教师的主体际交往关系中形成的这个角度看，学生的 arete 又确实是他参与其中的教育活动的结果。

亨普尔认为，"科学解释可被认为是对为什么问题（why-question）的回答"②。我们再通过解答现实教育领域一个有趣的"为什么问题"来验证菱形模型的解释力，这个问题就是：大学为什么还需要有教师？大学生都具备良好的阅读能力，似乎大学不应该需要教师，只要编制好

---

① 汪子嵩等：《希腊哲学史》第 2 卷，北京：人民出版社 1993 年版，第 174 页。
② Carl G. Hempel (1965), *Aspects of Scientific Explanation and Other Essays in the Philosophy of Science*, New York: The Free Press, p. 245.

每一门课程的书目，图书馆备好充足的书，在书上画出重点，让学生去阅读，期末来考试就好了。用菱形图所示的理论模型来回答这个问题，关键就在于教师（教育主体 A)是以他认为他的学生（教育主体 B)容易理解的方式，通过语言、文字等（工具性教育客体）来阐述书本上的知识（对象性教育客体）的。书本上的文字是没法改变的，它在每个学生面前都只能使用同样的表述形式，但每个学生的认识水平是不一样的，因此，即便学生都认识书本上的文字，由教师根据学生的水平以最容易被学生理解的方式来进行讲授，也仍然是有必要的。这个解释实际上揭示了教师在教育过程中的作用，这种解释对中小学教学同样有效。教师的作用并不是把知识或美德直接"传授"（或曰"灌输"）进学生的脑子里去，而是帮助学生更好地理解教材上的知识。这又涉及另一个有趣的教育问题：教师使用所谓"灌输式教学法"，同时给所有学生灌输了同样的东西。为什么有的学生被"灌"进了北大、清华，有的学生却被"灌"回家种地去了？

如果以菱形图所示的理论模型来解释教育过程，那么世界上其实根本不可能存在什么"灌输式教学法"。两个不同主体之间的相互理解，永远必须要在主体际交往关系中通过某个共同客体的中介作用才可能达成。这条哲学常识已经告诉我们，没人能够把某种知识或观念直接"灌"进另一个人的脑子里。前文曾特别提醒读者朋友注意，在菱形图示的理论模型中，连接两个教育主体的是虚线，就是要强调教育客体的中介作用在这个主体际交往关系中是不可或缺的。按照这个理论模型的解释，在教学过程中，所有的学生都是通过对教师、教材编写者等所说的话、写的字、画的图、演示的场景等等，进行自己的解释和理解，才形成了自己的知识和观念的。在这个知识形成过程中，不仅教师的讲解，还有学生自己的知识背景、认识水平、生活阅历等，也都会影响到学生知识的形成。也就是说，面对教师说的或教材上写的同样一句话，不同的学生完全有可能做出不同的理解，因而形成不同的知识。这也恰好是教师要发挥作用的地方，他必须要考虑到不同学生的不同认识水平，尽力用学生容易理解的方式来讲解教材上的知识或观念，帮助学生正确认识、理解和掌握知识或观念。

再看个人在教育活动中经常体验到的一个令人困惑的问题。我国通行的教育学教材和很多教育政策文献都明确表述："我们的教育目的是……"，然而，我们扪心自问，有谁真的是抱定这样的目的走进学校的呢？恐怕多数人都是为了一个好职位、一个晋升机会、父母期望，抑或仅仅是满足自己的兴趣爱好，甚至只是为了避免挨父母的骂，才走进学校的。那么，是不是教育学教材和教育政策文献中所表述的教育目的是骗人的假话？如果我们用菱形图示的理论模型来解释教育目的，就很容易发现教育目的的多重性，也很容易明白这个表面上矛盾的现象其实是正常的。前文曾强调过，在这个菱形图示的理论模型中，两个教育主体都可以有自己参与教育活动的目的，并且无论是教育主体 A，还是教育主体 B，都可以是四重形态中的某一种。从个人形态的教育主体来看，参与教育活动的每个学生和教师都可能会有自己的目的，这些目的很多时候都是多种多样的。如果其中的教育主体 A 是党和政府，那么教育学教材和教育政策文献中表述的那个教育目的就好理解了。在这种情况下，党和政府（教育主体 A），通过编写教材、培训和规范教师教学、贯彻于办学之中的教育理念等各种显性或隐蔽课程（工具性教育客体），向全体学生（教育主体 B）呈现某些知识或观念（对象性教育客体），学生（教育主体 B）通过对充斥于学校生活方方面面的各种显性或隐蔽课程（工具性教育客体），认识、理解和掌握了这些知识或观念（对象性教育客体）。在这个过程中，作为教育主体 A 的党和政府发起和参与教育活动的目的，就是我国通行教育学教材和教育政策文献中所述的那个教育目的。

我们再来对这个菱形图示的理论模型进行批判力的验证。关于批判，不同的理论有不同的表述，但其基本精神是一致的。在康德（Immanuel Kant）那里，批判是一种从质疑走向新发现的理论考察和省思；在福柯（Michel Foucault）那里，"批判是主体对权力的质疑，是主体的反抗和反思，是对主体的屈从状态的解除"①。在这里，简而言之，批判者，批评、判断也。理论的批判，就是要对某些判断进行反思和批评，并做出我们的判断。

我们从一个引起我国各界广泛关注的教育判断开始："应试教育是错误的。"应试教育到底错在哪儿？难道考满分还不如考鸭蛋吗？既然考试高分不是好事，为什么高校录取还专门争抢高分学生呢？这不是自相矛盾吗？面对这类问题，我们教育学界一直没有在理论上给出令人信服的回答。要说明应试教育为什么是错的，首先要说明什么是应试教育。我们可以用菱形图示的理论模型来对应试教育做一个界定。这里以政治课教学为例，一个典型的应试教育，应该是这样一个过程：政治教师（教育主体A）面对学生（教育主体B）说："同学们，这道政治题如果出现在高考试卷上，你们一定要记住答出五层意思，我将其总结成五句话（工具性教育客体），每个同学都必须把这五句话背下来。"于是，学生们（教育主体B）立刻把这五句话（工具性教育客体）背诵得滚瓜烂熟。有学生提问："老师，这五句话（工具性教育客体）表达了什么政治学原理（对象性教育客体），它如何解释我们的社会生活？"老师严厉应答："别废话！记住了高考就能过关！"这就是一个典型的应试教育。在这里，作为对象性教育客体的知识或观念实际上是被忽视的。这个教育过程实际上只完成了一半（教育主体A——工具性教育客体——教育主体B），并且省略的恰好是最重要的那一半。这正是应试

① 米歇尔·福柯：《什么是批判？》。见汪民安：《福柯读本》，北京：北京大学出版社2010年版，第135页。引文语出"编者按"。

教育错误之处。应试教育之所以大行其道，也正因为它不同程度地忽略对象性教育客体，从而大大提高了应付考试的效率。毕竟，讲解明白原理，教会学生正确熟练地运用原理，比记住几句话要难得多。这个批判性的解释也说明了另一个道理：说我们中小学全部都在进行应试教育，这也是不公允的。如果一名教师通过教学让学生很好地掌握了所有应该掌握的物理学原理，学生在高考中物理科夺得高分，这当然不能说是应试教育。只是应试教育目前在我们的中小学中的确十分流行，且日渐盛行，确须尽快遏止。

我们近年来的教育改革，有一个重要的前提性判断："中小学生的学业负担是过重的，因而减负是教育改革的重要任务。"我们办学就是为了让学生学习，为什么我们竟然害怕孩子们学习了？为什么我们又是降低难度，又是减少教学时数，又是减少考试数量，却不见学生的学业负担变轻？这些广泛存在的困惑，也没有在理论上得到很好的解决。其根本原因在于，我们没有在理论上真正揭示出学业负担重问题的实质。学业负担过重是我们中小学教育的一个综合征，其成因十分复杂。限于篇幅，这里我们以菱形图示的解释模型为批判工具，仅从一个角度来做一个批判力验证。按照菱形图示的理论模型，在教育活动中，无论是教育主体 A，还是教育主体 B，都是参与教育活动的主体。教育并不是教育主体 A 去改造教育主体 B 的过程，教育主体 B 真正获得的任何发展都是他自身活动的直接结果，教育主体 A 只是在教育主体 B 的发展过程中对其提供了帮助，并且在这个帮助过程中，教育主体 A 自身也获得了发展，如果这个教育主体 A 是教师，其发展的主要表现就是教育教学能力的提高。由此可见，教育主体 B 在教育过程中的作用也十分重要。只有教育主体 B 对教育内容充满兴趣，有着强大的持续不断的学习内驱力，他才能全身心地投入到教育过程中来，教育过程也才可能是轻松的、充满乐趣的、成果丰硕的。然而，我们如今在理论和实践两个方面都把教育理解为教育主体 A 通过自己的教育工作去改造学生（作为被教育主体 A 改造的对象，这里的学生在逻辑上已不再是主体，而是客体），相信只要教师的教育工作做得足够好，教育（改造）就一定能成功。于是，学生在教育活动中陷入了被动的境地，自我发展的活动变成了应付各种任务的活动，兴趣日渐被消磨殆尽，学习内驱力弱化乃至丧失。在这样的状态下，再少、再简单的学业，也都会是负担。因此，中小学生学业负担过重问题的背后有一系列深刻而复杂的成因，难以简单地一"减"了之。

"教育目的"是我们常说的一个教育学基本概念，然而，有几个学生或教师是单纯出于教科书或文件上规定的那个教育目的而参与到教育活动中的？前文菱形图所描述的理论模型，内在地证明了参与教育活动中的教育主体，既包含了个人形态的教育主体，也包含了小型集团、大型集团和人类等集群形态的教育主体，因此，每一个参与教育活动的主体都可以有自己的教育目的，也可以有与其他主体共同的教育目的。强迫这个个人主体放弃自己的教育目的，而以另一个个人主体的教育目的为自己的目的；强迫这个小型集团或大型集团放弃自己的教育目的而服从于另一个个人或集群主体的教育目的，这显然都是不合理的。揭示了不同个人主体和不同集群主体的教育目的在教育过程中并存这一历史事实，这本身就是菱形图中描述的这个理论模型的科学解释力，以及以此科学解释力为基础形成的理论批判力的一个明证。

再来讨论一个看上去很美的教育判断："教师是红烛。"看看现实的师生关系，我们发现，在很多时候，红烛不但没有照亮师生关系，反而烧毁了师生关系。体罚、羞辱，屡禁不绝。很多一心一意"为了你好"的教师，最后成了学生眼里的"暴君"或虐童者，师生关系紧张、扭曲、异化。为什么看上去很美的判断，却引起很多相反的效应。我们还是从菱形图示的理论模型来看，教师（教育主体 A）和学生（教育主体 B）之间是主体际交往关系，"教育行为属于主体之间的交往行为，而不是人改造自然的目的合理的行为，它不是工具性的，而是伦理性的"①，因此，在师生关系的调节规则中，伦理规则高于技术规则。在教育活动中，只要一种手段违背了社会伦理，即便效果很好，教师也不应使用。体罚之所以应当禁止，不只是它有害学生身心健康发展，更在于它违背了当代社会的伦理。传统社会的伦理允许长辈体罚晚辈，私塾先生体罚学生很正常，甚至连赫尔巴特也把体罚当作一个科学的教育方法，但现代社会的伦理不允许一个人侵犯另一个人的身体和尊严，所以现代教育也不允许教师体罚或羞辱学生。同样，由于师生之间是主体际交往关系，教师的人格尊严、个人利益等也理应受到学生的尊重。只有师生关系恢复到正常的主体际交往关系状态，而不是教师作为教育主体改造作为教育客体的学生的关系，并且像所有的社会关系一样接受伦理规则调节，健康的师生关系才能形成并得到保障。用红烛把师生关系特殊化，将其从一般社会关系中抽离出来，不但没有优化师生关系，反而使师生关系处于"失范"状态。

解释力和批判力的综合，还进一步形成了教育学对教育实践的指导能力。我们再举两个例证来对教育学的指导能力进行简要的验证。

我们常常听到很多校长、教研员等，要求教师在备课过程中要"吃透教材"。我们不禁要产生这样的疑问：一名受过高等专业教育的教师，怎么会连本专业的中小学教材都"吃不透"呢？从菱形图示的理论模型来看，教师发挥作用的关键在于"工具性教育客体"的选择，即他必须以他的学生最容易理解的方式来把相关知识、观念等阐述清楚，前提是他必须了解学生的知识背景和认识水平等。如果他还了解学生的兴趣爱好，那么其阐述不仅容易被学生理解，而且学生还喜闻乐

① 项贤明：《泛教育论——广义教育学的初步探索》，太原：山西教育出版社 2000 年版，第 22 页。

见，那教学效果就会更好。因此，备课的关键并不是什么"吃透教材"，而是要"吃透学生"。教师作为教育主体 A，只有深入了解作为教育主体 B 的学生，才能更好地在主体际交往关系中发挥教育作用。可见这个菱形图示的理论模型对教师教学工作可以发挥一定的指导作用。

再来看教师的专业发展问题。很多领导和专家都强调，教师要每年接受一定的专业培训，以促进其专业发展，而很多教师却认为这些培训对他们的专业发展作用甚微。到底应该如何促进教师的专业发展呢？我们从菱形图示的理论模型来看，教师（教育主体 A）和学生（教育主体 B）都是参与教育活动的主体，不只是学生，教师同样也会在这种活动中获得发展。譬如：学生的尊重会让教师产生职业自豪感，学生取得好的学习成绩也会让教师产生成就感，学生在课堂上一脸茫然的表情，也会促使教师反省自身的教学在哪里出了问题，等等。正是在和学生的交往关系中，教师学会了如何深入地了解学生，摸索出越来越多有效的教育教学方法。因此，要促进教师的专业发展，除了必要的离岗培训之外，更主要的还是在教育教学实践中不断促进教师的专业发展。可见菱形图示的理论模型对教育管理者也可以有指导作用。

教育学作为一门社会科学，它对我们社会生活中教育现象的解释力和批判力都是毋庸置疑的。教育学作为一门社会科学，其科学性是完全可能的。我们有些教育学者常常用教育现象的复杂性、独特性等来为其教育理论的苍白无力辩护，认为教育学由于涉及人这样复杂而独特的存在，因而它不可能成为一门真正的科学，似乎教育学缺乏解释力和批判力是其先天的学科性质决定的。这其实是一种缺乏科学勇气的搪塞。鲁德纳早就对这类观点进行了深刻的批判，他指出：如果由社会现象的复杂性导出社会科学的不可能，那么"由于所有现象都是复杂的，因此所有科学都是不可能的"①，同时，在严格意义上，"所有现象（而不仅仅是社会现象）都是独特的"，因此，"不仅社会科学，而且所有科学都是不可能的"②。教育学在教育改革发展的实践中苍白无力的表现，问题并非出在这门学科本身，而是我们教育学者所提出的理论模型缺乏解释力和批判力。

教育学要成为科学，它就必须勇敢地把自己的理论拿到社会实践中去接受检验，以其对现实教育现象和教育问题的解释力和批判力来验证自己的科学性。当然，如果我们连自己的理论模型都提不出来，甚至连理论体系内部的逻辑自洽都做不到，只是沉醉于人云亦云，做政策注解，反反复复地说一些看上去很美的漂亮话，那就别提什么教育学的科学化之梦了。

（本文发表于 2018 年 4 月《北京大学教育评论》第 16 卷第 2 期。期刊发表时略有删改。）

---

① 鲁德纳：《社会科学哲学》，曲跃厚等译，北京：生活·读书·新知三联书店 1988 年版，第 138 页。

② 鲁德纳：《社会科学哲学》，曲跃厚等译，北京：生活·读书·新知三联书店 1988 年版，第 142 页。

后　记

（一）

完全是出于天真的无知，我在教育理论的思想口袋里摸来摸去，摸出了这么一个烫手的题目。

小时候，我常常坐在门口那满坡绿茵的河堤上，朝着小河流来的方向极目远眺，一直看到天边那一片天青色的山影，苦思冥想，小河到底是从哪座山里来？它要到哪里去？

15 岁，命运安排我进入师范，让我早早地同教育结缘。18 岁，初为人师，我忽然发现：教育，似乎不完全是书上说的那么一回事。教育到底是什么？这个问题从此就一直困扰着我。

毕竟长大了，我开始背上行囊去踏寻小河的源头。这就是我 10 年的自学。当我尊敬的老师们，其中有些还是知名学者，向我投来关怀的目光，给我以鼓励时，我暗想：我大概是踏上了一条人间正道。

越是接近小河的源头，支流就越多，困惑也越大。我必须去接受正规的探险训练。于是，顺着一本曾是我启蒙教材的绿皮《教育学》，我找到了我的导师鲁洁教授，恳请她收留我。

我是一匹野地里长成的马，其训练的艰难可想而知。我根本不了解任何套路，长期以来我只听从自由的意志狂奔在思想的原野上。导师开始施展她高超的教育艺术了。当我裹足不前时，她循循善诱；当我误入歧途时，她当头棒喝。

前面的路开始变得更加复杂，也渐渐清晰。我感到自己看到了一片被人们遗忘了的教育领地，而那里恰恰有教育真正的生命和灵魂。现代人心灵的漂泊是否正是遗失了这条维系生命之舟的缆绳之故？我要把这小小的孩子气的发现写出来，不管在人们看来它是如何的荒唐。

我仿佛又回到了故乡。黄昏时，乡村的薄暮中常常回荡着母亲为受了惊吓的孩子叫魂的声音，那声音神秘、悠长而又充满夕阳般的温情。现代社会中的浮士德们，听见那呼唤就回家吧，在世纪末的晚钟敲响之前。

我无意中当了一回现代教育的叫魂者，为母亲，为孩子，也为我自己。

我必须继续我天真的跋涉了，路还是那样漫长，天青色的山影依然在天边。无言地别离，我一步三回首，仰天的长嘶也喑哑了，只有那清清的河水，如吾师恩情，流也流不尽……

1997 年 3 月 12 日于南京师大随园西山 11 舍

（二）

我越来越深切地体会到朱自清先生那种要伸出手去拦住时光的紧迫心情了。转瞬间，毕业已经 3 年多了。每每想起在恩师身边学习的日子，恍如昨日。

书桌前，窗口投进来的一抹阳光向外移动着，沉着而坚定，告诉我"逝者如斯夫"的永恒事实。回忆过去的日子，我做的事太少太少，而我所背负着的多年来亲人、老师、朋友给我的爱，却是千言万语，永远也说不尽。

把几年来孜孜培植的这棵无花的小草奉献出来，呈于大家面前，我的心里很是惶然。一是担心其中多有舛误，浪费了读者诸君宝贵的时间；二是为愧对恩师及所有给我关怀的朋友和亲人而惴惴不安。于是我常猜想：在佛的面前，世间一切花朵和小草大概都是一样美丽的吧？

我深知我的这株小草并不完美，然而我的感激之情是真挚的。感谢山西教育出版社，感谢读者不弃这些枯燥的文字，感谢所有曾给我指导和关怀的老师们，感谢恩师鲁洁教授，感谢所有爱我的和我爱的亲人……

借用纪念爱的诗句，我把自己的这本心血之作献给尊敬的孙嘉琬老师，以表达我对他那颗圣洁爱心的赞美，同时也纪念那段让我一想起就忍不住热泪夺眶的日子。这是我的夙愿。

1998 年 7 月 27 日于北京师大乐育 1 楼

（三）

近年来，不少朋友都鼓励我再版这本《泛教育论——广义教育学的初步探索》，我却一直犹豫不决。原因很多，一是限于个人水平和理论环境，本书还有诸多无法令人满意之处；二是在这本书初版付梓的同时，我就已经开始了另一本书的写作。我希望在新书中更加全面、更加详细、更加系统地阐释我对教育过程及其本质的理解。惭愧的是，二十余年来，尽管在教学过程中我尝试进行了一系列新的阐释，但这本新书却一直处在写作中的状态。总是一章写出来，修改、否定和放弃，再重写……我有时真的十分羡慕那些高产的同行，我真是要向他们学习。

所谓"泛教育论"，其实就是"教育论"。在这里，不仅教育概念之广义和狭义的分别在逻辑上已经没有意义，而且"教育者"和"受教育者"这对关系也被解构了。在本书导论中提出的用以解释教育过程的理论模型中，所有参与教育过程的人都是教育主体，并且都在同一个教育过程中得到各自的发展。这个理论模型，不仅能够解释发生在教室内的教育过程，同样也能够解释发生在社会生活其他场所中的所有教育过程，因为它真正把握了教育这一社会现象的"质的规定性"。对此，至少我自己觉得逻辑上已经确证无疑。

囿于当年的学术环境，我对本书导论中提出的那个解释教育过程的理论模型，并未展开进行详细的论证。当时，关于交往问题，在哲学界正进行激烈的争论，在教育学界还很少有人提及。为了避免引起争议，我有意淡化了这个直指教育本质的理论模型；然而，实际上它却是本书真正的核心。如果说本书有什么理论创新的话，这个菱形图就是最主要的创新了。如今，关于交往的哲学和教育学著述已经汗牛充栋，我既没有必要担心理论上的争议，也没有必要重复做理论上的论证了。我将自己2018年发表在《北京大学教育评论》上的一篇文字增订于附录之中，希望能为这一理论模型面对教育实践的解释力和批判力做一点佐证。

这本书是在我博士学位论文的基础上完成的，书中很多观点，都是在向恩师鲁洁先生讨教，甚至是在和先生争论的过程中，提出和逐步完善的。作为一个农民的儿子，我初中毕业就进入中等师范学校学习，曾经为了上夜大而弄到几乎丢掉工作——在20世纪80年代，丢工作是一场致命的人生危机——我没有正规教育的学士学位，也没有读过什么硕士学位，唯有南京师范大学能够接纳我，唯有鲁洁教授才有这样宽广的胸怀收我为徒，对此我终身心怀感激。攻读博士学位期间，恩师刚正独立的人格、对待学术严谨真诚的态度，深深感染了我，也一直激励着我在学术之路上奋力前行。如今我回到母校任教，恩师却已仙逝。故乡的小河，依旧常常在我梦中奔流……

我一直很感激山西教育出版社当年愿意出版这本青涩的理论习作。现在，山西教育出版社的编辑老师又一次鼓励我重版此书。一本学术性的图书，出版20多年后仍然有读者愿意阅读，确实令我感动，也使我终于鼓足勇气同意再版。由于当年的书稿是在方格稿纸上手写而成的，先由打字员用老式打字机打在蜡纸上，再用油墨印刷出来。为了省钱，当初有两章还没有打印出来。书稿送到出版社，经过编辑，又交给印刷厂排成铅字，在这过程中，产生了不少讹误。尽管一再校对，仍然未能全部避免。借此再版的机会，一一进行了校订。扉页上的那一小段献词，也是当年我手写原稿就有的，既为了向我在中等师范学校读书时遇到的一位好老师表达深深的感激和崇高的敬意，也为了在心底给 20 世纪 80 年代自己经历的那段苦难岁月一个柔软的回应。初版时，编辑老师将这段献词挪到了后记中，而且还丢了重要的字符。这一直是我的一个遗憾。这次终于能够还原，也算是实现了我的一个夙愿，这真是心怀已久的。

2022 年 7 月 6 日于南京师大仙林茶苑寓所